THEATER OF THE WORLD

世界地圖祕典

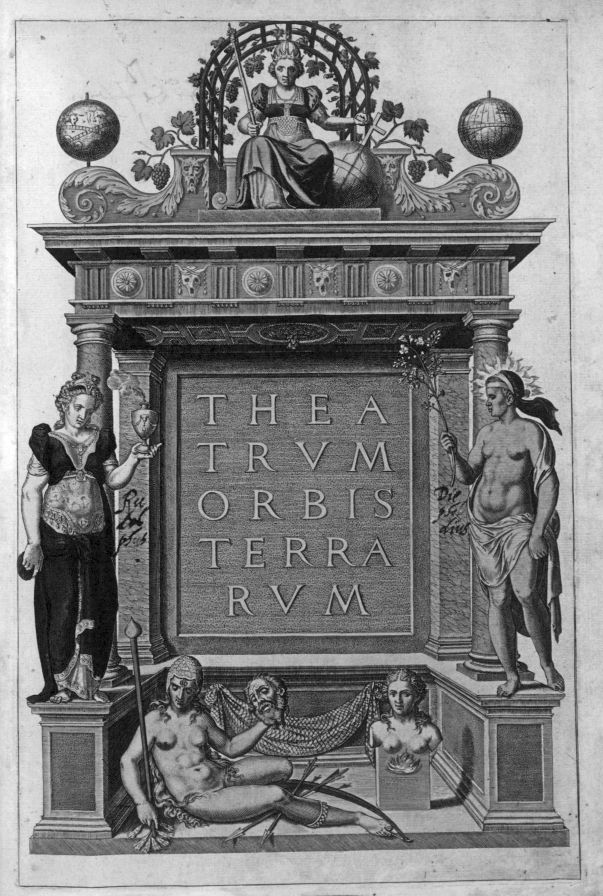

THEA
TRVM
ORBIS
TERRA
RVM

THEATER OF THE WORLD

The Maps that Made History

世界地圖
祕典

一場人類文明崛起與擴張的
製圖時代全史

THOMAS REINERTSEN BERG

湯瑪士・冉納森・伯格——著 鼎玉鉉——譯

獻給費德列克（*Federik*）及鄂藍（*Erlend*）
願你們能宏觀天下。

Contents

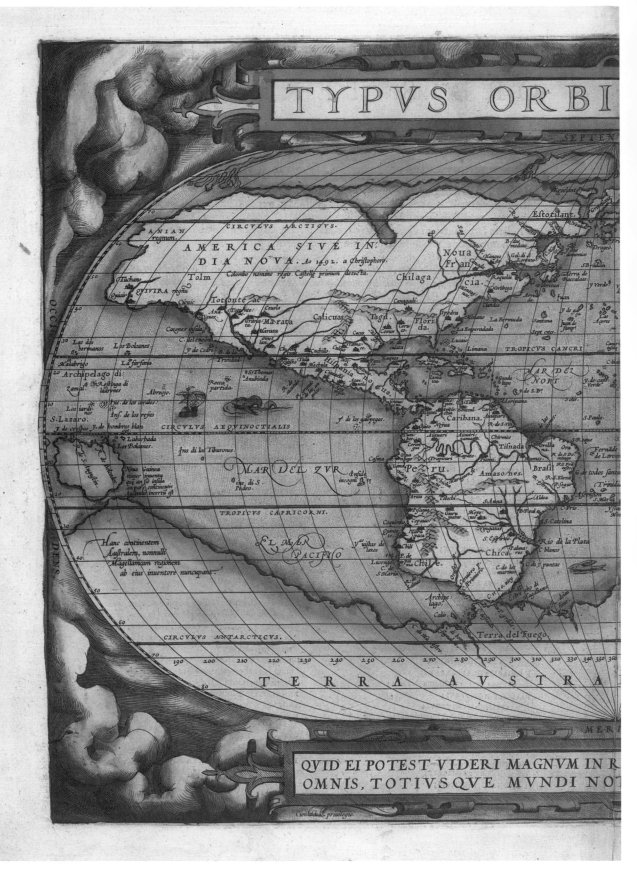

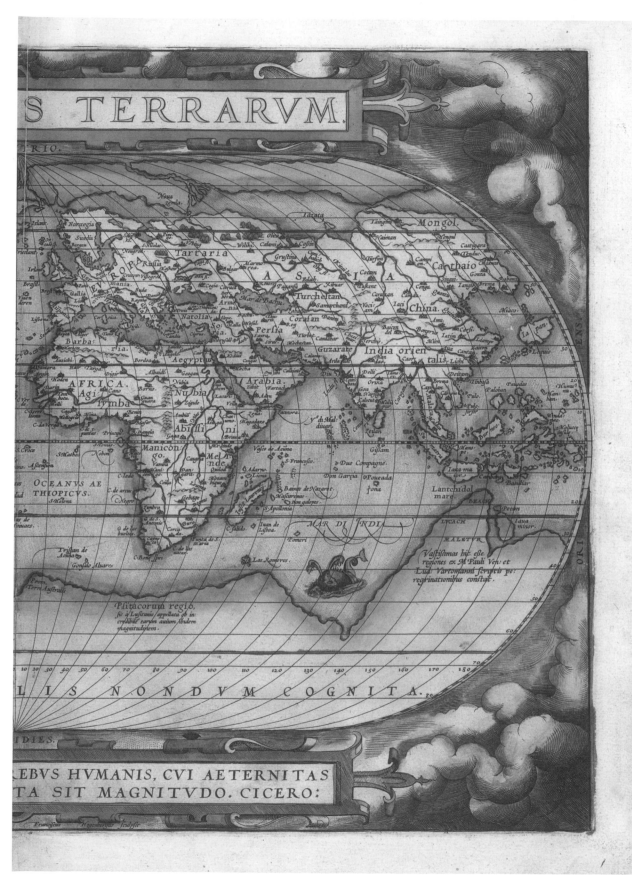

S TERRARVM.

RIO.

Noua Zemla.

Tarata

Taingin   Mongol.

Islant   Norwegia

Mongul   Cattigara

S.Nicolai   Vilug

Swedia   Bergen   Naiman   Carthaio   Tenduc

Friesland   Wiliki   Calami   Cossin   Turfon   Camu   on.   Cathaio   Quinsai

Irlant   Nougrat   Russia   Kosson   Gruftina   Cotam   Gonza

Brasill   Mania   Buda   **A**   **S**   Edah.   Kimar   **I**   **A**   Singui   Paquin

Gallia   Lio.   **EVROPA**   Tartaria   Turchestan   Samarchand   Vaci   am   Iaci   China.   Quinzai

Lisbona   Mar de Bachu   Arme nia   Labahal   Coratan   Deuu   Baicon   Bompur   Latm   Caresf.   Miaco.

Barba   Natolia   So.   Persia   Sira.   Hochetan   Cambalu   Mien   Cansu

ria.   Cyprus   Rey   Sirat.   Guzarate   **India orien talis.**   Lichi

AFRICA.   Aegyptus   Arda   Delli   Brema   Humu ns   Han

Agi   Iyimba   Nubia   **Arabia.**   Zabir   Fartach   Oriza   Caso.   Paloban   Pagodas

C.Serr liones   Nubia   Zeigde   Lacaru   Aden   Goa   Calecut   Pulo.   firist

C.da Verga   Benin   Ambia   **Abissi ni**   Zegla   Magadaceo   Zelan   Maluco

Bangla   Gaza   Melinde   Quiloa   Vasco de Acuna   Giflam   Iaua mai or.

OCEANVS AE THIOPICVS.   Manicon go.   C.Iedo   Mozambique   S.Francesco   Due Compagne   Banditar

S.Croce   S.Matheo   Nobon   C.de arcus   Gehage   Baxos de Nazaret.   Don Garcia   Poueada fona   **Lantchidol mare.**

Ascenfion   C.Negro   Cercas da   Bon galopes   Mascarenas   DEATH

Iuan de Lisboa   S.Apollonia   **MAR DI INDIA**   **LVCACH**   Iaua minor.

Tomeri   **MALETVR**

Trijtan de Acuna   Gonfalo Aluares   Punta de S. Maria   Las Romeros   *Vaftiffimas hic effe regiones ex M. Pauli Veneti et Lua: Vartomanni fcriptis pe: regrinationibus conftat.*

Prom. Terr. Auftrali.

Pfitacorum regio, fic à Lufitanis appellata ob in: credibilem earum auium ibidem magnitudinem.

10   20   30   40   50   60   70   80   90   100   110   120   130   140   150   160   170   180

LIS NONDVM COGNITA.

IDIES.

EBVS HVMANIS, CVI AETERNITAS
TA SIT MAGNITVDO. CICERO:

Franciscus Hogenbergius sculpsit.

【前言】
世界即是座舞臺

挪威　奧斯陸
北緯 *59° 56′ 38″*
東經 *10° 44′ 0″*

　　在開始學會飛行之前，人類便已經採用鳥瞰方式看世界。自史前時代我們利用從上而下方式繪製周圍環境，以了解自己所處何方，岩畫中房舍及田地便是證明此需求的早期例子。不過還是相對到近代我們才能看清楚世界真正的面貌。西元 *1968* 年聖誕節前夕，三名太空人登上阿波羅八號（*Apollo 8*）進入繞月軌道，成為率先看見地球全貌的人類。「喔，天啊！快看那邊！接著過來的是地球。哇，好漂亮！……快把相機給我，好嗎？」在拍下地球美麗、寂寞又脆弱的轉動於浩瀚無涯太空中之前，威廉‧安德斯（*William Anders*）如此說道。

　　阿波羅是位每日馳騁戰車、拖曳著太陽橫跨天際的希臘神祇。西元 *1570* 年佛蘭德斯（*Flemish*）地圖學家亞伯拉罕‧奧特利烏斯（*Abraham Ortelius*）出版了首張現代世界地圖全冊，比阿波羅八號進入繞月軌道還要早四百年，其友人為此寫了首詩，詩中奧特利烏斯坐在神祇身旁，以便看清楚世界全貌：「耀眼的阿波羅，恩准奧特利烏斯同坐四馬戰車奔馳過高

空，俯瞰著所有國家及周圍的奧妙。」

　　奧特利烏斯的世界地圖全冊一打開便是張世界地圖（見目錄之後的跨頁彩圖），兩側雲朵繪製如舞臺布幕揭開地球面貌，而翻頁映入我們眼前的便是挪威（*Noruegia*）、北非（*Barbaria*）、印度尼西亞（*Mar di India*）、埃及（*Aegyptus*）、剛果（*Monicongo*）、日本（*Iapan*）、巴西（*Brasil*）、智利（*Chile*）及新法蘭西（*Noua Francia*）。奧特利烏斯稱本書為《地球大觀》（*Theatrum Orbis Terrarum*），又稱「世界劇場」，因為他認為地圖能使我們看見世界所呈現的表演，如同置身劇場一般。

　　在奧特利烏斯的時代，把世界視作劇場是很常見的事。在《地球大觀》出版後一年，英國劇作家理查・愛德華（*Richard Edward*）藉筆下一名角色如此說道：「世界就如同是座舞臺，在此每個人各自扮演許多角色。」此段相當受到威廉・莎士比亞（*William Shakespeare*）的讚賞，並在幾年後引用於其劇作《皆大歡喜》（*As You Like It*）之中：「整個世界是座舞臺，而所有男女都只是演員，各有其出場及入場。」莎士比亞更把其劇院命名為「環球」（*Global*）。

　　奧特利烏斯原本並不是地圖學家，他也不是天文學家、地理學家、工程師、研究員或數學家。事實上，他不曾經接受過任何學科的正規教育。不過，他在地圖學方面的知識已足夠判斷構成一張地圖好壞的要素，再透過其對品質、整體性及美感的敏銳度，加上大量人際網絡及得知朋友間自行或他人所繪製地圖的聯繫，都使得他能校閱收錄於《地球大觀》中的精美地圖選。

　　撰寫一本有關地圖歷史方面的書，有點像是復刻奧特利烏斯的《地球大觀》之作。本書建構在許多其他相關書籍基礎上，所以我也研讀了相當大量的書籍、文章及影片，以挑選最為重要及有趣的資料。同時，我必須做出特定選擇，畢竟沒有一張地圖能真正涵蓋得了全世界，也沒有書能容納完整的地圖學史，因為地圖史可以說就是社會本身的歷史。地圖具有政治、經濟、宗教、每日、軍事及組織重要性，關於該納入什麼內容也有一

定的困難。最困難的決定，便是那些現今較為貼近我們的資料，因為如今的社會幾乎無一層面不受地圖學的影響

　　縱觀歷史，地圖創造都會受到價值判斷的引導，以決定什麼是值得納入的內容。地圖所提供給我們的資訊總會超過其地理本身，例如相較阿茲提克（*Aztec*）人在特諾奇帝蘭市（*Tenochtitlan*）的地圖中，只記載每個區域統治者的細節，在西元 *1963* 年《挪威地圖集》（*Norgesatlas*）中，卡貝倫（*Cappelen*）出版社的多方考量下，「寧可選入太多地名，也不可掛一漏萬。」阿茲提克的地圖反映了嚴守等級制度的社會階級，而《挪威地圖集》則呈現了社會民主進入黃金時代，一個人都不能少的思維。二者都在其創造當下，受到時代價值觀的影響。

　　同理，本書的撰寫也是一樣。我會選擇在內容上更聚焦於地球北部，並不是因為此地區的人比美國人、阿拉伯人、英國人、法國人、希臘人、義大利人、中國人或荷蘭人在地圖史上扮演更為重要的角色，單純只是因為我來自並居住於此處。我盡力呈現歷史發展有多廣大，並考量到那些最新資料、新方法、新測量方式及深入理解地圖使用的方法及區域等因素，最終到達挪威這個世界角落，為這個幅員廣闊、地理險峻的國家所用。

　　挪威的地理特色為高山、高原、森林，其海岸線長 *25,148* 公里，擁有 *239,057* 座島嶼，西元 *1380* 年至 *1814* 年間為丹麥殖民地。在西元 *1814* 年至 *1905* 年間，則是瑞典的聯盟王國。原著挪威文內容經大量變動，以使本書更易貼近英文讀者。

　　美國地圖學家沃爾多・托布勒（*Waldo R. Tobler*）於西元 *1969* 年撰寫了知名的《地理學第一定律》（*First Law of Geography*）：「任何事物都相關，相近的事物關聯更緊密。」在查看新地圖時，多數人都會先尋找自己的家鄉。「有些或許會先去找自己的舞臺，即表演發生所在的特定區域（大家會這樣，都是因為熱愛其原生地的關係）」，奧特烏利斯在《地球大觀》的前言中如此寫道，所以這種現象也算是舊聞了。然而，我們一旦找到了自己的故鄉，之後多半會藉由在地圖上旅行而感到興奮，目光會先停留在

塔克拉迪（*Takoradi*）、廷巴克圖（*Timbuktu*）及亭可馬里（*Trincomalee*）上，手指在東方快車（*Orient Express*）、絲路（*Silk Road*）、西線（*Western Front*）及古羅馬邊界的路線移動著，最後明白自己對於地球另一端來說，同樣具有異國情調及不可或缺性。

遠與近是相對的。從太空的角度看，地球必定是所有人類的家鄉。如同威廉‧安德斯所說：「我們一路來到月球探險，但最重要的是，我們發現了地球。」

右圖　中世紀現存最老地圖大約在六世紀末或七世紀初繪成。在最上方，基督張開雙臂、向下統治全球。非洲稱作含（*Cam*），以挪亞（*Noah*）兒子含（*Ham*）命名，據說他在大洪水（*Great Flood*）之後便往南方去了。歐洲及亞洲則以挪亞其他兩個兒子雅弗（*Japheth*）及閃（*Shem*）為命名，不過在此難以辨識。非洲南部即為大片不毛之地（*Terra inhabitabilis*）、無人之地。兩條最長帶狀線代表地中海（*Mediterranean Sea*）及非洲南部不知名海域，橫跨頓河（*Don River*）及尼羅河（*Nile*）。斜線帶狀則是代表亞速海（*Azov*）。詳見第 *73* ～ *74* 頁。

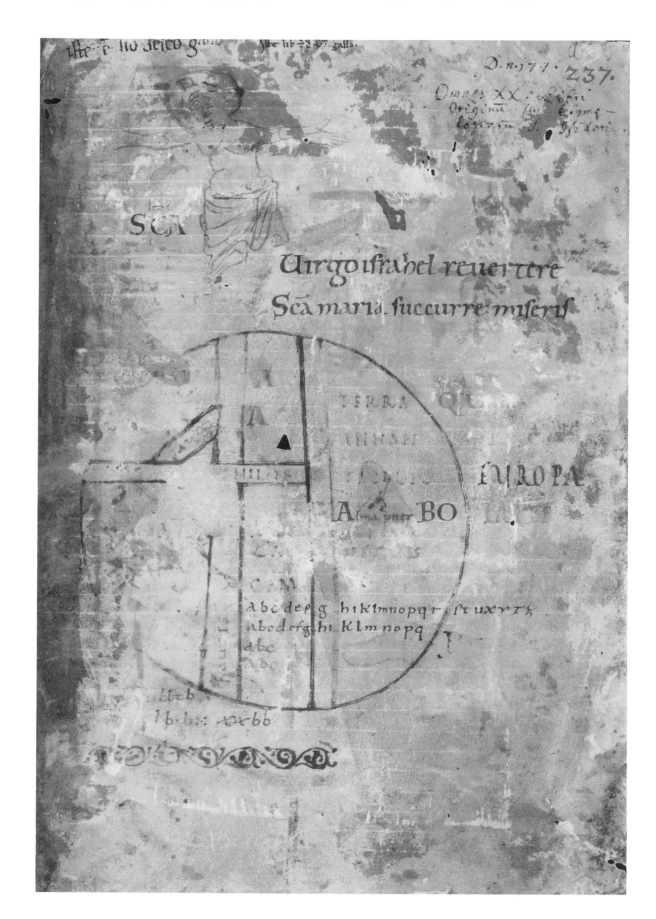

✳ 謝辭 ✳

我想要感謝許多在我撰寫本書時給予幫助的人:首先,是把本書拉回正確方向的編輯提格·瑞瑟·歌德森(*Trygve Riiser Gundersen*);啟發我靈感、討論及熱情、挪威國立圖書館的班奈迪克·甘波·布利撒(*Benedicte Gamborg Briså*),以及傳送地圖給我的圖書館員斯歷·汝斯巴·魯斯歷(*Siri Røsbak Glosli*);傳給我關於現代挪威所有調查文獻的比昂·瑞格凡·派特森(*Bjørn Ragnvald Pettersen*);賦予本書如此迷人外表的設計師迪米崔·卡揚巴奇斯(*Dimitri Kayambakis*);翻譯本書至德文及拉丁文的艾斯崔德·斯凡茲多特·迪維克(*Astrid Sverresdotter Dypvik*)及托·伊凡·奧斯特默(*Tor Ivar Østmoe*);提供新教徒海豬(*Protestant sea swine*)相關資料兼特別顧問的鄂琳·桑莫(*Erling Sandmo*);挪威極地所(*Norway Polar Institute*)對於我所提出問題的協助及友善回覆;挪威測繪局(*Norwegian Mapping Authority*)的埃琳·伊烏斯(*Ellen Giihus*)及西塞爾·奎瓦泰(*Sidsel Kvarteig*);以及在我十一歲時給了我一本、到現在我都還在用的世界地圖集的爸媽。不過,我最想要感謝我的伴侶瑪麗亞(*Maria*),總是耐心聆聽著無止盡的地圖軼事,並給了我完成本書所需書寫、閱讀的時間。

至於那些經緯標示錯誤、地名疏漏、湖泊大小標示勘誤或是河流流入錯誤洋區等所有失誤,當然都是我個人的錯。

身為一名父親,我有絕佳的觀察視角,去看我的兒子逐漸描繪他們的世界。他們打從小孩子便開始在我們公寓裡探索著,從這間臥室到另一間,再從客廳到廚房,他們的地理概念已經隨著成長,納入了他們所就讀的幼稚園及學校、附近商家、烘焙麵包店、運動遊樂場及朋友家。接下來幾年,他們便會繼續探索這個寬廣的世界。因此這本書就是要獻給他們的。

第一章
世界第一批圖像

義大利　貝德利那（*Bedolina*）
北緯 *46° 02' 00"*
東經 *10° 20' 29"*

　　卡莫尼卡河谷（*Val Camonica*）是義大利北部一座豐饒谷地，人類居住在此已有幾千年時間。現今座落於偏離交通主幹道，從維洛那（*Verona*）往北通往阿爾卑斯山區 *E45* 公路及鐵路線的東邊不遠處。此河谷可說是人類地圖學搖籃地，有著距今三千年之久的貝德利那壁畫。

　　地圖是刻在能飽覽山谷美景的岩壁高處上，範圍達 *4.3* 公尺寬、*2.4* 公尺高的大片岩壁刻畫，除了房舍、路徑及方型田地之外，也描繪人、動物、戰士及鹿，總計一百零九個圖像呈現了俯瞰下的村莊農地景色。不過，是誰在如此久遠之前創造了這張地圖？又是為了什麼？

　　自從鐵器時代有人住進此地之後，羅曼語系民族便稱此區域為梵爾利斯・卡謬儂烏（*Vallis Camunnorum*），又稱卡謬尼（*Camuni*）之谷。希臘羅馬時期地理學家史特拉普（*Strabo*）在西元前一世紀所著的《地理

左圖　刻在石上的貝德利那地圖，可能完成於西元前約一千年以前。如果你旅經座落於北義阿爾卑斯山脈布雷西亞（*Brescia*）省的卡莫尼卡河谷，經過山的西邊一座名叫卡波迪朋泰（*Capo di Ponte*）小市鎮，便能親眼看到。這區域有好幾千幅岩畫，因而被列入保護重點。

誌》（*Geographica*）中也提到此地：「接著，雷蒂（*Rhaeti*）人及溫德利切（*Vindelici*）人依序佔領此地，來自部分山區的有一些向東邊移動，還有一些繞往南方……。雷蒂人一直拓展到義大利維洛那上方區域……；而卡謬尼人便是屬於其中一支。」

大約二千五百年前，卡謬尼人與居住在南方的伊特魯里亞（*Etruscans*）人有所接觸，向他們學習到如何書寫字母。儘管面向地圖附近的岩壁有著超過二百個刻印文字，至今仍還是無人能夠解讀。不過我們倒是能因此在某程度上認定，即便沒有任何書面來源能夠證實，但這確實是一張約在三千年前刻畫於石上的地圖。

貝德利那地圖並不具有地理正確性，不能用來找出從某處到他處的路徑。那麼，創造這張地圖的真正目的會是什麼？義大利考古學家亞伯托·馬瑞塔（*Alberto Marretta*）認為，該地圖應該理解為純粹的符號文字，而根據他的說法，這代表了人類史上從游獵社會過渡成農業社會的轉折點。此區域其他岩石壁畫及考古發現也都顯示，卡謬尼人具有地主階級，所以馬瑞塔相信，地圖目的是要展現地主階級對土地具有象徵性的權力。畢竟地圖的製作終究是為了滿足某種需求，許多我們所知的古老地圖都是為了要展示對特定區域的所有權。其他還有更為精緻、符合宗教需求的地圖，則是要表現宇宙中人類所處的地方。

看到史前岩洞壁畫時，我們都必須自問，這到底是什麼地圖。什麼圖上的特質能區分地圖主題？對於一個所知不多的社會所創作出來的一張地圖，我們該如何去解讀？在約翰·布萊恩·哈萊（*J. B. Harley*）及大衛·伍瓦德（*David Woodward*）合著的《地圖學史》（*The History of Cartography*）前言與內文則有以下定義：「地圖是以圖像促使人類世界中對事物、概念、過程或事件的空間性理解。」這定義因此包括了空間最原始的呈現，而「人類世界」則是指我們周圍廣泛的各種可能性，包含宇宙及

來生。不過，產出一張地圖的原因，終究是個有待詮釋的問題。

挪威考古學家斯凡‧馬斯垂德（*Sverre Marstrander*）專門研究遍布斯堪地那維亞半島的岩石壁畫。在他於西元 *1963* 年出版的《東福郡的農業岩石壁畫》（*Østfold's jordbruksristninger*）一書中，他認為自己所描述的「某些奇特、不規則、網格一般的圖案」，是「青銅時代的農業對於某種集合田地類型所使用的原始簡要敘述」。可以說「毫無疑問的，」馬斯垂德堅稱，「這些圖格的組成是在描繪古代的田地。」

但是，馬斯垂德決定不稱這些田地描繪為地圖。相反地，他認為這是種祈求豐產的儀式，以確保田地能生產穀物。或許有其他考古學家會把地圖上的線條解讀成對土地的所有權？

現代地圖往往都具有相關解釋，說明描繪道路、城市、步道、學校及滑雪步道的標誌。當然，在面對疑似史前地圖的時候，不會有這種解釋內容可參考，所以我們不得不猜測、加以詮釋，而任何曾嘗試駕馭陌生手機按鍵的人都知道這有多困難。地圖永遠無法被完整翻譯，加上這些社會都傾向把標誌簡化到極致，直到外人完全無法理解的地步。地圖學家在研究他們所認定的地圖，以及當時社會氛圍時，都會率先解讀那些被隱藏起來、具象徵性及加密後的訊息。還有，研究一張幾千年前的人所創造出來的地圖也是件很吃力的事。

不過，另一方面，我們也能互相比較這些史前壁畫。俄國米努辛斯克（*Minusinsk*）地區同樣有類似貝多利那地圖的大型岩石壁畫，一樣有房舍、人及動物的圖案分散在約 *10* 公尺長的面積範圍上，這也代表了一個村莊。然而，比起展現房舍彼此座落的位置，此地的右刻作者更想要重現房舍面貌，所有東西都有著大致輪廓。不過這也很難說，這岩畫是否就只是一幅畫？房舍是不是一起刻出來的？會不會之後再有房舍新刻在岩壁空白處？相較之下，貝德利納的壁畫根本是張地圖，反倒米努辛斯克的壁畫單純是幅畫像。

心中的地圖

　　早在進入人類現代之前，便有由特定物種發展出溝通地理訊息的交流方式，最廣為人知的，便是蜜蜂以舞動方式互通花叢所在地。蜜蜂會一邊在蜂巢上移動一邊擺動尾部，先向右繞轉半圈回到起點，然後再開始舞動。接著蜜蜂會向下往左繞，如果牠所發現的花叢正對著陽光方向，蜜蜂就會在蜂巢上垂直向上舞動；要是其他蜜蜂必須往陽光左方或右方飛向花叢，蜜蜂就會在舞動中標示出其精確角度。蜜蜂舞動得越遠，花朵所在的地方就越遠；蜜蜂擺動尾部越是頻繁，就代表牠的發現越是豐盛。亞里士多德（*Aristotle*，西元前 *384 ～ 322* 年）提到，蜜蜂必定有指引彼此方向的能力。「……每隻蜜蜂在回程時都會有三到四隻同伴追隨，」這位希臘哲人在兩千年前所著的《動物史》（*History of Animals*）當中如此寫道。

　　蜜蜂飛舞有一項重要的功能，即是知道哪裡有食物的蜜蜂與其他蜜蜂分享訊息，蜂巢儲藏便能大增。對史前人類來說，亦是同理。那些能夠交流獵物、豐富水果或乾淨飲水所在地等訊息的人，就能確保其族群飲食及生存無虞。早期人類為游牧民族，而我們的近親，即猿猴或原猴亞目，主要只生活在森林中，而我們多半時間則停留在平原上，因此我們比遠祖人類發展出較好的視力，連帶與距離、空間及方向的觀念也不同。空間觀念很可能是我們原始意識之一。

　　人類還需要四項主要特徵，才會發展出構思地圖的能力。第一，能進行探索及考察；第二，能儲存所獲取的訊息；第三，能進行抽象及歸納思考；第四，能知道如何使用訊息。我們的遠祖能大致談論當下所發生的事，而人類則學會把事件與過去、現在、未來，甚至是實際空間互相連結。

　　把世界化作文字，例如這棵樹、那座湖及那座山，使得世界在同一時間變得既大又小，而且更易理解。這加速了訊息的傳播，也因此容易見到空間觀念與語言彼此如何發展、互相協助。因為想精準描述出自己腦中那

張地圖，史前人類或許會發展出詞彙，以表達長短距離、方向、地標及到達特定地點所需時間。他們也許會接著在沙地、泥土、積雪上用木棍及石頭創造出第一張地圖，並且用手指或刷子在洞穴岩壁上作畫。

史前地圖

人類在四萬年前開始創造描述事物的象徵物，或至少是我們所知的最早形象，如西班牙北部埃爾卡斯蒂洞穴岩壁上所繪的黑、紅、黃動物圖樣，便是此時期的產物。穴居人使用他們在泥土及煤炭中找到的顏料，並且混合入脂肪、蠟、血液及水。在澳洲發現的岩畫估計也有四萬年之久。

據信世界最古老的地圖是刻在長毛象（*mammoth*）象牙上，估計已有三萬兩千五百到三萬八千年的歷史之久，在德國山地多瑙郡（*Alb-Donau-Kreis region*）挖掘出土。根據德國教授米歇爾·拉朋格魯克（*Michael A. Rappenglueck*）的說法，這是張獵戶座星象圖。拉朋格魯克同時宣稱，法國西南方所發現約一萬七千三百年歷史的拉斯科（*Lascaux*）洞穴岩畫，其所繪的牛、鳥頭人及鳥即代表織女星（*Vega*）、天津四星（*Denab*）、牛郎星（*Altair*），又稱夏季大三角（*the Summer Triangle*），也是北歐夏夜中率先會出現的星群。拉朋格魯克認為，這能從連接其圖形眼睛的三條線看出端倪。

並非所有人都接受拉朋格魯克的論點，但人類在創造地圖之前先創造星象圖此一觀點，是具邏輯性的，畢竟概觀天文要比探勘地勢容易多了。

星星懸掛在我們之上，排列有如橫跨在畫布或牆上，也很容易用圓點表示。星象圖或許在早期農業社會中具有很重要的作用，特定星群的出現，在今日仍被作為穀物播種的徵兆。不過，也不是所有史前的圓點排列

下頁圖　從貝德利那地圖插圖可清楚看出岩畫所欲呈現。地圖中有六棟房子及大約三十塊田地，全都由小徑所連接，此外，還有梯子、動物及人，完全為俯瞰視角。直到西元 *1934* 年才有人開始去思考，會不會也許這岩畫就是張地圖。

圖都是星象圖。

黑凡耶（*Rævehøj*）是在丹麥芬恩（*Fyn*）島上，自石器時代便座落於土丘暗室裡的岩畫。一幅刻畫在其中一顆承重石塊上的優美圓形圖樣，在西元 *1920* 年由丹麥歷史學家古德蒙·舒特（*Gudmund Schütte*）提出其代表了北斗七星（*Plough*）、雙子座（*Gemini*）、北回歸線（*Tropic of Cancer*）、牧夫座（*Boötes*）、獅子座（*Leo*）、大犬座（*Canis*）及御夫座（*Auriga*）。不過，舒特本人也承認，這項論點的問題便是諸多星系間的距離不太正確，而且岩畫所呈現的圓形圖樣也超過星群數量。舒特之所以會如此相信並不難理解，因為此圓形圖樣與星象圖具有驚人的相似之處。但現在的考古學家相信，這圖樣是呈現太陽十字符號，即圓圈中具等臂十字的圖案。

西元 *1967* 年英國考古學家詹姆士·梅拉特（*James Mellaart*）出版了一本有關土耳其加泰土丘（*Çatalhöyük*）一座九千五百年歷史老城的挖掘結果，他在書中宣稱，其中一項壁畫是以哈桑火山（*Mount Hasan Volcano*）為背景的一張城市地圖。這張地圖很快便得到許多同意梅拉特觀點的支持而變得十分出名。

傑若米·哈伍德（*Jeremy Harwood*）在《到地球盡頭：改變世界的一百張地圖》（*To the Ends of the Earth: 100 Maps That Changed the World*）裡暫譯描述其為「現存最古老城鎮計畫圖」；哈萊則是在聯合國教科文組織機關雜誌《信使》（*UNESCO Courier*）中稱之為「為世界上公認最古老的地圖」；凱瑟琳·迪拉諾·史密斯（*Catherine Delano-Smith*）在《地圖學史》（*The History of Cartography*）裡則寫著「已知最古老地圖」；詹姆士·布勞特（*James Blaut*）在《英國皇家地理學會會刊》（*Transactions of Institute of British Geographers*）中則宣稱：「其加泰土丘地圖……或許比所知最古老書寫系統還要老上兩千年。」但是，這幅畫真的是張地圖嗎？西元 *2006* 年，考古學家史蒂芬妮·米思（*Stephanie Meece*）撰文表示，「房舍」是幾何圖

案，在加泰土丘其他地點也能看到，而且「火山」其實是花豹毛色。七年後，考古小隊透過調查哈桑火山是否在地圖創造當時爆發過，以檢測這項地圖論點。岩石樣本顯示，火山實際上在八千九百年前爆發過，而且能從該城市見到火山爆發。這到底能不能證實該幅畫就是張地圖呢？不見得，但是這確實表示，要找到久遠歷史遺跡問題的正確答案會有多麼困難。

我們對於史前的觀點也同樣影響了我們對此時期地圖的看法，最後可能導致對其存在的低估或高估結果。第一，低估史前地圖很常見，直到西元 *1980* 年前，可以說是只有四張來自史前時代的地圖被充分研究過。接著，便是史前信仰所出現的新論點時期，石器時代人類的思維、原始社會中符號的作用，以及岩畫的重要性。這也產生一些「新」地圖的發現，在西元 *1987* 年《地圖學史》第一版問世後，關於歐洲、中東及北非史前時期的章節，便列出了五十七張可能的地圖。其中有的早就受到駁斥，而有的仍持續爭論至今。

座落在摩洛哥阿特拉斯山脈（*Atlas Mountains*）的泰拉里斯特（*Talat n'Lisk*），是一塊直徑 *1* 公尺的圓形岩畫。圓中具有精心刻畫的圖案，推測是代表寬廣河谷處於兩座山之間，其中有一條寬大河流及支流，還有兩個圓點，一大一小，象徵著鄉鎮。此畫大約已經六千年之久。

在北高加索山脈（*North Caucasus mountains*）曾發現一個具五千年歷史的銀花瓶，上面刻有兩條河川從山上流匯入一座湖泊或海域。這或許是代表著高加索區域山脈及兩條河流。

其他從伊朗摩蘇爾省（*Mosul*）附近的忒坲伽拉（*Tepe Gawra*）所出土的彩陶罐，其上的圖案則是繪有獵人處於高山中，以及具支流河川的廣大河谷中。有人認為，這是按照心中所想的特定景象所畫出的圖案，但也有人認為這是在概述打獵一般情形，而非是特定地點的形象。

中國西南邊境滄源區域也是另一幅類似貝德利那地圖岩畫的發源地。其中央有村落，繪有建築於木樁上的房舍。刻畫者在表現空間、距離及這

些房舍地點的意圖相當明顯，將最遠的房舍畫成上下顛倒，以顯示其木樁位於圍籬之外便能得證。往村落方向則有虛線，作為人及動物行走的道路。

南非林登堡（*Lydenburg*）還有一個村莊出土岩畫。這幅岩畫很大，約 *4.5* 公尺長、*4* 公尺寬。內容描繪圓形鄉鎮中道路網絡，跟貝德利那地圖相差不多。

葉尼塞河（*Yenisei River*）畔的蒙古穆戈撒果（*Mugur-Sargol*）岩畫上，則以俯瞰方式呈現當地游牧帳篷及圍籬。蒙古也是許多古墓遺址地圖的發源地，有些岩畫還描繪了我們的現世及來世。

冥界地圖

歷史學家估計，人類大約在十萬年前開始會想像我們現存世界以外之地，而此時期古墓的出土發現，則包括了死者希望能帶往下一世的物品。不過長久以來，大家都認為史前人類還無法創作出任何超出其所處環境經驗以外的地圖，即呈現自己與太陽、月亮、星辰的相對位置，至於有關亡者及神祇所在地仍是遠超出其能力範圍之外。地圖史學家李奧・鮑格羅（*Leo Bagrow*）在西元 *1964* 年寫道：「至於規則……史前人類地圖仍受限於相當小的範圍內……他們的地圖很具體……無法畫出世界，甚或是在心中予之具象化。他們沒有世界地圖，因為其侷限主宰了他們的思考。」然而，近年來也發現了描繪人類如何看待自身，以及相對於其他生物關係的地圖。這些常是以迷宮、圓圈、梯子及樹木為形象，還有許多代表組成宇宙的各種階層，包括天堂、人間及冥界。

於撒哈拉（*Sahara*）所發現的岩畫，繪有人形圖案被包圍在橢圓、海浪及矩形之中，其底部開口被認為是通往亡者國度的道路。

義大利的特里奧拉（*Trioria*）有一座小型石雕，上方刻有太陽，地球在中間，連接通往地底世界的梯子。在英國約克郡（*Yorkshire*）所發現的

岩畫，則繪有梯子從一個圓圈連接至另一個圓圈，或許是想表現地球、星辰及行星之間的關聯。

印度中央邦（*Madhya Pradesh*）所發現的一幅精美洞穴岩畫，圖案則呈現海洋上方有蘆葦、魚及鳥，還有許多幾何圖形圍繞在置於中心的太陽。有人認為這或許是創造者所認知的宇宙圖。

還有許多證據顯示，地圖內容具有祭祀用途。澳洲及西伯利亞薩滿族（*Shamans*）土著，在其保存千年歷史的宗教文化中，會使用繪有地圖的神鼓進入催眠狀態。這些地圖能避免薩滿族在神遊時迷路。

十八世紀初，挪威傳教士湯瑪士・凡・威斯特（*Thomas von Western*）參考薩滿神鼓所畫的地圖，便有結合舊有信仰及新天主教信仰的地圖特色。兩條將人間與天堂、天神與地靈分隔開來的線條，其中包括太陽；而基督之路（*Ristbaiges*）旁邊有馬、羊、牛及教堂；亡者國度（*Jabmiku di aibmo*）畫有另一座教堂及薩滿小屋。這張宇宙圖中，還有能釣魚的湖泊及古老薩滿人祖先。

地圖是世界的形象，也代表著世界觀。宗教敘事與地圖相關者，都是人為了要描述世界的模樣。這是在看似無止盡且難以理解的世界中，強行置入秩序及組織的方式，因此我們發展了宇宙開創論，幾乎在不同時期中，各種文化都自有一套描述世界如何創造出來的理論。

目前主要宇宙學觀點，即一百三十八億年前大爆炸所產生宇宙的科學說法，並不特別老舊，最早是由比利時牧師兼物理學家喬治・樂梅特（*Georges Lemaître*）於西元 *1927* 年所提出。在此之前，科學家相信宇宙的存在為恆久不變。不過，大爆炸理論（*Big Bang Theory*）並未立即使所有天文學家及科學家所接受，因為萬物皆起源於此的說法聽起來實在太過像宗教信仰；有人說，這把上帝又重新算入起因，而這項理論也自此受到強力支持，並不只是因為天文學家愛德文・胡伯（*Edwin Hubble*）在西元 *1929* 年證實了宇宙仍持續擴張。然而，直到西元 *1964* 年宇宙微波背景輻

射的發現，被視為是大爆炸之後所遺留現象後，這項理論才終於為科學界所認真看待。

　　大爆炸理論也同樣受到許多具有宗教世界觀的人所擁戴。印度教徒所相信的造物詩歌（*Hymn of Creation*），即萬物交織形成於混沌未明、熾熱之中，則是如此描述：

> 起初是蘊含在闇黑之中的黑暗
> 全都只是無光的宇宙之水
> 彼物出現，始於虛無
> 終成熾熱力量的誕生

　　《古蘭經》記載，「天園與世間曾合而為一，而我們將之一分為二」。而教宗庇護十二世（*Pope Pius XII*）則在西元 *1951* 年宣示，大爆炸理論並不符合天主教創世論。

　　不同時間及地方都有其創世論述與詮釋世界觀的方式。有一個芬蘭的創世故事，敘述了一顆蛋分化成人間及天堂；夏威夷人則訴說，海床軟泥是如何形成了地球。伊努特人（*Inuit*）相信地球是從天上墜落而來；希臘人則提到大地女神蓋亞（*Gaia*），創造了天界、高山、秀麗河谷及俄科阿諾斯（*Oceanus*），即無盡之海。有時這些故事在同一文化中，還會因為時間地點不同而有所變化，而且這些神話傳說也不一定會符合人們所具有的地理知識。這也告訴了我們，不應直接從字面上理解這些創世敘事。托·艾格·布利撒（*Tor Åge Bringsværd*）與延斯·巴維（*Jens Braarvig*）合著的《起源：世界各地創世神話》（*I begynnelsen. Skapelsesmyter fra hele verden*）中寫道：「那些在某些時點的歷史敘述變成了其他人的神話，而今天的神話故事也許會在明天成為事實，或曾在過去被認定為事實。」然而，早期宇宙論普遍都認同，我們所處的人世間位於正中央，同時還有其他屬於冥

界，以及神祇所在的超自然空間。

　　北歐古老神話便是此種世界觀的佐證。世界的中央是一顆白蠟樹，即世界之樹（*Yggdrasil*）。中世紀的冰島作者斯諾里・斯圖魯森（*Snorri Sturluson*）在《愚弄古魯菲》（*The Fooling Gylfe*）敘事中便提及，「這棵白蠟樹是所有樹中最好、最高大的一棵；其枝幹遍布全世界，直達天際。而三條樹根支撐著樹，各自分散開來。」樹幹位置是阿斯嘉（*Asgard*），即諸神國度，周圍則是米德嘉（*Midgard*），即人類家園。樹根是寧夫海姆（*Nilfheim*），為北歐神話中的冥界深淵，屬於黑暗勢力的惡龍尼德霍格（*Nidhogg*）所盤據區域。環繞著阿斯嘉及米德嘉的是一大片海洋，也是尼德霍格興風作浪之處。

　　十三世紀的冰島民間詩歌（又稱埃達，*Eddas*）與傳說（又稱薩加，*Sagas*）並沒有提到世界之樹如何形成，但是描述了世界本身如何起源。以下是詩歌所敘述版本：

　　　尤彌爾（*Ymir*）的肉身化作了大地，
　　　血液化為海水，
　　　骨骼化為山丘，
　　　毛髮化為林木植被，
　　　頭骨化為天界；
　　　眉毛化為各種陰柔力量
　　　形成人類之子所在的米嘉德；
　　　而腦子便化成所有厚重雲霧。

下頁圖　十八世紀挪威傳教士湯瑪士・凡・威斯特所沒收的祭祀用鼓。圖中繪有薩滿地圖特有的人間及神靈觀念。威斯特在威嚇拒絕交出薩滿法器的村落鎮長、地方警長時說道，「終結邪惡的薩滿法術吧，還有法杖、巫術及神鼓。」他用這種方式搜括了將近一百個祭祀用鼓。

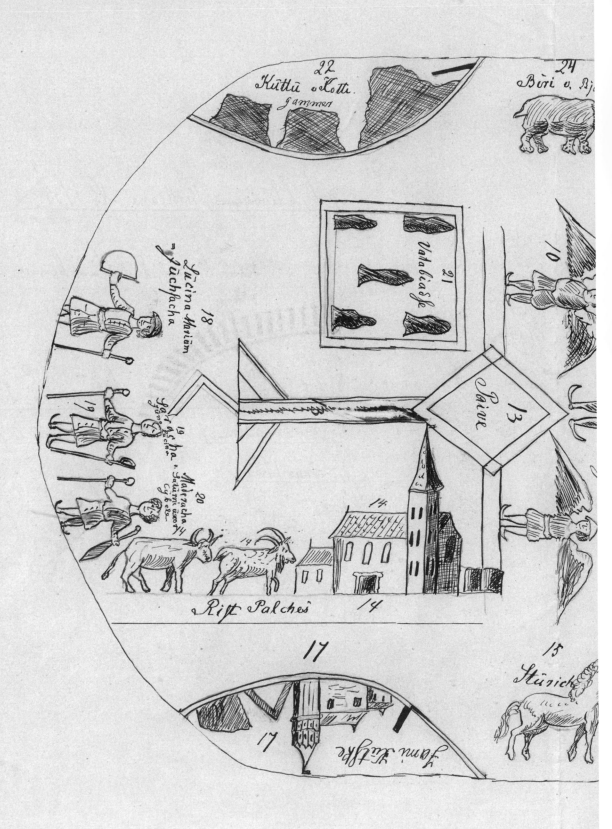

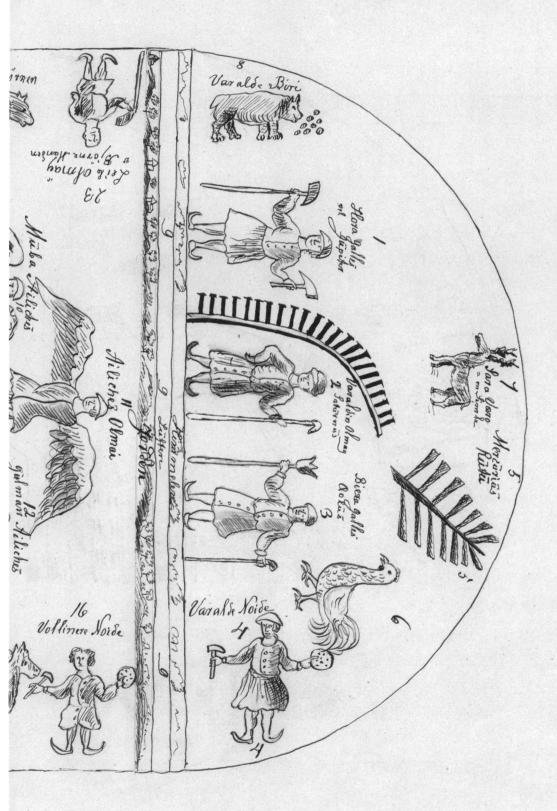

尤彌爾是巨人，在史前來到位於南方炎熱的姆斯貝海姆（*Muspelheim*）與北方嚴寒的寧夫海姆之間的金努嘉鴻溝（*Ginnungagap*）。某日，距離艾利伐加河（*Élivágar*）水源地遠方所流河水在金努嘉鴻溝北部區域結了凍。一遇上姆斯貝海姆飛舞的火花，便融化成水滴，這些水滴透過火花而孕育出生命、形成了尤彌爾。

　　在沉睡中，尤彌爾開始流汗，從他的腋下生出了一個男人及一個女人，胯下則生出了一個兒子，他們便是巨人族的祖先。尤彌爾以一頭名叫奧德姆布拉（*Auðumla*）的母牛乳汁為食，牠同樣誕生於森林及冰雪之中，並以冰岩上的鹽為糧：「第一天，牠舔食著鹽岩，舔舐之處在傍晚便長出了男人的頭髮；到了第二天，則是整顆男人的頭顱；第三天，便成了一個男人。」這個男人名叫布利（*Buri*），接著他生了個兒子叫布爾（*Borr*）。布爾娶了女巨人貝絲特拉（*Bestla*）為妻，他們有三個兒子，即奧丁（*Odin*）、威利（*Vili*）、菲（*Vé*）。

　　一場權力鬥爭接著便在金努嘉鴻溝展開。布爾與貝絲特拉的三個兒子殺死了尤彌爾，停止了其汗水滴下所繁衍出的巨人族。在《愚弄古魯菲》中，斯圖魯森重新說到了這三兄弟如何利用尤彌爾的身軀塑造出大地，補述了他的血液變成海洋，「環繞著她（大地），看起來就像無人能橫跨般地凶險。」

　　埃及人也認為人間圍繞在一大片寬廣、混沌的海洋之中，其上下方是宇宙看不見的地方，即日月星辰不在天空時的所在地，據信也是人類與動物於人世間壽終以後的去處。一張西元前 *350* 年的埃及地圖，便呈現了以上方為南方的埃及與周圍區域。努特女神（*goddess Nut*）像拱橋般地橫跨大地，她雙手在西方、雙腳在東方。有時，努特女神仰躺在大地之下，太陽會在傍晚沒入其身，並於第二天早晨再度重生。

　　在西元前九或八世紀所寫下第一部希臘荷馬史詩《伊利亞德》（*Iliad*），也描述了一個受海洋圍繞世界的相似宇宙觀。在希臘人及特洛伊

人（*Trojans*）陷入戰爭時，希臘火神赫菲斯托斯（*Hephaestus*）負責為希臘戰士阿基里斯（*Achilles*）鑄造盾牌。而赫菲斯托斯在盾牌上所裝飾的描述，亦與希臘宇宙相關：

> 他繪製出大地、天空及海洋，
>
> 驕陽不倦、皎月圓滿；
>
> 繁星熠熠高掛天空如冠冕，
>
> 有著昂宿星團（*Pleiades*）、畢宿星團（*Hyades*）及北斗星群，
>
> 而大獵戶座（*Orion*）更是璀璨四射；
>
> 圍繞天空之軸，
>
> 大熊座轉動著，直指他金色雙眼。

赫菲斯托斯在金屬上鑄造世界圖像，包括城市、人及動物、戰士及地主，最後是海洋，呈現在盾牌邊緣上：

> 因此寬大盾牌成就了藝術之冠，
>
> 最後他的手在邊際傾瀉，環繞四周的海洋；
>
> 流動的銀猶如波浪滾滾，
>
> 拍打著圓盾外緣，圍成一體。

我們對過去的時代觀感也會影響對其內容的**翻譯**。在伊利亞德的挪威譯文中，希臘神祇蓋亞被譯為「尤德斯奇文」（*jordskiven*），即「地碟」（*earth disc*），從此譯文來看，可以假設希臘人認為地球是平的。

類似的問題同樣出現在聖經的創世敘事中。《欽定本聖經》（*King James Bible*）創世紀第 *1* 章第 *6* 節便寫道：「神說，諸水之間要有穹蒼（*firmament*），將諸水從眾水分開。」

問題便在於「穹蒼」一字，不見得是希伯來原文「拉奇亞」（*raqiya*）的正確翻譯。西元 *2001* 年的《新英文標準聖經譯本》（*New English Standard Version of the Bible*）將其改譯為「無垠」（*expanse*），「諸水之間要有無垠」，即得拓展無邊無際者。因此得知，早期猶太人不見得把天堂視作是類似彎曲、懸於地上的鐘形瓶。

　　聖經《創世紀》亦間接顯示了聖經撰寫者的世界觀。其中第 *2* 章第 *10* 至第 *14* 節寫道：「有河從伊甸（*Eden*）流出來，滋潤那園子，從那裡分為四道河。第一道名叫比遜（*Pishon*），環繞哈腓拉（*Havilah*）全地，在那裡有金子，而且那地的金子是好的；在那裡還有樹膠和瑪瑙。第二道河名叫基訓（*Gihon*），環繞古實（*Cush*）全地。第三道河名叫底格里斯（*Tigris*），流在亞述（*Assyria*）的東邊。第四道河就是幼發拉底（*Euphrates*）。」

　　哈腓拉可能是指沙烏地拉伯（*Saudi Arabia*）西邊希賈茲山脈（*Hijaz Mountains*），幾千年前往西流向波斯灣（*Persian Gulf*）的河流系統，現今已經乾涸。古實是位在現今埃及與蘇丹交接處的古王國，也就是努比亞（*Nubia*），至於基訓則據稱是藍尼羅河（*Blue Nile*）。底格里斯河發源自東土耳其，往下經過伊拉克，最後流入波斯灣，而幼發拉底河也同樣會流經伊拉克。

　　亞當與夏娃的兒子該隱（*Cain*）殺害了親兄弟亞伯（*Abel*），接著「離開上帝所在地，遷居至伊甸園之東，諾德（*Nod*）之地」。不過，「*nod*」這個字根源自希伯來文「流浪」（*to wander*），因此諾德並非是特定國家或地區，而是暗示該隱開始了游牧生活。

　　聖經世界的中心是耶路撒冷。《以西結書》（*Ezekiel*）第 5 章第 5 節寫道：「主耶和華如此說：『這就是耶路撒冷；我曾將她安置在列國之中，在四周的列邦之內。』」耶路撒冷的神廟建造如宇宙地圖，外圍庭院代表著我們可見的世界，包括其國家和海洋；內圍聖地是可見的天堂和上帝花園的

圖像，而中心空間則代表了看不見的神之國度。

在許多文化中，都能發現以世界為中心的信仰。之所以會出現這種情況，是因為隨著時間流逝，人們注意到星星在上方旋轉的方式，認為其必然是繞著某物旋轉。自然而然，人們便傾向把世界中心視為是自己居住不遠處。家是人們最了解的地方；具有建設和文化，而遠方的一切都屬未知，代表著混亂、夜晚及死亡。公認為世界中心的位置通常是地球與天空相遇的置高點，例如高山，樹木或寺廟。

日本人認為神聖的富士山是世界中心。在北美，夏陽人（*Cheyenne*）將南達科他州（*South Dakota*）的黑山（*Mo'ôhta-vo honáaeva*，*Black Hills*）視作世界中心。對於澳大利亞的皮詹塔佳若人（*Pitjantjatjara*）來說，又稱艾爾斯岩（*Ayers Rock*）的烏魯魯（*Uluru*）便是中心。希臘人的世界中心是具有神諭（*oracle*）德爾斐（*Delphi*）；中國道教則稱崑崙山為「世界中心之山」。而在宣稱自己為世界中心的觀點上，中國也較大多數國家更為甚之：以中文來說，中國國名意思便是「中央之國」（*the Middle Kingdom*）。

蘇美人和巴比倫人

巴比倫是目前已知最古老的世界地圖中心，在現今巴格達（*Baghdad*）西南部的巴比倫城市西帕爾（*Sippar*）發現了具有二千六百年歷史的泥板。這塊泥板大小為 *12.5* 公分長、*8* 公分寬，並不算大，起初並沒有引起多大注意，只不過是西元 *1881* 年出土後，送往大英博物館的七萬塊泥板之一。今日，該泥板變成此博物館最受矚目的收藏品之一，即《巴比倫世界地圖》（*Babylonian Map of the World*）。

該地圖由二個同心圓所組成。最裡面的圓環包含了幾個小圓圈、矩形及曲線，外面大圓則圍著八個三角形，而唯有解讀其背面的古銘文，該泥

這段文字表示，外環是馬拉圖（*marratu*），即「鹽海」，代表了環繞著人類世界的海洋。在內圈內側頂端，則有弧狀長方形貫穿正中央，這便是幼發拉底河。從北方一個標示為「高山」的半圓形往下流，最後匯入南方被標示為「水道」或「沼澤」的水平長方形。橫跨幼發拉底河的長方形是「巴比倫」，圓圈則表示周圍城市或區域，即南伊拉克的蘇薩（*Susa*）、南伊拉克迦勒底（*Chaldea*）區域的比特雅金（*Bit Yakin*）、葉門（*Yemen*）的哈班（*Habban*）、亞美尼亞（*Armenia*）的烏拉爾圖（*Urartu*）、東伊拉克的德爾（*Der*）及亞述。

從代表海洋的外圈向外放射的三角形標示為那古（*nagu*），譯為「區域」或「省分」。據說某些古老的巴比倫英雄曾到過這些地區，旁邊銘文則描述此區域為「不見天日且伸手不見五指之處」，也是巴比倫人傳說中的北方之地和黑暗冬季。另一區則標記為「不見飛鳥之地」。其中還提到了異國動物，包括變色龍、猿猴、鴕鳥、獅子及狼。這些都是未記載於地圖的空間，是神祕遙遠的他方，位於巴比倫所知世界的邊界之外。

為何創造該地圖的原因仍不明。銘文指出，地圖創造者是「伊－貝爾－伊里」（*Ea-bel-ili*）的後裔，此人來自位於西帕爾南部的波爾西帕市（*Borsippa*），這便是我們所有已知的資訊。不過，這並非是該區域當時唯一遺留下來的地圖。

在巴比倫人之前，伊拉克平原上的主要居民為蘇美人。他們所知的世界是從北方的土耳其及高加索（*Caucasus*）延伸到南方的埃及，從西方的地中海、塞浦路斯（*Cyprus*）和克里特島（*Crete*）延伸到東方的印度。其東邊近鄰為埃拉姆人（*Elamites*），蘇美人經常與之交戰；西邊則是閃族（*Semitic*），即流浪來去的游牧民族馬圖（*Martu*），他們居住在帳篷裡，飼養綿羊和山羊。北邊居住著蘇巴圖（*Subartu*），是馬圖為了獲得木材、原物料及奴隸而經常掠奪的民族；南邊是巴林（*Bahrain*）的迪爾蒙（*Dilmun*），是個與創世神話和死亡國度聯想在一起的貿易驛站。

蘇美人全盛時期約為西元前 *3500* 年至 *2270* 年，並為我們留下了兩件至今繪製地圖仍繼續使用的東西：底稿及數學。將地圖分為經度 *360* 度和緯度 *180* 度的現代方法，便是以蘇美的數字系統為基礎，不過該系統是以數字六、十二及六十為基數，而非數字五、十及一百。

　　關於蘇美人何以發展成如此系統的原因，有好幾種理論。其一的假設，以拇指計算四隻手指指節時，便能輕鬆數至十二：在食指上數一、二、三，中指上數一、二、三，無名指上數一、二、三，小指上數一、二、三。而每次算到十二時，就舉起另一隻手手指，那麼算了五次的十二後，便是六十。

　　六十也是個十分好用的數字，因為能被十一個數字整除：一、二、三、四、五、六、十、十二、十五、二十及三十；亦能輕易創造較小的單位，例如二分之一、三分之一、四分之一及十分之一。希臘人在建立蘇美人和巴比倫人的天文學、幾何學和地理學的基礎上沿用了此數字系統，而這也是我們現今仍持續使用的原因。

　　蘇美人的書寫系統，即我們所知最早的書寫系統，把記錄地理資訊化變成了現實。先進的軍隊及穿梭各地收集金屬、石材和木材的商人創造出清單，列出城市之間距離及每次旅行所需時間。某次軍事旅行便是一例，它詳細記載了從伊拉克南部到敘利亞北部埃馬爾市（*Enar*）的路線。列出的所有停靠點都彼此相隔一天的路程，即 *25* 至 *30* 公里。例如某部隊在某個地點待了超過一個晚上，就會記錄這是「戰車損毀」或「部隊休息兩天」的地方。

下頁圖　一張法老時期的莎草紙地圖，大約來自於西元前 *1100* 年左右，圖中顯示了埃及東部的沙漠，又稱「具有許多浴場的山谷」，即瓦迪哈馬馬特（*Wadi Hammamat*）的採石場。該地圖是在十九世紀初期盧克索市（*Luxor*）附近一個填墓中發現的。原始地圖早就歷時久遠，從當初的 *210* 公尺寬，裂解成現今的寥寥幾塊。保存最完好的地方，還能看見四棟房屋、一座阿蒙（*Amun*）神廟、一座蓄水池、一口井，以及埃及人開採金礦的一座山。

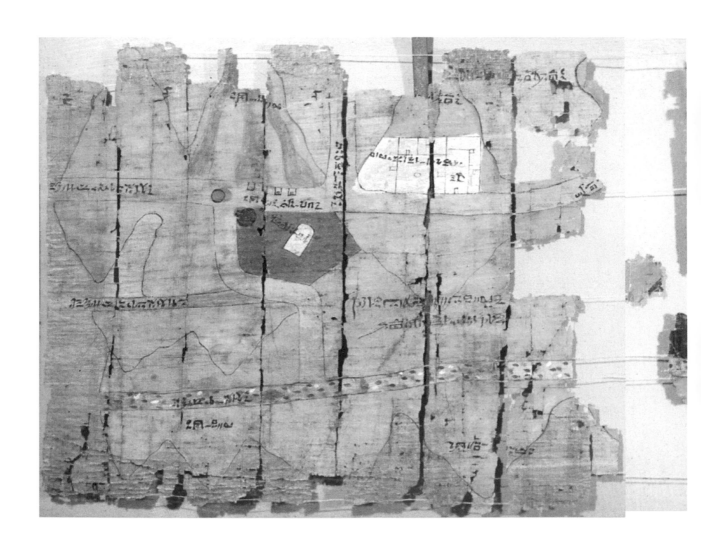

在西元前 *3000* 年左右，蘇美人發展了計量單位，並在二百年後，使用幾何學來測量耕地以計算稅金。他們使用一根測量繩及一根釘子，將其插入地下以固定繩子，此方法被稱為「三角測量法」（*triangulation*），由於簡單有效，便一直被沿用至今。要對區域進行三角測量，首先要在地上畫出一條基線。接著，找出幾公尺外的一點，例如房屋或樹木，作為三角形的最後一角。先以基線一端點，測量該端點至此角點之間的角度，再以相同方法從另一端點為測量。基線的長度和兩個角度的大小，便具有計算至該點距離所需的所有資訊。

一張具有三千五百年歷史的蘇美地圖，顯示了河道轉彎處的幾片田野及運河景觀。同時期，聖城尼普布爾（*Nippur*）的地圖則顯示了該市最重要的神廟、公園、幼發拉底河，以及貫穿城市的兩條運河與七座城門，而這些全都具有命名。然而，此地圖與眾不同之處則是在於，它是為第一個按比例繪製的地圖，也就是說，各種組成皆是按照現實中的相互關係複製。幾棟建築物旁邊的數字也標註其大小，而現今對尼普布爾的考古發掘更宣稱，該城市外觀與地圖上的完全相同。而這座堅實城市的完整再現，亦顯示了該地圖本身具有軍事意義。

偶爾，蘇美人也試圖繪製彼此之間距離較遠地方的地圖，在尼普布爾所發現的地圖便描繪了沿著三條運河及一條道路的九座城市。

巴比倫人則以蘇美人的數學基礎更進一步發展，泥板遺跡便是相關高水準科技的最好證明，尤其是在幾何學方面。巴比倫人還制定特定的單位，並根據到達某地點所花費時間以標示距離和長度。主要單位為貝魯（*beru*），即「雙倍小時」（*double-hour*）之意，大約 *10* 公里。

巴比倫人利用這種數學知識來繪製房地產、領土、房舍、街道、神廟、河流及運河的地圖，有時甚至使用波浪線條來表示水。某塊認為是城市地圖的碎片，繪有一座在巴比倫的神廟及周圍街道；另一塊碎片則具有烏魯克市（*Uruk*）及其建築物。

巴比倫世界地圖的重要性已經受到肯定，但在地圖史上同樣重要的，還有第一幅標明東、西、北等主要方向，同時頂端標示出東方的地圖。該地圖在伊拉克北部基爾庫克市（*Kirkuk*）附近發現，繪製於西元前 *2300* 年左右，其中顯示了一條具有河流流經的山谷。而左下角的文字表示，該地圖位於一個名為馬斯坎－度爾－以巴（*Mashkan-dur-ibla*）的地方。中心是一塊面積為 *354* 以庫（*iku*）（編註：約 *12* 公頃）的土地，其擁有者為阿查拉（*Azala*）。不過，其內文大多難以辨識。

假使巴比倫人確實為第一批在地圖上標示羅盤方向的民族，而蘇美人的尼普布爾地圖則是按比例繪製，那麼美索不達米亞古文明早就使用了兩項現今最重要的製圖原理。

金礦地圖

跟蘇美人和巴比倫人一樣，古埃及人亦是在大河旁從事農業活動的民族，仰賴尼羅河每年氾濫岸邊的肥沃土壤來耕種。洪水也導致景觀的頻繁變化，這意味著古埃及人（就像蘇美人和巴比倫人一樣）都需要調查土地。

希臘歷史學家希羅多德（*Hirdotus*）在西元前 *450* 年至 *420* 年之間所著作的《歷史》（*Histories*）中寫道，「埃及法老王辛努塞爾特（*Sesostris*）把埃及劃分給所有埃及人，每人平均分配一塊土地，並以此作為每年稅收收入來源。任何其土地遭到河道侵蝕的人，都可以到辛努塞爾特面前為事故說明；接著，法老王便會派人去調查計算土地減少部分，以便之後依原先土地徵收稅制按比例繳納稅收。」

法老王時代於西元前 *3100* 年上埃及與下埃及統一開始，第一批埃及地圖便是在此期間所繪製。陵墓中發現具有景觀和建築物特色的裝飾，從上方及沿著代表地平線的線條繪製，可說是象徵地圖的簡單形式。而城市及村落的區別便是以樹木為表示。

《死者之書》（*Book of the Dead*）是一本西元前 *1400* 年左右在莎草紙上寫成有關古埃及喪葬內容的書籍，其中包括一幅揭示了死者能在此工作的花園圖畫。花園呈現長方形，為運河所分隔開來，而所使用的顏色更強化了此圖像為地圖的印象。其他大約西元前 *2000* 年左右、有關死者的地圖亦在棺材內側發現，其繪有兩條道路景觀：一條為經過流水的藍色道路，另一條為橫跨土地的黑色道路。這兩條道路都通往來世的統治者冥神歐西里斯（*Osiris*）。

　　一張約莫西元前 *1300* 年的地圖顯示，塞提一世（*Seti I*）的出征軍隊曾沿途經過沙漠路上的水坑及邊界，到達了今天的以色列、巴勒斯坦與黎巴嫩所在的迦南（*Canaan*）。塞提一世的繼任者拉美西斯二世（*Ramesses II*）曾突擊卡德須（*Kadesh*）一座堡壘，那裡的俄隆提斯河（*Orontes River*）是如今敘利亞霍姆斯（*Homs*）附近的一條小河，而此戰爭圖像具有清晰的製圖特色。河流環繞城市，將兩軍分隔兩地。

　　大約在西元前 *1150* 年，埃及官員阿蒙納克特（*Amennakhte*）繪製了現今僅存最為精美的古文明地圖之一，上面繪有通往埃及東部金礦及採石場的路。除了描繪山脈、道路及河道地形圖之外，這也是世界上最古老的地質圖，標示了該地區存在哪些類型的石礦及金屬。該地圖是為拉美西斯四世的遠征所繪製，用於採集石頭以製作法老王的新雕像。

　　兩條穿越過一片粉紅色山脈的寬大道路，繪製在橫幅約 *3* 公尺長的莎草紙上，連接通往第三條橫跨紙上往第四條道路而去。道路底部繪有各種深淺不一、棕色及白色礫石，以及稀疏綠色植被，典型的乾涸河床樣貌。地圖上的文字標明了道路方向，甚至還闡明粉紅色山脈的來歷：「汲取金礦的山脈被染成粉紅色的。」金礦旁邊有四棟工人所居住的房舍、一座阿蒙神廟，還有一座蓄水池及一口井。

　　把此地圖與現代模擬重製地點進行比較，即長達 *15* 公里的瓦迪哈馬馬特河床，已經公認是正確無誤。考古調查亦顯示，當時此地曾開採過黃

金。該區域與主要道路平行，從尼羅河畔的吉夫特（*Qift*）開始，越過東邊的沙漠到達紅海旁的奎沙爾（*Quesir*）港。在此，埃及人開始對南方某個其稱作邦特（*Punt*）的國家進行貿易探險。時至今日，該國的確切位置仍然受到歷史學家們爭議。

該地圖的繪製或許是出於純粹的物流原因，對距離進行計算的結果，最後再由阿蒙納克特具體描繪出來。那麼，問題便在於，這幅地圖是同類型地圖中的唯一一張，還是有其他埃及製圖者也曾精心繪製了現已遺失的地圖，隱藏在沙漠中某個破損陶壺中，正等待有心人發現。

基礎根據

如同我們所處的時代，史前地圖及古代地圖都會受到繪製年代的影響，並以製作者最大的能力限度來滿足該時代需求。蘇美及巴比倫地圖所描繪的土地所有權，加上在貝德利那所發現的（如果那些地圖也是在描述財產所有權的話），便算得上是幾千年前就加入現代經濟地圖的概念了。宗教所表現的世界及宇宙，也是為了符合在大環境中理解所在位置的需求。

過去的時代及古人的看法，都會影響我們理解過去的世界觀。對於一直以來所相信的，像是在哥倫布（*Columbus*）之前的人們都認為地球是平的，這般不正確的事實會影響哥倫布時代之前的翻譯，我們所信仰的造物敘事及宇宙觀也具有相同的特殊關聯性。猶如穿越歷史迷霧來解釋古地圖及古文，不過史前地理有時也可能剛好與我們繪製的地圖相符。

C. de Bichieri.

Farion.

Alessadria, Vechia.

Roseto.

Alessandria.

Atacon.

Calizen.

Porto Vechio.

Turbet.

EG

Calizene de Ataco.

MAGNVM DEI

bi.

Michale.

Turamania.

Deruti.

Agiatos f.

T

Leonton.

Zuga.

R

Demerio curi.

Nacaria.

Munufi.

Moeridis laco.

Derat.

Subsir.

E.c.

Narnit.

Farson.

Sibenit.

Buld.

Tura

Sachil.

Cayr

Nitriotu.

Barbare pirami.

Nilo

SAYT
INTERIOR.

Meser.

Menuia

Buli.

Exiclese pira mide.

Cofer.

第二章
如池中蛙

埃及　亞歷山卓市（*Alexandria*）

北緯 *31° 12'32"*

東經 *29° 54'33"*

　　在古代，可以從海上大約 *60* 公里遠處看見亞歷山卓市。在這城市以北有座狹長的法羅斯島（*Pharos*），島上佇立一座高度超過 *100* 公尺的燈塔，是古代的世界七大奇景之一。為了指引旅客沿著看似單調的埃及海岸線，以及其隱藏的沙堤和岩石，燈塔在晚上會點火，白天則用鏡子反射太陽光。但這燈塔不僅僅是為了導航地標，同時也象徵旅客已經到了時代大都市之一。尤利烏斯·凱撒（*Julius Caesar*）於西元前 *48* 年到過這座城市，不僅印象深刻，還稱其為「巍峨的高塔、雄偉的建物」。

　　亞歷山卓市是西元前 *300* 年，由另一位帝國開創者亞歷山大大帝（*Alexander the Great*）所建立。亞歷山大麾下的一名馬其頓將軍托勒密（*Ptolemy*），受任命為埃及總督，並在西元前 *304* 年繼位成為救世主托勒密一世（*Ptolemy I Soter*）。亞歷山卓市後來便成為首都，而不久之後，這

左圖　為繪有亞歷山卓市的埃及地圖，海岸上的亞歷山卓市是根據托勒密的古代座標，由吉羅拉莫·路斯切利（*Girolamo Ruscelli*）於西元 *1561* 年所繪製，亦是文藝復興時期所出版諸多義大利托勒密地圖之一。該圖為原始地圖其中一部分。

座城市就成為地中海上最大、也最為重要的發展重鎮。位於埃及北海岸的亞歷山卓市可說是處於文化交匯的中心。在此，是非洲與亞洲的交界；印度、阿拉伯及非洲的船隻從紅海航向東南方，而到歐洲也僅是往北航向地中海的短途旅行。

航向通往港口的峽灣，右邊是法羅斯島，這座在基督誕生前便住在亞歷山卓市的地理學家史特拉普所描述「建築在建築物上」的城市，便會出現眼前。港口周圍地區是統治重鎮，一旦船隻停靠，官員便會登船，負責查明船上是否有古卷。所有運送入這座城市的書都是借來的，以方便書吏能抄錄下來。

師承哲學家亞里斯多德、來自法勒魯姆的德梅特里烏斯（*Demetrius of Phalerum*），建議救世主托勒密一世從世界各地收集書籍。其背後的想法很簡單：貿易能創造財富，財富為知識而消費，知識則刺激更多貿易。短短幾年內，亞歷山卓圖書館就成為了地中海最重要的知識中心。

這些書從船上運到宮殿，即博物館和圖書館所在地，之後製作成的副本又送回船上。此圖書館是第一次對世界上所有知識的收集及分類的嘗試，同時也備受讚賞。

亞歷山卓市不僅收藏了世上最大量的書籍（藏書量最大時可能多達七十萬冊），同時還是三大洲學者的聚會場所。埃及法老王提供飲食、住宿及薪水，還有造訪圖書館的絕佳機會。因此，這座城市受到天文學家、地理學家、工程師，文學家學者、數學家和醫師的頻繁來訪，而現代地圖學也正是在亞歷山卓市中誕生。

西元 *150* 年左右，數學兼天文學家克勞迪烏斯・托勒密（*Claudius Ptolemy*）開始在圖書館中搜尋資料，以便寫一本有關地理的書。他的著作《地理入門》（*Geographike Hyphegesis*），後簡稱為《地理學》（*Geography*），內容主要分為三大部分，其中包含非洲、亞洲及歐洲具經度和緯度等八千多個地點，引導大家如何能在平面上完美表現地球球體，並

討論天文計算及彙整其他知識於地理學科中的作用。在此之前，從未有人在這方面寫過如此全面的書。

我們可以想像托勒密在得以俯瞰博物館公園的老舊柱廊之間徘徊，手臂下正夾著一卷收藏在圖書館諸多書架之一的莎草紙卷。他正在前往埃斯德拉（*esdra*）的路上，那是一座新月形的大石凳，亦是公園圍牆的一部分，而他的同事幾乎都在那裡閱讀或熱烈討論。

這時托勒密大約五十歲。這天，他帶著西元 *77* 年所出版的《自然史》（*Naturalis Historia*）百科全書第 *4* 卷，該書由羅馬軍官兼歷史學家大畢利尼（*Pliny the Elder*）所撰寫，其曾於西元 *42* 至 *52* 年於日耳曼尼亞（*Germania*）服役，而當時正謠傳北方有座剛被發現的大島。托勒密接著打開卷軸：

在該國家中，有座名為塞佛（*Saevo*）、不小於里腓（*Riphæan*）山脈的龐大高山，並且沿著海岸綿延至辛布里（*Cimbri*）的岬角，形成了碩大峽灣。這峽灣名為哥丹尼亞（*Codanian*），遍布著島嶼。其中最有名便是斯坎提那維亞（*Scatinavia*），其規模大小尚未確定，唯一已知的是這裡有個住著希拉萬人（*Hilleviones*）的國家，具有五百個村落，並稱此地為第二世界：一般認為恩尼吉亞島（*Eningia*）並不小。有些人寫道，這些到維斯杜拉河（*Vistula*）的區域，住著薩爾馬提（*Sarmati*）、韋內迪（*Venedi*）、西里（*Sciri*）和希里（*Hirri*）人，還有一座名為希里皮努斯（*Cylipenus*）的知名峽灣。其出口為拉特里斯島（*Latris*），之後接著另一座拉格努斯（*Lagnus*）峽灣，亦為辛布里的交界處。辛布里的岬角沒入海中綿延相當長一段距離，並形成一座名為塔斯特里斯（*Tastris*）的半島。

名為塞佛的龐大山脈很可能是挪威，而辛布里的岬角及塔斯特里斯半島則是丹麥本島。哥丹尼亞峽灣是斯卡格拉克（*Skagerak*）海峽、卡

特加特（*Kattegat*）海峽和東海（*Østersjøen*）的組合，根據大畢利尼的說法，在此處最著名的島為斯坎提那維亞，但羅馬人還不知道斯堪地那維亞（*Scandinavia*）其實是個半島，而希拉萬人很可能是畢利尼對斯堪地那維亞人的統稱。

托勒密利用這些文章，拼湊起世界圖像。他閱讀旅行紀錄、地理文章及天文計算，還去研究古地圖，而這些全都來自於這座大圖書館裡的諸多書卷。他也跟曾去過遙遠港口的水手交談：「不過，造訪過那些地方並待過一陣子的人，以及從那裡來到我們這裡的那些人，彼此間具有一項共識：斯米拉（*Simylla*）位於河口的南方（而非西方），當地人稱之為『提莫拉』（*Timoula*）。」他在《地理學》中如此寫道。

托勒密曾寫過《天文學大成》（*Almagest*），又稱《數學彙編》（*Syntaxis Mathematica*），是本關於恆星及行星的著作。他撰寫此書時，對世界的了解已經比早他三百年前的人所擁有的知識還多。他認為斯里蘭卡（*Sri Lanka*）是已知存在於最南端的國家，對現今衣索比亞（*Ethiopia*）以南的非洲則一無所知，除了絲綢之國（*Serica*）以外，恆河（*Ganges River*）以東更是什麼也沒有，中國則被標示為絲綢之路的終點。在《天文學大成》接近完成時，托勒密對於世界上主要城市皆缺乏可靠坐標一事深感遺憾，「但由於這種知識資訊的開啟，與獨立進行製圖的計畫有關」，他寫下，這項工作不得不容後完成。不過，也正是這項計畫，即世界上主要城市之經緯度表，才埋下寫成《地理學》的種子。不久後，托勒密的目標便是「透過繪製……世界所有已知部分，以及廣義來說與其相關事物」，包括河流、峽灣、大片森林，「還有各種值得注意的事物」。

托勒密在進行《地理學》著作過程中，本身知識量也擴大許多，所呈現的世界比他之前或之後任何古代經典著作中所描述的世界都還要大。從赤道以南 16 度開始，從阿吉辛巴（*Agisymba*）到卡普·普拉蘇（*Kapp Prasum*，即莫桑比克「*Mozambique*」和坦桑尼亞「*Tanzania*」），

東至西奈（*Sinai*，中國）及札拜（*Zabai*），與可能為現今柬埔寨的卡庭加拉市（*Kattigara*）；北至辛布里克半島（*Cimbric Peninsula*）（日德蘭島）（*Jutland*）及可能是挪威的圖勒島（*Thule*），西至位於大西洋某處的神佑群嶼（*Fortunate Isles*）。托勒密總共用八卷來描述世界，待此項工作完成，他也總結了希臘時期、希臘化時期和羅馬時期幾百年來對地球面貌的思維。托勒密本人十分謙遜，表示與其聲稱他的著作多有開創性，他反而強調自己不過是建築在那些辛勤、點滴累積地理知識的前人著作之上。早在七百年前，第一批自然哲學家開始懷疑世界本質的神話敘事之際，便已經在為他的《地理學》奠定基礎了。

漂浮世界

米利都（*Miletus*）古城就是個好例子，證明所有地理面貌都只是短暫存在。這座城市興建時，座落於岬角延伸至港灣最遠端點，但是河水沉積物逐漸將其填滿，導致海岸逐漸遠離城市。城市居民也因此遷徙，如今，米利都古城已成了廢墟遺址，距離大海 *10* 公里左右。

當時的米利都是一座美麗的城市。儘管城市經常遭受戰爭摧殘，還是具有可容納一萬五千人的劇院、一座市政廳、一座體育場、兩個大廣場、一棟體育館及公共浴場。大約在西元前 *600* 年，正值該城市統治者廢除貴族制之際，鄰近的利迪亞王國（*Lydia*）曾試圖摧毀米利都，引起該城市兩大族群，即埃伊納特人（*Aeinautes*）和希羅馬斯人（*Cheiromaches*），發起長達兩世代的反抗起義。

下頁圖　十九世紀時，相當盛行依古代著作來繪製世界地圖。在此，可以看到在西元 *1901* 年出版的《世界地圖集》（*Cram`s Atlas of the World*）中，根據赫喀求斯（*Hecataeus*）、希羅多德、史特拉普及厄拉托斯尼（*Eratosthenes*）所呈現的世界。

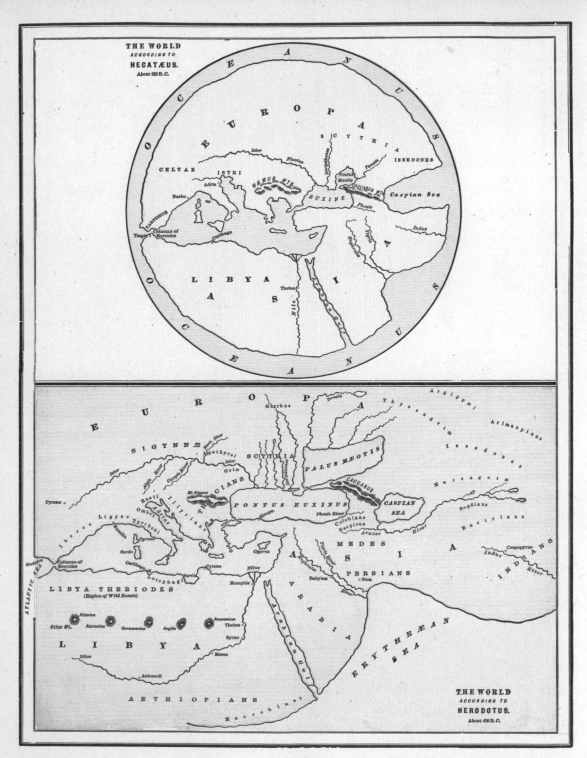

THE WORLD
ACCORDING TO
HECATÆUS.
About 520 B.C.

THE WORLD
ACCORDING TO
HERODOTUS.
About 450 B.C.

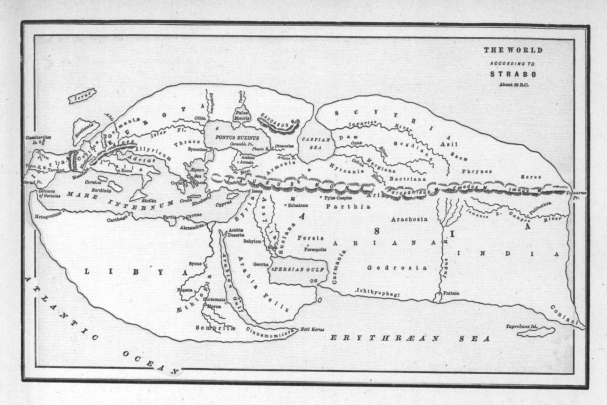

THE WORLD
ACCORDING TO
STRABO
About 25 B.C.

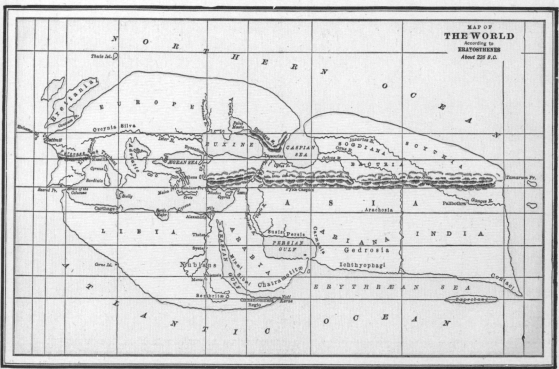

MAP OF
THE WORLD
According to
ERATOSTHENES
About 225 B.C.

於此期間，米利都也成為希臘世界最重要的文化中心。這座城市位於現今的土耳其，亦為巴比倫數學及天文學影響範圍，對於在此萌芽的希臘哲學及科學發展，都具有相當重要作用。藉由這些學科，人們對地球也有了新的思維，即哲學家對神話的解釋並不滿意；他們提出了更加系統化的問題，對於周圍事物進行解釋，而非歸諸超自然現象，並嘗試依據科學理論來描述地球和天堂。

後來，許多希臘學人將這些進展歸功於阿那克西曼德（*Anaximander*，西元前 *610* ～ *546* 年），他否定了巴比倫、埃及與希臘人有關地球漂浮於水面上的論點，更是首次提出人類生活在某一個漂浮於空間物體上的想像。在阿那克西曼德的論點中，人類於無限空間的中心漂浮不動，不受任何東西支撐。地球呈現圓柱狀，有如「石柱」，而其中一端是一塊被海洋所包圍的陸地。阿那克西曼德為何能想像出完全不同於當時其他人的觀點仍然是歷史之謎，但是其論點象徵著現代宇宙論的起點。一顆漂浮的地球開啟了太陽、恆星及行星漂浮周圍、而非僅存在於上方的可能性，也為希臘的天文學開闢了嶄新道路。一百年後的天文學家安納撒哥拉斯（*Anaxagoras*）則提出，月亮之所以發光是因為受陽光反射的假設，而這點必然是採納了漂浮地球的概念。

西元 *200* 年左右的傳記學家第歐根尼·拉爾修斯（*Diogenes Laertius*）寫道，阿那克西曼德也是「第一個繪製海洋和陸地輪廓並出版《地理地圖》（*geographikon pinaka*）的人」。在阿那克西曼德的時代，希臘人還沒有具體名詞來稱呼地圖，約莫到了西元前三世紀才開始使用皮納斯（*pinax*）一詞，以表示用來書寫或繪圖的平板或金屬板。

遺憾的是，阿納克西曼德曾畫過或寫過的資料都沒有留下，但是根據其信仰及後來的希臘地圖，我們可以推斷出他的地圖一定是圓形的，而且他把米利都或德爾斐神諭之地放置在世界中心。歐洲、亞洲和非洲三大洲必然是環繞著愛琴海，還有一條圍繞著世界的大河，即無盡之海俄科阿諾

斯。歐洲與亞洲之間隔著黑海（*Black Sea*）和塔內斯河（*River Tanais*，又稱 *Don*「頓河」），與非洲之間隔著地中海。而非洲與亞洲則是由尼羅河所分隔開來。

希臘人稱這三大洲為人居世界（*oikoumene*）。這個字的字根為 *oikeo*，即「居住」，代表「人居世界」。「人居世界」從西方的直布羅陀（*Gibraltar*）延伸到東方的印度，並從南方的衣索比亞一直延伸到北方神祕的許珀耳玻瑞亞（*Hyperborea*）。

許珀耳玻瑞亞的意思為「極北之地」。玻瑞亞斯（*Boreas*）是希臘的北風之神，是一個蓄鬍、衣衫不整且髮上有冰雪的男人，也是雪女喀俄涅（*Chione*）的父親。他統治位處遠北的里腓山脈，山脈之外則是許珀耳玻瑞亞，是一片氣候宜人的土地，因為每天有持續二十四小時的陽光，居民得以永生而沒有疾病或飢餓。

另一個希臘神話則講述了卡莉絲托（*Callisto*），她和天神宙斯（*Zeus*）有一個兒子，而宙斯善妒易怒的妻子隨後就把卡莉絲托變成一隻熊，以示懲罰。卡莉絲托的兒子長大後，差點在狩獵中殺死變為熊的母親，所幸宙斯即時將大熊座（*Ursa Major*）和小熊座（*Ursa Minor*）（原文意即大熊和小熊）升上天空，避免了悲劇的發生。

希臘人認為里腓山脈就位於牧夫座，即大熊和小熊正下方，因為這些星座一直都掛在北方天際上。北方區域之所以稱為北極，是因為「阿克托斯」（*arktos*）是希臘語中「熊」的意思。北極星則是小熊座中最亮的星星。

直布羅陀海峽是希臘人所知的最西之處，在此的地中海與大片未知海洋的交匯處也被神話籠罩著。其一，便是強壯的半神海格力斯（*Hercules*）在殺死妻子和六個兒子後必須執行十二項任務。任務之一就是到非洲神祕西部海域厄立特里亞島（*Erytheia*）上偷走巨人的牛。大力士海格力斯並沒有攀越現處摩洛哥的阿特拉斯山脈（*Atlas Mountains*），而是直接用力擊碎此地，開闢兩大洲之間的海峽。被摧毀的山脈，部分形成了直布羅陀巨岩

（*Rock of Gibraltar*），另一部分則形成了非洲的摩西山（*Jebel Musa*）。希臘人因此稱此二處為海格力斯之柱（*Pillars of Hercules*）。

無盡之海以外的事物都屬未知。也許那裡有陌生的國度，或是神話般的島嶼，如赫斯珀里得斯（*Hesperides*）、艾里提亞（*Erytheia*）或神佑群嶼等眾多英雄豪傑喪生的至福樂土。

米利都的赫喀求斯（西元前*550～476*年）在所撰寫世界上第一本地理專書中，大幅改善了阿那克西曼德的地圖。該專書《環球旅行》（*Periodos ges*）分為上下兩部：一部關於歐洲，另一部關於亞洲及非洲，赫喀求斯很可能是第一個認為世界是由不同大陸組成的人。這本書的書寫方式為遊記散文，一開始便由東至西描寫了整個歐洲，雖然主要沿著地中海，不過還是有繞行到斯基泰（*Scythia*）去，即黑海的西北方。至於亞洲和非洲，則是先向西延伸至大西洋，並向東延伸至印度。赫喀求斯陳述了城市、距離、邊界、山脈和國家，偶爾也繞過河流而行。透過嘗試重建其地圖上的路線，可知其與阿那克西曼德的不同；赫喀求斯納入了紅海（*Red Sea*），也以蘇伊士（*Suez*）作為非洲及亞洲的連接交界處，同時還注意到了印度河（*Hindus River*）及裏海（*Caspian Sea*）。

很難確定是誰先想到地球是圓的。有人認為是米利都的哲學兼天文學家泰勒斯（*Thales of Miletus*，西元前*624～546*年），並聲稱從他知道有恆星以來，很可能便已推斷出地球是一個球體。還有人認為，阿那克西曼德實際上所描述的便是個球體世界，而非圓柱世界。但更為人所肯定的，則是數學家畢達哥拉斯（*Pythagoras*，西元前*570～495*年）及其學生。

畢達哥拉斯來自米利都的死對頭薩摩斯島（*island of Samos*），但他定居在義大利南部的克羅頓（*Croton*），並在那裡建立一所學校。根據畢達哥拉斯學派的看法，圓形及球形是最完美的幾何形狀。畢該學派也相信，宇宙中所組成的一切都是球體，包括恆星、天堂及地球，而且全都是繞圓移動。在觀察到恆星於夜間環繞定點旋轉之後，更加強了這一項理論。第歐

根尼。拉爾修斯（*Diogenes*）寫道，畢達哥拉斯相信地球像球一樣圓，「到處都有人居住」，並且存在著對立，「我們的『下』是他人的『上』」。

畢達哥拉斯的學生之一，巴門尼底斯（*Parmenides*，西元前 *515 ～ 460* 年），被公認為是第一個將地球劃分為不同氣候區的人：南北兩端是兩個冰冷、無人居住之地，中間是炎熱而同樣不利居住的地區，在冷熱之間則具有兩個溫帶。

希羅多德之笑

歷史學家兼作家希羅多德（西元前 *489 ～ 425* 年）則是批評阿那克西曼德、赫喀求斯與其他繪製圓形地圖的人，他也批評了畢達哥拉斯一派對完美圓形的信仰。他在著作《歷史》中指出，至少沒有任何相關證明大地是圓形且四面環海：

我覺得好笑的是，過去有這麼多張世界地圖，卻沒有一張看來合理。因為全都把世界畫得彷彿圓規一般圓，四周環繞著海洋，而亞洲跟歐洲也幾乎長得一樣。

根據希羅多德的說法，亞洲地處印度之上，遠東只有一片廣大沙漠：「在此之後，整個東方都是一片荒涼，沒人說得出那是怎麼樣的一塊土地。」沒有人「真正對歐洲的東方或北方區域有所了解，能夠說出其確實為海洋所包圍」，更沒有人能「在傍晚時分看到歐洲最遠處（的國家）」，希羅多德寫道，「我沒把握能這樣說。」希羅多德表示，裏海並不是赫喀求斯所認為、在無盡之海北方的海灣，而是一座湖泊，是一個延伸向未知東北方的全新區域。不過，希羅多德卻拒絕為人居世界繪製地圖，因為人類對於周圍所知的實在太少。他批評以幾何學為基礎的理論派地圖作者，並主張地

圖製作應以旅行及探險經驗作為製圖根據。

與希羅多德同時期的德謨克利特（*Democritus*，西元前 *460 ～ 370* 年），則是第一個宣稱人居世界是橢圓形、而非圓形的人，因此他認為最好在橢圓形地圖上繪製。這也是我們至今繪製世界地圖所使用的格式，對當時的理論及宗教角度來說，無論支持地球中心是巴比倫還是德爾菲，都不得不慢慢接受這種橢圓形、周圍邊界皆為未知的說法。

儘管在此期間，許多希臘地圖製作都只是理論，並多半受到數學家及哲學家所爭論，但希羅多德也意識到地圖即將走向普及化。在《歷史》中，他便稱其具有曙光般的重要性，即米利都的統治者艾瑞斯泰戈拉斯（*Aristagoras*）如何在西元前 *500* 年左右到達斯巴達（*Sparta*），並在對抗波斯人的戰爭中使用地圖：「如拉西第蒙人（*Lacedaemonians*）所說，他帶來了一塊銅牌，上面刻有整個地球、具有所有海洋與河流的地圖。」

希羅多德的說法很是重要，顯示出了當時地圖是刻於可攜帶式的青銅牌板上，也因此，幾幅可能在古希臘時期所繪製的世界地圖，會比同時期簡單的巴比倫地圖更具參考價值。此文是把地圖用於政治軍事目的的最早範例之一，拉西第蒙人便能運用地圖向斯巴達人展示到達波斯應採取的路線：

（他指著自己所帶來、刻有地球地圖的銅牌說。）「在里底亞人（*Lydians*）旁邊」，艾瑞斯泰戈拉斯說：「會看到弗里吉亞人（*Phrygians*）……在這附近的是卡帕多西亞人（*Cappadocians*），就是我們所說的敘利亞人（*Syrians*），跟其領土延伸至大海那頭的吉利加人（*Cilicians*）相鄰，那裡還可以看到塞浦路斯島（*Cyprus*）……在吉利加人旁邊則是數量頗多的亞美尼亞人（*Armenians*），在亞美尼亞人之後是瑪提耶涅人（*Matieni*），也就是我為你展示的國家。相鄰的還有在科阿佩斯河（*Choaspes*）之上的奇西亞之地（*Cissian Land*），這裡便是偉大國王所居住且坐擁財富的蘇薩城（*Susa*）。」

從西元前 *423* 年亞里斯多芬（*Aristophane*）的喜劇《雲彩》（*The Clouds*）也能看出，地圖已經很普遍。主角是位名為史崔普希底斯（*Strepsiades*）的農夫，受戰爭波及而被迫遷居雅典，以下場景便是他進入哲學學院就讀時所發生：

　　學生：這是世界地圖。你看，雅典在這。

　　史崔普希底斯：別傻了，那不可能是雅典。這樣的話，陪審員和法院又在哪裡？

　　學生：我跟你說，這區很明顯是阿提卡區（*region of Attica*）。

　　史崔普希底斯：那麼，德蒙（*Deme*）在何處？希辛納（*Cicynna*）又在哪裡？

　　學生：不知道。大概在那裡某處吧。你看這裡，這是優卑亞（*Euboea*），是座離岸的長島。

　　史崔普希底斯：是啊，我和伯里克利（*Pericles*）確實把那些噁心的混蛋撐了出去。那斯巴達呢？

　　學生：在這。

　　史崔普希底斯：也太近了吧！你一定要立刻把它移走！你最好再想想辦法，老弟！

　　學生：但是這真的不可能……

　　史崔普希底斯：那你等著被宙斯毒打吧……

　　這場景顯示，當時雅典的劇院觀眾都知道世界地圖是什麼，而史崔普希底斯的無知則透露了他來自城市以外的事實。

　　在哲學家柏拉圖（*Plato*，西元前 *429 ~ 347* 年）的《費多篇》（*Phaedo*）中，我們得知蘇格拉底（*Socrates*，西元前 *470 ~ 399* 年）對地球的大小及外表讚嘆不已：

「其次，」他說：「我相信地球非常大，而我們這些住在海格力斯之柱與斐西河（*Phasis*）兩河之間的人，就住在大海中相當小的範圍，就像池塘裡的螞蟻或青蛙一樣，而且還有很多住在類似這種區域的其他人……。從上面看，據說地球看起來彷彿是用十二塊皮革所覆蓋的球，分成各種不同顏色的區塊……一塊絢麗紫色、一塊金色，還有另一塊比粉筆或雪更白的白色。」

圖勒島

　　在西元前 *330* 至 *320* 年之間，希臘探險家皮忒阿斯（*Pytheas*）曾在海格力斯之柱之間旅行，並曾向北穿越大西洋，到達地球的白色區域過。他從希臘馬薩利亞（*Massalia*）（即馬賽，*Marseille*）的殖民地外派出去，去看殖民地所購得的商品來源（例如從英國買來的錫，以及從波羅的海買來的琥珀等）。返鄉後，皮忒阿斯寫下了名為《海洋》（*On the Ocean*）的作品，但遺憾的是，這作品未能流傳下來。因此，我們僅從其他提到皮忒阿斯相關作品中，知道這本書的內容及皮忒阿斯的旅行路線。

　　皮忒阿斯是首次將挪威和北方區域列入地圖，或至少有把這些地區納入世界地理當中。在他的描述中，皮忒阿斯提到了特勒（*Thoúle*）或圖勒島（*Thule*），「從英國向北航行『六天』，並接近冰凍海域」。他相信，到了那裡，自己就算去過了世界盡頭。

　　自古典時期以來，有關皮忒阿斯到底前往何處，以及其是否曾真到過那裡的爭論一直很多。事實上，史特拉普及希臘歷史學家波利比烏斯（*Polybius*，西元前 *200* ～ *118* 年）都樂於稱呼他為騙子。波利比烏斯認為，人類根本不可能住在想像中的圖勒島以北任何地方，並將人居世界北部邊界定在波羅的海北緯 *54* 度。

　　皮忒阿斯不僅是一位探險家，還是一位傑出的天文學家，也是歷史上第一位運用天文計算來確定地球位置的人。他利用日晷所投射的陰影，試

著在北緯 *43* 度 *13* 分的位置找到了家鄉馬賽的市集廣場。一直到現代才有更精確的測量方式可用，而此測量結果也成為皮忒阿斯旅行的起點。

緯線位置取決於太陽於春分時的高度。在赤道處（位於 *0* 度），太陽於春分時正好位於上方。在北極，太陽則在向下約 *90* 度位置，即我們鼻子所指方向，剛好超過地平線處。因此，北極位於北緯 *90* 度。在挪威林德斯內斯（*Lindesnes*）燈塔，太陽在春分時低於天頂 *57* 度 *58* 分 *46* 秒，而這便是燈塔的緯度。

分和秒常用於更為精確的計算，因為緯度間距離很長，平均有 *111* 公里。緯度 *1* 分則幾乎等於 *1* 海里，平均為 *1,852.216* 公尺，而緯度一秒大約為 *30* 公尺。

在越過海格力斯之柱之後，皮忒阿斯繼續沿著西班牙和法國向北航行，繞過布列塔尼（*Brittany*），並到達英國西南海岸的康沃爾郡（*Cornwall*）。皮忒阿斯可能從這裡航行到愛爾蘭海並抵達蘇格蘭北端，而也是在此處，挪威極地探險家暨研究員弗瑞德約夫・南森（*Fridtjof Nansen*）於其著作《在北霧中》（*In Northern Mist*）中表示，皮忒阿斯一定已經是往北方航行到奧克尼（*Orkney*）及設得蘭（*Shetland*）群島，然後再到挪威西部直至北極圈。南森是以羅德島（*Rhodes*）的天文學家蓋米努斯（*Geminus*）所提及皮忒阿斯的天文觀測而推論。

蓋米努斯寫道，皮忒阿斯描述了有個夜晚期間不超過兩小時的地方，所以該地點應是在北方至北緯 *65* 度之處。蓋米努斯還引述皮忒阿斯的話，「野蠻人為我們指示了太陽下山的地方」。因此，皮忒阿斯不僅可能像有些

下頁圖　根據托勒密古代座標所繪的一張文藝復興時期地圖。值得注意的是，為挪威基（*Norvegi*）、哥提亞（*Gottia*）、丹那（*Dana*）、皮拉貝藍（*Pilapelant*）和圖勒（*Tile*）等國家描繪的北歐地區還超過北緯 *63* 度，即超出了地圖北部。托勒密要不是相信其確實存在，不然便是對北方的地理一無所知。其為西元 *1482* 年日耳曼人尼可勞斯（*Nicolaus Germanus*）在烏爾姆（*Ulm*）的出版作品。

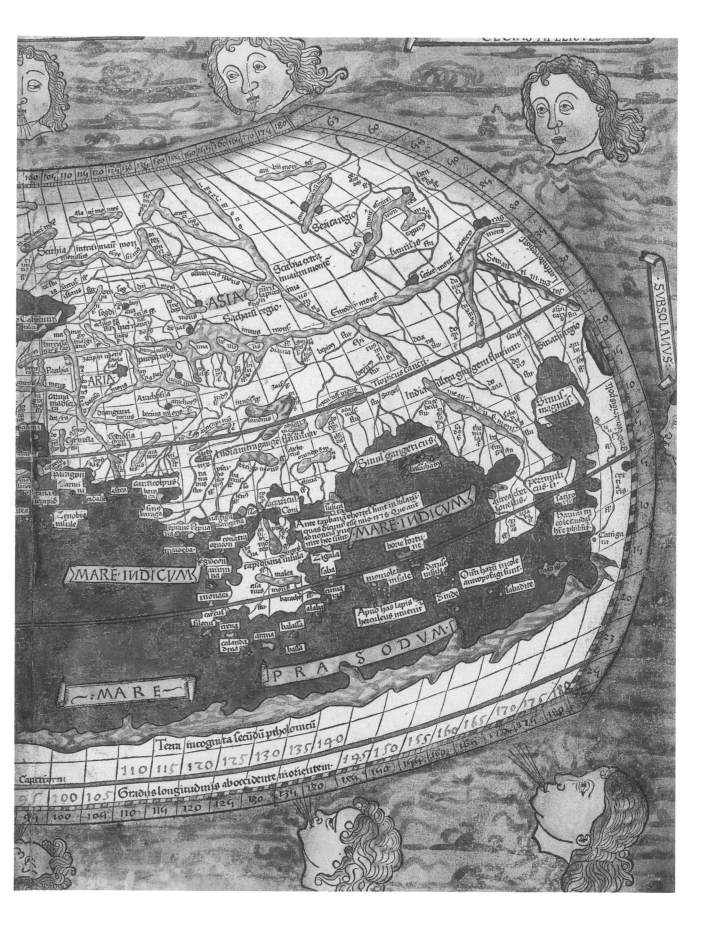

人所說的那樣聽說過圖勒島，他很可能也曾實際去過那裡。從皮忒阿斯其他的描述可知，圖勒島一直延伸到北極圈中，而史特拉普、厄拉托斯尼及大畢利尼的著作都引用過這些內容，表示皮忒阿斯將圖勒島描述為「午夜的太陽之地」。大畢利尼在《自然史》中寫道：

> 眾所周知且傳說中最為遙遠的是圖勒島；正如我們所說，那裡到了仲夏，即當太陽經過巨蟹星座時，根本就沒有夜晚。反之，到了冬至則沒有白日。這些他們所認定的期間每次都會持續六個月，永晝或永夜。

據傳，皮忒阿斯到達了莫爾（*Møre*）或特隆德拉格（*Trøndelag*）地區附近的挪威海岸，他在那裡遇到某一族群，根據史特拉普的說法，那群人以燕麥、蔬菜、野果及樹根為主食，並以穀物及蜂蜜製成蜂蜜酒。他還描述了為因應驟然大雨和缺乏陽光的氣候，他們會如何在大型建築物中脫粒玉米。對皮忒阿斯來說，在穀倉中而非地中海陽光戶外下脫粒玉米，必然是奇特又富有異國風情的吧。

不過，為什麼有這麼多知識分子會叫皮忒阿斯為騙子呢？如果他的敘事是正確的話，若他確實走遍了蘇格蘭以北的未知之地，又越過未知的北海發現了另一個國度，那他便是把希臘人對世界所知的限制，從英國南海岸一路推向北極圈，直到一個北緯 16 度的世界。對許多人來說，這簡直是太令人難以置信。

南森是一位北部區域的遠征探險家，他對皮忒阿斯所選擇的旅行路線一點都不陌生：「對於這位傑出的探險家，他除了是優秀的天文學家，應該也同樣是位能幹的水手，所以要是他曾聽說蘇格蘭北方有個人煙稀少的國家，而且還想去當地看看，倒也不是件不可能的事。我們可以想見，身為一名天文學家，對於確定北方『人居世界』（*oecumene*）的範圍，並親眼目睹北緯特有現象，尤其是午夜白日，他會是多麼地感興趣。」

我們不清楚皮忒阿斯會不會相信圖勒是座島嶼，但這似乎很有可能。像他那樣往北航行，移動在一座座島嶼間，再從設得蘭群島橫跨大片海域到更北方的一個國家，他一定很難想像自己抵達過主要大陸。總之，之後所有地圖上，圖勒都被繪製成一座島。

這個位於北部的神祕國家最終成為固有地理的一部分。托勒密在描述奧克尼群島之後寫道，「遠高於這些之上的便是圖勒」，並將圖勒定位在北緯 *63* 度，而這可能是因為羅馬歷史學家塔西圖斯（*Tacitus*）在西元 *77* 年於其著作《阿格里科拉傳》（*Agricola*）中將圖勒認定為設得蘭群島。

地球周長

亞里士多德為希臘古典時期的地理學下了總結。透過簡單的事實，例如地球在月球上所投射的陰影為圓形，以及越是往北方航行，北極星便在天空中升得越高等等來看，他認為地球一定是圓的。亞里士多德相信宇宙是對稱且平衡的。他堅稱，土和水在本質上都會往宇宙中心趨進，由於其為較重的元素，所以最終地球質量便與宇宙中心維持相同距離。亞里士多德還相信，從海格力斯之柱向西航行到印度是有可能的，而這比哥倫布動身啟航還要早了一千八百年。

亞里士多德也曾表示，地球是由五個氣候帶組成。他在《氣象論》（*Meteorology*）中寫道：「地球上有兩個可居住區域：一個靠近我們的上方或北極，另一個則靠近另一極或南極。」根據他的說法，這個已知且有人居住的世界，從西方的直布羅陀延伸到東方的印度，從南方的衣索比亞延伸到北方的亞速海，其長與高的比例為 *5：3*。因此，把地圖繪成橢圓形應是合理的：「他們把世界地圖畫得十分可笑，因為他們把『人居世界』畫得太圓了，從邏輯及所觀察到的事實來看，這是不可能的。」

馬其頓的亞歷山大大帝曾接受過亞里士多德的教導，他在西元前 *334*

年一路發動軍事襲擊直至印度，同行的不僅有士兵更還有學者，以方便收集當地動植物，文化，歷史及地理等相關資料，並測量其沿途停頓地點之間的距離。亞歷山大從亞里士多德的方法中了解到，在強調周圍世界的重要性之際，觀察應更勝於理論。這次軍事遠征象徵地圖學不再以理論、而是以經驗為基礎的時代正式到來。而有關亞歷山大遠征以創建亞洲地圖及詳細世界地圖的描述，亦常受後來的地理學家作為延伸運用。

亞歷山大此次的長征，造成了希臘文化從城邦國家轉變為幾個影響力觸及地中海與亞洲的王朝。政治地緣既已變化，希臘文化的影響力也於希臘化時期達到頂峰，同時更開始吸收北非和西亞文化。建於亞歷山卓市的圖書館，不僅奠基於亞里士多德學院及雅典圖書館之上，法老王及美索不達米亞國王也有相當貢獻，特別是在伊拉克北部尼尼微城（*Nineveh*）由亞述巴尼拔國王（*King Ashurbanipal*）建立的圖書館（據傳亞歷山大曾到訪過）。

西元前 *250* 年左右，希臘數學家厄拉托斯尼（西元前 *275*～ *194* 年）應邀至亞歷山卓市以接管圖書館的運作。在其著作《地理誌》（*Geographika*）中，他把地理學確立為一門獨立學科，並將過往所有嘗試描述地球外觀、大小及歷史的資料集成大全。他也是首位使用「地理」（*Geography*）一詞的人，該詞是由大地女神「蓋亞」的變體字「*geo*」，以及意指書寫或繪圖的「*graphia*」所組成。

厄拉托斯尼透過一項簡單實驗，企圖以驚人的精準度計算地球的周長。首先，他認為在埃及南部的賽伊尼市（*Syene* 或稱 *Aswan*，阿斯旺），太陽會在夏至時達到最高點。接著，他假設亞歷山卓市與塞伊尼市處於同一經度。最後，他預估這兩個城市之間的距離為五千座運動場。在夏至時，他測量了在亞歷山卓市的日晷影長，由於長度大約覆蓋了錶盤的五十分之一，因此他將五千乘以五十，並得出地球的周長為二十五萬座運動場。後來他將其增加到二十五萬兩千個，以便能被六十整除，這也算是對

蘇美及巴比倫數學的一種致敬。

不過，厄拉托斯尼所用的運動場有多長？如果他用的是相當於長度 157.5 公尺的埃及體育場，所計算得出的地球周長會是 39,960 公里，僅是實際長度 40,075 公里的 1.6%；若是用 185 公尺的雅典運動場，那麼他所算出的地球周長則是 46,620 公里，只有正確答案的 16.3%。厄拉托斯尼也根據錯誤的觀念進行計算：在賽伊尼市，夏至時太陽在夏至之際並未達到最高點。這座城市與亞歷山卓市的經度也不完全相同。

但是，追根究柢，運動場長度與這些地理失誤的問題其實並不重要。厄拉托斯尼知道亞里山卓市及賽伊尼市之間距離相近，其根據則為騎乘駱駝旅行於兩個城市之間所花時間而來。重要的是，他具有能進行測量的度量單位。

知道地球周長，厄拉托斯尼就能知道人居世界覆蓋了地球多少面積。在《地理誌》中，他描述了地球與人居世界大小之間的關係，同時也在目前所知第一張以緯度和經度為特徵的地圖上進行說明。

厄拉托斯尼很可能用了八條緯度。最北的一條位於圖勒島，第二條在俄羅斯聶伯河（*Dnieper River*）河口，第三條位於希臘北部色雷斯（*Thrace*）的城市；第四條為主要緯度圈，經過雅典和羅德島；第五條在亞歷山卓市，第六條位於賽伊尼市。第七條則是在現今蘇丹麥羅埃島（*Meroë*）的城市、斯里蘭卡最南端，以及希臘人認為位於喀土木（*Khartoum*）南部某處的肉桂之鄉。

厄拉托斯尼的主要經線從南部的衣索比亞延伸到北部的圖勒島，並經過麥羅埃島、賽伊尼市、亞歷山卓市、羅德島及聶伯河河口。此線以東，

下頁圖　此兩頁為雅各・德安傑羅（*Jacopo d'Angelo*）對托勒密的拉丁文翻譯。左邊是托勒密不甚滿意的第一個地圖投影，而右邊是較為準確、複雜的第二個地圖投影。此為西元 1482 年日耳曼人的尼可勞斯在烏爾姆的出版。更多有關德安傑羅譯文的資料，詳見第 98 至 99 頁。

sexaginta & vuo. Vicesimū primum horis
octo differt distātē ḡdibꝰ sexaginta & tri
bus:ꝗ per tyle scribitur·Notabitur & alius
versus meridie post eqnoctiale cōtinēs dif
ferentiā hore dimidie:ꝗ p̄ raptū promonto
riū & cattigara describitur:ferme p̄ coequa
les cū oppositis distans ab eqnoctiali gra
dibꝰ octo cū tertia ac duodecima·

Qualiter in plano terra designetur·

ODVS scribendi in ta
bula plana vltimos pa
rallelos eosdēꝗ coequa
les vero situi talis erit·
Faciemus tabulā recto
rū ꝗtuor angulorū vt
ABCD.& sit AB ferme in duplo maior
ꝗ AC & supponatur qd̄ latus AB i supe
riori situ locatū sit:ꝗ erit plaga septētriona
lis.Deinde AB diuidamus in partes eꝗles
& ad angulos rectos & sit ea linea·EF cui
regulam coequalē ac rectā ita adaptemus·ut
p̄ eandē media linea ꝗ ē EF hoc ē recte p̄
ipsius longitudinē crescat linea vsꝗ G & di
uidatur EG in triginta & ꝗtuor tales pteſ
ꝗlium ē.GF centū & triginta vna & tertia
ac duodecima & p̄ centrū G & p̄ punctū i
recta ipsius linea ꝗ distet a centro ptibꝰ sep
tuaginta & noue circulū describemus ꝗ ha
beatur p̄ paralello p̄ rhodū vt HKL Cir
ca vero longitudinē ꝗ ex vtraꝗ pte centri
spacia sex horaꝝ cōtinebit·sumentes dista
tiā ꝗ est in KE linea meridionali ꝗtuor se
ctionū·seu partiū in paralello p̄ rhodum.p̄
quinꝗ diuisam cū maximis circulis sit sere
epitetartus ad ipm:ac taliū dece & octo se
ctiones ab vtraꝗ pte centri signantes in H
KL·circūferentia habebimus puncta p̄
ducēdi erunt meridiani a cētro G quoꝝ ꝗ
libet ab altero distabit tertia pte vnius ho
re·Quare meridianos habebimus terminan
tes vltima.GHMatꝗ GLN Deinde no
tabitur paralellus p̄ tyle in linea GF ꝗ di
stet a cētro G.sectionibus quinquaginta ac

duabꝰ ut OPQ.Eqnoctialis vero describe
tur distans a cētro G ptibꝰ centū & ꝗndeci·
vt RST.Parallelꝰ aut ꝗ ē vltimus versus
austrū & oppositis paralello p̄ meroē nota
bitur·distans a centro G ptibꝰ centū & tri
ginta & vna cū tertia & duodecia vt·MV
N.Colligitur etiā ratio.RST·circūferētie
ad circūferentiā·OPQ.in eadē esse ꝓporti
one in ꝗ centū & ꝗndeci sunt ad ꝗnꝗginta
& duo iuxta ratione paralelloꝝ ꝗ in spera
sunt·Cū ꝗlium ptium supponitur.GS esse
centū & ꝗndeci taliū ē.GP ꝗnꝗgita et dua
rū.Queadmodū eni se habet linea.GS ad
GP se habet circūferentia.RST ad circū
ferentiā·OPQ.Relinꝗtur ergo distantia·P
Q.meridiani:hoc ē ea ꝗ itercipitur a palel
lo p̄ tyle & paralello p̄ rhodu ptiū viginti
& septē·Distātia vero KS·ea scilicet que a
paralello rodhensi eqnoctiale attingit:simi
liū ptiū restabit trigita & sex·Deinde·SV·
hoc ē distantia ꝗ sit ab eqnoctiali ad palelū
oppositū paralello p̄ meroem·Relinꝗtur p̄
tiū similiū sedeci cū tertia ac duodecia.Pre
terea ꝗliū ptium ē·PV·in latitudine cogni
ti nostri orbis septuagita & noue cū tertia
& duodecia·aut vt ad integra veniamꝰ par
tiū octuaginta taliū erit.HKL.media lon
gitudinis distātia centū ac ꝗdragita & qua
tuor habita eorum ratione que supponun
tur.Eādem enim ferme proportionē habet

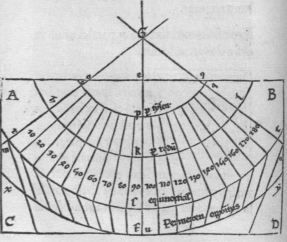

Ab F autē cum quatuor & semis cum ter
tia in eisdē ipis.Post hec scribētes p tria pū
cta distantiax equipollentium circuferētias
q̃ erūt p reliq̃s meridianis velut tminantes
totam longitudinem scilicet.S T V & X y
Z.supplebimus circuferentias p ceteris pa
ralellis a cētro q̃ dē L p ptes vero notatas ĩ
F K.scdm distatias ipax ad ipm eq̃noctia
le.Qd aut modus hic magis sit similis spe
re q̃ alius hinc clare patet.Cum illic manēte
spera nec circūducta qd tabule cōtingit ne
cesse ē cū aspectus in medio designatiõis fi
gitur vt vnus q̃ dē meridianus:q̃ medius ē
& sub axe nostri aspectus cadit.imaginē re
ctā linee pbeat.Reliq̃ vero q̃ ex vtraq̃ pte
istius sint.omes vertantur ad hūc ĩ ipox
curuatõibx & magis q̃ ab ipo plus distetit
qd hic aiaduerteretur cū deceti curuationū
pportione.Preterea cōeq̃tione circūferentia
rū paralellox inuice nõ solū ad eq̃noctiale
& ad paralellū p tyle q̃ueadmodū illic ē p
pria ratione habere.sed etiā in alijs q̃ maxi
me possibile sit veluti intueri fas ē.Inde to
tius etiā latitudinis ad totā lõgitudinē neq̃
solā in paralello p rhodū vt ibi sed fere in
omibus.Si enĩ hic pducamus.S & V rectā
q̃ueadmodū in priori pictura.H.& circūfe
rentia minorē ratione habebit ad F S & K
V.quā oporteat ĩ psenti figura cū cōprehē
sa hic sit p totā H T.Qd in eq̃noctiali piter
accidit G M.Si vero cōeq̃lem hanc faciem⁹
ad K F.latitudinis spacia cū.F S & K V.
maiores erūt q̃ cōeq̃tiones ad F K.veluti
K T.Si aut F S.& K V.seruemus cōeq̃les
H.& mior erit ad K F.q̃ cōeq̃tio veluti H
T.Ex his igitur mod⁹ iste melior habetur.
q̃ pmus sed ab illo etiā deficiet in facilitate
designatõis.cū illic ab vnius regule circum
ductõe:descripto vno paralello diuisoq̃.lo
cari possit q̃libet locus.Hic aut nõ similiter
cōtingit ob meridionaliū lineas ad mediā
flexas.Omes enĩ circulos inscribere singilla
tim oportebit & locox situs inter palellos
incidentes ex vtrorumq̃ ratõibx coniectare

His aut sic habitis magis & hic tenendū ē.
qd sit equius qd̄q̃ seriosius.q̃ id qd debili⁹
faciliusq̃.Vtreq̃ tamē forme seruāde sunt.
ob ea q̃ facilius in opere adducuntur.
Qualiū ē eq̃noctialis q̃nq̃ taliū ē p meroem
q̃tuor & semis cū tertia.Vnde ratione ha
bet ad ipm q̃ triginta ad viginti & noue.
Qualiū ē eq̃noctialis q̃nq̃ taliū ē p syenē q̃
tuor & semis cū duodecia.Vnde rationem
habet ad eū q̃ sexagita ad q̃nq̃ginta & q̃n
q̃.hoc ē quā duodeci ad vndecim.
Qualiū ē eq̃noctialis q̃nq̃ taliū ē p rhodū
q̃tuor.Vnde ratione hēt ad ipm epitetarti.
Qualiū ē eq̃noctialis q̃nq̃ taliū p tyle duo
cū quarta.Vnde ratione habet ad ipsum q̃
viginti ad nouem.

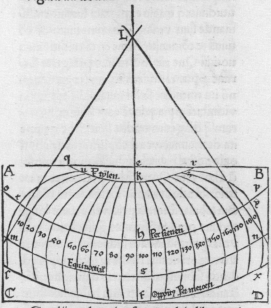

Claudij ptolomei cosmographie liber pri
mus explicit.
CLAVDII PTOLOMEI VIRI AL
LEXANDRINI COSMOGRAPHIE
LIBER·SECVNDVS·HEC HABET·
Eiusdē tractatus.expositionē plage magis
occidētalis Europe iuxta has puintias seu
satrapas.Britania.Ispaniā.Gallia·Germaniā
Retia·Vindelicos.Noricū·Pannoniā·Illiri
cos.atq̃.Dalmatiam.

b2

他安排了三條經線，分別通過幼發拉底河、裏海之門（**Caspian Gates**）和印度河。以西，先是一條經線通過羅馬和迦太基（**Carthage**），另一條經線通過海格力斯之柱，第三條經線則是通過葡萄牙西海岸。

經線可以任意放置在任何地方，跟起點與終點都在極點的南北向不同，東西向不具有起點或終點。因此，定出東經和西經 *0* 度位置（即本初子午線）便屬於風格上的問題，多年來，地圖學家曾把其定位於耶路撒冷、亞歷山卓市、羅馬、巴黎、哥本哈根、康斯維恩格、特隆海姆（**Trondheim**）、卑爾根（**Bergen**）、克里斯提安桑（**Kristiansand**）及奧斯陸。經過政治談判，本初子午線正式於，西元 *1884* 年定於格林威治（**Greenwich**），法國對此特別不滿意，並持續使用原有的巴黎子午線相當長一段時間。不過本初子午線只是開始計算的一個起點，緯度之間的距離則是由太陽的高度所決定，並利用時間來計算經度。地球每二十四小時旋轉一次為 *360* 度，而三百六十除以二十四為十五。因此，地球每一小時會旋轉 *15* 度經度。

厄拉托斯尼把七條經度放在其認為合適的地方，但其實之間的距離各不相同，可以說，這不過是一種人造經緯線，以協助他在地圖上放置各個城市。這是基於假設、大膽臆測和既有的太陽觀測結果，以及亞歷山大大帝軍事行動的相關參考資料。

厄拉托斯尼計算人居世界的範圍是從西到東的七萬八千座運動場、從北到南的三萬八千個運動場，大約佔了地球的四分之一。厄拉托斯尼相信很可能還有另外三塊大陸存在，並且也有人居住。他也用數學證實了希臘人懷疑自己只知道世界一小部分的想法。

此後不久，馬魯斯的克拉特斯（**Calles of Mallus**）根據厄拉托斯尼對於地球及人居世界大小的製作出地球儀，也是史上第一顆地球儀。這顆直徑約 *3* 公尺的巨大地球儀，呈現了希臘人所知道的世界及其他三塊未知大陸。位於赤道正南的是「對面居民」（**antoikoi**，即住在另一側的人），在北

半球另一邊的是「近居者」（*perioikoi*，即居住在附近的人），在其南邊的為「腳相對者」（*antipodes*，即雙腳相對的人）。大家認為各大陸塊是相互沒有接觸的島嶼。

　　但不是所有人都能認同厄拉托斯尼。尼西亞的西帕恰斯（*Hipparchus of Nicaea*，西元前 *190* ～ *126* 年）寫了三本名為《駁厄拉托斯尼地理學》（*Against the Geography of Eratosthenes*）的專論，批評了其繪製地圖時缺乏天文觀測。史特拉普寫道：「西帕恰斯認為，無論是外行還是學者，除非能先確定所觀察到的天體及日月蝕，否則是不可能真正掌握地理知識。」希臘天文學家西帕恰斯相當了解巴比倫數學，並發展了現代所使用的 *360* 度經度及 *180* 度緯度，更說明如何利用日月蝕協助來確定經緯度。其最主要貢獻是記錄下八百五十顆星星的確切位置。

星星

　　在亞歷山卓圖書館中，托勒密無法發現比西帕恰斯以天文觀測為地理計算更好的方法。托勒密寫道，儘管在閱讀西帕恰斯的文字當下，已經歷經三百年之久，但他是「唯一一個」能為我們提供準確座標的人。由於托勒密是一位天文學家，因此與西帕恰斯及史特拉普一樣，他認為天文觀測是地理知識的關鍵，同時也認為海上及徒步調查並未能提供足夠的結果。遺憾的是，托勒密領先時代太多了，所以無法遵循這項原則，因為被記錄的觀測資料實在太少。他感嘆道：「要是造訪各國的人都能碰巧進行一些（天文）觀測，那麼就能毫無錯誤地繪製出人居世界的地圖了。」

　　托勒密很清楚，他沒有足夠知識背景去建構出完整的世界地圖，就像「所有尚未達到完整知識狀態的學門一樣，無論是因為資料太龐大，還是變化太快，時間總是能使研究更為趨近精準，而世界地圖也是如此。」「針對不同時期所作之文獻的共同看法是，許多人居世界的部分尚未及於當時所

具的知識，因為其範圍總是令人無法抵達，而其他（部分）又與以往已經有所不同，因為地理特徵已不復存在或改變。」

這便是托勒密強調必須採用最新調查結果的原因，並認為就世界新知識而言，他幾乎無所貢獻。正如所說，其主要貢獻便是運用最新資料來更新和更正前人所留下的知識作品，首先第一位便是來自現今黎巴嫩，提爾的馬里努斯（*Marinus of Tyre*），他大概在托勒密出生前便過世了。而托勒密的《地理學》也是了解其作品的唯一資料來源。「馬里努斯顯然是當代該學科最新作者，並且達到不遺餘力的地步。」托勒密如此寫道，而且也從不諱言其《地理學》中大部分的地理數據資料，都是來自這位前人的努力。

不過，如何在平面之上完美呈現圓形地球，托勒密可以算是先驅。這項至今仍持續為難題的挑戰，一開始是由早於托勒密四百五十年前的德謨克利特所提出，當時他把地球畫成橢圓而非圓形，後來厄拉托斯尼再加上其人造經緯線。當然還有許多其他設法解決該問題的人，雖然跟托勒密在書中敘述一樣，過去的平面地圖都「無一倖免」地被馬里努斯所批評，不過這些相關文獻也都沒能留下。

托勒密提出了兩種不同的地圖投影，其共同點便是以不同的方式模擬地球的曲線。

第一種投影，其經度呈現完全直線，在北極以外的假想點相交。在經度之上，托勒密放入代表緯度的曲線，越接近赤道的就越長。赤道與最北邊、即北緯 63 度通過圖勒的緯度線之間的比例是正確的，在中間還有一條通過羅德島的緯度線。托勒密描述此投影「總之，保留球體表面的樣子」，但還是存在固有誤差，所以他仍然有點不滿意。實際上，緯度線在赤道以北或以南越遠時會變短，不過此圖的緯度線在赤道以南會變長。為了解決這個問題，托勒密將最南邊的緯度線設在赤道以南 16 度處，其長度與北緯的等緯度線相同，並使經度線彎曲。他認為這是個小錯誤，因為他的地圖沒有往南方延伸到那麼遠，但是隨著對世界南方逐漸進行探索，未來便會

出現更大的問題。該地圖投影並不特別適合繼續擴展下去。

因此托勒密創造了另一個他較為滿意的投影，其緯度及經度線都是曲線，幾乎所有的緯度線都具有正確的比例。他寫道：「很明顯，這種地圖比以往地圖更符合地球的形狀。」但他也承認，繪製這種地圖比第一種模型要困難得多，於是下了結論，表示需要更簡單但更準確的投影。

幾十年來，地圖史學家一直在討論，第一版《地理學》所收錄的地圖是否都是托勒密所繪製，還是有他人經手。畢竟托勒密在著作中都沒有提到任何《地理學》收錄的地圖。但這也可能是因為，世界地圖在西元 *150* 年並不具實際需求，羅馬人對於具軍事戰役及殖民用途的地圖更感興趣。因此很多人認為，在西元十四世紀《地理學》之拜占庭（*Byzantine*）複製版本中的地圖，才是第一個依據托勒密精心記錄所繪製的地圖。也有人認為，托勒密不可能光有如此多的地理資料、如此進步的投影，而不去親自繪製地圖。

斯堪地那維亞島

看著依照托勒密指示所繪製的地圖，便是在看我們所理解的地圖。北方在上，地中海、歐洲、北非、中東及部分亞洲地區都能辨識。不過，不包括托勒密一無所知的美洲及大洋洲、南非及東亞。太平洋及部分大西洋也是如此。印度洋則像是個巨大湖泊，因為南非延伸至西方，跟馬來半島相連。

托勒密的人居世界超出了其在地球上的應有範圍，因為他低估了地球

下頁圖　彼得魯‧波提斯（*Petrus Bertius*）的北歐區域地圖，收錄在他於西元 *1618* 年所出版托勒密的《地理學》中。若一個太多的話，辛布里克半島（日德蘭島）以東的島嶼位置都正確，不過瑞典南部及斯堪地那維亞半島大致上都屈降成斯堪地亞島（*island of Scandia*）。而波提斯的地圖版本還有一項明顯特色，便是奧比恩（*Albionis*，即英國）向北方延伸得有多遠。

Albionis pars

OCEANVS

GERMANICVS

Alociæ insulæ tres

Banaeia
Vidriæstuarium
Rypa alea
Phun
che

Victoria
Celmus flu.
Dana æstuarium
Duua flu.
Tinna flu.
Alaunus flu.
Boderia æstuarium
Vedra flu.

Tuesis æstuarium
Taxalum prom

Cimbrica
Coba

Saxonum insulę tres

Sigulones

Sabalingij

Dunum sinus

Gabrantuicorum portuosus sinus

Ocelu promont

Abupus flu

Albis flu.

Saxo:

Treua nes
Marioni

Cauchi maiores

Lirimiris

Marionis

Camtum promont:

Isium promont

Phileum
Tecelia
Amasius flu.
Phabiranum
Cauchi minores

Angriuarij
Visurgis flu.
Lephana
Teutonari
Laccobardi

Phriisij
Staluenda
Mararmania portus
Busactores maiores
Tuliphurdum
Ascalingium
Mesuium
li Sueui

Gesoriacum nauale

Medio lanium
Vidrus flu.
Busactores minores
Chemę
Tulisurgium
An gi
li
Cheruisci
Lupi

Taruanna
Atuacutum
Lugodinum
Batauodurum
Veterra
Teuderium
Sicambri
Naualia
Munitium
Trophe la Drusi

Gal
Iia
Castellum
Vlpia legio 30
Ascibugium
Longobar di Sueui
Serenontium
Pheugarum
Melibocus mons
Semana silua

Origiacum
Thabda flu.
Meda fluuius
Rhenus flu.
Tencteri
Bogadium
Ingriones
Casuari
Amasia
Nertereanes

Cesaromagus
Buganum
Agrippinensis:
Alesum
GE
Nugsium
Canduum
Bicurgium

Belgica
Bonna legionis prima
Mattiacum
Turoni
RMA

Augusta Ro manduorum
Traiana legio 22.
Intuergi
Vargiones
Melocabus
Marouingi

Augusta Triuerorum
Neomagus
Mogontiacum
Borberomagus
Areaunum
Grauionarium
Sudeti

Augusta Vessonum
Rusiniana
Caritni
Olmatiu
Bergium
Menosgada
Locoritum

Durocottorum
TRIBO
Breucomagus
NUM
Argentoratum
Budoris
Vispi
Segodunum
Deuona
Curiones
Marobudum

Lu coteria
Obrinca fluuius
Elcebus
Helueti orum eremus
Arę Flauię
Cantioebis
Setuacotum
Chętuori

Augustomana
Argentuaria
Tarodunum
Bibacum
Alcimoennis
Brodentia
Vsbium

Duuodurum
Augusta Rau ricum
Riusiaua
Parmę campi

Tullum
Artobriga
Phoebiana
Beodurum
Aredata

Nasium
Danubius flu.
Dracuina
Viana
Carrodunum
Claudiuium

Andomatunnum
Gannodurum
Rhenus flu.
Bragodurum
Brogodurum
Augusta Vindelicorum
Gesodunum

Visontium
Forum Tiberij
Taxgetium
Ręt ia
Noricum

38   40   42   44   46   48   50   52

Cimbri
Charudes
nesis
Chali
Cimbri
dusij
Charudes
ndi

Chędini   Phauonae
Scandia propriè dicta
Leuoni   Phiresij
insula
Gutæ   Dauciones

SARMA

TICVS

OCEANVS

Insulę Scandię quatuor

Venedicus sinus

a
58
b
56

altera
Cornoenum   Lacuburgium
Pharodini   Bunitium   Sideni
Alisus   Rugium
Teutones
Astuia   Auarpi   Viritium
Viruni   Virunum
Semnones Sueui   Susudata
Colancorum   Limce
iucones   Corconti
Camani   Budorgium   Bateni
Lugidunum   Calegia   Leucaristus
Argelia   Arsonium
Chattę   Bonochemę
Lupfurdum   Stragona
Tubanti   Sidones
Danduti   Hegirmatia
Nomisterium   IA
N   Cogni
Redintuinum
Teuriochæmę   Budorgis
montes   Casurgis   Visburgij
Varisti   Streuinta   Hercinia sylua
Galreta sylua   Ebirum   Meliodunum
Marcomanni   Pheliria   Quadi
Coridorgis   Arsicua
Sudeni   Lunę   Ferri mi
Thurgisatis   nera
Rhodunnum   Teracatriæ   Singone
BAEMI   Anduœtium   Celmantia
Medoslanium   Cherrobudes   Anabum
Adrabę   Racatę   Flexum
campi   Scurbantia   Valina
Gabreodurum   Iuhobona   Curta
Aquntum   Rhisbia   Panno   nię   Vacontium
Pretorium   Lugionum

Ruticlij   Ve ne dę
Scurgum
Aeluæones   Gythones
Venedici montes
Phinni
Bug   untę
A seaucalis
Luti Omanni
Setidaua
Ascibin gius mons   Luti Diduni
Calisia
Luti Buri
Carrodunum
Vistula fluuius

Asanca
Setuia
Sarmatici montes

Parienna

Iazyges
Carpis   Parcu
Aquincum   Rhucinium   Dociraua
Salua   Candanum
Salinum   Vlpianum
Pessium   Dacię pars
Serbinum   Lussonium   Tibyscus flu.
Danubius fluuius   Partyscum   Ziridaua

c
54
52
d
50
e
48
f
46

Medius meridianus 36, reliqui
ad hunc inclinantur iuxta ra
tiones parallelorum 49 & 55.
Qua ratione Scandiarum insu
larum maximam maiorem de
lineauerin q̃ numeri exempla
riorum exhibent, in tabulæ huj?
fronte annotatum habes.

Carpatus mons

38   40   42   44   46   48

的大小。他選用敘利亞數學家波塞多尼（*Posidonius*，西元前 *135 ～ 50* 年）所作計算，即宣稱地球周長為十八萬個運動場，而非厄拉托斯尼較為正確估計的二十五萬兩千個運動場。這代表通往未知地帶的中國東方，落在距離現今所知美國西海岸僅 *40* 度緯度位置，這也許就是哥倫布向西航行的起因：他所相信的地球要比實際上得小。憑著西元 *1487* 年的托勒密著作，哥倫布認為從葡萄牙航行至中國僅有 *2,400* 海里。如果他知道實際距離是 *1* 萬海里，而且半路上還有個美國的話，他可能永遠都不會踏上旅途。

太陽落在大海及利比亞沙漠上，亞歷山卓市的圖書館中，為留訪學者提供著晚餐。托勒密捲起畢利尼的百科全書，然後沿著柱廊走回去。夜晚，他坐在房裡閃爍的燭光下，寫下更多的地名及座標：

辛布里克半島以東有四座島嶼，稱為斯堪地那維亞群島，其中三座較小，中間那座島的座標如下：

東經 *41° 30*　　北緯 *58° 00*

其中最大的一座島，位於維斯杜拉河河口最東邊；其端點各自為：

西　東經 *43° 00*　　北緯 *58° 00*

東　東經 *46° 00*　　北緯 *58° 00*

北　東經 *44° 30*　　北緯 *58° 30*

南　東經 *45° 00*　　北緯 *57° 40*

此地尚且稱為斯堪地亞：其西部區域住著查德尼人（*Chaedini*），東部住著法凡尼人（*Favonee*）及費雷埃斯人（*Firaesi*），北部住著芬尼人（*Finni*），南部住著古塔人（*Gautae*）及道切翁斯人（*Dauciones*），中部則住著勒凡尼人（*Levoni*）。

在接下來幾個世紀，托勒密王朝的輝煌時光會全部淪為廢墟，淹沒在亞歷山卓港、地中海海岸之下。即使是在克勞迪烏斯‧托勒密的時代，這

座城市也不再具有昔日面貌。更早於二百年前，凱撒（*Caesar*）在對托勒密十三世作戰時，便曾縱火焚燒港口的船隻；當時大火蔓延，摧毀了圖書館裡大量書籍。西元前 *30* 年，凱撒的養子奧古斯都（*Augustus*）在埃及艷后克莉奧佩特拉（*Cleopatra*）過世後控制了埃及，亞歷山卓市便從埃及的首府降級為一個羅馬省級城鎮。圖書館也陷入逐漸衰落的狀態。

托勒密剛好活在該區最後的黃金時代之中。他的著作得以倖存並傳承下來，還是得要感謝幾個世紀以來的複製及翻譯版本，因為在他去世後，《地理學》似乎都已被世人所遺忘了。雖然相關引用字眼會在拉丁文獻中偶爾看到，阿拉伯人也曾翻譯部分內容並改正幾個座標，但西元 *1300* 年左右君士坦丁堡（*Constantinople*，即伊斯坦堡（*Istanbul*））的麥斯姆斯·普蘭紐德斯（*Maximus Planudes*）寫道，他「費盡千辛萬苦才找到已經消失多年的托勒密《地理學》」。

西元 *1323* 年，正當托勒密著作重新被發現並逐漸拾回其在地圖史上應有地位，一場地震摧毀了這座曾照耀亞歷山卓市輝煌歲月的燈塔遺跡。而托勒密的《地理學》則隨著義大利修道士一同旅行，這位修道士在西元 *1395* 年造訪君士坦丁堡學習希臘文後，便把此書的複製本帶回佛羅倫斯，並在十年後出版第一本拉丁文譯本，這也是自《地理學》首次出版一千多年以來，歐洲人得以用另一種方式，去探索其所掌握的世界。

傳向西方

希臘的自然哲學是建立在蘇美人及巴比倫人的天文學與數學之上，這些思想西傳至米利都，在此形塑了人們對地球於宇宙中定位的新思考，並產生了形而上及具體的兩種地圖。學者也開始運用天文觀測對應全世界的經緯度，使某些特定地點更容易精準定位。大約在西元 *150* 年左右，托勒密開始彙編所有希臘的世界知識，並結合那些曾到訪亞歷山卓港的旅人所

提供的資訊，出版了其著作《地理學》，即古典時期關於「人居世界」的偉大鉅作。此著作回顧了托勒密之前所有前人的知識，同時也持續往前發展，直到那個歐洲人都遺忘了大部分希臘地理的時代。

Ptolemeo de gli Astronomi prencipe, dili-
gentissimo inuestigator & osseruator del-
li moti celesti, uisse in Egytto nel
tempo di Adriano & Anto-
nino Imperatori.

SOno alcuni che pensano l'auttor di questo libro non esser
stato quel medesimo, che compose de moti, & iudicij de

t ij

第三章
神聖地理學

冰島　雷克霍特（*Reykholt*）

北緯 *64° 39'54"*

西經 *21° 17'32"*

　　斯諾里‧斯圖魯森一邊說話，一邊在雷克霍特的農舍泥地上來回走動。還有一位或許是他朋友的抄錄員斯特爾姆（*Styrme*），正坐在附近的桌子旁，用鵝毛筆在小牛皮上作筆記。斯諾里正在寫一本有關北歐神話及吟遊詩人的書，而就如任何一位優秀的中世紀基督徒一樣，他的著作亦從上帝造物開始。在描述了亞當及夏娃、大洪水及上帝的榮耀之後，便開始描述世界：

　　世界分為三個部分。從南到西，再到地中海，便是為人所知的非洲。非洲南部是如此炎熱，以至於所有一切都被陽光所燃燒。第二部分是從西向北延伸到海洋，稱為歐洲或埃納（*Énéa*），其北半部非常寒冷，是塊長不

左圖　這是一張收錄在大約西元 *1250* 年公禱書中的中世紀地圖，其東方位於圖上方。倫敦具有金葉標誌，畢竟這裡是該地圖出版地，不過基於宗教強調東方重要性的緣故，歐洲便屈居於較為不起眼的左下方位置。挪威則是一塊連接著撒克森（*Saxonia*）的半島。

出草來的不毛之地。從北到東，再往南的是亞洲，這些地區擁有美麗宏偉的世界景觀；地球蘊藏著許多獨特寶物，例如黃金和寶石。而世界中心也在那裡……

　　在斯圖魯森撰寫《埃達》（*Edda*）的同時，倫敦某位畫家正為一本公禱書繪製地圖。圖中，基督舉起右手以庇護其下方的地球；左手則拿著地球儀以顯示其對世界的統治地位。他之所以站在東方，是因為此為基督教發源地，也是世界的一部分，而兩條龍則象徵著西方通往地獄的入口。世界分為三個部分，即非洲、歐洲及亞洲，位於中心的則是耶路撒冷。

　　斯圖魯森成長於文學世家，學習過拉丁文、神學及地理學，他和這位佚名的英國地圖師很可能讀過許多世界相關書籍。在中世紀，文字比圖像更為強大。比斯圖魯森都天早的八百年以前，一位早期教會的教父曾寫道：「現在我便要用筆走下人類對歐洲的種種所知。」學者更傾向以文字而非圖像對世界進行描述，因為文字敘述更適合文盲族群，所以從中世紀的角度來說，儘管斯諾里的敘述有些簡短，不過這已經是一幅完美地圖。

　　乍看之下，這張公禱書中的地圖不一定是世界地圖。有別於托勒密所繪製的地圖，或其他根據其著作所繪製的地圖，這張地圖並不像我們所知的世界。此地圖為中世紀的「世界之布」（*mappae mundi*，即世界地圖），其名稱是由拉丁文「一塊布」（*mappa*），以及「世界」（*mundus*）所組成。該地圖所顯示的，是十三世紀中期歐洲基督徒所看到的世界圖像，以及神學、宇宙學、歷史與當代民族概念的呈現。其目的並不是要盡可能準確地呈現世界，更重要的，是要解釋神如何隱身在地理環境中。在此，聖經故事、中世紀傳說與古代地理知識會一同被呈現敘述。如同最早的希臘地圖，陸地是圓的，周圍環繞著海洋，具有寥寥島嶼及半島；其中，挪威位於地圖最北方的左側，同時還有聖經圖案作為裝飾，例如伊甸園、挪亞方舟，以及摩西和以色列人為逃離法老追兵而分開的紅海。

羅馬地圖

　　羅馬人征服埃及，並在整個地中海地區取得主導地位，這不僅削弱了亞歷山卓市作為學習殿堂的地位，也造成拉丁文取代希臘文的結果，最後成為歐洲、北非及西亞學者的主要書寫語言。羅馬人對於翻譯希臘地理學家所詳述的世界面貌沒有特別的興趣，他們採取更為實際的地圖方法。唯一一幅羅馬的世界地圖遺跡，即《塔布拉・普丁格地圖》（*Tabula Peutingeriana*），其特色是以長約 *8.5* 公尺，高只有 *34* 公分的篇幅，來呈現西至英國、西班牙及摩洛哥、東至斯里蘭卡及中國長達 *10* 萬 *4* 千公里的世界道路。沿路標記著驛站、浴場、橋梁、森林、距離、國家及民族。唯一一幅地圖遺跡是中世紀所留下來的複本，據傳正本是在西元 *335* 至 *366* 年近古時期之間所作。

　　羅馬地圖通常用於建立新殖民地、修建道路及輸水渠道、法院案件、教育及宣傳。這些城市地圖也是羅馬風格，例如《塞維魯大理石平面圖》（*Severan Marble Plan*），一塊被懸掛在羅馬市中心和平殿（*Templum Pacis*）的牆上，由一百五十塊石板組成，上面刻有首都道路及建築物網絡。而世界地球儀（*Orbis terrarum*），一般是用來象徵新皇帝從神手中授予世界作為禮物，並以極具風格的方式呈現，因此無數的羅馬錢幣上面，皇帝及神祇手中或腳下多半具有象徵性的地球儀。

　　我們所知古拉丁文寫成的地理專論有兩篇。一篇是龐伯尼斯・梅拉（*Pomponius Mela*）所撰寫的《地理書》（*De situ orbis*），這卷小書主要建立在希臘地理學家的著作上。第二篇是大畢利尼所著的《自然史》，他在原有希臘知識基礎上加入自己對北歐的觀察。大畢利尼的世界是從西邊的伊比利亞半島及英國延伸到東邊的中國（*Serere*），從北邊的斯堪地那維亞「群島」延伸到南邊的衣索比亞。梅拉及大畢利尼都是中世紀學者重要的地理知識來源。

羅馬共和時期，一位師承希臘哲學家的律師西塞羅（*Cicero*，西元前 *106 ～ 43* 年）有次在敘述某位羅馬將軍西庇阿（*Scipio*）升至星空的夢，可能從更廣大視角上見到羅馬帝國的渺小，便提出一個少見的羅馬世界觀。此觀點令人想到蘇格拉底的聯想性思考（*associative thinking*），以及把地球分為五大氣候區的希臘地圖：

　　看看地球周圍各種不同區域：彼此相隔最遠的兩區，位於天堂的二極，並由冰冷所固定，不過，太陽的熾熱在中間區域燃燒著。在這些極地之間，只有兩個區域能居住。位於你所在南方的區域並沒有任何連接方式，因為它們不得跨越中間區域。若是看向自己所處區域的北部地區，便不得不注意到此地區怎會如此小。你所佔有的領土、廣大的帝國，無非只是一座小島，南北向狹長，東西向較寬，被稱作大西洋的海洋所包圍。儘管這片水域得了個盛名，還是要記下它實際上到底有多小。

　　羅馬演說家優米紐斯（*Eumenius*）便對地圖、征服及宣傳採取相當傳統的方式。西元 *290* 年，他向學生展示羅馬帝國的地圖並說道：「現在，很高興終於能看到一張世界圖像，因為所見之處都是屬於我們的。」不論是否會附帶使用地圖，演說家會把屬於羅馬帝國的國家名稱去除，這種誇大讚頌式演講是一種宣傳形式，就跟展示掠奪而來的寶藏及戰俘一樣。打開每本《阿斯泰利克斯歷險記》（*Asterix*）的漫畫，其第一頁的地圖上面便有支牢牢插在高盧中間的羅馬老鷹標尺，即是對羅馬在運用地圖上相當準確的詮釋。（當然，上方的放大鏡也突顯了頑強的高盧人村莊）

　　世界地圖在羅馬政治宣傳中具有相當重要的作用，只有在獲得國家批准的情況下才能進行製作。任何發現私自製作世界地圖者，都會被認定是要密謀反抗皇帝，就如梅提烏斯‧龐普希亞努斯（*Mettius Pompusianus*），他很快就被發現在臥室牆壁上繪製世界地圖。他不久後就被處決，因為羅

馬皇帝圖密善（*Emperor Domitian*，西元 *81 ～ 96* 年）將世界地圖視為其意圖謀奪王位的有力證據。

希波的奧古斯丁

然而，基督教對地理有另一種看法。造物故事告訴我們，地球屬於人類，因此理應為人類所用，而既然上帝已經透過耶穌降臨到世上，並要其使徒走出去，成為所有人類的模範，那麼任何人都能追隨使徒的路線成為基督教徒。世界不再只屬於統治階級。但是，地理學本身並不被視為一門學科，不過是一種讓人更能理解生物及歷史的方式。關於世界的資訊算是一種人類相關知識的科學，並且必須為人類、知識之主宰所用。

大約在西元 *400* 年左右，阿爾及利亞主教希波的奧古斯丁（*Augustine of Hippo*）在其著作《論創世紀》（*De Genesi ad litteram*）中寫道，基督教徒至少應該跟非基督教徒一樣了解地球、天堂及宇宙其他部分，以避免對世俗事物缺乏了解而誤解任何聖經中的至高真理。為了能更理解神聖造物，研究地球就必須同時研讀聖經歷史。他在著作《基督教教義》（*On Christian Doctrine*）中寫道：「若有能力的人願意以一種仁愛精神為其弟兄的利益，來承擔這項工作……他會分成幾個類別，並描述聖經中所提到的未知之處、動物、植物、樹木、礦石、金屬及其他種類的東西。」

在西元 *390* 年左右出版《希伯來地名及位置》（*Liber de situ et nominibus locorum hebraicorum*）的傑羅美（*Jerome*，西元 *347 ～ 420* 年）便接下了這項重任。這是一本地形圖像百科，收錄超過一千個聖經遺址名稱，目的是讓任何「知道古城市、古遺址及其名稱，無論其名稱是否改變的人，都能以更清楚的目光閱讀聖經」。

然而，聖經所提供的地理資料卻是貧乏又矛盾。奧古斯丁建議，就跟

以色列人取得應許之地前「掠奪埃及人」那樣，換言之，就是好好利用來自希臘羅馬、異教徒的知識。

保羅斯・奧羅修斯（*Paulus Orosius*，西元 *385 ～ 420* 年）在撰寫《反異教徒史》（*Historiarum adversum paganos*）之際，便是按照奧古斯丁的建議：「我們的祖先把整個受海洋帶所包圍的世界劃分為三塊方形大陸，並將這三塊稱為亞洲、歐洲及非洲……。亞洲三面環海，並橫跨至整個東方。在其右側西方與始於北極的歐洲接壤，在其左側非洲……。」奧羅修斯接著便以世俗方式敘述了世界這三部分，不過他未提及耶路撒冷（*Jerusalem*）、伯利恆（*Bethlehem*）、耶利哥（*Jericho*）、拿撒勒（*Nazareth*）或聖經歷史上的其他任何城市，證明奧羅修斯確實參考了羅馬文獻。他僅提及了巴勒斯坦過去曾為敘利亞三個省之一，儘管如此，奧羅修斯的著作經常是中世紀知識遺產的資料來源。

賽維利亞的伊西多羅

經過兩百多年，有一位西班牙主教把古典及基督教地理融為一體。相傳一切開始於他年少逃家的那一天，因為他再也無法承受來自哥哥的體罰——他哥哥在父母去世後接手扶養他，並以其他親戚都感到震驚的管教方式懲罰他。他逃到了塞維利亞郊外的森林中，最後終於得以躲過暴力，但始終無法逃避犯錯、受排擠及失敗的感覺。

塞維利亞的伊西多羅（*Isidore of Seville*）在西元 *560* 年左右，出生於西班牙南部的卡塔赫納市（*Cartagena*）。這是個動蕩的時期，西班牙的羅馬帝國行省在一百多年前被日耳曼西哥特人（*Visigothic*）佔領，而西元 *557* 年拜占庭便已佔領並控制卡塔赫納市及該省東南部。這很可能便是伊西多羅全家往西搬到塞維利亞的原因，他的母親是哥特人貴族後裔，而父親則來自於一個有名望的西班牙羅馬家庭。伊西多羅的父母在搬到新城市

後不久就去世了，因此，扶養責任便落到他的哥哥身上，後者也順理成章地對伊西多羅進行管教，但伊西多羅的學習速度總不如他哥哥所預期得那麼快。

在森林裡，伊西多羅注意到有水滴在身邊一塊石頭上。水滴看似完全毫無力量，對石頭也沒有任何影響，不過伊西多羅卻發現，隨著時間流逝，水滴在岩石上造成了凹陷。他認為學習也是如此，點滴累積的辛勤努力終會帶來豐富的知識。

伊西多羅是現代公認為當時最博學的人之一，也是首位寫出《神學總論》（*Summa*）的基督教教義作者。其主要著作《詞源學》（*Etymologiarum sive originum*）是結合字典及百科全書共二十一卷的一套著作，伊西多羅持續這項工作從西元 *621* 年直到辭世為止。這項鉅作範圍涵蓋語法、醫學、農業及航運等多種領域，其中第 *14* 卷為〈全球及各地〉（*de terra et partibus*）。伊西多羅強調其呈現的知識，都是「根據前人、特別是天主教作者的著作」。對他而言，宇宙及其所有自然現象都是上帝神聖傑作的展現。伊西多羅引用《約翰福音》第 *1* 章第 *10* 節（*John i, 10*）「世界是由祂創造的」作為證據，把太陽比作上帝、月亮比作教堂，而北斗七星則象徵著基督教的美德。

伊西多羅以傳統方式敘述世界，並將其分為三個部分，其一稱為亞洲，其二為歐洲，其三為非洲。基督教信仰亦影響了伊西多羅對亞洲的描述：

亞洲是依某位女子姓名所命名，根據前人的說法，她在東方擁有一個

下頁圖　兩段長路及《塔布拉·普丁格地圖》，為彼得魯·波提斯於西元 *1619* 年依據亞伯拉罕·奧特利烏斯在去世前一年開始著手的複製品所繪製。君士坦丁堡（現今的伊斯坦堡）在地圖左下方，並以一名端莊女人為標記。南方可以看到許多尼羅河三角洲分支，其東方為西奈山（*Sinai*），也是以色列子民流浪四十年之處，而耶路撒冷（*Hierusalem*）則是位於東方更遠、不起眼的地方。

Lupiones. Sarmate.

Ad aquas. VENADI SAR

esia. infer

ior.

MA

epirum. novum.

CE

DO

Ab alcia nicopori.

SINVS. MACEDONICV

LIGNIDO

SINVS. CORINTHVS

MILAS. COLPVS

Ach aia

LACO

H

A

D

R

Arcadia

NICE

I

A

T

Garamantes.

Natio. Selor.

Torrens.

SEGMENTVM VI. à Sar

MANIRATE

Saurica.

Cannate

Psaccani.

Tanasis. Galatie.

Seracoe.

Aspurgian

ROXVLANI. SARMATE.

SARDETAE.

LACVS. MEOTIDIS.

ILMERDE

SINVS. AVXINVS.

P

O

N

B

I

T

H

I

N

I

A

Byzantini

A Constantino

SINVS. NICOMEDICVS.

polis

AEGVS. MARE

SINVS. HERA OTICVS.

Ceronesos.

P

H

R

Y

Insula.

Cretica.

G

V

M

P

E

L

Montes. Cyrenei.

Fl. Nilus qui diuidit Asiam et Libiam.

VS NVS APTIS

CVS NILVDICVS

Alpes. Bastarnice. BLASTARNI. Dacpetoporiani.

Piti. Gaete. Dagae. Venedi.

MATAE.

Apula.

Brucia. XII.

Napoca. XVI. Optatiana. XV. Larguana. XV. Cersie. VIII. Porolisso.

Salvius. XII.

Ad nouas.

Latro. XVI. Tramanso. XII. Persiti. XVI.

Trosmis.

Arrubio. Noviodum. Salsouia. Astoluna. Aegysis. Epitropolis. et Tomis.

Tigris. XII. Apperici. XII. Trosmarisca. XII. Nigrinianis. XII.

Durostero. Sacidaua. Sucidaua. Axiopolis. Calidaua. Carsio.

Dorionibus.

Tegulicio. XII.

Melta. I.

Prosfinopoli. Bibone. XVI. Tristia.

Callatis. Stratomis. IX.

Ad radices. VI. Soi stra.

Nicopolistro. C.XXX.

Marcianopolis. XII. Pannisso. XII. Odessus. XI. Eritte. XVI. Templo Iouis. XVI. Mesembria. XVI. Anchialus.

LOCIDEREGI.

PORT. CALLIRE. PORT. HEMONTES

Taurunia.

Ranilum. XXV. Berone.

Pyrogeri. Cabilis. PETEL. L. LETICA. Aquis calidis.

Gallicum.

ARIACTA. H. Rimesica. A.

Penastij.

T R A

Burdenis. Hadrianopoli. Hostiho. Burtiho. Bergule. Drosiporo.

Castris rubris.

Arzum.

Aretros.

Berces.

Heraclea santica.

Scotusa. Sarsea. Strymon. Daruneses. BRVSDORCIANI. Plotinopoli. Topira. Consonto. Porsulis. Brendice. Dymis.

Euperes. Gnero. Truilo. Phi. Loppis. Fons.

Napolis. slam. Aconissma. Neapolis. Zirinis.

Iessolonic.

Melissurgin. Apollonia. Amphipoli. Noetu. Phenice. Corniclam. Prista taberna. Ad putrum. Municipium. SYRTES MAIORES TARICEA OFIROS.

Ins. Sciera. Ins. Miloi.

Ins. Dianae. Ins. Stira. Ins. Phoros.

C V M P E L A

Ptolo. m. aide. Tauchira. Col.

SYRTES MAIORES.

Taguli. Arephilenor. Anabucis. Presidium.

Boe colen. Montes.

Lacus Tritonis.

Hadrianopolis.

Presidium. Tartis et Taberna.

Digida. Selarum. Arephilenorum. fines. africą. et gręcensium.

Gnadegetuli.

Bermicida. Ampelaontes. autaberna.

Pentapol.

N e s a m o n e s

Nigihegetuli.

Hic lacus Triton

Memnocones. ethiopes.

PSACCANI. Nerdani. Arsoae. A m a z o n e s. Chireoe. COLOPHENI

Lacus.

Caucasi. SANNIGAE. Arsoae. Ache i. Phrystanite.

Eniochi. CHISOE. Stracoclis. Cepos. HERMONASSA. Sindecae. Acheron.

Phana corium.

T V S E V X I N V S.

PONTVS. POLE

Segeri. Hyprianio. Pyrleum. fl. Lycum. fl. Heraclea. Scylleum. Thium. Masirum. Tyeas. Cereas. Mileto. Sinope. Cytoris. Orysidis. Zaceria. Helega. Nautagmo.

Potamia. Copeta. Intomopolis. Amastris. Gangaris. Orissa. Virasii. Amasia. P Pompeiopolis AFLAG Stefana. Tauio. Ones. Rogmore. Aegonne. Coloe. Pidis. Mirones. Ebene. Mossos.

GA ATI Vidalon. Fines Colicie. Laganis. Mizago. Nitta. A Cromen. Cythero. Egilan. Lasfora. Stabiu. Enagina. Saralio. Zama. Amasia. Varsi. Pitemari. Zela. Stabulum. Seramisa. A P P

Abrostola. Amurio. Abrostola. Aspasi. Aspona. Garnias. Coraxunte. Salaberina. Caena. Tracias. Abnalis. Scolla.

Syenada. Iullas. Philomelo. Bagrum. Vetiso. Egdana. Pygella. Congusso. Petra. Constantesso. Vincaca. Sabatra. Birgos. Yconio. A

Asynnade. Sorbio. Laudiciaca. tacecameno. Ceballcome. Ad vicum. Laudicium. Pylicum. Apamea cibotus. Appollonis. Garbeli.

Nacolea. Cinni. Mil. Euorpia. Euforbio. Ab euforbio. Abunca. Mil. Torristonici. Cormassa. Telgte. Syllo. Apamea.

Aludla. Philadelfia. Tripoli. Eumenia. Pella. Socratis. A Apollonia. Sideon. Pheras. Astesdale. Ins. Orridalla.

Pergamo. Gerame. S/atum. Hierapolis. Trallis. Magnesia. lu. Antiochie. Cariata. Corcas. G Phaselis.

Attalia. Ela. Mariana. Oyne. Theninum. Smyrna. Metropolis. Nos. Lebedo. Colofon. Ephesus. caria. Mileto. Chidun. Lesinum. Larouna. Assaida. Ins. Phaselis. Atthala. alyne.

Y G D V G V S Insula Rhodes. PAMPHILIC

Heraclea. Politorco. Gerra. Castio. Rhinocorura. Ptolomaide. Assion. Apollonie. Luddis. Neapoli. Tyrc. Sidymo.

Serapis. Seraglo. Sempho. Pelusium. Desertum ü quadraginta annis errauert filij Isrl ducente Moyse.

V P Arvinot. Heroon. Hic legem acceperunt i monte Syna. Mons Syna. Ad Dianam. Rasa. Cypsaria. Lysa. Mons Oliueti. Fl. Iordanis. Iope. Arcelais. Cubris. Sytopoli. P Tharsus. ale

Philacon. Apollonas. Cabau. Cenonnydroma. Hic Cenocephali nascuntur. Zadagat. Nogla. Thorma. Sababatora. Philadelfia. Galda. Thentis. Idraho. Capitoliade. Rhose. Chanata. Fl. Heromicas.

Permicide portum.

帝國……那是個有許多省區的地方，容我簡略介紹其名字及位置，就從天堂開始……天堂位於東方，其名字從希臘文譯為拉丁文，意為「花園」，在希伯來文中，又稱為伊甸園，在我們的語言中又有「喜悅」之意……人類墮落後，便無法再進入此地，因為火焰之劍把此地包圍，如同四面幾乎到達天際的火牆。同時，火劍上方還畫有守衛天使基路伯（*Cherubim*），以防止邪靈來臨，並以火焰驅散人類，而天使會驅趕邪惡天使，使進入天堂的通道不向凡人與來犯的邪靈敞開。印度則是以印度河為名，而與西方接壤。

對伊西多羅來說，天堂與印度之間沒有明顯界線，而是相鄰區域。但是他不確定在地球未知的南方是否還存在其他的區域及人民。

比伊西多羅還要更早之前，希臘數學家畢達哥拉斯認為，生活在地球另一端的人，是腳朝著相反方向的人；人和希臘人和羅馬人的柏拉圖及西塞羅，則是理所當然認為，世界另一端一定有人生活著。但是希波的奧古斯丁在其著作《上帝之城》（*City of God*）中駁斥了這個想法：「如寓言中所說，那裡有『腳相對者』，即在地球另一端的人，……根本是一派胡言。」

對於中世紀的基督徒而言，是否有人居住存在於地球另一端，相較那個他們所知具燃燒熱力或廣大海洋的世界，這不僅是地理問題，更是個神學問題。聖經教導，所有民族都源自亞當與夏娃，那麼其後代又怎麼會淪落到一個無法到達的地方？為什麼聖經中沒有關於這些子孫的記載？如果有無法接近的人民，使徒是如何履行大使命（*Great Commission*）將所有人轉變為門徒？這些腳相對者被詛咒了嗎？還是耶穌另外造訪了他們？奧古斯丁不否認，地球另一端確實可能有乾旱的土地，但「儘管是光禿禿的，（這地方）卻沒有立即引起人們的注意。因為透過實現預言以證明其歷史敘述的聖經，不會給予任何錯誤訊息。」

伊西多羅在有關地球各王國及語言的《詞源學》第 *9* 卷中寫道：「稱

為『腳相對者』的民族……絕對不可相信。」但第 *14* 卷書中，伊西多羅在敘述亞洲、歐洲及非洲之後寫著：「除了世界三大區，還存在著第四區。在海洋之外，有著往南方的遠方內陸，受到太陽燃燒熱力的影響，這是我們未知之地；據說，其疆界內居住著傳說中的腳相對者。」

這種自相矛盾的原因，可能是伊西多羅曾參考幾位見解不同的教父。同時，奧古斯丁，傑羅美、奧羅修斯，以及鮮為人知的馬克洛庇斯（*Macrobius*）也寫下有關「西庇阿之夢」的評論，即出自西塞羅《共和國》（*Republic*）對世界的敘述。其評論中附有一張地圖，並描述夢中的北極、南極、赤道及兩個適宜居住區域的世界。馬克洛庇斯把這個夢解讀為一種對有權勢者的提醒——在我們這個小小星球上成名並不重要，要依循耶穌的教導，不在土地儲存寶藏，以防飛蛾和害蟲的破壞。地圖及評論使得這些教父有更具體的方式來表達人類的渺小：把世界與宗教的超然概念相結合，以脫離肉身升至地球上方的方式，見證渺小人類在宇宙中的真實處境。因此，在中世紀時，地圖中畫入腳相對者是被允許的，儘管奧古斯丁建議：「若是能讓我們尋找……上帝之城，其棲身在人種可分為七十二個國家和多種語言的地球之中。」

在這裡，奧古斯丁指的是《創世紀》中所描述的家譜。挪亞有三個兒子，閃、含及雅弗，他們在洪水之後繁衍出七十二個不同的民族。據說，這三個位處世界不同地方的兒子在繁衍後代時，希臘羅馬時期的世界觀便把基督教思想緊密融入其中：傳說閃走向東方，成為亞洲人的祖先，含往南方到了非洲，而雅弗成為遙遠彼岸、歐洲人的祖先。伊西多羅詳細闡述了此敘事，稱雅弗的兒子馬格（*Magog*）為哥德人（*Goths*），即約塔蘭（*Götaland*）的瑞典人祖先。除此之外，北歐地區幾乎不見於伊西多羅的地理中，而是被跟英國、愛爾蘭及戈嘉德斯（*Gorgades*）算在一起，是一處住著具有翅膀、全身多毛女人的群島。章節中的群島敘述如下：

世界盡頭（*Ultima Thule*）是一座位於不列顛尼亞（*Britannia*）西北方海洋的島嶼，以太陽為名，因為太陽在那裡便是夏至，（盡頭）之後就不再有日光。因此，海洋在此多是停滯又結凍。

在接下來的九百年，伊西多羅的《詞源學》便成了知識來源。這是中世紀圖書館最受歡迎的書，幾乎有一千本的手寫複製本流傳下來，所以能放心假設斯圖魯森一定曾讀過。在西元 *800* 年左右，歐洲每個文化中心都可以找到《語源學》的複製本，而這也有助於世界各地撰寫及出版類似的相關書籍。

其中一版《詞源學》的封面上有一張地圖，試圖說明這本書所敘述的地理。該書來自於九世紀，但各種研究得出的結論是，該地圖源自七世紀末或八世紀初，這也成為現存所知最古老的中世紀地圖。地圖本身很簡單，看起來就像是學生聽課的隨手塗鴉，儘管如此，還是顯示了地圖製作的走向。亞洲以閃為名，非洲以含為名，歐洲以雅弗為名；地圖方位朝東，地中海從底部向上延伸，向南延伸至尼羅河，向北延伸至頓河。從最上方開始，基督統領著下方的一切，雙手被釘子刺穿，在地球上伸展著手臂以表示庇護。

基督化

當西班牙修道院院長列瓦納的貝亞杜斯（*Beatus of Liébana*）在書中繪製一幅收錄有世界末日將近的地圖時，這種宗教變遷便變得更為明顯，而他開始進行著作時，正好逼近最危險的一年，即西元 *800* 年。當時的神學家相信，世界自地球誕生以來已經過六千年，世界末日即將來臨。每一千年就相當於上帝創造世界的七天之一，到了第七天，也就是第七千年，上帝擊敗了撒旦，並將死人與活人歸於天堂與地獄之後，世界就會進入星期

日的永恆和平狀態。

貝亞杜斯算過聖經裡的日子，從造物到洪水，從挪亞到亞伯拉罕，從亞伯拉罕到大衛王，從大衛王到巴比倫流放，再從巴比倫直到耶穌降世，最後總結，自神創造地球以來已經經過了五千九百八十七年，因此，離末日只剩十三年了。他的地圖試著描述從造物到末日的聖經歷史：他在東方畫了天堂裡的亞當與夏娃，也就是歷史起點：以及傳說中曾到過不同地區的十二位使徒，例如馬其頓的馬修、印度的湯瑪士，埃及的西蒙及西班牙的約翰。而當世界上所有人民都成為基督徒之後，末日就會到來。

奧古斯丁及奧羅修斯都提供了由東到西的史觀。造物發生於遠東，但在墮落之後，歷史就越來越往西移，經過巴比倫、亞述和馬其頓帝國，最後到達羅馬帝國及其所征服的西班牙、法國和英國，即世界上最西邊、日落大海之地。至此，歷史不再有可以擴展的地理區域。不久後，一切必將來到終點。

在西方英文版的公禱書中，位於地圖最底部的巨龍也是歷史的一部分。貝亞杜斯是第一個用地圖呈現這項歷史的人，他以羅馬地圖為基礎，將聖經的歷史事件交疊而上，接著開始運用增加文獻資料的方式以擴充地圖，而文獻資料便是與神相關的字眼，例如巴別塔（*Tower of Babel*）、挪亞方舟、紅海、加利利海（*Sea of Galilee*）、十字架釘刑及審判日等。從九世紀開始，有關地圖的聖經敘事便補充上許多其他的民族、生態學、植物學，以及古典時期的傳說及通俗軼事。這些地圖類似於具有插圖的百科全書，連不識字的人都可以在教堂、公禱書及教科書中翻閱查看，以直觀方式來理解中世紀的世界知識。

但是，少有像「世界之布」能基於實際探索而呈現的新地理知識。

下頁圖　西元 *1375* 年加泰隆尼亞地圖集（*Catalan Atalas*）的三分之一大小，此為西元 *1959* 年的修復版本。儘管並不確定，但很可能是由柯雷斯克・亞伯拉罕（*Cresques Abraham*）於馬略卡島（*Mallorca*）所繪製。該地圖具有正確方位，應由東向西閱讀。挪威在北方位於底部石堆處。

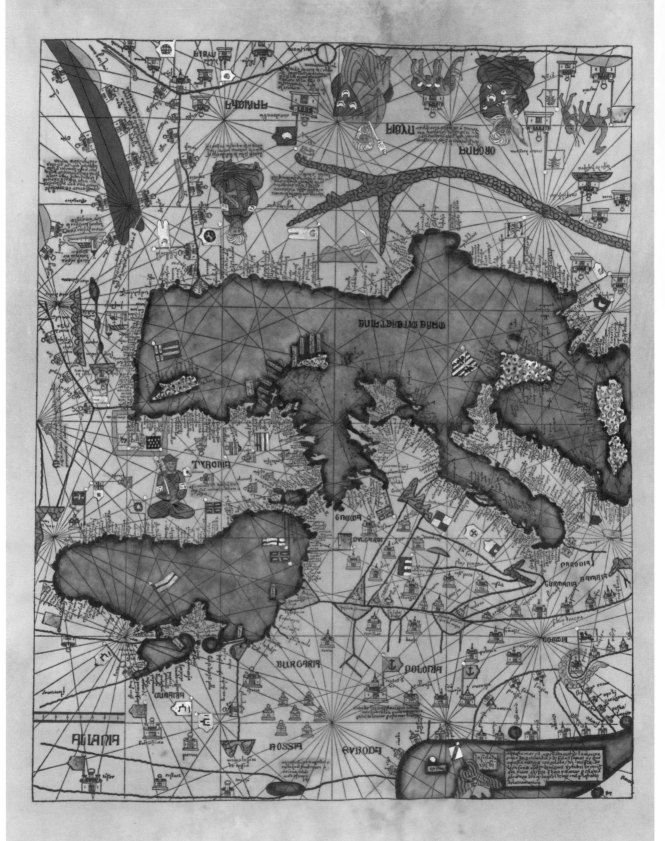

自從羅馬帝國基礎設施衰退以來，旅行對歐洲人來說變得更加困難，有關北歐探險的消息便鮮少傳到歐洲學術圈，以及拉丁文語系的地圖師耳邊。那些旅人多是傳教士、朝聖者、十字軍及商人，很少有人是基於旅行目的而旅行。在中世紀最偉大的文學作品之中，義大利詩人但丁‧阿利基耶里（*Dante Alighieri*，西元 *1265* ～ *1321* 年）著作《神曲》（*Divine Comedy*），以引領地獄、煉獄及天堂的神學旅行方式，我們在地獄遇見了領航的希臘人尤利西斯（*Ulysses*）。尤利西斯敘述自己如何因為渴望探索世界而踏上最後的旅程，他沿著直布羅陀海峽向西航行至未知的水域，「那裡有海格力斯的地標／作為凡人不得再往前冒險的訊號」，並向其船員說：「想想你們的來處／你們並不是生來便像野蠻人那樣過活／而是為了追求美德及知識。」不過，但丁並沒有給尤利西斯太多時間去滿足其學習慾望，他認為這種好奇心毫無用處。直到十三世紀末，才開始有人透過實際目測，在歐洲地圖上進行系統化的標記。

挪威

跟尤利西斯一樣，挪威水手哈洛嘉蘭的奧瑟（*Ohthere of Hålogaland*）也開始探索世界外圍。他曾在九世紀末啟航，目的是盡可能地向北航行。幾年後，他敘述了面見威塞克斯大帝阿爾弗雷德國王（*King Alfred the Great Wessex*）的旅程。阿爾弗雷德國王想必十分喜愛奧瑟的旅行故事，因為他把故事寫下來，加入原本只描述阿爾卑斯山以南世界的奧羅修斯《反異教徒史》，並收錄在盎格魯撒克遜（*Anglo-Saxon*）的譯本中。

奧瑟告訴阿爾弗雷德國王，他居住在挪威最北方，即挪威（*Norðweg*，挪威文）北方大西洋沿岸。他還說，這片遠超過此地的土地無限往北延伸，除了零星幾處是為芬蘭人（*Finnas*）冬天打獵、夏天釣魚所

紮營的據點，其他全都無人居住。他曾經想知道那片土地盡頭有多遠，是否會有人居住在北方的不毛之地，所以連續三天沿著海岸，維持以不毛之地在右舷、海洋在左舷的方向往北航行，直到捕鯨者所及的北方最遠處。之後的三天，他更是竭盡所能繼續往北航行。奧瑟自己還真不知道，到底那地方早就轉為東方，或是已經被海洋所覆蓋。

奧瑟航行至俄羅斯的白海（*White Sea*）後便返航。他跟阿爾弗雷德國王說，挪威是一個狹長的國家，「南部最寬，越往北走越窄」。沿著該國南部，山的另一側是斯韋蘭（*Svealand*），以及北部的科文（*Kvens*）。奧瑟是位商人，經常向南前往斯克靈薩（*Skiringssal*），即距離現今拉維克（*Larvik*）不遠的市鎮。他從那裡前往丹麥的海澤比（*Hedeby*），並用毛皮交換奢侈品及紡織品：

　　從斯克靈薩（又稱 *Sciringes heal*）開始，他航行了五天，來到了名叫海澤比的貿易市鎮，其為丹麥屬地，並位於溫特（*Wends*）、薩克遜（*Saxons*）及盎格魯（*Angles*）之間。他從斯克靈薩航行到那裡時，是以丹麥為左舷、大海為右舷方向航行了三天。接著，在到達海澤比前兩天，則是以日德蘭半島、西倫德（*Sillende*）及群島為右舷航行。在他們來到這片土地之前，盎格魯人就住在這區域。之後兩天，左舷方向都是一些屬於丹麥的島嶼。

至此，便結束了對歐洲北方邊地的古老敘述。同時，這也是目前所知最早的描述，以及「挪威」其名稱的由來。一百多年後，某位英國人繪製了一張世界地圖，在某種程度上結合奧羅修斯及奧瑟所提供地理資訊，即具有強烈北歐風格的《卡頓手稿集》（*the Cottoniana*）或稱《盎格魯撒克遜地圖》。因為涅洛諾維切（*Neronorweci*，丹麥舊稱）、埃蘭（*Island*）、（瑞典的）達契亞（*Dacia*）及哥特亞（*Gothia*）都被包括在內，如果不特別注

重其準確位置或重製的話。

當此地區開始基督化並學習拉丁文時，也強化了北歐與歐洲其他地區之間的聯繫。一開始，在隆德（*Lund*）、尼達羅斯（*Nidaros*）及烏普薩拉（*Uppsala*）成為大主教轄區以前，北歐地區為不來梅（*Bremen*）及漢堡（*Hamburg*）的轄區範圍。而在西元 *1070* 年左右，一名神職人員不來梅的亞當（*Adam of Bremen*）撰寫了《漢堡—不來梅主教的歷史》（*History of the Archbishops of Hamburg-Bremen*）。這本由拉丁文寫成的書，具有對北歐地區最詳盡的描述，其中有關挪威的敘述如下：

　　因為諾特曼尼亞（*Nortmannia*）是世界上最遠的國家，所以放到本書的最後作為介紹……。從普遍稱作「波羅的海」的海洋旁邊的高聳峭壁開始；接著從其主要山脊向北蜿蜒，沿著洶湧大海的海岸線往前，最後以里腓山脈作為邊界，也是整個世界的終點。

尼達羅斯在西元 *1154* 年成為大主教轄區，與此同時，某位挪威作家撰寫了有關挪威及北部地區歷史的《挪威歷史》（*Historia Norwegiæ*）。書中，挪威是個大國，卻因為大片森林、高山及極度寒冷而幾乎無人居住，其地理位置如下：

　　從大河東邊開始往西蜿蜒，再向北往回轉彎成環狀邊緣。這個充滿峽灣及河流的國家往外長出無數個岬角，其長邊地帶有著三個能居住的區域：第一也是最大的一區為海岸區域；第二個是內陸區域，又稱為高山區；第三個是森林區域，也是芬蘭人居住的地方，不過那裡沒有農作物。挪威西邊及北邊都環海，南邊是丹麥及波羅的海，而東邊則是瑞典、約塔蘭、翁厄曼蘭（*Ångermanland*）及耶姆特蘭（*Jämtland*）。

因為該地區的基督化，使得有名望的斯堪地那維亞人及冰島人都把孩子送往歐洲大陸學習。學生會帶著成績單及買來的書籍返鄉，其中包含當時的學術文章、拉丁文學，很多之後都被翻譯成冰島文。

　　我們從十二世紀才出現的著作《地理學》（*Landafræði*），明顯受到伊西多羅及其他人的影響：「天堂位於世界東半部……然後，挪亞把世界依其兒子分成三大部分，並為過去不具名的地方都起了名字。他把世界的一部分稱為亞洲，其他則各自為非洲及歐洲。」這本書有著源自北方地區的地理知識：「稱作挪威這個國家，範圍從北邊的維吉斯塔夫（*Vegistafr*），即位於甘德灣（*Gandvik*）的芬馬克（*Finnmark*），直到南邊的約塔河（*Göta älv*）、東邊的埃茲庫格（*Eidskog*）及西邊的恩格松蘇達（*Engelsøysundet*）。而挪威主要市鎮為特隆海姆市，即挪威國王奧拉夫二世（*King Olaf II*）的故居；其次是霍達蘭省（*Hordaland*）的卑爾根市（*Bergen*），也是聖桑尼瓦（*Saint Sunniva*）的安息之地；第三個在維克（*Vik*）以東，即國王奧拉夫的親戚聖哈瓦（*Saint Hallvard*）的安息之地。」

　　維吉斯塔夫位處古挪威王國的北部邊界，可能是現今俄羅斯白海西側的聖諾斯角（*Cape Svyatoy Nos*）；而恩格松蘇達則是安格爾西島（*Anglesey*）和威爾斯大陸（*Welsh mainland*）之間的梅奈海峽（*Menai Strait*）。換句話說，挪威延伸到了英國不列顛的西海岸。

　　《地理學》可能是尼古拉斯・伯格森（*Níkulás Bergsson*）的作品，他是在冰島北部蒙卡特維羅（*Munkatverá*）於西元 *1155* 年所建的本篤會（*Benedictine*）修道院的第一位修道院院長，也寫過遊記《指南書》（*Leiðarvísir*），敘述從冰島到耶路撒冷的旅程。尼古拉斯在徒步橫越歐洲之前，先到挪威，接著再前往丹麥。「因此，前往羅馬旅行的朝聖者從奧爾堡（*Aalborg*）到維堡（*Viborg*）可能需要兩天時間……另一種前往羅馬的方式，是從挪威前往弗里斯蘭（*Frisland*）、德芬特（*Deventer*）或烏特勒支（*Utrecht*）。在那裡，大家能在到達羅馬之前得到祝福。」尼古拉斯從羅馬

往下旅行至布林迪西（*Brindisi*），從那裡搭船前往威尼斯、希臘、土耳其和塞浦路斯，直到在亞克（*Acre*）上岸之前，接著再前往耶路撒冷，「這是世界上最好的城市之一」。

尼古拉斯一踏上旅程，便顯得跟其他本篤會的修士完全不同。一進入修道院，修士就會發誓要定居，即「堅定不移」（*stabilitas loci*）。不過，透過閱讀聖地之旅的敘述後，以不移動的方式進行朝聖，即「不移動朝聖」（*peregrinatio in stabilitate*）這種方式也是可行的。英國本篤會修士馬修‧巴里士（*Matthew Paris*）便為此在西元 *1250* 年繪製了一張地圖，其篇幅橫跨好幾頁，透過這一頁頁的閱讀，修士便能在不離開修道院的情況下，「旅行」到倫敦、多佛（*Dover*）、加來（*Calais*）、巴黎、羅馬及奧特蘭托（*Otranto*），從那裡登船並前往聖地及耶路撒冷，而且全程都只要坐在桌子旁就好。

而在後來形成「薩迦」（*Sagas*）這類傳說文學的古冰島文，逐漸成為文學傳播媒介之際，諸如《地理學》及《指南書》之類的書籍，都是在北歐風格及文學文化的萌芽時期所寫成。正當北歐與歐洲大陸相互刺激交流時，冰島的書寫文化也逐漸成形，而斯圖魯森便是在這種環境背景下成長。

《世界之環》

斯圖魯森完成有關北歐神話及吟遊詩人的著作之後，便著手進行更龐大、有關挪威國王的著作。在其詩歌著作《埃達》中，他已經敘述過亞洲人與其他民族相比，是如何的「具有最豐富的天賦、智慧及力量、美麗及各種知識」，以及來自土耳其特洛伊的首領如何北移，成為北歐皇家血統的開端。斯圖魯森企圖提供這些民族更詳細的歷史及起源。古老北歐國王的傳說開啟了一長串對世界的敘述：

據說人類所居住的世界圈（世界之環，*Heimskringla*）被拆成許多海岸線，所以大片海洋從外海沒入內陸。因此，大海流入約瓦海峽（*Njorvasound*）並往上到耶路撒冷。一條狹長海岸線從相同海洋往東北方延伸，並稱作黑海，把地球三大部分隔開來；其東部稱作亞洲，西部則有人稱為歐洲，有人稱為埃納。黑海以北則是大（或極冷的）斯維約德（*Svithjod the Great, or the Cold*）。大斯維約德的土地面積不小於撒拉森人（*Saracens*）的土地，還有人將其與大藍地（*the Great Blueland*）相比較。大斯維約德的北部因冰天雪地而無人居住，就如同大藍地的南部也因炙熱烈陽而荒廢。

　　斯圖魯森所寫的地名，難以立即被現今讀者所理解。約瓦桑是直布羅陀海峽，綿延至耶路撒冷的海洋是地中海。黑海以北的國家是俄羅斯，但是斯圖魯森卻採用瑞典的北歐名稱「斯維約德」而非「加德里克」（*Gardarike*），後者是俄羅斯傳說中常見的名稱。或許他把「斯維約德」（*Svitjod*）與希臘文「斯堪提亞」（*Skytia*）混淆，即古典時期位於俄羅斯東南方的王國。「撒拉森人的土地」是從伊拉克南部一直延伸到摩洛哥（阿拉伯國家）等區域，而大藍地則為非洲其他地區，因人民的藍黑色皮膚而得名。

　　跟希臘的希羅多德、羅馬的大畢利尼及塞維利亞的伊西多羅一樣，斯圖魯森將塔內斯河（頓河）稱作是歐亞之間的分界，但是卻說這過去被稱為瓦內奎斯（*Vanakvisl*）：

　　因此，瓦內奎斯周圍的國家被稱為瓦納蘭（*Vanaland*）或瓦納海姆（*Vanaheim*），而這條河把世界分為三大部分，其中最東邊稱為亞洲，最西邊為歐洲。在亞洲塔內奎斯（*Tanakvisl*）以東的國家稱為阿薩蘭（*Asaland*）或阿薩海姆（*Asaheim*），此地主要城市稱作阿斯嘉。該城市首領叫奧丁，而這裡也是獻祭的好地方。

斯圖魯森寫道，瓦納海姆是華尼（*Vani*）神族群居的地方，他們跟阿斯嘉及阿薩爾（*Æsir*）神族曾在一開始就發生戰爭。斯圖魯森利用北歐文阿薩「*Æsir*」與亞洲「*Asia*」之間的相似性，將北歐異教信仰與具有世界聖地的亞洲相連，並賦予挪威國王高貴、亞洲的血統。實際上，奧丁因戰爭被迫往北逃亡，其兒子塞明（*Sæmingr*）則成為挪威諸王的祖先。斯圖魯森運用地理學，即結合地圖強調貴族血統的方式，來強化挪威王權。

同一時間，英國國王亨利三世（*King Henry III*）在西元 *1258* 年伯爵反叛中，也利用地理學鞏固其王權。他在西敏宮（*Palace of Westminster*）其中一間住所、會議功能兼具的大廳裡，掛有一大片「世界之布」，以作為其王座背後知識及力量的標誌。不過，該策略效果有限，地圖在五年後的伯爵動亂期間，便被大火燒毀了。馬修·巴里士所繪製的地圖正本，儘管複製本已遺失，但英文公禱書收錄的地圖很可能就是其複製本。這張小小地圖上所具有的龐大資訊，顯示其可能是以尺寸較大的正本為基礎。在直徑僅 *8.5* 公分的圓中，銘文便有一百四十五個，也使得該地圖成為中世紀相當詳細的參考資料。

地圖上繪有耶穌像是一種古典風格。耶穌手持地球儀就跟羅馬神祇朱彼得（*Jupiter*）一樣，以表示其統領全世界。祂手持地球儀，就跟下方的地球同樣分為三大部分；其右手食指及無名指彎曲的手勢，可回溯到羅馬演說家如何展現其發言權。而環繞世界的十二道風都有其代表性的名字，例如北風西庇譚提奧（*septentrio*）就是以羅馬人所見的北斗七星中的七牛（*septem triones*）為命名，西庇譚提奧尼（*septentriones*）便成為「北方」的羅馬名字。

世界南方的生物大多參考自羅馬作家蓋烏斯·朱利斯·索利努斯（*Gaius Julius Solinus*）的著作《世界奇觀》（*De mirabilibus mundi*）。書中可見到以腿為口的食人族、五官長在身上的無頭人、獨腳人，還有嘴巴如

小孔、只能用吸管喝水的人，以及食蛇人、六指人及四眼人。挪威北方有一座敘佩波爾列亞島（*Hyperboreans*），根據希臘人的說法，這裡有一群住在北風起始地的人，而在希臘神話中，再往北方還有一座阿朗倍島（*Aramphe*）。

伊甸園在頂端、最東邊之處。在象徵此地難以通行的環繞高山之中，能看到亞當、夏娃及生命之樹。除了伊甸園，還有四條天堂之河從高山流入印度恆河，即地圖師所知的最東邊之處。亞洲有三分之一土地為聖經事件的發生地點，伯利恆便位在耶路撒冷以南。城市東邊是加利利海，中間畫著一條大魚，以提醒大家，耶穌在此用五條麵包及兩條魚餵飽五千人。而在亞美尼亞能看到亞拉拉山（*Mount Ararat*），即挪亞方舟擱淺之地。東南方是一片範圍擴大的紅海，在摩西及和以色列人逃難時分開。

翻開公禱書地圖下一頁，可以看到另一張地圖，該地圖呈現圓形，以文本為主，並分成三大洲，具有非洲、亞洲及歐洲重要王國與城市的名稱。對於想了解地理的讀者來說，這兩張地圖算是相輔相成。以圖像為主的地圖能提供我們所處環境的生物、區域及聖經歷史等大致資訊，而以文本為主的地圖則能用於研究國名及各種地名。

「世界之布」在西元 *1300* 年英國的《赫里福德地圖》（*Hereford Mappa Mundi*）出版時達到高峰。如同公禱書中收錄的地圖，其描繪了一大片以耶路撒冷為中心的圓形土地，郊外居住著許多奇異生物，包括距離諾雷亞（*Noreya*）不遠的狗頭人。在諾雷亞還能見到世界上第一張滑雪道路圖，不過那張地圖更大、更詳細。《赫里福德地圖》畫在一塊小牛皮上，大小為長 *159* 公分、寬 *133* 公分，並畫有天堂、挪亞方舟、巴別塔、摩西接受十誡

下頁圖　世界上最美麗的地圖之一，即弗拉‧毛羅（*Fra Mauro*）的世界地圖，繪於西元 *1460* 年。從許多方面來說，此地圖代表了中世紀的聖經風格地圖的終點，走向更現代、科學風格的起點。比方說，毛羅不希望把天堂放在遠東某個地方，因為他已經讀過馬可‧波羅（*Marco Polo*）的遊記，不確定那裡是否真的存在天堂。因此，弗拉‧毛羅把天堂繪於地圖邊緣之外。

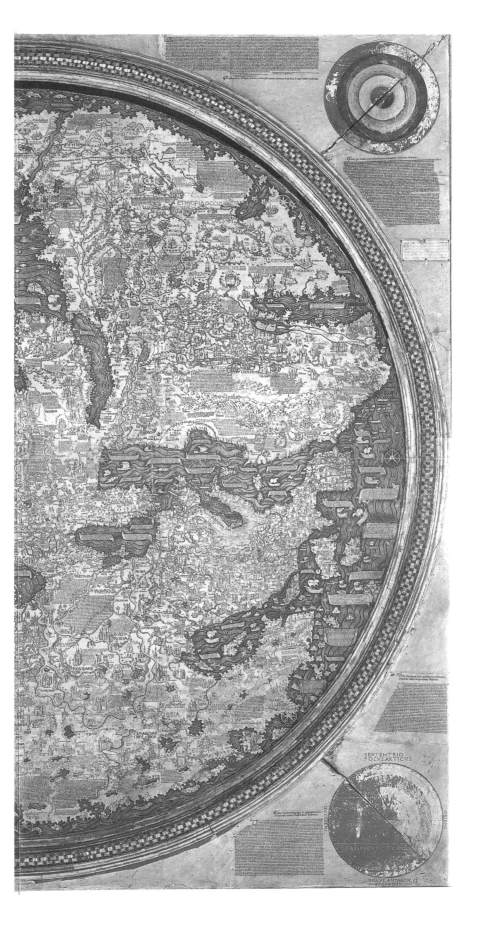

（*Ten Commandments*）的西奈山、紅海、死海、耶利哥、索多瑪（*Sodom*）及蛾摩拉城（*Gomorrah*）、變成鹽柱的羅特（*Lot*）妻子、橄欖山、十字架釘刑，以及在頂端復活、允許審判日降世的耶穌。其左右則有兩排人物，代表近期於前往指定最終目的地路上死去的人。《赫里福德地圖》是無疑是個世界大劇場，在此上演著從開始至結尾、一切的歷史。

航海圖

　　當「世界之布」繪製於宮殿與大教堂牆上及公禱書、教科書與地理畫作中之際，中世紀的歐洲也發展出另一種完全不同類型的地圖，即準確標示沿著地中海、黑海與大西洋、直布羅陀北部及南部海岸線的航海圖。這些地圖並不大重視內陸地區，幾乎所有收錄在內的地名都是沿海城市地名，而且只會加上河口標示。在此看不到「世界之布」所呈現的宗教、歷史、民族誌或動物誌，航海圖所收錄的地理資訊都單純是為了實用目的。

　　其中，流傳下來最久的地圖，是一張來自西元 *1275* 年左右、方形的《比薩航海圖》（*Carta Pisana*）。從此地圖與同時期的另外其他兩張地圖，都發展得相當完善來看，可見在此之前一定還繪製了許多地圖。但由於航海圖的使用方式，例如容易噴到海水或落水遺失，都使其特別不易保存。

　　《比薩航海圖》從東邊的黎巴嫩到西邊的摩洛哥及英國，總共收錄多達九百二十七個地名。一朵標示基本風向的風玫瑰，被畫在薩丁尼亞島（*Sardinia*）以西，另一朵在羅德島以南，在從此處延伸好幾個幾何圖形，以標明風向及航線。此地圖還具有能計算距離的比例尺，在其上方並無標示任何特定方向，所有文字書寫方向均與海岸線形成直角，領航員在航行時必須轉動地圖才能閱讀。

　　《比薩航海圖》很可能不是來自比薩，而是熱那亞（*Genoa*），因為初版航海圖是在熱那亞的船上發現，而且很多地圖師也都住在這座城市。不

過，到底為什麼有人能繪製出航海圖，其原因仍不明。是誰探索了這些海岸線？運用了哪些工具？如何將所有資訊彙整到一張地圖上？有一說是，地圖師很可能是整合了幾張區域地圖，而這也能解釋為什麼後來有幾張航海圖，上面的地中海及黑海的比例會不同。第一版航海圖全集出現在十四世紀初，當時有人想到要把幾張航海圖裝訂在一起。相較於一張需要來回捲動的全長地圖，這是一種更為實際耐用的方式，也能提供更多細節。

　　儘管義大利神職人員認為，航海圖無法顯示出世界上最重要之處，但航海圖已經開始影響「世界之布」。因為在中世紀，既不工作、不發動戰爭也不為上帝服務的商人階級正不斷成長，尤其是義大利北部城邦，而且他們也有資源並以實用目的繪製世俗地圖。航海圖的影響，也使「世界之布」更為詳盡而不簡略。

　　不過，「世界之布」也影響了航海圖。隨著義大利人、西班牙人及葡萄牙人開始更遠更頻繁的旅行而改進並擴大，最終把沿海區域的城市、山脈及河流都一一收錄進去。一張西元 *1339* 年的地圖，便標示著非洲國王、阿拉伯的薩巴女王（*queen of Saba*）、南方一大片非洲地區及位於東方的亞洲，並以「世界之布」的方式書寫文字說明。從額外添加的裝飾來看，代表航海圖不再只具有單純的實用功能，而是成為社會地位的象徵物，肩負著探索及權力的見證作用。

　　這些地圖之中，最奢華的便是西元 *1375* 年的《加泰隆尼亞地圖集》，即亞拉岡（*Aragon*）國王送給法國國王的禮物，由六塊固定在木板上的小牛皮頁面所組成。前兩頁為天文地理相關的文字敘述與圖表，地圖則位於後四頁，提供了從西方加那利群島（*Canary Islands*）到東方蘇門答臘與中國、從北方挪威到南方撒哈拉等，那些已知及不甚了解的世界的大致面貌。精心繪製的地圖以奢華金箔與城市、動物、國王及旗幟插畫作為裝飾。挪威地區（加泰隆尼亞文為 *Regió de Nuruega*）座落在瑞典（*Suessia*）及丹麥（*Dasia*）旁，完全被群山所環繞，在此還能看到「挪威地勢非常崎

崛、非常寒冷、多山、荒涼且森林茂密。其居民以魚、肉為主食更甚於麵包；由於氣候寒冷，所以大麥產量不多。還有很多野生動物，例如鹿、白熊及海東青獵鷹」。

弗拉‧毛羅

在十五世紀中期的威尼斯，修士弗拉‧毛羅正與一位曾經在挪威海岸遇難的船長交談。西元 *1431* 年初夏，佩德羅‧奎里尼（*Pietro Querini*）從克里特島啟程前往現今的比利時布魯日（*Bruges*），其船隊中的三艘載滿了葡萄酒及香料。不過，他一航行至大西洋就遇到強烈暴風雨，船隊便偏離了航線。船員們在救生艇上抵抗暴風雨、寒冷及飢餓數週，直到次年新年剛過，載有奎里尼及其他十一位生還者的船才在羅弗敦群島（*Lofoten*）中羅斯特（*Røst*）地區的某座島上岸，船員經過當地居民照顧休養三個月才返家。一回到家，奎里尼便寫了一本名為《天堂第一圈》（*In the First Circle of Paradise*）的書，書中無一不是他對挪威沿海居民熱情款待的讚美。他變成經驗豐富的船員之一，即「航海專家」（*i marinari experti*），也是毛羅繪製大型世界地圖時所諮詢的對象。

毛羅在位於威尼斯諸多島嶼之一的聖米歇爾修道院（*Monastery of Saint Michael*）生活及工作。他是地圖師，其使用的材料及顏料都由修道院負擔。他之前曾在現今的克羅埃西亞繪製過地圖，並在西元 *1449* 年繪製「世界之布」。而他所著手繪製的新世界地圖，是來自威尼斯當局的委託。

身為一位敬畏上帝的修士，毛羅十分精通中世紀那種象徵性的地圖。但是他卻住在一座世界新資訊會不斷從港口傳入的城市，而那些對遙遠國家的探險發現，也會令人對所謂的永恆及神聖真理產生懷疑。

儘管如此，毛羅還是以傳統圓形在小牛皮上開始進行繪製。他大致勾勒出非洲、亞洲及歐洲三個大陸，但比他在「世界之布」上繪製的要詳盡

得多。他依照新航海圖畫出海岸線，並且在阿拉伯地圖師的啟發下，把地圖上方方位設定為南方而非東方。

在地圖之外，毛羅收錄了一些能作為宇宙天文學相關答案的圖表；其左上方，則繪製了圍繞地球的天體，具有太陽、月亮、五顆行星及恆星。在右上方，能看到繞地球運行的月球軌道。右下方是一幅圓形地圖，標示五個氣候區，而左下方則是伊甸園。

隨著遠東地區越來越為人所了解，該把天堂放在哪裡就變成了地圖師越來越棘手的問題，尤其在西元 *1300* 年左右出版的《馬可波羅遊記》（*Travels of Marco Polo*）問世之後。有些人開始在大家還不太了解的非洲南部繪製上伊甸園，但是毛羅卻把它定位在地圖之外。在說明文字中，他稱其為「地球的天堂」（*paradiso terrestro*），並引用希波的奧古斯丁的著作，跟伊西多羅一樣認為伊甸園就在地球上。然而，毛羅拒絕把伊甸園放在他所知已經錯誤的地點，而為了能把地理新知識與舊真理互相聯繫，他便用正統文字結合了被摒除於地圖外的天堂作為處理。

在決定耶路撒冷的位置時，毛羅也遇到了類似的問題。同樣，這還是起因於對遠東的新知識，遠東地區是如此遙遠，以至於耶路撒冷必須位於世界中心以西。毛羅透過文字解釋來解決，即耶路撒冷以經度來看並不在世界中心。但他也認為，若是考量到人口因素，由於歐洲人口密度比亞洲高，所以耶路撒冷還是位於全人類的中心。

毛羅在地圖上的聖地，在亞洲所佔的空間也比以往的地圖要少。「那些有見識的人會在土買地區（*Idumea*）、巴勒斯坦及加利利海放入我所沒有收錄的資訊，例如約旦河、提比哩亞海（*sea of Tiberias*）、死海及其他地方，因為空間實在是不夠」，毛羅在地圖上如此寫道。

每次遇到與古老事實有所牴觸時，毛羅都會以地理因素作為優先考量。他認為塔內斯河（頓河）不再是歐亞之間的邊界，因為其流經歐洲大片區域，他表示：「我是從那些曾親眼所見的威望人士那裡得知。」對於那些生

活在世界邊緣的奇異生物也同樣適用。毛羅說：「根據許多宇宙學家及學識淵博的人所寫，非洲……有許多可怕的人及動物」，但他也發現，「沒人能提供這些我所挖掘並書寫資料的相關知識」。因此，這個問題將留待他人解決。

　　毛羅的世界地圖反映了其時代的地理混亂，這種混亂不只因為馬可·波羅，還受到十五世紀初歐洲人終於能以拉丁文翻譯、閱讀托勒密《地理學》的影響。「西元 1436 年，威尼斯的安德烈·比安喬所作」（*Andrea Biancho de Veneciis me fecit, mcccc xxxvi*），這段話便寫在收錄有三張地圖的文件外頁上：第一張參考托勒密的座標所作；第二張是以亞當與夏娃、狗頭人及國王為裝飾的「世界之布」；第三張是航海圖，範圍從西方的加那利群島延伸到東方的黑海，並從南方的尼羅河延伸到北方的挪威。水手兼船長的比安喬沒有寫下任何有關地圖的資訊，但是他把這些地圖整齊地排在一起，已經清楚顯示出十五世紀繪製地圖的困難——即世界該如何被繪製？毛羅的解決方式是，把托勒密、「世界之布」及航海圖合併成一張地圖。他感嘆道，有人可能會批評他依循托勒密地圖形式或經緯度計算的程度不夠高，但即使是托勒密本人，也沒辦法對那些世界上少有人造訪之地給出肯定的說法。

　　而同一時間，歐洲人正為了尋找商品而向東前往亞洲，向西橫跨大西洋，或向南前往非洲；他們不僅繪製出新國家及海岸線，甚至北方地區也開始出現更精確的輪廓，這些都能在毛羅的地圖上清楚看到。丹麥（*Datia*）從大陸被分散成一座島嶼，但保有其形狀；挪威（*Norvegia*）及瑞典（*Svetia*）則是從南到北延伸的半島。他也在挪威海岸旁邊寫道：「大家都知道，佩德羅·奎里尼是在挪威這個省上岸。」

　　毛羅在著手繪製地圖期間曾多次改變主意，他黏貼於某件物品的標籤就經常超過兩百個的文本。也許他是在遠航旅行者那裡收到越來越多新資訊後，打算最終在地圖完成時才寫下標籤——也或許地圖從未完成，因為地圖所標記的日期是西元 1460 年，正好是他去世後那年。不過，毛羅的確

為了那些研究其所繪地圖的人寫下最後致詞：「這項工作……並沒有達成所有應完成的，因為若沒有神的協助，以凡人的智慧是不可能驗證宇宙圖或『世界之布』上的一切，這些資訊更像是一種個人風格，而非對個人願望的全然滿足。」

毛羅的地圖已經永遠無法完成，因為他所使用的格式太過時，幾乎都快擠爆了畫面。而東西方兩邊的新發現也都顯示，在不將舊有世界最小化的情況下，陸地根本無法被繪入圓形地圖中。在希臘哲學家德謨克利特批評圓形世界地圖將近兩千年之後，歐洲人才再次注意到地圖應該要是橢圓形的。而就在剛好距毛羅之後的三十三年，更多的國家將陸續被發現，不過這次將是在遙遠的西方。

風格

中世紀時期一般認為是古典時代的中斷，但是地圖史卻顯示，學者在中世紀時期經常是承襲古典時代知識，並加以傳播出去。教父肩負起希波的奧古斯丁所提出的責任，以「掠奪埃及人」並利用希臘及羅馬人所獲得的知識，繪製出本身所需的地圖。這些世界形象都是以神聖為中心，而其收錄的大量地理、神學、歷史及種族資訊，對於導航來說幾乎是沒有用。基督教地理學將時空結合在一起的方式，是希臘及羅馬人無法理解的，畢竟他們的信仰沒有誤入歧途的墮落、受詛咒及被救贖，也沒有想像世界歷史將終結的時刻。如果說希臘地圖具有科學理論性，羅馬地圖則是更注重實用性，而中世紀歐洲地圖基本上就都是神學、教義及敘事性質。之後，人們為了實際需求而發展出航海圖，此種類型源自於四處旅行的義大利商人，並由葡萄牙、西班牙及荷蘭人持續擴展，而當時的新船及對財富的渴望亦開啟了歐洲人出海探險的時代。

Nieu poort
Oostende
Oudenio rg
Blan kenberg
Dixmujden
Mujen
Brugge
Sluys
Dame
R
usselare
Bulscamp velt
Ardenbourg
Oostburg
WAL CHEREN
Middelborh
Vre
LELANDIAE INSVLAE
Gorrer
Scouven
Zirik zee
Briele voord
Grauesande
Delft
Hage
L
Middelburg
Berulet
Ingel munster
Eeckeloo
Vielt
Goes
SVLTBE VLAT
DVVE LANT
Oesteruisslac
Wisser dingen
Schiedam
Rouerdam
OLI
Machelen
Leyea
DIA
Axele
Clise
Steenbergen
Oudenbosch
Dor drecht
Nieupo
Gouke
V
Leck
Oudenarde
Geritt
VAN
NI
Hulst
Boudelo
WAYS
Beuuren
S. Niclaes
Saslin gen
Rosendael
Bergen op Jrom
Lis
BR
7 Bergen
Loenhout
Geer trud en berghe
Worcum
Gorcum
Poelsberch bosch
Botelaert
Sottegem
Achterbrouck
Breda
DE LAN GE STRAET
Boesdon
Bo
Geertsberge
Ninown
Aelst
Der monde
Rupelmonde
ABAN
Hoochstraete
Oosterwijck
Herto
Zesse
Asche
Londersel
Antuerpen
DE KE
Engien
Brussel
Mechelen
Vilvorden
Duffele
Liere
Turnhout
TIA
ALPE
Oirschot
Box tel
Halle
Soigny
Vueren
Sermen bosch
Deele fl
Dommel fl
Heremtuls
Aeel
Postel
Eersel
Dommele fl
S. Oeden roej
Brane
Braijn
Louen
Loenel
Gestel
Eyndhouen
Niuelle
Wauere
Bouterseu
Sichenen
Coursel
Helmont
Fontaines
Reues
Gemblours
Fleru
Loudoij
Tienen
Diest
Beeringen
Meer
Cranendonck
Sambre
Herk
LOOK

第四章
第一本地圖集

比利時　安特衛普（*Antwerp*）

北緯 *51° 13'6"*

西經 *4° 23'53"*

　　安妮・奧特爾（*Anne Ortel*）先用畫筆在森林區塊仔細塗上淺綠色顏料，接著用淺棕及深棕色凸顯布拉班（*Brabantia*）、佛蘭德斯（*Flandria*）、漢諾亞（*Hannoa*）及荷蘭德亞（*Hollandia*）等低地。兩塊藍色陰影代表水：淺藍表示寬闊的海洋，深藍則用於河流、湖泊及航運水道。她把船塗成棕色及暗黃色，再把畫筆蘸上紅色顏料，為城市一一上色：布魯塞爾（*Brueßel*）、烏特勒支、盧昂（*Louen*）及奧斯特維奇（*Oosterwijck*）；阿姆斯特丹，台夫特（*Delft*）、恩荷芬（*Eyndhouen*），以及她的家鄉——安特衛普。多虧有斯海爾德河（*River Schelde*）所帶來的貿易活動，安特衛普在西元 *1570* 年成為世界上最富有的城市。這張長達 *5* 公尺的地圖於西元 *1486* 年繪製，顯見這條水路的重要性。在安特衛普，西班牙及葡萄牙購買在德國南部所開採的銅和銀，將其運輸到印度及非洲以交換香料、象牙及

左圖　布拉本公國（*Duchy of Brabant*）地圖的細部圖，其中便有現今比利時及荷蘭部分地區，包括亞伯拉罕・奧特利烏斯的故鄉安特衛普。此為《地球大觀》西元 *1570* 年的印製版本。

奴隸。英國布料、佛蘭德刺繡及德國皮件也都在這裡交易，城市本身則出口諸如玻璃、寶石及壁紙等奢侈品。

　　奧特爾時代的安特衛普是座國際大都市。若到每年有兩千五百多艘船停靠的港口附近散步，可能會聽到商人說荷蘭文、英文、法文、義大利文、意第緒文（*Yiddish*）、葡萄牙文、西班牙文、德文，以及非洲與東亞語言。

　　湧入城市的交通量相當大，城裡的新型現代起重機也數量眾多，安特衛普甚至自行成立了起重機操作員工會。運河網絡從港口延伸到城市中一座座的倉庫，再延伸到布拉本郊外。跟一千五百年前的亞歷山卓市一樣，安特衛普在地理及廣大世界來說，有著重要地位的貿易樞紐。安特衛普沒有大型圖書館或著名教育機構，但有許多印刷廠、書商及出版商彌補其不足，自從德國印刷師約翰尼斯・古騰堡（*Johannes Gutenberg*）於 *1450* 年代開始出版書籍以來，書籍市場發展快速進而減少了對圖書館的需求。荷蘭的人文主義者伊拉斯謨（*Erasmus*）讚許印刷師友人「正在建立一個不受世界限制的圖書館」。而安特衛普的印刷廠則有如各種學者的圖書館、書商、出版商、研習會和集會場所，其大多數都位於卡姆門街（*Kammenstraat*）上，包括當時歐洲最大、最重要的印刷商黃金羅盤出版社（*De Gulden Passer*），其事業發展至今已擴展成具有七棟並排大樓的規模。

　　安妮・奧特爾以母親名字命名，其母親教她如何為地圖著色。在得知安特衛普所具有的潛力與工作機會後，其祖父便從德國的城市奧斯伯格（*Ausberg*）搬到安特衛普，這城市確實也很適合他們發展，奧特爾一家後來在該市享有不錯的聲譽。安妮的父親李奧納多（*Leonard*）成為古董商，並承襲自己父親的宗教信仰傾向。這座城市就如西班牙王室所統治的其他地區一樣，安妮的父母都曾正式宣示信奉天主教，但也像許多其他安特衛普人一樣同情新教徒。西元 *1535* 年，李奧納多因參與出版改革者邁爾斯・科弗代爾（*Myles Coverdale*）的英文版聖經，而被迫逃離這座城市。

　　當時西班牙及神聖羅馬帝國的統治者查理五世（*Charles V*）沒空理

解新教，宗教法庭也熱衷燒毀書籍和異端思想。李奧納多後來逃離安特衛普，留下了妻兒，包括安妮及其八歲的哥哥亞伯拉（**Abram**）。宗教法庭人員闖進了房子，尋找與禁忌異端相關的書，不過都沒有找到。

　　安妮的父親在四年後去世，她的母親勤奮並成功經營古董生意，更教導安妮、亞伯拉及么女伊麗莎白為地圖著色繪製。地圖一直是他們父親的收藏之一，而亞伯拉在年少時亦對地理學十分有興趣。當時荷蘭的地圖市場很大，更隨著該國國際貿易活動而擴大，甚至連過時的地圖都很搶手。當時許多畫家的客戶群從資產階級到一般製鞋匠都有，幾乎人人都在牆上掛有地圖。地圖因應買賣什麼價格都有，在荷蘭，彩色地圖的需求尤其大。

　　亞伯拉及兩位妹妹會購買黑白地圖，將其黏貼在亞麻畫布上，再攤平於木框上著色。他們會把彩色地圖賣給個人、出版商及書商，而通常彩色地圖的價格會比黑白的高出三分之一。地圖的樣子由客戶決定，若有人想把家鄉塗成粉紅色，也能如君所願。不過，顏色也可以用來傳遞訊息。早在西元 *1500* 年，德國地圖師厄哈・厄茲勞伯（**Erhard Etzlaub**）便曾建議，以不同顏色來標示不同語言的地方。然而，亞伯拉在晚年表示偏愛無色地圖。他在西元 *1595* 年給侄子雅各的一封信中寫道：「*你想要彩色版本，但在我看來，不上色的版本更好。你自行決定吧。*」

　　亞伯拉從未受過教育，大概是因為他必須工作的關係。李奧納多或許曾希望兒子上大學，至少已經盡力以拉丁文及希臘文來教育他，但根據他去世後，一封朋友提及他的信中便寫到，亞伯拉「對現實感到挫折，要照顧一個寡居的母親及兩個年幼的妹妹」。當時歐洲具有專門繪製地圖學科的兩個大學之一，魯汶大學（**University of Leuven**），只位於 *60* 公里外，便是個看似近在咫尺，但實際遠在天邊的夢想。另一位朋友寫道，亞伯拉「*自行學習及演練（數學），只能憑靠其苦難及實務經驗來理解艱深的奧祕，並贏取他人的欽佩*」。

　　亞伯拉可能讀過哪些書？同時期，還有位在魯汶大學教授地圖學的教

授名為伽瑪・弗里西斯（*Gemma Frisius*）。弗里西斯年幼時即癱瘓並成為孤兒，之後在貧苦的繼母照顧下長大，並透過為少數優異學生的保留名額被大學錄取。他十分珍惜這份機會，日後亦成為天文學家、數學家、醫生及工藝師，並製作了一顆地球儀，還在西元 *1530* 年出版了《天文學與宇宙學原理》（*De principiis astronmiae et cosmographiae*）作為補充說明；此外，亦在三年後出版調查報告。這兩本書出版地都是在安特衛普，即歐洲最重要的地理地圖相關書籍出版地，所以推論亞伯拉在年少時曾仔細閱讀這兩本書，並非是不可能的事。

亞伯拉還讀過遊記及歷史著作：希羅多德、斯特拉普、馬可波羅相關著作及托勒密的《地理學》，後者可能是塞巴斯汀・明斯特（*Sebastian Münster*）在西元 *1540* 年、*1542* 年及 *1545* 年出版的版本，也是當時一百年前拉丁文譯本問世後，各種版本中最新再版的。

重返托勒密地圖

歐洲文藝復興始於西元 *1397* 年，當時的希臘學者曼紐・克利索羅斯（*Manuel Chrysoloras*）到佛羅倫斯教導修士希臘文。而過去七百年期間，歐洲學者對希臘文的研究不多。修士雅各・德安傑羅（*Jacopo d'Angelo*）在君士坦丁堡見到當時研讀希臘文的克利索羅斯之後，便邀請他到義大利。德安傑羅帶著許多希臘手稿返回佛羅倫斯，其中包括托勒密的《地理學》，以及他開始翻譯該書後，為這座城市人文主義所帶來的期望，即使當時學術圈僅是聽說這本書正在翻譯，也只讀過部分片段。當克利索羅斯搬到其他城市時，德安傑羅便接手完成翻譯工作。

德安傑羅在《地理學》譯本的引言中寫道，托勒密向我們展示了「世界的面貌（*orbis situm ... exhibuit*）」。他還強調，希臘學者提供了拉丁文風格地圖中所缺乏的東西，即把球體上的地理轉移到平面紙上的方法。但是

德安傑羅缺乏數學技能，去翻譯托勒密繪製此種投射法的複雜說明，因此文藝復興時期的讀者對這些方法所知甚少。

德安傑羅將著作名稱從《地理學》（*Geography* 或拉丁文 *Geographia*）改為《宇宙圖學》（*Cosmographia*）。在中世紀，歐洲人沒有個別術語表示地理一詞，因此每次翻譯都必須為此詞下定義，通常是「與描述世界有關者」。而儘管「宇宙圖學」一詞之意包含了地球及天堂，卻被許多羅馬作家經常用作同義詞。德安傑羅認為，大家不該忘了這本書主要與天體相關，因為托勒密所畫的經緯度是基於對太陽、月亮、恆星及行星的觀測，並顯示這些天體是如何影響地球。因此，他便把地理學納入占星學及天文學一體兩面的觀點，這也是我們必須了解，文藝復興初期讀者閱讀托勒密的原因：地理學並沒有突然為歐洲人提供新世界觀，或是有比現今地圖更科學的繪製方法。相反的，他們使用托勒密地圖的方式，就跟以使用其他地圖及天文觀測一樣，並在大畢利尼的著作及中世紀遊記的基礎上，來調整現有的世界觀。

我們不清楚佛羅倫斯的學者到底是何時開始以托勒密的座標來繪製地圖，但根據十五世紀初期一封未註明日期的信指出，法蘭契斯科·拉帕西諾（*Francesco di Lapacino*）是最早繪製該地圖的人之一：「他以希臘文寫成，以希臘文命名，而拉丁文的著作則用拉丁文命名，這是以前沒有過的方式。」而在西元 *1423* 年，柏丘·布拉喬利尼（*Poggio Bracciolini*）從佛羅倫斯政治家那裡購買了「幾張托勒密《地理學》所收錄的地圖」。

托勒密在南歐人進入世界大探險時期被人重新探討。葡萄牙人在非洲沿岸進行探險、尋找黃金，並以一款能夠在河流及淺水區航行的新式卡拉

下頁圖　在北歐，目前所知第一張地圖，是由丹麥地圖師克勞迪斯·克拉弗斯（*Claudius Clavus*）所繪製，並收錄在法國樞機主教吉羅摩·斐拉托耳（*Guillaume Fillastre*）於其西元 *1427* 年出版托勒密《地理學》中。不知為何，克拉弗斯認為北歐地區是東西向，而非南北向。底部是不列顛群島、蘇格蘭則向東彎曲。冰島是外海上半月形陸塊，而格陵蘭島則是從西邊延伸到北歐地區之外。

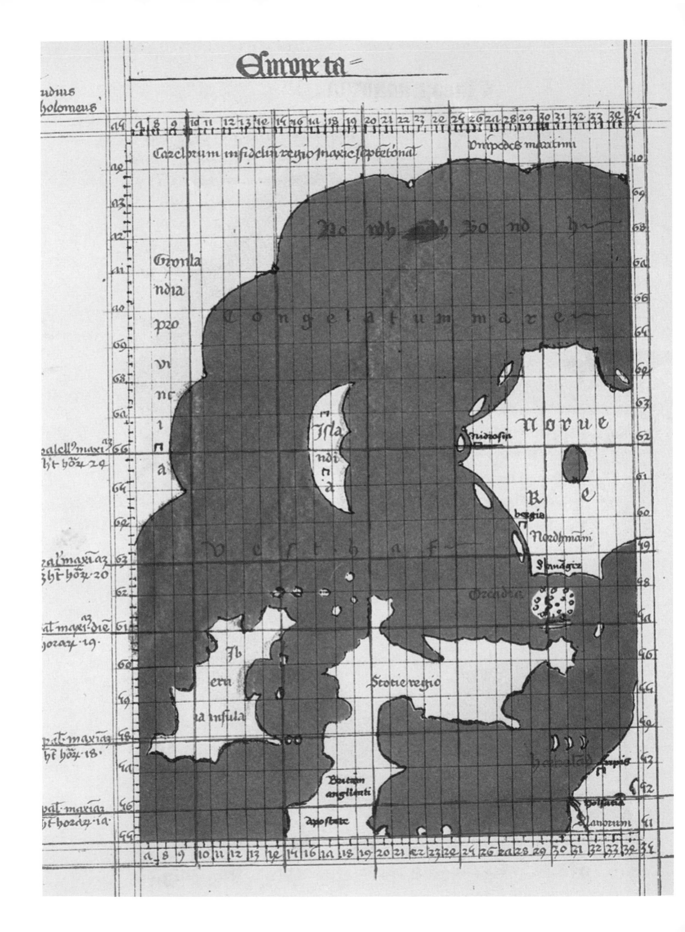

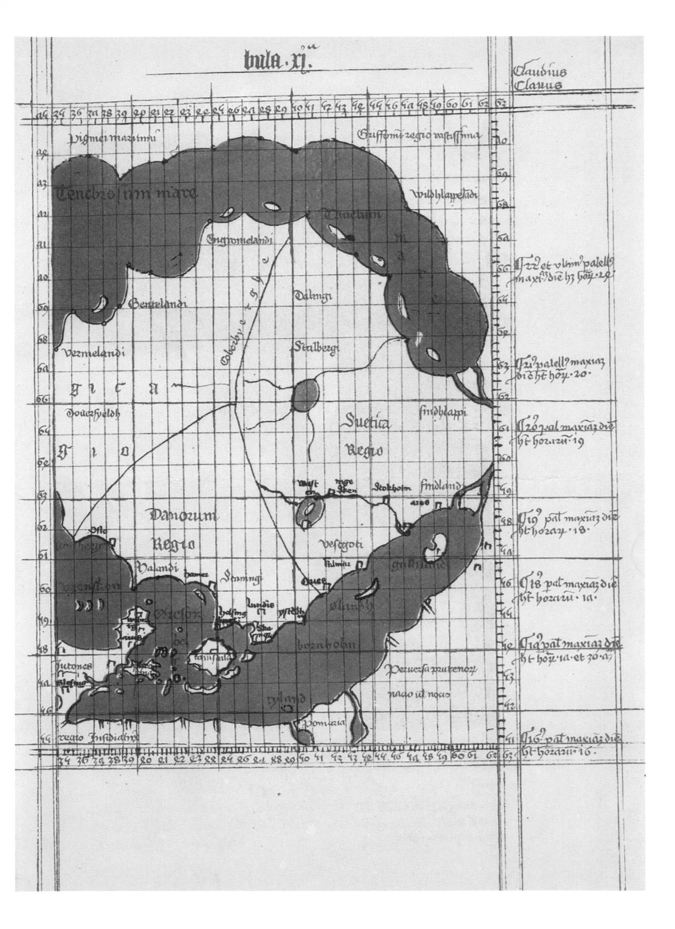

維爾輕帆船取代老舊重型船隻。西元 *1418* 年，兩艘葡萄牙船隻在大西洋馬德拉群島（*island of Madeira*）岸邊被沖毀，其曾於西元 *1427* 年造訪亞速爾群島（*Azores*），並於西元 *1434* 年航行過西撒哈拉海岸的博哈多爾角（*Cape Bojador*），當地以迷霧籠罩的惡劣天氣而聞名。葡萄牙人曾一度相信，不會有人住得比這裡更南邊，但是當他們抵達撒哈拉以南的甘比亞河（*Gambia River*）時，他們已經完成阿拉伯貿易路線的全程，並橫跨了整個沙漠，還能把黃金及奴隸直接運輸到歐洲港口。

這時這些歐洲人才發現，自己正身處於過去據稱因太過炎熱而無法住人的世界中。西元 *1439* 年在佛羅倫斯舉行的教會會議中，衣索比亞代表被問及一長串有關其國家所在位置到底有多南邊等問題，義大利人弗拉維奧・比翁多（*Flavio Biondo*）寫道：「托勒密只知道在埃及境內、一小部分的衣索比亞，不知有多少以外的區域及王國被無視了。」

就北方而言，托勒密的世界地圖只延伸至北緯 *63* 度，神祕的圖勒島所在。西元 *1427* 年，在《地理學》傳到巴黎學術界之後，樞機主教斐拉托耳出版了收錄北部地區的《地理學》版本。在地圖上，斐拉托耳寫道：

除了托勒密在此所繪的，還有挪威、瑞典、俄羅斯，以及將德國從挪威與瑞典分隔開來的波羅的海。同一海域，其遙遠北邊一年內有三分之一都是冰凍狀態。海域之外、偏東位置有格陵蘭島和圖勒島。而此片海域覆蓋了整個北部地區直至未知之地，托勒密沒有提到這些地方，而據信他對這些地方一無所知。因此，為了使第八張地圖更完整，克勞迪斯・辛比里酷斯（*Claudius Cymbricus*）大致描繪了北部地區，並繪製出其被併入其他歐洲地區的地圖，因此共有十一張地圖（而非十張）。

這張地圖再次擴大了托勒密地圖的世界，包括北緯 *74* 度以內的國家。

北部區域

該地圖繪製人是丹麥的克勞迪斯・克勞索恩・斯瓦特（*Claudius Claussøn Swart*），同時也稱為克勞迪斯・克拉弗斯或克勞迪斯・辛比里酷斯，他是在西元 *1424* 年的羅馬接觸到托勒密的地圖。他或許也在此認識了當時負責北部基督教會聯繫工作的斐拉托耳，並一致認為有繪製北部區域地圖的必要性。

在克勞迪斯的地圖中，斯堪地納維亞半島呈現由東向西延伸，而不是從南向北。西邊是尼卓西亞（*Nidrosia*，即拉丁文的特隆海姆），東邊則是一條從斯德哥爾摩通往凡斯特納（*Vadstena*）修道院的路，即北歐國家中兩個最重要的朝聖地所在。蘇格蘭的北海岸正位於挪威斯塔萬格（*Stavanger*）南部及奧克尼群島兩者之間的水域，而冰島則是外海的一座半月形島嶼。最西邊的是格陵蘭島，這是它最早以國家形式出現在地圖上。但按照當時的信仰，格陵蘭島並不是一座島嶼，而是北極大陸的一部分，該大陸向北延伸至北歐國家北部，並在有如大陸之間、常年冰凍的橋梁 —— 新地島（*Novaya Zemlya*）座落的位置往南下至俄國。

克勞迪斯的影響力，可以從北歐國家第一張印刷地圖上明顯看出。該地圖被發現於西元 *1482* 年，由日耳曼人尼可勞斯於德國烏爾姆市出版的《地理》（*Geography*）中。不過在此地圖上，格陵蘭島（即 *Engronelant*）被移到了北歐國家北方，以一塊叫作皮拉貝藍（*Pilappelanth*）的土地與俄國相連，而後者又以一塊名為東哥提亞（*Gottia orientalis*）的土地與瑞提亞（*Suetia*）北部相連。「*Engronelant*」這個名字再次出現在挪威北部，即偏南的挪貝基亞（*Norbegia*）。

在西元 *1492* 年德國水手馬丁・貝海姆（*Martin Behaim*）所繪製的地圖、亦是目前現存最古老的歐洲地球儀中，格陵蘭島再次位於挪威上方。貝海姆寫道，其地球儀是根據托勒密《地理學》所製作，不過，那「通往

午夜或『颶風』（*Tramontana*）的遙遠之地，是托勒密未提過的地方。例如冰島、挪威及俄國等，那些大家現在已知、也每年都會開船造訪的地方。因此，對其處於世界的位置，以及每個船隻所可能到達之處，都無須再有懷疑，就如這裡所示」。

　　放眼他的地圖，凡從歐洲搭船到亞洲似乎並不遠，因為貝海姆低估了地球的大小，並且把日本放在墨西哥所在位置。原本位於大海最西方的安提利亞島（*Antilia*），島上住有幾百年前逃到那裡的葡萄牙人，其距離日本海岸只有 *50* 度經度。

　　克里斯多福・哥倫布（*Christopher Columbus*）帶著貝海姆的地球儀出發去尋找通往亞洲的海上路線，並在同一年往西航行。當船航向大海、遠離舊大陸之際，他往位於北緯 *28* 度安提利亞島的方向前進。哥倫布在日記中寫道，沒見到島嶼，但在 *10* 月 *12* 日凌晨兩點，當時月光灑落在幾公里外的海灘上，水手羅德里哥・德・特里亞納（*Rodrigo de Triana*）大喊著說他發現了陸地。

美國

　　十五年後，德國地圖師馬丁・瓦爾德西穆勒（*Martin Waldseemüller*）開始製作一幅新的《地理學》。他最初並不打算擴大托勒密對世界的看法，不過他後來取得熱那亞地圖師尼古洛・卡維里（*Nicolò Caveri*）的新航海圖，該圖具有當時在遠西新發現的大片區域，以及當時最佳暢銷書，即佛羅倫斯探險家亞美利哥・維斯普奇（*Amerigo Vespucci*）的著作《新世界》（*Mundus novus*）。

　　維斯普奇的書敘述了前往南美東海岸的航行，在那裡「發現大片土地及近乎數不清（且多半有人居住）的島嶼，而我們的祖先絕對沒有提到過

這裡」。這本書也是第一個認定這些國家是位於西方一片獨立大陸的書，而非像哥倫布那樣，始終相信自己是到了亞洲東海岸。卡維里的地圖及維斯普奇的書帶給了瓦爾德西穆勒新的目標，他想要的不僅是改進托勒密的早期地圖，相反的，他想創作一張結合托勒密的研究與新發現的世界地圖、一顆與地圖呈現相同的地球儀，以及一本能說明為什麼需要製作有別於《地理學》其他版本的書。

西元 *1507* 年春天，瓦爾德西穆勒出版了《宇宙圖學入門》（*Cosmographiae Introuctio*）。其第 *7* 章便是有關如何順利入門幾何、天文學及地理學等相當枯燥及理論性的學問，以及永遠改變世界地理的通道：「地球第四部分，也因為是亞美利哥先發現的，我們便稱其為亞美利克（*Amerige*），即亞美利哥的土地，或是美洲（亞美利堅，*America*）。」在描述了歐洲、非洲及亞洲之後，瓦爾德西穆勒於第 *9* 章的敘述如下：

……第四部分是維斯普奇發現的。由於歐洲及亞洲都是以女性為命名，所以我認為應該沒有人會反對將其稱為亞美利克，即亞美利哥的土地，或是亞美利堅，以其發現者亞美利哥這樣傑出的男性為命名……因此，目前已知的地球具有四個部分。前三部分都是大陸，第四部分則是座島嶼，由於其為四面環海的緣故。

這段文字相當具有前瞻性。西元 *1507* 年時，還沒有人發現美國四面環海。之後過了六年，西班牙探險家瓦斯科・努涅斯・包爾博亞（*Vasco Núñezøde Balboa*）首次越過巴拿馬海峽，看見了太平洋；十三年後，葡萄牙探險家費迪南德・麥哲倫（*Ferdinand Magellan*）航行至該大陸的最南端。

瓦爾德西穆勒的世界地圖則於同年下半年出版。這是一張長 *240* 公分、寬 *120* 公分，並分作十二等分的大地圖，其雄心壯志完全透過結合古典與現代的全新地理面貌而展現出來。如同幾百年前地圖繪有耶穌俯視世

界所象徵的一樣，所謂知識的結合亦能從該地圖的頂端看到，即兩個年齡不同的代表人物，各拿著象徵其當代科學儀器的象限儀及圓規，俯視其各自世界：托勒密位於舊有「人居世界」，即非洲、亞洲及歐洲之上；而維斯普奇則位於新世界之上。此地圖全名是《根據托勒密地圖及亞美利哥・維斯普奇等人發現的堪輿宇宙圖學》（*Universalis cosmographia secundum Ptholomaei traditionem et Americi Vespucii aliorumque lustrationes*）。

此地圖保留托勒密大部分內容，包括印度洋上過大的塔普拉班島（*Taprobane*，即斯里蘭卡），同時也收錄非洲食人族為中世紀的元素。從北部地區的表現方式，能看出受日耳曼人尼古勞斯的著作影響：尼卓西亞在遙遠的西邊；格陵蘭島是挪貝基亞以北，圖勒是卑爾根以南、奧克尼群島以西；芬蘭則根本不存在。

此地圖從其西邊所繪的世界第四部分開始，與托勒密的地圖有所區別。這不僅是第一張將美洲繪成獨立大陸的地圖，還是第一張使用「美洲」名稱的地圖。而其大陸南邊區域也畫得十分正確，令人不禁懷疑，瓦爾德西穆勒除了維斯普奇的遊記及西班牙與葡萄牙船隻標記之外，是否還有其他的參考來源，若真是如此，他倒是從未提及。海岸標記著許多河流名及地名，但內陸卻找不到地名，整個西部標註為「更多未知之地」（*Terra ultra incognita*）。在北緯 *10* 度，南部區塊跟北部完全脫鉤，美洲在此呈現為兩座大島，還能看到墨西哥灣及佛羅里達州一直延伸到伊莎貝拉島（古巴）的樣子。這裡的海岸同樣有幾處被命名，但西邊土地一樣也是未知之地。在其北方，該大陸在一條直線下為界，而在這條直線之外還標記著另一個「更多未知之地」。

有其他地圖師複製此地圖並採用了「美洲」這個名字，包括彼得・阿皮安（*Peter Apian*，西元 *1520* 年繪製）及塞巴斯汀・明斯特（西元 *1532* 年繪製），但是一段時間之後，瓦爾德西繆勒開始對這片大陸及其名稱產生懷疑。西元 *1513* 年，在他完成收錄《地理學》的世界地圖時，他對自己

稱呼美洲為「未知之地」一事顯得十分滿意，並在西元 *1516* 年的航海圖上更進一步，將美洲南部命名為「鸚鵡之地」（*Terra Papagallis*）及「新土地」（*Terra Nova*），並把其北部稱為「古巴之地、亞洲的一部分」（*Terra de Cuba. Asie partie*）。

就跟過去或其之後所可能發生的一樣，歷史事件往往充滿了許多黑暗的諷刺性。亞美利哥・維斯普奇在西元 *1512* 年去世，卻從不知道整個美洲大陸都以他為命名，而負責該命名的人則在改變其主意，並懷疑是否真有此大陸的想法之後，於西元 *1520* 年去世。

奧勞斯・馬格努斯

不過，在西元 *1527* 年的夏天，瑞典大主教奧勞斯・馬格努斯（*Olaus Magnus*）前往安特衛普並看到瓦爾德西繆勒的航海圖時，歷史又突然再次大放光明。儘管瓦爾德西繆勒錯把美國當成亞洲一部分，其航海圖仍比那些具有完整 *360* 度經度並直至北緯 *90* 度、推測成份居多的世界地圖要合理得多，畢竟那種地圖在實際上有三分之一的經度仍屬不明，北緯 *70* 度以上區域也還是未知。瓦爾德西繆勒於西元 *1516* 年繪製的航海圖具有 *232* 度經度，其中不包括大部分的美洲區域，以及現今所稱的太平洋。在北邊，瓦爾德西繆勒註記了一段文字，以表示他對北部地區的不甚了解，因為關於此地實在有太多相互矛盾的說法。

馬格努斯別無選擇，只能接受瓦爾德西繆勒的地圖上，那個在北部地區僅有狀似海象的四足生物為裝飾的不成形區塊。同年，馬格努斯也針對自己居住的區域開始繪製起世界地圖。

對那個時代的人來說，馬格努斯已算得上是遊歷豐富的西方人。即便他只有在十幾歲時第一次出國到挪威奧斯陸旅行，並在西元 *1510* 年至 *1517* 年期間在德國唸書。西元 *1518* 年春，當他受任命為瑞典烏普薩拉的

法政（*canon*）時，他接受了來自教皇指派的任務，往北行販賣贖罪券，以籌募資金建造聖彼得大教堂。馬格努斯沿瑞典東海岸騎車到翁厄曼蘭，接著向西到耶姆特蘭，再越過山脈到達挪威的特隆海姆，並可能在那裡遇到了艾瑞克・瓦肯多夫（*Erik Valkendorf*）。瓦肯多夫是十分熟悉地理環境的尼達羅斯大主教，亦在兩年後寫下對芬馬克一地的描述，好讓天主教徒一窺北方生活。

至此，實在很難確定馬格努斯下一站去了哪裡。他曾沿著挪威海岸旅行，在諾德蘭（*Nordland*）、特隆姆斯（*Troms*）和芬馬克度過了冬天嗎？或者，只是從瓦肯多夫那裡聽說過這些地區？他真的對觀察羅弗敦附近及卑爾根郊外的釣魚活動特別感興趣嗎？他是否親眼見過默斯肯漩渦（*Mosktraumen*）？抑或是，他只是坐在火爐旁的溫暖角落，聽著大主教的敘述？所知的是，他在回家路上曾經過耶姆特蘭，並在西元 *1519* 年的某個盛夏傍晚，在瑞典及芬蘭交界的托爾尼奧（*Torneå*）遇難，這裡也是白俄羅斯人、卡列利亞人（*Karelians*）、薩米人（*Sami*）、芬蘭人、比昂米安人（*Bjarmians*）、瑞典人和挪威人面會貿易的地方。雖然不清楚馬格努斯向北走了多遠，但他很可能造訪過烏普薩拉教區（*Diocese*）最北邊、位於薩雪拉（*Särkilax*）的小教堂，再前往北極圈以北的佩洛（*Pello*），並永久定居下來。此外，馬格努斯也曾於西元 *1519* 年去過斯德哥爾摩。

瑞典當時正值動盪的時代。在瑞典大主教的支持下，丹麥挪威聯合王國國王克里斯提安二世（*Christian II*）於西元 *1520* 年控制了瑞典，但又在西元 *1523* 年被致力於實現宗教改革的古斯塔夫・瓦薩（*Gustav Vasa*）所推翻。儘管馬格努斯仍效忠於天主教，但瓦薩國王還是請他到呂北克（*Lübeck*）及荷蘭參加與瑞典港口通航的相關商業談判，這或許是他知道馬格努斯十分了解瑞典海岸，能因此捍衛國家利益的緣故。為此，馬格努斯於西元 *1527* 年夏天造訪安特衛普，而同年 *4* 月 *14* 日，亞伯拉・奧特爾亦在此出生，馬格努斯之後又前往波蘭的格丹斯克（*Gdansk*），並在那裡開始

繪製地圖，使人們更了解歐洲北部地區。

在波蘭，馬格努斯遇到其地圖師好友伯納德・瓦波夫斯基（*Bernard Wapowski*），並結識了尼可勞斯・哥白尼（*Nicolaus Copernicus*），哥白尼在十六年後出版了《天體運行論》（*De revolutionibus orbium coelestium*），其證明地球是繞行太陽移動。當時熱鬧繁榮的格丹斯克有許多熟悉波羅的海地形的船員及商人，瓦波夫斯基也因此得到了一張具有波羅的海地區、芬蘭及瑞典之間所有貿易路線的地圖。他也在寫給朋友的一封信中，表達其得以借用丹麥、瑞典及挪威地圖的感謝之情。馬格努斯便在格丹斯克這地方好好坐下來整合所有資料，結合他過去的旅行經驗，開始進行地圖繪製。

西元 *1537* 年，馬格努斯離開波蘭前往義大利，待在威尼斯兩年後，借了四百四十杜卡托幣（*ducat*）以支付地圖印刷費用。不過，《北方地區航海圖及相關說明》（*Carta marina et descriptio septentrionalium terrarum*）不只是一張地圖，更兼具中世紀「世界之布」如圖解百科全書式的風格，提供關於北歐國家人民、國王、動植物、宗教及自然資源等資訊。西元 *1555* 年，此地圖更收錄了大量有關北歐民族的歷史誌，其中包括許多插圖說明。馬格努斯寫道：「在此或許會見到一個女人，她披頭散髮，箭頭正在瞄準」，以解釋芬蘭（*Fimarchia*）狩獵的情侶圖像，「這也不奇怪，因為那些生活在天球北極之下的人發現，其物產豐盛的森林範圍是如此大，若女性不參加狩獵，只靠男性是不足以追捕獵物的。因此，女性追逐獵物的速度就跟男性一樣迅速，甚至更快」。在海爾蓋蘭（*Helgeland*），人們據稱會在火堆中燃燒魚，馬格努斯寫道「魚頭會用來取代木材」，並解釋因為魚實在太多，所以把魚頭當柴火用。

下頁圖　第一張北歐地區的地圖收錄在西元 *1482* 年德國地圖師日耳曼人尼可勞斯所出版的《地理》。若是處於想像的位置上，托勒密的斯堪地那維亞島變得更大並與歐洲大陸相連；芬蘭不包括在內，但挪威有尼卓西亞（*Nodrosia*，即拉丁文的特隆海姆）、卑爾根及斯塔萬格等城市。神話中的圖勒島被移到挪威海岸的西南方，格陵蘭島則被移至北歐地區的北方。「*Mare Congelatum*」的意思是「結凍的海洋」。該地圖是繪製在斜坡上以模擬地球形狀。

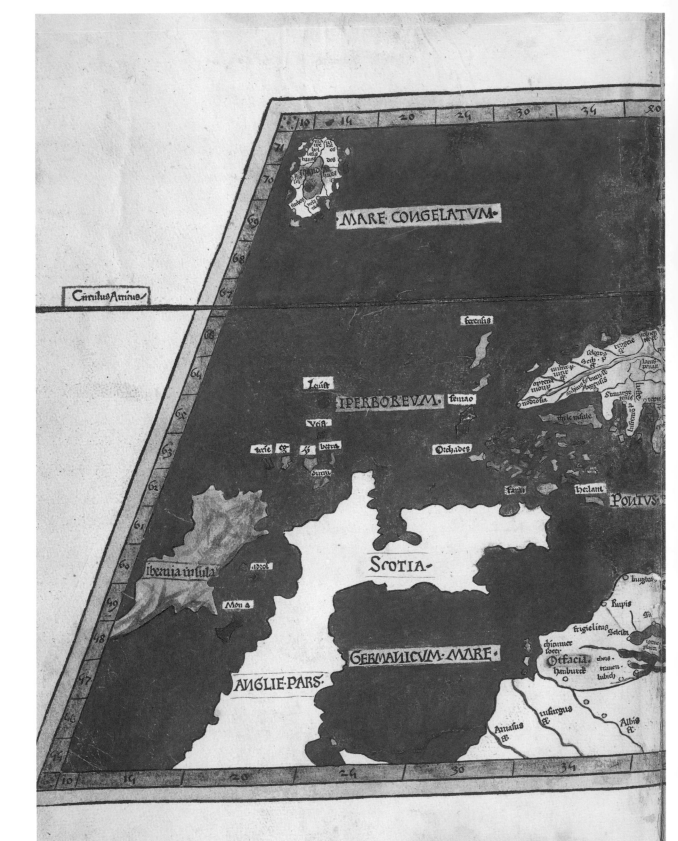

· 10 · · 14 · 20 · 24 · 30 · 34 · 80

71

70

6⟨9⟩

68

67

66

64

62

63

62

61

60

49

48

47

66

44

· MARE· CONGELATVM·

frensis

Leuist

·IPERBOREVM· femao

Voist

trie er ty betra

ourni

Orchades

fura hellant

PONTVS

Ibernia insula idro

Mon ⁊

SCOTIA·

GERMANICVM·MARE·

Otfacia hanburck

ANGLIE·PARS·

lusurgus

Amasus

Albis fl.

· 10 · 14 20 24 30 34

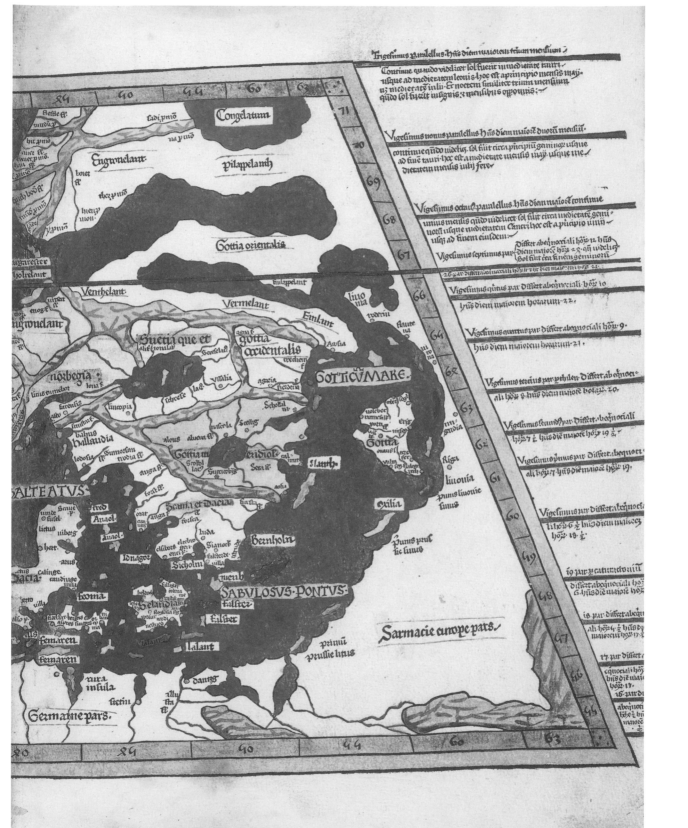

Congelatum

Pilappelanth

Engronelant:

Gottia orientalis

bilappelant

Venthelant:

Vermelant

Einlant

Suetia que et gottia occidentalis

nozbegia

SALTEATVS

Scania et Dacia

Bernholn

Germanie pars.

GOTTICVMARE

Gottia

Rigi

linonia

oxilia

SABVLOSVS·PONTVS

Sarmacie europe pars.

Continue quando videlicet sol fuerit in medietate tauri
usque ad medietatem leonis hoc est a principio mensis maii
uz medietatem iulii. Et noctem similiter trium mensium
quando sol fuerit in signis oppositis.

Vigesimus nonus paralellus. Hiis diem maiorem duorum mensium
continue quando videlicet sol fuit circa principium geminorum usque
ad finem tauri hoc est a medietate mensis maii usque me
dietatem mensis iulii fere

Vigesimus octauus paralellus. Hiis diem maiorem continue
unius mensis quando videlicet sol fuit circa medietatem gemi
norum usque medietatem Cancri hoc est a principio iunii
usque ad finem eiusdem.

Vigesimus septimus par.

Vigesimus quintus par. Differt ab equinocciali hor 10
huis diem maiorem horarum 22.

Vigesimus quartus par. Differt ab equinocciali hor 9.
huis diem maiorem horarum 21.

Vigesimus tercius par. pehulen. Differt ab equinoci
ali hor 9 huis diem maiore hora 20.

Vigesimus secundus par. Differt. ab equinocciali
hor 7 ½ huis die maiore hor 19 ½.

Vigesimus primus par. Differt. ab equinoci
ali hor 7. huis diem maiore hor 19.

Vigesimus par. Differt ab equinocciali
hor 6 ½ huis diem maiorem
hor 19 ½.

19 par. p. catuuir tio uiiu
differt ab equinocciali hor
6. huis die maiore hor

18 par. differt ab
ali hor 4 ½ huis di
maiore hor 17.

17 par differt
ab equinocciali hor
huis die maio
16 par. diff

abequinoc
hor.
unoce

在馬格努斯的地圖上，波羅的海有部分區域覆蓋著冰雪，包括芬蘭灣；在那裡能看到即將交戰的兩支軍隊，其中一支軍隊來自「莫斯科維大公國」（*Moscovie*）。這是發生於西元 *1495* 年的戰役，當時莫斯科人（*Muscovites*）企圖越過冰雪征服維堡市（*Viborg*）。

在挪威外海的區塊，馬格努斯也納入他在宗教改革運動中曾發掘的一些研究。在法羅群島（*Faroe Islands*）最南端，有個安全港口在一座貌似修士的懸崖後面；在此以西，海中有個具有野豬頭、獠牙、龍爪及雙眼在側邊的危險海怪，代表著新教徒海豬。根據馬格努斯的說法，這種生物是於西元 *1537* 年被看見，也就是在丹麥挪威聯合王國完成宗教改革的那一年。馬格努斯是從義大利刊物《海洋怪物》（*Monstrum in Oceano*）中得到有關海豬的資料，書中提到這些生物是在德國海岸附近被看到的：「沿著這條海岸，游蕩著許多因為基督教新信仰及宗教法則而產生的怪物。」

地圖中，各地國王都會有不同的聖經相關引用句，在此能明顯看到的趨勢是：天主教國王都會得到充滿讚美的引用句，新教國王的則充滿了譴責之詞。不過，挪威算是個例外，一部分是因為挪威當時沒有國王，所以給予挪威國王的引用句為「沒人能奪走您的王冠」（*Nemo accipiat coronam tuam*）。這也反映出一個事實，即馬格努斯把挪威視為一個獨立國家。

西元 *1539* 年的《海洋地圖》（*Carta Marina*），無疑是關於北歐地區最好的地圖。德國人文主義者雅各·齊格勒（*Jacob Ziegler*）在此五年前出版了一張地圖，該地圖明顯是以往地圖的改良版本。他將北歐地區以正確的南北向繪出，距離也相當準確，瓦爾度斯（*Vvardhus*）及奧斯陸（*Asloia*）位於北緯 *70* 度及 *60* 度，芬蘭更作為一個獨立國家，而非瑞典的附屬國。但是，代表芬蘭的位置並非特別準確。丹麥向斯塔萬格（*Stafanger*）及卑爾根（*Bergis*）延伸，菲英市（*Funen*）及西蘭市（*Zealand*）則被分解為群島，哥本哈根不在其中，冰島從北向南延伸，格陵蘭與挪威北部相連。相較於馬格努斯的地圖，齊格勒的地圖顯得較為粗略。

《海洋地圖》中，丹麥北部及東部緊鄰在挪威及瑞典之間；波羅的海之中的島嶼位置，亦跟芬蘭一樣相當準確。在北部，斯堪地納維亞半島向西彎曲而未與格陵蘭相連，這也代表那裡得以航行；冰島則擁有正確的東西向形狀。但是，馬格努斯的原版地圖存在時間並不長，很可能是因為印刷數量太少。也或許是，大家對這種長 *170* 公分、寬 *125* 公分偏遠北歐地區大地圖的需求不大。較小版本於西元 *1572* 年由義大利的安東尼奧‧拉斐雷利（*Antonio Lafreri*）所出版，在當時更受歡迎，多數人也更熟悉拉斐雷利的版本。馬格努斯按原版地圖比例縮小並收錄在其歷史書中的版本，也比原版受到更廣大關注；而此書也相當成功，並翻譯成多種語言出版，包括安特衛普的荷蘭文版本。此地圖後來更被一位著名的地圖師閱讀研究，他更是盡其所能地繪製北部地區地圖，並收錄於世界上第一個現代地圖集之中。

奧特利烏斯

《海洋地圖》出版時，亞伯拉‧奧特爾才十二歲，這也是他父親去世的那一年。他憑靠著外界對自己認真學習的良好印象生存下來，大家似乎也認同亞伯拉一生都是個穩重、友善及體貼的人，唯一能擾亂他好脾氣的事，便是打斷其閱讀時光，或許因為那是他無須被迫工作賺錢，而更顯得寶貴的時間。目前尚無法得知確切時間，但在他年少的某段日子，他成為了一位刻製地圖師的學徒。

安特衛普第一家印刷廠於西元 *1481* 年開業，在亞伯拉年少開始成為學徒當時，該城市已有 *68* 家印刷廠、*47* 家書商及 *224* 名印刷暨出版商。

當時，印刷廠是用銅版取代木刻版畫。銅版能處理更多細節，也是更耐用的材料，不過其價格高、所需勞力亦高，以針刻法將圖案刻到銅板需要熟練的手技。西元 *1547* 年，亞伯拉成為聖路加公會（*Sint-Lucasgilde*）會員之一，聖路加公會是藝術家、雕刻師及印刷商的協會。但他加入的身分不是雕

刻師，而是地圖著色師（*Afsetter van Carten*），他也從未刻過地圖。

　　身為公會成員，亞伯拉・奧特爾不僅獲准將名字改為拉丁文，即亞伯拉罕・奧特利烏斯，而且還可以自行經營公司。他跟隨其父親的腳步開了一家店，以買賣古董、書籍、硬幣、藝術品、版畫及古玩。他專門研究與地理歷史相關的地圖及物品，也是其最為熱衷之道。

　　在法蘭克福所舉行每年兩次的書展，吸引了從巴塞爾（*Basel*）、倫敦、布拉格及羅馬等來自歐洲各地的人，包括印刷商及書商、尋找出版商的作家、尋找作家的出版商，以及任何有意尋找那些根據遙遠地區返回旅人所帶回消息，所繪製最新地圖的人。大批人群湧入聖萊昂哈德（*St. Leonhard*）教堂及河流之間的城市，尤其在書街（*Buchgasse*）上，密集盤據著成排書商及兜售地圖的攤位。亞伯拉罕・奧特利烏斯也來到這裡，購買新品並出售自己的商品。

麥卡托

　　西元 *1554* 年，亞伯拉罕・奧特利烏斯在法蘭克福結識了當時最偉大的地圖師格拉德斯・麥卡托，並與之建立友誼。奧特利烏斯在見到麥卡托之前便已十分推崇他，那時奧特利烏斯已經二十八歲，但還不是特別有名，而當時四十三歲的麥卡托卻是一位每每推出新作，就能享譽歐洲的知名學者、地球儀製造師暨地圖師。根據奧特利烏斯的說法，麥卡托在當時算是「本世紀的托勒密」。他們在法蘭克福的會面，亦代表兩人長久友誼的起點，之後他們便時常分享地理資訊並終生維持書信往來。

　　麥卡托出生於安特衛普以南 *20* 公里處，即魯佩爾蒙德（*Rupelmonde*）小鎮的謝爾德河（*River Scheldt*）下游。在他遇到奧特利烏斯那時，其時間多半都花在杜伊斯堡（*Duisberg*），即一座因宗教原因在荷蘭入獄之後便不得不遷居的德國城市，以及其所任教大學的魯汶（*Leuven*）兩地。他的父

親是個早逝的貧窮製鞋匠，其母親不久後也跟著去世了。麥卡托早年本名為杰拉德·克雷默（*Gerard Kremer*），他是在被大學錄取後才得名為麥卡托，而那個同樣獎助貧困學生的計畫，也曾錄取過弗里西斯。當麥卡托開始研究數學、天文學及宇宙學，弗里西斯亦成為麥卡托的導師。西元 *1536* 年，兩人一起製作了由西班牙國王所委託的地球儀。

早在古典時期，斯特拉普就曾認為呈現地球的最佳方法是在球上。地球當然是圓的，所以任何試著在平面上繪製地球的方法，都必須捨棄某些地理事實。但是地球儀能提供的空間太少，無法清楚收錄沿岸領航路線或是城市往來交通路線所需的詳細資訊。而相較於平面紙繪地圖，地球儀的生產成本也高得多。

多年來，地球儀都是以金屬、木材或紙為主，並將圖像直接繪製或雕刻在球面上。在十六世紀，出現了第一個用紙模（*paper mâché*）製作的地球儀，接著再覆蓋石膏並上漆。之後，繪有世界地圖的紙條便會盡可能仔細、準確黏貼在已乾的漆上。

紙條是製作過程中最困難的部分，需要先在十二張凹面紙條上進行印刷，這些紙條要互相接續，並在黏貼到球面上之後，還能形成完整的圖像。由於山脈、海岸線、河流及邊界的範圍經常會跨越好幾張紙條，所以最終成品變形的風險很大，而雕刻師也知道要把名稱放在各張紙條上，黏貼紙條也要格外小心，以免產生皺紋、錯位及縫隙。

在開始製作地球儀之前，麥卡托和弗里修斯先翻閱了所有最新的地圖。馬格努斯的地圖要到隔年才出版，因此他們採用齊格勒的地圖以繪製北部地區，這也是有史以來芬蘭第一次被放上地球儀。

學者們也是那時才了解到，地中海所佔的面積，比托勒密所安排佔地球超過 *60* 度的經度範圍還要小。不過，減少地中海的面積也會導致西班牙變小。西班牙國王查理五世看到可能會很不開心，畢竟他希望此地球儀能展現西班牙帝國的榮耀。這時遠在安全的巴黎之外，另一位地圖師奧文斯·菲內

（*Oronce Finé*）早在西元 *1531* 年的世界地圖上，將西班牙縮小為托勒密的一半，但麥卡托和弗里修斯卻選擇安全做法，繼續遵循托勒密的尺寸。

一如往常，亞洲仍是項待完成的工作，幾乎每年都要重繪該大陸的東部地區。西元 *1522* 年，麥哲倫探險隊的生還者回到西班牙，並發現世界上最大的島嶼塔普班（*Taprobane*）被移至西邊，根據亞歷山大大帝時代的遊記，該島是位於現今斯里蘭卡的小島，也沒看到有任何據稱有人佔據的痕跡。

南美洲已經被固定為一塊三角形大陸，其南部末端為麥哲倫海峽。但在赤道以北約莫現今中美洲附近，是地圖師開始要面臨的難題。此地以北到底有些什麼幾乎無法確定，這件事就跟土地面積大小，以及其是否為亞洲一部分這兩個問題一樣。菲內在其地圖上的北美洲寫下「亞洲」二字，北美洲及亞洲被視為一體；但在地球儀上，弗里修斯和麥卡托選擇讓美國成為一塊獨立的大陸。不過，就其大小而言，他們卻十分保留，所以整個美洲大陸所跨的經度不到 *30* 度，整整少了 *83* 度。

跟奧特利烏斯一樣，麥卡托也研究過雕刻藝術，因此他深信拉丁文字體比北歐當時流行的哥德式字型更容易閱讀。弗里修斯的地球儀便是第一張帶有拉丁文字體的荷蘭地圖，也是第一張具有格拉德斯・麥卡托・魯佩爾蒙德（*Gerardus Mercator Rupelmundanus*）簽名的地圖。

聖經地圖

麥卡托繪製的第一張地圖是受改革者及地圖收藏者所委託製作，他們希望將大張的聖地地圖，即《聖地大全》（*Terrae Sanctae*）掛在牆上：一張只有現代銅版印刷才能提供清晰、精確且美觀的地圖。

第一張聖地地圖收錄在盧卡斯・布蘭迪斯（*Lucas Brandis*）於西元 *1475* 年德國呂北克市所出版的書中，也是世界上第一本印刷的現代地圖。不過，此地圖很有現代感，是根據目擊者的說法所繪，並不單純只是傳統

聖經資料。布蘭迪斯在繪製地圖時，同時閱讀了錫安山（*Mount Sion*）修士布查德（*Burchard*）的著作《聖地介紹》（*Descriptio terrae sanctae*），他曾在西元 *1274* 年至 *1284* 年期間於此地區旅行朝聖。

在麥卡托的時代，荷蘭讀者對於西元 *1526* 年在安特衛普出版的《路德教會聖經》（*Lutheran Bible*）中的地圖十分熟悉。該地圖是由盧卡斯・克拉納赫（*Lucas Cranach*）所繪製，即馬丁・路德（*Martin Luther*）的朋友，而地圖的主題是以色列人從埃及到聖地的旅程。該地圖打破了傳統的天主教意象，因為後者僅以文字說明某些場景。改革者很喜歡這幅地圖，因為以色列人的旅程象徵著從奴隸走向自由，從無知到認識上帝。對他們來說，埃及亦象徵著他們試著擺脫的腐敗羅馬教皇。

在邁爾斯・科弗戴爾的英語聖經中，便收錄了此版本的地圖。奧特利烏斯的父親李奧納多的這本聖經也參與了印刷工作，這導致他不得不逃離安特衛普，以避免受宗教裁判。

麥卡托是跟克拉納赫的地圖一起長大的。他還查閱過齊格勒所繪製的區域地圖。麥卡托寫道：「我們繪製了這張巴勒斯坦地圖，從可靠的地圖師齊格勒那裡得知，希伯來人從埃及經過阿拉伯岩區進入巴勒斯坦的路線。」儘管麥卡托不確定自己是否滿意此地圖的結果，但至少改良了齊格勒從未完成的地圖版本。

西元 *1538* 年，麥卡托針對其一生所進行世界地圖的工作內容表示，其包括「以寬線把世界分開」，接著是「特定區域的個別地圖」。意思雖然簡短，但也很明確：他的世界地圖提供世界概況，但下一張地圖將提供詳細資訊。麥卡托當時二十六歲，他決定這一生都要透過地圖來描述及探索世界。

下頁圖　西元 *2001* 年，美國國會圖書館以一千萬美元的價格，購入瓦爾德西穆勒西元 *1507* 年的世界地圖，因為其為美洲的出生證明：此為第一個在西方新發現土地上使用「美洲」這個名稱的地圖。不過，在瓦爾德西穆勒繪製地圖之後，關於新土地是一塊獨立大陸，或只是亞洲東部的爭論仍又持續了好幾年。

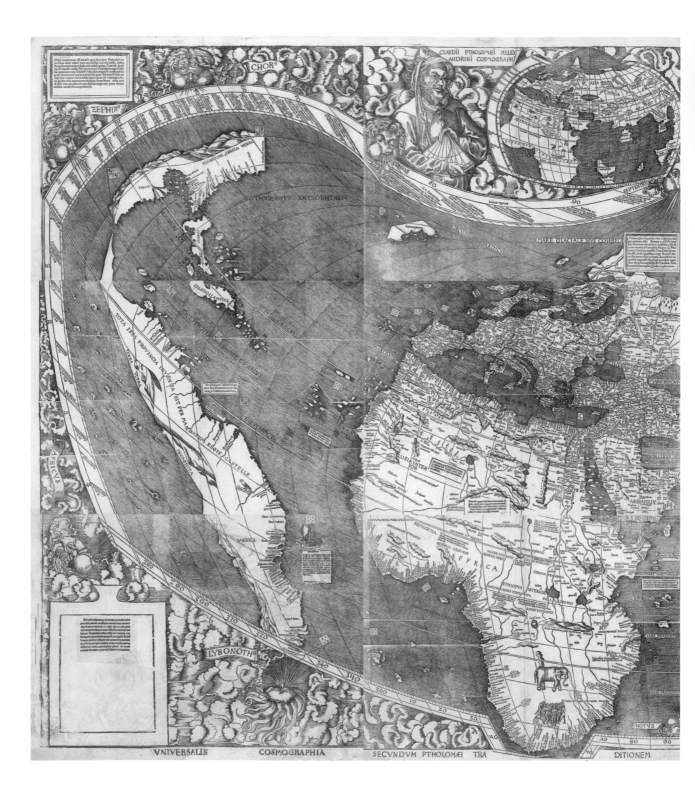

UNIVERSALIS COSMOGRAPHIA SECVNDVM PTHOLOMAEI TRADITIONEM

他沒看過大海或高山，未來他也不會去，因為這位偉大的地理學家從沒遇過其出生地法蘭克福 *400* 公里以外。他生活的世界是法蘭德斯（*Flanders*），那裡有田野、運河及尖頂教堂，這也是他想要繪製的第一個地圖。

　　而此地區正在起義。西元 *1537* 年，法蘭德斯的首都根特（*Ghent*）拒絕提供西班牙國王抗法戰爭金援。有些市民逃離城市，有些則手持武器、封鎖城門，但在大家逃難時，倒也有計畫籌備慶典以慶祝這座城市的輝煌過去。皮耶・凡・德・貝克（*Pierre Van der Beke*）以鮮明的民族主義色彩繪製了法蘭德斯地圖，他寫道這是必要的，因為「直到目前，都還沒有任何適合該國情況的精確描述」。該地圖強調法蘭德斯在布魯塞爾與大海之間的戰略位置，這片土地上布滿運河，具有大量的帆船及走道，使該地區添增幾分世界各國貿易的色彩。節慶過後，查理五世從西班牙派遣兩個使者，以遞送他打算拜訪這座城市的消息。

　　查理五世對地圖非常感興趣，也可能已經看到凡・德・貝克所繪製的地圖。但是印刷地圖者皮耶・德・基澤爾（*Pierre de Keyzere*）認為，若能盡快出版得以展現弗蘭德斯忠誠的地圖，他的生意及生活都會更加安全。麥卡托、幾個商人、地圖師及布魯塞爾當局都同意。麥卡托的動作很快，他刪去了揮舞的旗幟，改而在地圖上下的邊框繪上法蘭德斯統治者及查理五世的畫像。同時，以十分隆重奢華的方式把地圖獻給國王。

　　儘管不知道國王是否曾看過麥卡托的地圖，但總之他還是不滿意。國王軍進入根特，用不到五分鐘的時間突破封鎖的城門。十三名叛亂領導人遭斬首，法官、市長、六名公會代表及五十名公民，全都身著黑衣、頸上被掛著吊帶，被迫光腳從法院走到城堡，在那裡跪求寬恕。這個城市失去了所有權，整個地區被夷為平地、改建新堡壘。最後，國王還把城市的大時鐘帶走，凡・德・貝克地圖中輝煌的城市，終淪為殘垣斷壁。

　　麥卡托則繼續致力於繪製世界各地的地圖。之前，從來沒人出版過現代、區域性的世界地圖，而現在已知該地圖要比托勒密所知的要大得多，

因此該項工作更加費時。不幸的是，時間正好是麥卡托所缺乏的。他不得不承擔責任，以照顧自己人口漸增的家庭。他的妻子芭芭拉（*Barbara*）已經生了兩個女兒及兩個兒子，他們還有個孩子將於西元 *1541* 年誕生，不久後，這對夫妻總共會有七個孩子。麥卡托總是清晨醒來後便開始工作，每當有高官要求修改地球儀，或是印刷商要他寫一本有關地圖排版的書，他都會說好，然後不斷延後區域地圖的工作。西元 *1543* 年，他被控涉嫌信仰新教，被判入獄七個月。宗教裁判院搜遍了他的家，但一無所獲。西元 *1552* 年，麥卡托搬到萊茵河的另一端，即德國的小城鎮杜伊斯堡，在這裡，他終於能夠完成已經從事十四年的歐洲地圖。

麥卡托在繪製北歐地圖之前，先對齊格勒的地圖進行最後查看，接著再跟馬格努斯的《海洋地圖》及荷蘭航海圖結合，並認為此地圖比《海洋地圖》更能呈現挪威海岸。當時一位人道主義者寫道，此歐洲地圖「從世界各地學者那裡得到空前的讚賞」，麥卡托明白，他終於出版了一些能賺大錢的東西。

麥卡托士氣大振，沿著運河搭船去法蘭克福書展，他在那裡首次見到了來自安特衛普、二十八歲的地圖著色師，這一老一少，便有了該如何把整個世界放進書本的想法。

草創地圖集

西元 *1554* 年，奧特利烏斯的朋友揚·拉德馬赫（*Jan Rademacher*）開始為專營船運、「安特衛普的著名商人」吉利斯·霍夫曼（*Gillis Hooftman*）工作。霍夫曼買了所有他能買得到的地圖，因為這不但能幫助他計算兩地之間的距離，也能了解若選擇不同路線可能會遇到的危險，還可以即時了解歐洲戰爭。拉德馬赫在晚年的一封信中寫道：「由於這段時期充滿太多令人不安的事件，他便買了世界上所有地區的地圖。」

當時大眾的普遍看法，以及不浪費時間、會折起地圖邊吃飯或與別人討論該去哪裡的霍夫曼都認為，地圖只適合掛牆上，不適合拿到滿桌飯菜上。拉德馬赫建議，把一些較小的地圖收集起來製作成書，霍夫曼也贊同。因此，他委託拉德馬赫盡量多找些小地圖，而拉德馬赫將任務交給了奧特利烏斯。最終成果是一本收錄三十八張地圖的小書，事實證明這非常實用，霍夫曼現在可以坐在餐桌旁或床上翻閱地圖。而奧特利烏斯創造出之後變成其終生志業的地圖集草創版，即世上第一本現代地圖集。

克里斯多福・普蘭丁

四年後，三十一歲的奧特利烏斯走進普蘭丁（*Christopher Plantin*）的印刷廠及書店——「黃金羅盤」。普蘭丁是法國人，原本從事書籍裝訂，有次被某個醉酒男子用劍襲擊，造成其手臂重傷無法再裝訂書籍，後來便成為了印刷商和出版商。奧特利烏斯離開後，他寫下：「西元 *1558* 年 *1* 月 *13* 日。給為拉丁文維吉尼亞地圖一著色的亞伯拉罕，以羊皮紙裝訂（*Le 13 Janvier 1558. Abraham painter des cartes 1 Virgilius Latin rel. en Parchemin.*）。」

跟麥卡托一樣，普蘭丁也成為了奧特利烏斯的終生朋友之一，在他們的第一次見面不久，他們便聘請奧特利烏斯為三十六份法國北部的景觀圖著色。從 *1560* 年代起，普蘭丁還拿到奧特利烏斯剛開始製作的地圖原本。

目前已知具有奧特利烏斯簽名的最古老地圖，是一張於西元 *1564* 年繪製的世界地圖，其尺寸長 *148* 公分、寬 *87* 公分，印刷在八張紙上，並以西元 *1545* 年及 *1561* 年德國卡斯柏・沃普爾（*Caspar Vopel*）及義大利人賈科莫・加斯塔爾迪（*Giacomo Gastaldi*）的地圖為基礎。奧特利烏斯還參考馬可・波羅遊記、托勒密、西班牙及葡萄牙地圖等經典資料，花費大量時間研究其他地圖師所做的工作，並盡可能詳細檢查所有內容。最後奧特利烏斯用了手邊所有最新及最可靠的訊息完成一張地圖。

奧特利烏斯的第一張地圖對其他地圖影響不大，而之後完成有關埃及與聖地的兩張地圖，也沒有引起太多關注。但是在西元 1567 年，當奧特利烏斯向普蘭丁展示一幅亞洲的壁畫地圖時，普蘭丁意識到其銷量大增，並以一本一荷蘭盾的價格成功賣出一百本。正是這一波的成功，使得奧特利烏斯成為當時出名的地圖師之一。

在標註那些看過地圖的人的名單中，奧特利烏斯寫道，著名的地理學家賈科莫·加斯塔爾迪最近出版了一張，以阿拉伯宇宙學家伊斯梅·阿布菲達（*Ismael Abulfeda*）版本為基礎的亞洲地圖，但未包括原始創作者的名字。奧特利烏斯從未試圖隱瞞自己的地圖，是以加斯塔爾迪地圖版本為基礎；而他透過一個朋友得知，加斯塔爾迪並未標註其對阿布菲達的引用，他因而也批評加斯塔爾迪的缺失。因此，奧特利烏斯在收集收錄進書中的地圖時，即計畫比西元 1554 年所出版內容更多、更全面的地圖集時，便不會犯同樣的錯誤。他仔細記下了每張欲收錄地圖的繪製者名字。

信中世界

威爾斯地圖師漢福萊·呂伊德（*Humphrey Lhuyd*），在西元 1568 年寫給奧爾特利烏斯的信中寫道：「因此，我寄給你威爾斯的地圖，雖然沒完成所有細節，但都是如實繪製。」而奧特利烏斯在回寄給呂伊德亞洲地圖的同時，也徵求呂伊德同意他在即將出版的書中使用其威爾斯地圖，因為那是他當時所知該地區最佳的地圖。呂伊德則往下寫道：「你還會收到一張記載著古今地名的英國地圖，以及另一張準確度尚可接受的英國地圖。」

下頁圖　為奧特利烏斯在西元 1570 年繪製的北部地區地圖。「*Septentrionalium*」是拉丁文的「北方」，因為羅馬人把知名的北斗七星稱作「*Septentriones*」，即「七牛」。因為這個星群總是能在北方見到，所以此方向的羅馬文亦稱為「*Septentriones*」。應注意的是，格陵蘭被繪成一座島嶼，這在奧特利烏斯當時是不可能會有人知道的，因為那時還沒有歐洲人向北航行得那麼遠。

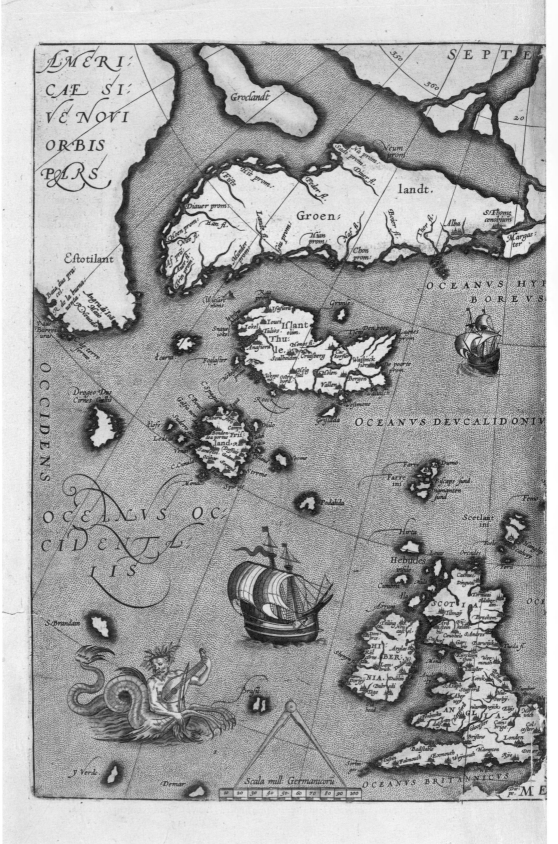

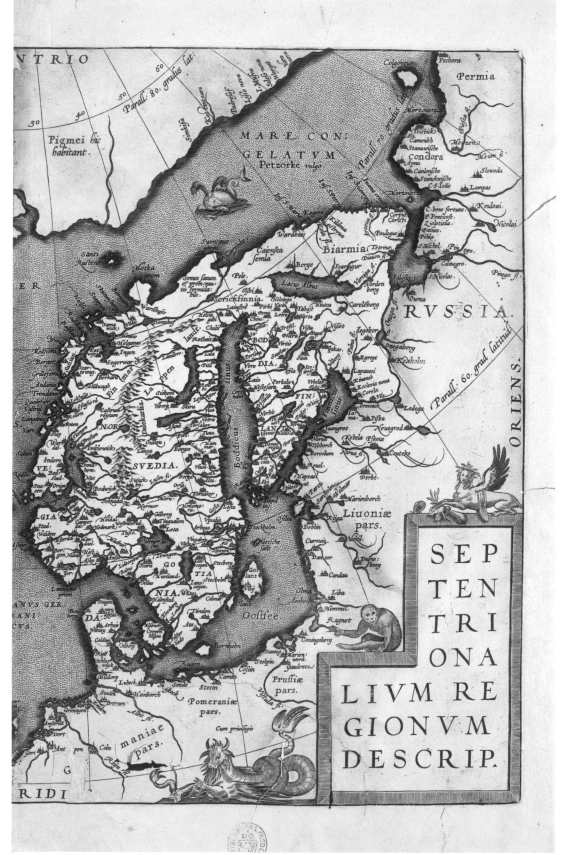

奧特利烏斯擁有龐大的地圖師及地理學家人脈，使其得以取得最佳的地圖資源。歷史學家約翰尼斯‧潘諾紐斯（*Johannes Pannonius*）曾寄給他特蘭西瓦尼亞（*Transylvania*）的地圖，而英國探險家兼外交官安東尼‧詹金斯（*Anthony Jenkins*）則給了他一張俄羅斯地圖，諸如此類，直到奧特利烏斯有一大堆地圖可供選用。

　　奧特利烏斯以其新書格式重新繪製所有收到的地圖，並盡可能對其編修改善。此舉在過去從未有人嘗試，這也使地圖具有了標準格式的外觀。義大利人的風格是把不同地圖收集起來，再一起裝訂成書，但是這些地圖大小各異，版式、字型及顏色也都不同。奧特利烏斯的地圖集以風格首創而出名，因為他致力於創造一個標準規格的世界繪圖。這項任務十分艱鉅，付出的代價也是必然。西元 *1568* 年 *7* 月，在奧特利烏斯寫給某位醫生朋友的信中，便描述了他所經歷的心悸症狀。

　　在奧特利烏斯繪製完地圖之後，就把地圖傳給了他的好朋友法蘭斯‧霍根伯格（*Frans Hogenberg*），即當時最優秀的雕刻師，並將其刻在銅板上。在確定地圖的顯示順序時，奧特利烏斯也遵循「地理王子托勒密」的建議，從西北至東南展示各國之前，要先放張世界地圖作為開頭。西元 *1569* 年 *9* 月，奧特利烏斯從普蘭丁那裡買了四十七卷紙並自費出版。

　　而此時，普蘭丁正忙著印刷八卷不同語種的聖經，也許這就是為什麼他沒有時間幫朋友印刷第一版地圖集的原因。奧特利烏斯遂與吉列斯‧科本‧凡‧迪斯特（*Gillis Coppens van Dienst*）接洽，他是位擁有三十多年地圖及宇宙圖學工作經驗的印刷商，而迪斯特也記下了《地球大觀》的出版日，西元 *1570* 年 *5* 月 *20* 日。

歷史之眼

　　奧特利烏斯以「安特衛普的亞伯拉罕‧奧特利烏斯獻給仁慈的讀者」

作為序言。「親愛的讀者，在我明白並認為，無人所知道是什麼知識的歷史，能對那些正努力學習中的學生帶來多大的益處，我因而深信，幾乎沒有人……能忽視正確理解地理知識的必要性。因此，在這方面，基於某些原因，並非無來由，得以被稱作歷史之眼。」

把歷史及地理相連並不罕見。在中世紀，某些教父強調說，了解聖地地理會令人更加深入理解聖經。在文藝復興時期，這種聯繫是按照比以前更大、更準確的科學方式去描述世界，這方式代表大家能「看到已完成的事情，以及其在哪裡完成，就好像當下正在發生一般」，奧特利烏斯寫道，「幾乎如同在劇場看戲。」

這是第一次，那些有能力負擔的人能買下裝訂在書中的整個世界。《地球大觀》的封面有代表四個半大洲的女性人物。在頂部，歐洲女神坐在寶座上，戴著王冠，左右兩側分別放有兩個地球儀。在她旁邊是第三個地球儀，她在十字架的幫助下手持該地球儀，因為她負責將基督教向世界傳播。

亞洲女神也穿著高貴衣袍，但頭飾不是王冠，並服從於歐洲女神，就跟非洲女神一樣。不過非洲女神披著較少的衣服，戴著受到太陽照耀的光環，以強調其居住地的熾熱。最底層是她們的美洲姊妹，而對她的鮮少了解，讓人聯想到西班牙人遇到的古文明，即印加、馬雅及阿茲提克。美洲是個原始、會食人的女人，手持歐洲男人的頭，裸體但手持武器，她是個具有致命吸引力的女人，既誘惑又吞噬著歐洲男人。在她旁邊有一個半身像，代表南邊遠方尚未被發現的大陸：「尚未發現的南部土地（*Terra australis nondum cognita*）」。

澳大利亞

古希臘人很久以前就曾想過，赤道以南一定有大片未知土地。亞里士多德在《氣象學》（*Meteorology*）中寫道：「一定有一個地區，跟南極的關係就

跟我們所在地對應北極那樣相同。」大約在西元前 *400* 年，羅馬哲學家馬克洛庇斯繪製了一張地圖，是關於一大片南方偏遠的寒冷大陸：嚴寒南極（*Frigida Australis*）。麥哲倫認為，當他在西元 *1520* 年航行通過火地群島（*Tierra del Fuego*）與美洲大陸之間海峽之際，其南方大陸便位於其左舷位置。

奧特利烏斯在《南方大陸》（*Terra Australis*）上寫道「有些人在發現之後稱此南方大陸為『麥哲倫大陸』（*Magellanicam*）」，並在南美洲下方的大陸部分，他用了麥哲倫給該地區的命名：「火地群島」。在非洲下方遙遠處，他寫下「鸚哥地」（*Psitacorum regio*），即是鸚鵡地區。此名稱為葡萄牙文，並引起了人們的猜測，即葡萄牙人是否已經在此時繪製了部分澳大利亞，作為其與北方稍遠的香料群島進行貿易的連結地點；還有，奧特利烏斯是否曾接觸過這些地圖。奧特利烏斯進入了新幾內亞和「南方大陸」之間的海峽，這一事實亦加深了此種推測。直到西元 *1606* 年西班牙探險家路易斯·瓦茲·德·托雷斯（*Luís Vaz de Torres*）越過該海峽，歐洲人才正式發現此海峽。

同年，荷蘭航海家威廉·揚祖（*Willem Janszoon*）成為目前所知的第一個繪製澳大利亞北海岸部分地區並上岸的歐洲人。三十六年之後，另一位荷蘭人亞伯·塔斯曼（*Abel Tasman*）便往南航行，在傳說充滿金礦的澳大利亞土地上尋找。儘管沒有如願，但他確實發現了澳大利亞南部的塔斯曼之島（*island of Tasmania*），也是第一個到達紐西蘭（*New Zealand*），並隨後繪製這兩座島區域地圖的歐洲人。在西元 *1644* 年，塔斯曼（*Tasman*）前往澳大利亞的北部及西北海岸，完整繪製了該地區的地圖，並稱其為「新荷蘭」（*Niew Holland*）。兩年後，世界地圖首次把紐西蘭收入。

但是，由於荷蘭人在這些地區都找不到香料或黃金，也沒有其他有價值的東西，所以他們很快就失去了興趣，直到次年英國船長詹姆士·庫克（*James Cook*）於西元 *1769* 年繪製紐西蘭和澳大利亞的東海岸地圖之後，該地區的其他區域仍然未知。但是，南海岸是否與南極大陸相連的問題仍然存在。直到英國航海家馬修·佛林德斯（*Matthew Flinders*）在航行整個大陸並

出版《南方大陸或澳大利亞總覽：皇家海軍調查員馬修‧佛林德斯西元 *1798* 年至 *1803* 年探索報告》時，澳大利亞已不再是「尚未發現」之地。

成功

　　《地球大觀》第一版共收錄六十九張地圖。為了繪製這些地圖，奧特利烏斯以八十九位地圖師的畫作為基礎，並分別一一標註其姓名，此名單堪稱是十六世紀末的歐洲地圖師名人錄。其以拉丁文名寫下，麥卡托的著作當然是以《巴勒斯坦或聖地》（*Palæstinæ, siue Terræ Sanctæ*）及《法蘭德斯》（*Item Flandriæ*）為主，其他還有呂伊德的《英格蘭王國地圖》（*Angliæ Regni Tabulam*）、詹金斯（*Antonius Ienkinsonus*）《俄羅斯地圖》（*Ruβiam*），以及馬格努斯（*Olaus Magnus*）的《北方區域地圖》（*Regionum Septentrium Tabulam*）。

　　在世界地圖上，世界的分類（*Typus orbis terrarum*）是引用羅馬政治家兼律師西塞羅的語錄，也代表奧特利烏斯在地圖學中所見到更深層的意義：對於把永恆盡收眼底、明白宇宙浩瀚的人，什麼凡間俗事還會令他覺得重要？（*Quid ei potest videri magnum in rebus humanis, cui aeternitas omnis, totiusque mundi nota sit magnitudo?*）

　　在世界地圖出現之後，各大洲地圖亦隨即出現：《美洲新地圖及簡介》（*Americæ Sive Novi Orbis, Nova Descriptio*）、《亞洲新地圖及簡介》（*Asiae Nova Description*）、《非洲新地圖》（*Africæ Tabula Nova*）及《歐洲》（*Europae*）。英格蘭、蘇格蘭和愛爾蘭有幸成為第一個收錄進世界地圖的獨立國家，因為奧特利烏斯第一版中並沒有收錄最西端的美洲，地圖的顯示順序跟托勒密一樣古典，而其現代性就跟現今地圖集一樣。

　　奧特利烏斯在序言中致歉，因為很多讀者可能在地圖集上找不到自己的家鄉地圖。他向讀者保證，這些消失的地圖並非是他不想多花錢而故

意忽略或遺漏，而是他找不到高品質的地圖來收錄。因此，奧特利烏斯呼籲，擁有或知道能收錄在下一版地圖集中地圖的讀者可寄送資料給他，「之後就能把其收錄至我們的書中。」

在當時，這是地圖師之間相當常見的策略。麥卡托在其歐洲地圖上呼籲「仁慈的讀者」能提供他地圖初稿及天文座標，以便在下一本書使用。此種請求形成地圖師與大眾間成效十足的合作基礎。某位朋友寄給奧特利烏斯一份摩拉維亞（*Moravia*）的地圖，接著他也收到一封來自義大利的信及中國地圖，並鼓勵奧特利烏斯在下一版地圖集中使用該地圖，「我相信，不久後便會用到。」

地圖集銷售良好，首版印刷三百二十五本，隨後短短三個月便又出了第二版，以及荷蘭文譯本。法文版及德文版則於西元 *1572* 年出版。某位熱情讀者寫道：「向《地球大觀》致上最高敬意，祝您一切順利。」西元 *1570* 年麥卡托在一封寫給奧特利烏斯的信中寫道：「看過《地球大觀》之後，十分欣賞您在添增其他作者辛勞畫作的細膩及優雅，同時忠實維護每件畫作，以達到呈現地理事實的目的，畢竟地理事實常被地圖師所破壞。」

購買《地球大觀》的多半是學者及有錢人。地圖集本身沒有上色，想要彩色版本的人可以聘安妮・奧特爾或其他著色師為其上色。西元 *1571* 年 5 月，普蘭丁曾記下，他的員工之一麥肯・利夫林克（*Mynken Liefrinck*）為整本地圖集上色的報酬，大約六荷蘭盾十五斯圖瓦（*Stuiver*），幾乎跟書的價格相同。幾年後，利夫林克為西班牙王室進行豪華版本，以金銀上色，並獲得相當豐厚的酬勞：「在西班牙以金銀為《地球大觀》上色賺取三十六荷蘭盾。」（ *Afgeset een Theatrum in Spaens met gout ende silver tot 36 fl.*)。（編註：一荷蘭盾為二十斯圖瓦）

手頭沒那麼寬的讀者可以買未裝訂的地圖集，即一疊獨立散裝的地圖頁，或只買有興趣地區的地圖單頁，每頁價錢為二斯圖瓦，若有上色的話則為五斯圖瓦。

隨著奧特利烏斯收錄新地圖、更新過時地圖，《地球大觀》也不斷改進及擴大。西元 *1573* 年版本收錄六十幅地圖，比第一版多了十七幅。西元 *1579* 年，普蘭丁終於能印刷地圖集時，該書收錄了九十三幅地圖。奧特利烏斯繼續與世上知名的地圖師保持聯繫，包括麥卡托。他在西元 *1580* 年寫信告訴奧托利烏斯，他聽說有人繪製了精美新的法國地圖，而他本人也收到了新的地圖，其對遠東地區的描繪特別好。奧特利烏斯也熱情回信說，英國海軍上尉法蘭西斯・德雷克（*Francis Drake*）剛完成一次新探險，麥卡托回應，亞瑟・彼特（*Arthur Pitt*）船長已開始探索亞洲北部區域，很可能會通過美洲大陸北部返家。在《地球大觀》不斷擴充的同時，他們以這種方式互通有無，使西元 *1591* 年地圖集的收錄量達到最高峰，共收錄一百五十一張地圖。

三年後的 *12* 月，奧特利烏斯收到一封信：「麥卡托於本月 *2* 日過世，大約正午時分坐在椅子上，彷彿只是在火爐前小睡般。」西元 *1598* 年 *1* 月，奧特利烏斯寫信給侄子：「永別了，我不會再寫信了，因為我正一步步走向死亡。」*7* 月，奧特利烏斯的朋友則寫信給他這位侄子：「於此通知您，虔誠的亞伯拉罕・奧特利烏斯於 *6* 月 *28* 日安息並回到上帝懷抱，他安葬在聖米歇爾（*St. Michael*）教堂，許多期盼他仍在世的善心人士都前來哀悼；但他人生的課題已完結⋯⋯他已然安息，而我們還在世。」安妮比哥哥多活了兩年。

奧特利烏斯過世時，不僅未婚也無子嗣，其《地球大觀》共賣出七千五百本。普蘭丁的子孫承接最後一版的編輯責任，直到西元 *1612* 年止。

引言題詞

西元 *1630* 年，普蘭丁的一位孫子寫道，他不想再出版新版的奧特利烏斯地圖集，好讓奧特利烏斯持續作為他那個時代的托勒密。或許這位老地

理學家聽到這句他曾讚美麥卡托的媲美之詞，讓人用到了自己身上，也會感到欣喜若狂。

　　奧特利烏斯透過其一生的工作，令托勒密的著作顯得多餘，同時也成為將過去劃分開來的時代里程碑。托勒密的影響持續將近一千五百年，主要是因為其周圍時光似乎停滯不前。但是此地圖在奧特利烏斯過世後只被擱置三十年，雖然這也可能是他所希望的——努力精進地圖並淘汰那些不合用途或已過時的地圖，包括他自己的。奧特利烏斯知道不會一成不變；雕刻師在銅板上磨去不正確的城市名稱，並刻出新名稱；鑿刻著原本標示位置太過偏北的山脈，並加上返鄉商船所帶回來的新資訊。世界處於不斷變化的狀態。奧特利烏斯拉開了世界舞台上的布幕，而其他人則繼續表演。在有大量需求的地方，地圖集很快便建立起地圖的標準。

商業化

　　文藝復興時期的地圖是中世紀後期航海圖的延續，通常是出於實際目的而非宗教目的，同時也受到歐洲人經常出海航行的影響。托勒密的著作在十五世紀初翻譯成拉丁語，地圖繪製也逐漸往更科學及實證的方向前進，同時也更專業，像奧特里烏斯、麥卡托等人都是第一個以繪製地圖營生。印刷技術使地圖傳播變為可能，這在過去以手工繪製一份份複製地圖來說，是不可能做到的；富有的商人、外交官、教授、貴族及其他人得以資助日益精進、最新的地圖。在中世紀，西元 *800* 年的概要地圖可能出現在四百年後出版的書中，但在文藝復興時期，地圖的壽命要短得多。

右圖　西元 *1533* 年，荷蘭地圖師弗里西斯出版了一本關於地理調查的小書。這張圖顯示，他如何建構一個從安特衛普開始的網絡，並用簡單的幾何學計算其與鄰近城市布魯塞爾（*Bruxel*）、米德爾堡（*Mittelburgum*）、魯汶（*Louamum*）及其他城市的距離。他的方法一直被沿用到衛星定位的發明為止。

Defe figure bewijft dat eerfte Capittele
datment metter ooghen mercken mach.

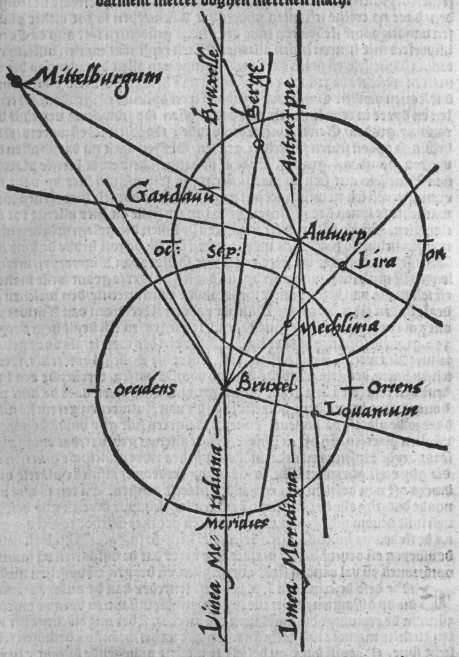

Middelburch .30.graden van tweften na tnoozden/ Bergen opden zoom
20. graden vanden Noozden Weftwaerts. En defe plaetfen felen v ghe-
noech zijn vooz een exemple. Dit nu hebbende/ fo ftelle ick een punct inde
middelt van eenigen planen dinghe/ dwelck Antwerpen beteeckent/ ende
ick make van dyen puncte eené circule/ den welcken ick in. 4.deelen deyle

第五章
冒險去

挪威　哈丹格峽灣（*Hardangerfjorden*）

北緯 *59° 36'18''*

東經 *5° 12'41''*

　　這是從卑爾根教區到哈林戴爾（*Hallingdal*）及華德雷（*Valdres*）旅程的起點。斯塔萬格的主教勞里德・克勞森・斯卡文紐斯（*Laurids Clausen Scavenius*）航行進入挪威西部雷瓦爾登（*Ryvarden*）和博姆洛（*Bømlo*）之間的哈丹格峽灣，經過哈爾斯尼島（*Halsnøy*）島上的舊修道院，參觀他的教區中最偏遠的地區。在峽灣的最內側，在艾德峽灣（*Eidfjord*）小村中，船員正等著把他從哈丹格山脈運送到東邊的狹長河谷。斯卡文紐斯以繪製地圖為目的，沿途一路寫著筆記。

　　斯卡文紐斯負責地理位置嚴峻的教區。自西元 *1125* 年以來，斯塔萬格的大教堂一直負責哈林戴爾及華德雷的內陸地區，但由於其北部與特隆海姆、西部與卑爾根、南部與奧斯陸相鄰，因此斯卡文紐斯不得不越過卑

左圖　摘錄自約翰尼斯・揚森紐斯（*Johannes Janssonius*）於西元 *1636* 年版的斯塔萬格教區地圖的西元 *1644* 年版本。該地圖指出，斯塔萬格主教從芬達斯島（*island of Findaass*，即博姆洛）西南方開始前往卑爾根教區的旅程。

爾根去造訪他們。斯卡文紐斯在哥本哈根長大，在德國北部唸書，因此，直到西元 *1605* 年他進行聖靈降臨節的奉獻儀式之前，他從未見過峽灣或高山。當他航行進入艾德峽灣，奧克森山（*Mount Oksen*）和多羅努頓（*Toraldsnuten*）山峰倒映在水面，身旁各有 *1,240* 公尺的高山直達天際。天氣晴朗時，他一經過山就能看到哈丹格冰川。

斯卡文紐斯記下橋梁、河流、山脈、村莊及湖泊的距離及名稱：瓦特內達（*Vatnedal*）、利亞伯（*Lia Bro*）、布羅美恩（*Brommen*）、比奧達湖（*Biordals Vand*）、菲爾德山（*Fielde field*）及瑪瑞特史徒恩（*Marrete Stuen*）。他已經很熟悉斯塔萬格教區，並加入其戶籍地格勞斯（*Grågås*）每個堂區（*parish*）及總鐸區（*deanery*）的收入之列。他從哈林戴爾及華德雷返回主教宮之後，便開始用自己的筆記完成所研究區域的地圖。

遺憾的是，斯卡文紐斯的地圖正本沒有被保留下來，而我們之所以能知道其存在，是因為某位丹麥歷史學家在幾年後，寫下該地圖繪製年份為西元 *1618* 年，並在西元 *1638* 年由荷蘭地圖師強恩·布勞（*Joan Blaeu*）及克內利烏斯·布勞（*Cornelius Blaeu*）印刷出這張《斯卡文紐斯編著斯塔萬格教區及其鄰近區域地圖》（*Dioecesis Stavangriensis & partes aliquot vicinæ, opera L. Scavenii, S. S*）。

沒有任何來自斯卡文紐斯主教的資料，或是其個人文書，得以說明地圖的繪製方式。唯一確知的是，一位於烏達爾（*Undal*）的堂區牧師兼李斯特（*Lister*）總鐸區的總鐸（*provost*）彼得·克勞森·菲利斯（*Peder Claussøn Friis*），即《挪威及周圍島嶼紀實》（*Norriges og omliggende Øers sandfærdige Bescriffuelse*）一書的作者，不僅寫下《斯塔萬格教區紀實》（*Stavanger Stifts Bescriffuelse*），也在西元 *1608* 年左右將其交給了斯卡文紐斯。菲利斯較為熟悉的主要是在教區南部，他對哈林戴爾及華德雷的了解莫過於「哈林戴爾及塞特戴爾（*Setesdal*）之間的山脈，被稱為哈內山（*Halnefield*）」，哈林戴爾及哈丹格之間的則是哈丹山（*Hardangersfield*）。

斯卡文紐斯對於通往教區北部的海岸，即他必須以航行才能到達艾德峽灣的卑爾根教區這一部分，其資料來源是卑爾根主教安德斯‧福斯（*Anders Foss*）幾年前繪製的挪威西部地圖。該地圖被保存至今，也是當地人所繪製最古老的挪威區域地圖。

該地圖呈現從特隆海姆峽灣到斯塔萬格以南的維斯特蘭（*Vestlandet*，意思為挪威西部）地區，儘管該地圖僅是草稿，不過比荷蘭航海圖準確得多，更能呈現當時的挪威水域，以及辛勤繪製的成果。教區中的所有峽灣和島嶼位置都很準確，並標註了七百個地名及一百二十座教堂。然而，在卑爾根教區北部及南部（即斯塔特半島（*Stad peninsula*）北部及卡姆（*Karmøy*）自治區南部）所呈現的也都非常相似，更加強調了這是教區地圖的事實。

卑爾根教區包括在峽灣地區（*Fjordane*）的艾德峽灣，也是國王送給丹麥天文學家第谷‧布拉赫（*Tycho Brahe*）的一個縣市。布拉赫從這裡取得的收入大部分都用於經營大型丹麥天文台，峽灣農民以乾魚、獸皮、焦油、奶油、起士及小量金錢的方式向他納稅。布拉赫從該縣市獲得的收入大約每年一千塔勒（為當時的斯堪地那維亞貨幣）。

安德斯‧福斯是布拉赫的朋友，他經常去造訪布拉赫的天文台，並在西元 *1595* 年將他的挪威西部地圖交給了布拉赫。布拉赫在地圖上寫下「挪威沿海及其他地區紀實」（*Descriptiones littorum Noruagiae & quedem alia*），將其打包，並在失去王室支持的幾年後，離開丹麥時一起帶走。之後，該地圖遺失了三百年，直到在布拉赫的遺書中重新被發現。

因此，正是透過斯卡文紐斯的複製本，福斯的地圖才成為十七世紀地理的一部分。他們很可能在每次相互拜訪時，會跟卑爾根主教討論地理問題的斯塔萬格主教，一定會在他的地圖上畫出從博姆洛一直延伸到卡姆的海岸線，這是斯塔萬格主教旅經卑爾根教區必須通過的地方。斯卡文紐斯在哈丹格峽灣的出海口標註：「卑爾根教區到哈林達爾及華德雷的路途就

從這裡開始」（*Hic incipit iter per Diocesim Bergensem in Hallingdaliam et Valdresiam*）。

藍色威廉

強恩・布勞及克內利烏斯・布勞兄弟倆在西元 *1638* 年印刷前重新繪製地圖並保留這段文字。但是，他們是從什麼地方取得了斯卡文紐斯的地圖？真的不知道。唯一能確定的是，在商人、船員及軍事人員口袋裡的地圖，經常在其所敘述的景色中移動，有時甚至會超出範圍。

布勞兄弟承襲其父親威廉・布勞（*Willem Blaeu*）所建立的地圖企業第二代。威廉・揚祖（*Willem Janszoon*）於西元 *1572* 年出生，並在成年後以其祖父的綽號「藍色威廉（*Blaeu Willem*）」為姓氏。他來自一個商人家庭，不過他相當熱衷數學，西元 *1595* 年最後他也在布拉赫的天文台，福斯主教來訪時並給了他布拉赫挪威西部地圖。如果威廉・布勞返家時帶了份地圖，那麼福斯的地圖可能早在西元 *1638* 年之前，就已經收錄進布勞眾多的地圖集之一。

西元 *1605* 年，布勞成為阿姆斯特丹眾多書商及印刷商之一。這座城市取代安特衛普在二十年前的地位，當時西班牙人給安特衛普的新教徒四年時間撤離。好不容易在西元 *1579* 年獨立的尼德蘭七省共和國（*Republic of the Seven United Netherlands*），便受益於這些逃離西班牙統治而北上的才能之士。布勞收購了靠水（*Op het water*）區的房屋。該地區不僅到處是輪船及船員，而且還是城市的出版暨書商中心。布勞為自己所開的書店掛上一塊標有金色日晷的招牌：鍍金日晷（*De vergulde sonnewijser*）。

荷蘭東印度公司在布勞到達該城市三年前，在阿姆斯特丹所成立，也是荷蘭人相對西班牙及葡萄牙在印尼群島經營香料貿易的因應之道。儘管荷蘭人缺少伊比利亞人（*Iberians*）（編註：伊比利亞半島上的西班牙人和

葡萄牙人）的資源及人力，但他們有印刷商、雕刻師及地圖師，能透過地圖、地球儀及地圖集傳播最新的地理資訊。奧特利烏斯、麥卡托及瓦爾德西穆勒等人已證明，透過專繪地圖營生並非不可能，而 *1590* 年代，有大量地圖師競相為貿易公司提供最好的地圖。雖然沒什麼用，但西班牙人及葡萄牙人堅持手繪地圖，以免洩漏他們的貿易路線。

在十六世紀，航海圖、領航書籍（*Pilot books*）及航海圖集的出版及銷售形成地圖學一派的獨立分支，並隨著北歐諸多水域跟其他如地中海區域的貿易重要性逐漸對等，這些水域的繪製也變得更加全面。第一本領航書具手寫的內文，把沿海的簡單地圖及地標繪圖加上航道、港口及潮汐的敘述，並且是由經驗豐富的船員、而非地圖師所繪製。

揚・索埃祖恩（*Jan Seuerszoon*）於西元 *1532* 年出版了第一本印刷版領航書《航海圖》（*De kaert vader zee*），其中詳細敘述了北海沿岸、法國、西班牙及英國南海岸，以及有關如何航行到挪威、格丹斯克、哥特蘭島（*Gotland*）、里加（*Riga*）及塔林（*Tallinn*）。

盧卡斯・揚祖・瓦格納（*Lucas Janszoon Waghenaer*）在西元 *1584* 年出版的《船員之鏡》（*Spieghel der zeevaerdt*）樹立了新標準。這是一本具有兩卷的著作，跟奧特利烏斯的《地球大觀》格式相同，也是由普蘭丁在安特衛普印刷，並同樣清楚表示荷蘭人正揚帆遠航。瓦格納在序言中說明，他從西班牙加德斯市（*Cádiz*）航行到挪威西海岸。還有一張路線圖，涵蓋從北角（*North Cape*）到加那利群島、從冰島到芬蘭灣等區域範圍。在瓦格納後續所出版《航行寶藏》（*Thresoor der Zeevaert*）中，這些地圖還收錄了整個芬馬克省一路到阿爾漢格爾斯克（*Arkhangelsk*）的挪威沿海。荷蘭人所繪製的挪威地圖，其特色之一便是標示了許多鋸木廠，鋸木即「*zaghe*」和「*zaghen*」。

對荷蘭人來說，挪威是購買造船木材的首選地點，也是奧斯陸峽灣之所以稱為「鋸木之海」（*Zoenwater*）的原因，亞克斯胡斯之子市鎮（*town of Son in Akershus*）則是木材出口的重要港口。

威廉‧布勞不願錯過領航書的潮流，在西元 *1608* 年出版《航行之光》（*Het licht der zeevaert*），也是他身為地圖師的突破。這本書沿用許多瓦格納所採取的格式，即具有許多章節內文及海岸線繪圖的方形格式。該書創新之處在於，布勞運用從布拉赫那裡學到的天文學知識，使得導航更加準確，但也不知羞恥地抄襲了瓦格納的內容。不過，這並未使布勞在成為抄襲受害者之際停止大聲抗議，或停止要求當局保護其免受盜版的威脅，那些人在他一出版便立即製作其地圖盜版。他宣稱，若某些特定人物能在印刷墨水乾透前停止盜印其地圖，他就能憑靠誠實及上帝的恩澤來養家。

布勞不是唯一抱怨的地圖師，畢竟十六及十七世紀的抄襲風氣相當猖獗，地圖師經常指控他人竊取自己剛從返鄉的船員那裡得到的寶貴細節。有些人甚至故意把一些微小的地理錯誤，例如一座不存在的城市或湖泊收錄在內，以便查明自己地圖是否被其他人複製。地圖師或許會合作，但直到再次同意合作新計畫之前，很可能會碰到不同意見，因羞辱及法院訴訟而激烈地迅速拆夥。畢竟，地圖師也不過是凡夫俗子。

西元 *1618* 年，地圖師約翰尼斯‧揚森紐斯搬到布勞隔壁。兩人早已相識，在西元 *1611* 年揚森紐斯出版了一張疑似布勞三年前所繪製的世界地圖後，兩人便開始爭吵，最後亦因為相鄰而更加深了彼此長期敵對關係。僅僅兩年後，當《航行之光》版權到期，揚森紐斯立即以相同標題及標題頁出版了自己的版本，甚至沒有拿掉布勞的名字。布勞則出版了一本更好的新書《海鏡》（*Zeespiegel*）作為反擊。

揚森紐斯娶了伊麗莎白（*Elisabeth*）為妻，她是法蘭德斯地圖師大約道庫斯‧洪第烏斯（*Jodocus Hondius the elder*）的女兒，後者於西元 *1584* 年離開法蘭德斯，以躲避宗教衝突。洪第烏斯於西元 *1593* 年在阿姆斯特丹起家，四年後，他在那所繪製出的北歐地區地圖，在丹麥挪威歷史上佔有重要一席之地。

向北航行

西元 *1597* 年某一天，丹麥國王克里斯提安四世（*Christian IV*）從顧問那裡得到洪第烏斯的地圖，並發現洪第烏斯所繪的瑞典，一路延伸到瓦潤格半島（*Varanger*）往北通往大海之處。挪威北部被一分為二，瓦德胡斯（*Vardøhus*）及其周圍地區皆孤立於丹麥挪威聯合王國其他地區之外。

地圖使國王看到了情勢的嚴重性：瑞典及俄羅斯的擴張對古老的世襲地區形成威脅。正如某位國王顧問所寫的：「不久前，科拉（*Kola*）屬於挪威，但是由於丹麥暨挪威指揮軍官的疏忽，俄國人才得以佔領該地區。」英國、荷蘭、蘇格蘭及法國人還航行穿越丹麥挪威聯合王國水域，即「我們的挪威海峽」（*per fretum nostrum Norvagicum*），他們在科拉半島進行貿易活動，而且大多數都未支付國王在瓦德（*Vardø*）所要求的通行費。

克里斯提安四世開始調查其「邪惡鄰居」，即瑞典，為取得通往出海口所做的一切，接著便決定親自激勵自己臣民。西元 *1599* 年 *4* 月，皇家船艦與其他七艘船艦一起從哥本哈根啟航駛向最北端。國王盡情揮灑自我色彩，以展示其至高無上的地位，並一路航行到科拉，企圖透過本次權力演習，彰顯丹麥挪威聯合王國對北部地區的主權。

不過，瑞典人可不會那麼容易投降。對瑞典國王查理九世（*King Charles IX*）來說，繪製芬馬克的地圖是最重要的事，因此西元 *1603* 年時，他指派官員安德烈亞其中‧布雷烏斯（*Andreas Bureus*）繪製北歐國家地圖。九年後，布雷烏斯向瑞典國王古斯塔夫二世‧阿道夫（*King Gustav II Adolph*）交出《拉波尼亞地圖》（*Lapponia*），這也是他未完成的北歐大地圖開端。布雷烏斯藉其公務旅行進行測量及觀察，收集北歐其他國家的

下頁圖　麥卡托最有名的世界地圖，其實是便於大陸間航行交通的航海圖。請注意左下方的北極地圖。麥卡托之所以加上此圖，是因為他知道極區地理會隨著曲面而無法辨識。而許多他所運用的圖示方式，仍持續被沿用至今。

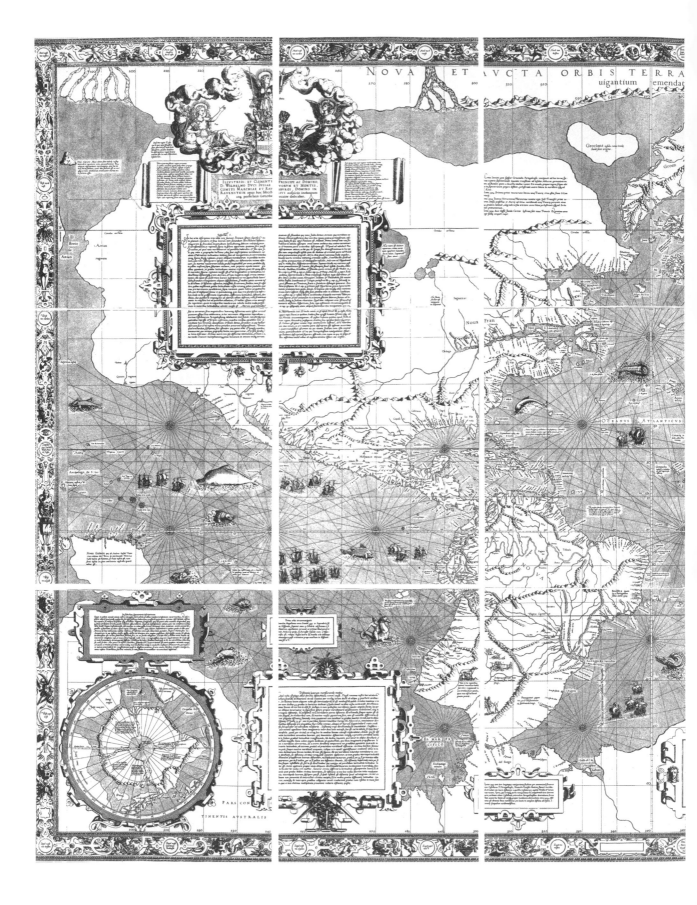

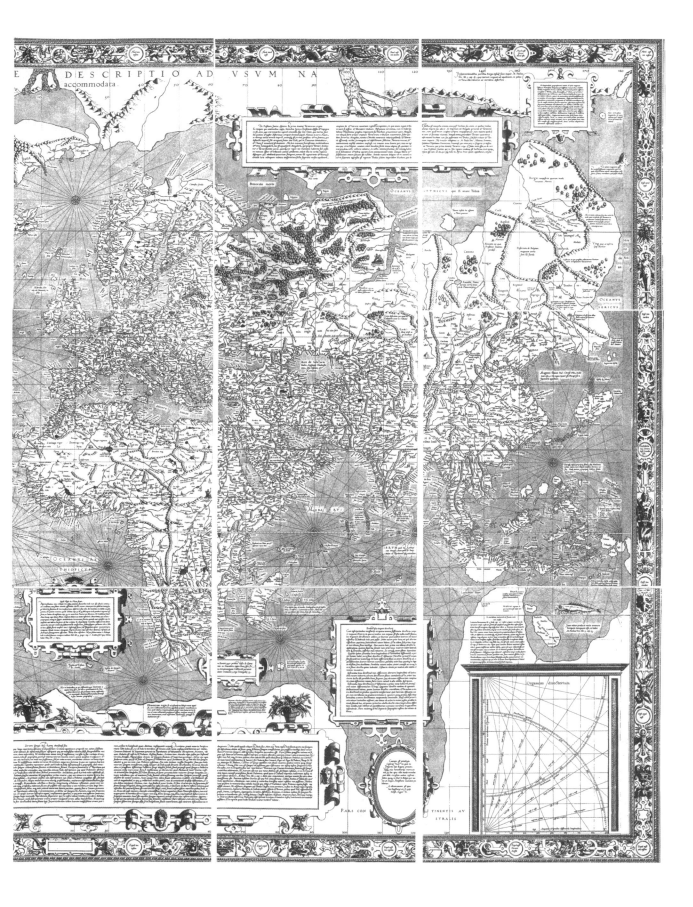

相關訊息，在此，斯卡文紐斯也再次出現。某天，布雷烏斯取得一份斯卡文紐斯的斯塔萬格教區地圖。布雷烏斯從哪裡得來地圖並不清楚，但跟斯卡文紐斯一樣，瑞典韋斯特羅斯（*Västerås*）的主教約翰尼斯‧魯德貝克烏斯（*Johannes Rudbeckius*）也繪製了其主教區的地圖，並可能從挪威同事那裡收到某張經同意允許複製的地圖。總而言之，布雷烏斯在西元*1626*年完成斯塔萬格的教區地圖，即《北方世界準確新地圖》（*Orbis arctoi nova et accurata delineatio*），很明顯便是以斯卡文紐斯的地圖為基礎。

瑞典國王對地圖感到非常滿意，因為地圖北部區域劃分得比瑞典領土實際擁有的區域大得多。他決定將地圖送印並發放給歐洲所有執政者，因此，布雷烏斯的地圖也成為整個十七世紀繪製北歐地區地圖的典範。揚森紐斯的妻舅，小約道庫斯‧洪第烏斯（*Jodocus Hondius the Younger*）在此圖出版那一年便取得了一份，而其西元*1632*年的歐洲地圖亦顯示，瑞典越來越接近北部水域。

就跟布勞兄弟一樣，小約道庫斯‧洪第烏斯，正如其名所示，是他父親所創立的地圖企業第二代。洪第烏斯家族主導了荷蘭的地圖集市場，其基礎可以追溯到西元*1604*年，當時大約道庫斯在拍賣會上出了「一筆巨額」的高價買下麥卡托的地圖銅版。僅僅兩年後，他出版了全新修正版的麥卡托地圖集，並在書中補上自己及麥卡托在兩個地球儀上工作的繪圖，儘管當時麥卡托已經過世十多年了。

阿特拉斯／《輿圖集》

麥卡托一生都在製作世界各國地圖，但是他從未完成自己所設定的目標。他在西元*1554*年跟奧特利烏斯見面之後的幾年間，先是錯過了教授職位，差點在完成洛林（*Lorraine*）地區嚴苛的土地勘測過程中死去，以及為他人雕刻地圖並開始計劃整個世界歷史的工作。但是，為了能更完

整敘述這方面的歷史，麥卡托必須先能概述整個世界，因此他靜心坐下來繪製一張新世界地圖。西元 *1569* 年，他出版了《適用航海之全新完整地理圖》（*Nova et aucta orbis terrae descriptio ad usum navigantium emendate accommodata*），一張運用麥卡托用突破性投影方式繪製的世界地圖，至今仍持續形塑著西方對本身的看法。

顧名思義，該地圖製作目的主要是為了簡化導航作業。船員努力按照航海圖以直線方式橫跨海洋，但航海圖經緯度都是為了模擬地球球面而彎曲，而麥卡托的解決方案便是把線給弄平。他沒有將經線彎向兩極，而是按照直線並排，使所有緯線長度相等，而非向兩極逐漸變短。這也表示南北向及東西向都會變成直線，更易於導航，即便是想讓以對角線航行往西北或東南方向的船員，都可以用尺找到港口之間的航行路線。

然而，此種投影方式有一個缺陷，即赤道沿線區域雖能正確表示，但是南北區域隨著原本應該在兩極相交的經線分開而擴大。這導致兩極永不相交，而經線將延伸到無限大。

為了彌補這點，麥卡托繪製了世上第一張以北極中心的區域地圖，並把此圖獨立置於地圖左下角。麥卡托在旁邊寫道：「由於本圖無法延伸至極區，緯度最終可達無限大，而基於展現北極區域地理事實的考量，在此，我們有必要再次呈現極區，並把所有延伸至極點的區域充分表現出來。」

麥卡托的極地地圖地理位置特殊，北極被四個大島對稱包圍著。麥卡托在某封信中寫道，他對此地區的描繪，是根據某位在西元 *1360* 年造訪北部地區的英國僧侶考察敘述。該僧侶曾依其旅行寫成著作，即被作為禮物獻給英國國王的《發現神佑群嶼》（*Inventio fortunata*），不過該著作之後卻佚失了。麥卡托是從另一本雅各布斯·諾恩（*Jacobus Cnoyen*）所著的《遊記》（*Itinerarium*）中得知這本書，其中僧侶的故事是由一位來自北部地區、曾於西元 *1364* 年造訪卑爾根國王馬格努斯（*King Magnus*）的牧師所重新講述。麥卡托寫道：

牧師……跟西元 **1360** 年挪威國王有相關，是從牛津來到北部群島的英國少數民族暨出色的天文學家。他離開其他族群來到北方群島，在整個北方地區走得很遠，並寫下這些島嶼所有奇景，將一本拉丁文為「*Inventio Fortunatae*」的書獻給了英國國王。這本書開始於最極端的氣候區，也就是北緯 **54** 度，並一路延伸到北極。

《發現神佑群嶼》對北部地區的描述有些雜亂無章。根據此僧侶所述，挪威北部與四座島嶼山脈相連，在北緯 **78** 度形成環繞北極區域的圓圈。在島嶼之間，寬闊河流流入極地海域，形成巨大漩渦。而極點本身是一塊巨大黑色磁石山，跟挪威相連且最靠近歐洲的島嶼，住著不超過四英呎高的人。麥卡托寫道，此僧侶很顯然是在某種魔法的協助下完成此趟旅程。

今日，多數歷史學家都同意，即使該僧侶沒有一路到達北極，至少能肯定的是，他曾經到達格陵蘭南部及西部地區，亦到過加拿大，因為他提到了林木茂密的森林。其對於所有島嶼及強勁洋流的敘述，他正好能準確描述今日的巴芬灣（*Baffin Bay*），北極磁力更恰好位於此區域。遇見該僧侶並接著去見馬格努斯國王的牧師，很可能是格陵蘭加爾達（*Gardar*）主教宮的宗教領袖伊凡·鮑森（*Ivar Bårdsson*）。目前所知，他曾在西元 **1364** 年造訪過卑爾根。

不過麥卡托十分具有科學精神，他以諾恩敘述有關鮑森就英國僧侶兩百年前的所見所聞，來製作北部地區的地圖。該地圖大致都按照其敘述所繪製，只有一些部分例外。麥卡托沒有把挪威與北極島嶼之一相連，因為他知道，航行通過瓦德胡斯並到達俄羅斯並非不可能，這點從他西元 **1554** 年的歐洲地圖中就能明顯見到。

然而，在所有這些錯誤的極地地理敘述中，還存在一個謎：格陵蘭島被繪製得非常正確。麥卡托在當時三十年前製作世界地圖時，沿襲了斯瓦

特的風格，把格陵蘭島作為連接北極大陸的半島。但是在西元 *1569* 年的地圖上，他視格陵蘭島是一座獨立島嶼——這是麥卡托根本不會知道的事，因為在當時，就如同現在一般，該國北部都被冰雪所覆蓋。那時還未有過任何船員能向北航行至足以抵達其周圍區域的程度。西元 *1924* 年，丹麥極地探險家勞格・科赫（*Lauge Koch*）寫道，北緯 *78* 度 *20* 分此一緯度，直到西元 *1852* 年都還是歐洲人對格陵蘭島地理知識的極限。但不可否認的是，麥卡托地圖中有關格陵蘭島的描繪，比十九世紀以後的地圖更為準確。

麥卡托從未交代過其資料來源，或許這也可以解釋為什麼後來的地圖師同樣忽略此點，因為他們認為其不可能繪製出準確的格陵蘭地圖，其所繪製的不過是來自於想像力。

因此，多數地圖師繼續把格陵蘭島畫為北部大陸的一部分。直到西元 *1865* 年，當時主要的地理學家之一奧古斯特・彼得曼（*August Petermann*）亦聲稱，格陵蘭島與西伯利亞相連。西元 *1891* 年，美國極地探險家羅伯特・皮瑞（*Robert Peary*）及挪威人埃文德・亞斯特普（*Eivind Astrup*）前往極地探險，才再一次揭曉格陵蘭島為島嶼或是半島的謎底。從海軍斷崖（*Navy Cliff*）上能看到獨立峽灣一直延伸到旺德爾海（*Wandel Sea*），能藉此確定格陵蘭島實際上為一座島嶼。不過，麥卡托在西元 *1569* 年地圖中的格陵蘭島，仍然是地圖學上的未解之謎之一。

麥卡托的新世界地圖並未獲得成功，至少在海上沒有，有可能是因為此地圖長達 *2* 公尺。因此，直到西元 *1599* 年，大家才使用麥卡托的地圖來繪製新地圖，之後再過五十年，才有人以此製作航海圖集。對於大多數船員來說，這地圖實在太奇怪了，他們不喜歡被放大的陸地，不過也最終意識到，為了能更輕易走在正確路線上，這是地圖不得不付出的代價。

麥卡托當年二十六歲，他曾發誓要繪製世界上所有國家及區域地圖，但四十年過後，他只成功繪製出法蘭德斯及歐洲地圖。西元 *1578* 年，他寫下，自己所希望能全面開展的計畫，需要一百張地圖。不過時間不多了，

這位六十六歲的老人發覺自己的眼睛不再像以前那樣敏銳。

西元 *1585* 年秋天，麥卡托帶著法國、荷蘭、瑞士及德國等五十一張地圖到法蘭克福參加書展。一開始大家期望很高，都期待看到麥卡托的新傑作，但不幸的是，失望也同樣很大。對於習慣看到帆船、羅盤玫瑰，華麗繪飾、色彩、神話般生物及精心製作的地圖框飾的大眾而言，麥卡托的地圖顯得灰暗無聊，幾乎沒有任何裝飾。麥卡托領先時代太多，他的新地圖受到其「新地理學」（*nieuwe geographie*）的想法影響。「新地理學」強調簡約、客觀及清晰特色，而這種想法在今天比四百年前更為普遍。

但是麥卡托並沒有因此對市場妥協。四年後，他所出版的巴爾幹、希臘及義大利地圖裝飾得更少，在總共二十一張的地圖中，只有一隻怪物和兩艘船。

麥卡托還為其傑出著作寫下序言：「我以阿特拉斯這樣博學、人道及智慧的男人作為模範。」阿特拉斯是希臘神祇，在祂為泰坦族（*Titans*）對抗奧林匹亞人所發起的戰爭輸了之後，被懲罰在世界西方邊緣舉起天空。摩洛哥的阿特拉斯山脈及大西洋都以他命名。在後來的敘事中，阿特拉斯成為明智的茅利塔尼亞（*Mauretania*）國王，一個對夜空瞭若指掌的人，而為了紀念「茅利塔尼亞國王阿特拉斯，一位博學的哲學家、數學家及天文學家」，麥卡托將其命名為《輿圖集：宇宙創造之際的宇宙學冥想及所創造的宇宙》（*Atlas, sive cosmographicæ meditationes de fabrica mundi et fabricati figura*）。標題頁上有蓄鬍並披著長袍的阿特拉斯，祂研究著兩顆地球儀，一個代表地球，另一個代表夜空。

麥卡托在繪製除了西班牙和葡萄牙以外的歐洲中部及南部之後，便開始著手北部地區的工作。在他西元 *1554* 年的歐洲地圖上，冰島的位置顯然不準確，但麥卡托此時得到一張西元 *1585* 年的地圖，該地圖很可能是由冰島主教所繪製。該地圖很生動，上面有噴發的赫克拉（*Hekla*）火山，還有一個怪物在島嶼北方海中興風作浪。挪威及瑞典必須共享一張地圖，不過

丹麥自己得到了一張完整地圖，因為丹麥總督曾為麥卡托提供資料。

在完成北部地區的地圖後不久，麥卡托心臟病發作，身體左側整個癱瘓。他對於無法工作感到非常沮喪，但是這時七十八歲的麥卡托知道，他還需要再多一輩子才能完成自己著手的工作。關於說明世界創造的文字，則是他在西元 *1594* 年底去世前，設法完成的最後一件事。

麥卡托的其中一個兒子及三個孫子整理了他的遺作，在他去世後僅四個月，他的《輿圖集》（*Atlas*）就出版了，並賦予這個世界一種新的書籍類型。就算奧特利烏斯是第一位，但麥卡托作為地理學家受到更多推崇，也許這就是為什麼地圖集的英文是「*Atlas*」而非「*Theater of the World*」。然而，這本書的銷售令人失望。跟《地球大觀》相比，麥卡托的《輿圖集》並不完整，不僅少了西班牙及葡萄牙的地圖，也只有三幅不是由麥卡托而由其兒孫所繪製的地圖收錄了歐洲以外的世界。

這本書銷售失敗令他們感到失望，在麥卡托最後一個兒子去世後，由於其遺孀及子女頓失收入、急迫需要錢，只好把地圖銅版賣給大約道庫斯·洪第烏斯，而他正好知道如何將其變成賺錢的機器。

競爭對手

大約道庫斯·洪第烏斯知道，人們不會購買地圖來找出威尼斯或波多黎各的確切位置，華麗的地圖比單純的地理地圖更具吸引力，並且包含更多資訊。因此，他在麥卡托的地圖銅版上添加華麗巴洛克式的民族服飾插圖、小城市地圖、更多船隻及較大框飾。麥卡托若地下有知，可能會死不瞑目，但《輿圖集》確實因而大賣。自西元 *1606* 年首刷之後，《麥卡托暨洪第烏斯輿圖集》以拉丁文、荷蘭文、法文、德文及英文等二十九種版本印刷出版。

大約道庫斯·洪第烏斯於西元 *1612* 年去世。他的兩個兒子，即小約

道庫斯・洪第烏斯及亨利庫斯・洪第烏斯（*Henricus Hondius*）接手公司經營，但由於意見分歧，最後便選擇分道揚鑣。亨利庫斯與其妻舅揚森紐斯合作，即布勞的鄰居及抄襲者；同時，小約道庫斯・洪第烏斯正開始製作新地圖集的地圖。

然而，小約道庫斯・洪第烏斯突然去世，享年三十六歲，個人著作甚至都還未出版過一本。最後是誰買了他的銅版遺作？答案是威廉・布勞，也就是揚森紐斯及亨利庫斯・洪第烏斯的主要競爭對手。

布勞欣喜若狂，因為此時他能在地圖集市場上競爭，並在一年後出版《奧特利烏斯地球大觀及麥卡托地圖集附錄》（*Appendix Theatri A. Ortelii et Atlantis G. Mercator's Atlas*）。在總共六十張的地圖中，有三十七張是小約道庫斯・洪第烏斯的作品，但布勞直接用自己的名字取而代之，在序言中也沒有提及過世的小約道庫斯・洪第烏斯。

儘管此地圖集的附錄在印刷品質及地理範圍的處理都不夠好，但在不想購買亨利庫斯・洪第烏斯所製作地圖集的有錢人之間，卻顯得炙手可熱。不過，亨利庫斯・洪第烏斯及揚森紐斯則幾乎是立即出版自己的新地圖集附錄來反擊。三年後，他們更出版法文增訂版的《麥卡托暨洪第烏斯輿圖集》，並在其中攻擊布勞，稱其為「舊地圖大雜繪」。這也是地圖集競爭的開始，雙方不斷嘗試以更大、更精心製作的版本超越對方。

布勞於西元 *1632* 年被委任為東印度公司的官方地圖師，獲得了明顯的競爭優勢。該職位不僅為他帶來賺取大量金錢的機會，也使他的工作能不斷保持更新狀態，因為公司船隻總會帶回最新的地理資訊。

西元 *1634* 年 *2* 月，布勞在阿姆斯特丹的報紙上刊登一則廣告宣傳：「威廉・揚斯・布勞正籌備在阿姆斯特丹出版一本大型地圖集，該地圖集具有拉丁文、法文、德文及荷蘭文四種語言版本。德文版會在復活節左右出版，荷蘭文及法文版本會在 *5* 月或最晚 *6* 月初出版，此後不久會推出拉丁文版本。所有版本都以精美紙張、全新銅版及更為全面性的繪製進行更

新。」不過該新地圖集稍有遲延，直到次年才完成，但是最終收錄兩百零七張地圖，分為兩冊。

　　布勞在西元 *1635* 年的北歐地區地圖中，很明顯參考了布雷烏斯的斯塔萬格教區地圖簡化版，因此，一定是在布勞此版本的地圖集出版之後，斯卡文紐斯的地圖才以某種方式到達阿姆斯特丹。隔年，揚森紐斯及亨利庫斯・洪第烏斯首次印製《斯塔萬格、卑爾根及奧斯陸地區最新精準地圖》（*Nova et accurata tabula episcopatum Stavangriensis, Bergensis et Asloiensis vicinarumque aliquot territorium*），但是都沒有提到斯卡文紐斯。

　　另一方面，在西元 *1638* 年，強恩・布勞及克內利烏斯・布勞兄弟倆將地圖名稱改為《斯卡文紐斯所繪製的斯塔萬格教區及周圍環境地圖》（*Dioecesis Stavangriensis & partes aliquot vicinæ, opera L. Scavenii, S. S*），賦予了斯卡文紐斯應得的榮譽。地圖上裝飾著荷蘭人認為是典型挪威的造船用斧頭及木頭的圖，旁邊還有兩隻高山山羊以代表挪威的動物。

　　威廉・布勞在同年去世，布勞兄弟不僅繼承了歐洲最大的印刷企業，又擁有九台印刷機，其中六台專門印刷地圖。此外強恩還繼承東印度公司的官方地圖師職位。同時，隨著亨利庫斯・洪第烏斯退出地圖師行業，情勢再次變成布勞對抗揚森紐斯。

泰坦族戰爭

　　西元 *1640* 年，荷蘭商船共有兩千艘船，遠遠超過其他國家。僅東印度公司一家就雇用了整整三萬名船員，西印度公司曾航行到南非、西非及美洲，荷蘭人亦在西元 *1614* 年被美洲原住民稱為曼納哈塔（*Mannahata*）的

下頁圖　為強恩・布勞及克內利烏斯・布勞的《斯卡文紐斯所繪製的斯塔萬格教區及周圍環境地圖》。泰勒馬克（*Telemark*）是指荷蘭人所知不多、廣大空白處。「*Mare Germanicum Vulgo De Noord Zee*」意思是「北海是此海域通稱」。

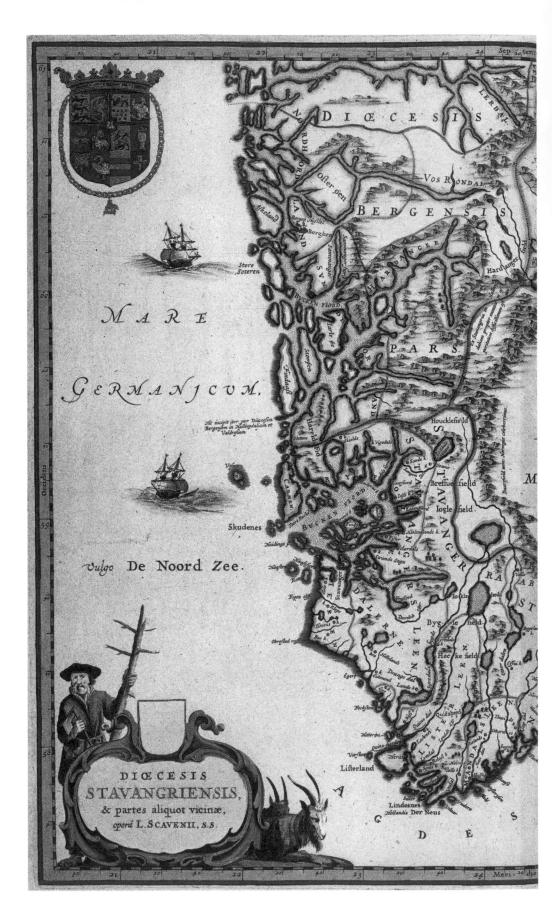

DIŒCESIS

VOS RÖNDAL

BERGENSIS

LERDAL

HARDANGER

Hardanger field

PARS.

Houcklefield

STAVANGER

Bressue field

Iogle field

M

Oster øen

Afchland

Bergen Mühler

Berghen

Store
Soteren

MARE

GERMANICUM,

Hic incipit iter per Diœcefin
Bergenfem in Hallingdaliam et
Valdrefium.

Villø

Skudenes

Vulgo De Noord Zee.

RA

AB

ST

DALERNE

Byg   e field

Hecke field

Egerø

Listerland

Lindesnes
Hollandis Der Neus

A

G

D

E

S

DIŒCESIS
STAVANGRIENSIS,
& partes aliquot vicinæ,
operá L. SCAVENII, S.S.

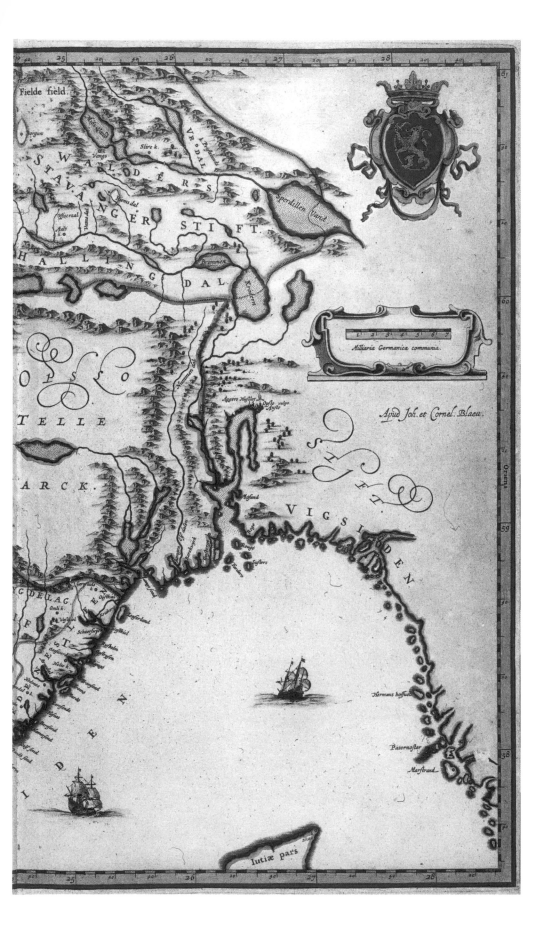

Fielde field.

SWAL STAVANGER STIFT
VRODAL
Slire k.
Vangs

HALLINGDAL

OPSLO
TELLE
ARCK.

Aggers Hussbet
Opslo vulgo
Anslo

STIFT

VIGSIDEN

Mosund

Suffers

GDELAG

Apud Joh. et Cornel. Blaeu.

Miliaria Germanica communa.

Hermans hoffued

Paternoster

Marstrand

Iutiæ pars

島嶼上，於西元 *1614* 年建立了新阿姆斯特丹。胡椒、生薑及肉荳蔻等香料貿易為主要收入，因為在歐洲的價值很高、也開發出新口味，所以交易量相當龐大。

　　所有的船都需要地圖導航，而負責前往香料群島的船長及船員通常都會得到九張一組的地圖。第一張顯示從荷蘭特塞爾島（*island of Texel*）到好望角的路線；第二張則是從印度洋非洲到爪哇與蘇門答臘島之間的異他海峽（*Sunda*），接下來三張顯示印尼群島，最後四張是蘇門答臘、海峽、爪哇及雅加達等地區地圖。

　　這些地圖全都是由強恩‧布勞及其助手所繪製。地圖師的薪水不高，每年僅五百荷蘭盾，但布勞還能夠向東印度公司出售新地圖，這也讓他在西元 *1668* 年的收入達到近乎是天文數字的兩萬一千一百三十五荷蘭盾。這些收益，加上船員所帶回隨手可得的新資訊，使布勞一直處於特權地位，能不斷出版越來越多的新地圖集。不過來自揚森紐斯的競爭壓力也很大。雙方都在為創造該時代最偉大的地圖集而奮鬥。他們不斷加倍努力，在 *1640* 年代及 *1650* 年代出版許多更大、更有企圖且成本更高的地圖集。這項競賽結果幾乎就像足球分數一樣，出版數量如同進球數：

　　西元 *1640* 年　布勞 三張—揚森紐斯 三張

　　西元 *1645* 年　布勞 四張—揚森紐斯 三張

　　西元 *1646* 年　布勞 四張—揚森紐斯 四張

　　西元 *1650* 年　布勞 四張—揚森紐斯 五張

　　西元 *1654* 年　布勞 五張—揚森紐斯 五張

　　西元 *1655* 年　布勞 六張—揚森紐斯 五張

　　西元 *1658* 年　布勞 六張—揚森紐斯 六張

　　此過程可說是不分伯仲。布勞接著開始著手製作能一次大幅超越對手

的作品，這部宏偉鉅作完整描繪了大陸、海洋及天堂：《偉大輿圖集或精準地球、海洋及天堂描繪的布勞宇宙學》（*Atlas maior, sive cosmographia Blaviana, qua solum, salum, coelum, accuratissime describuntur*）。布勞傾盡其所有資源來完成這項工作，甚至在西元 *1662* 年舉行停業大拍賣，因為他除了這項地圖集的工作以外，其他什麼事都不想做。

次年，當該地圖集終於出版之際，大家便很清楚為何布勞這麼需要時間及金錢。《偉大輿圖集》非常龐大，以往從未有人出版印刷過類似的東西。共十一卷組成 *4,608* 頁及五百九十四幅地圖，在這規模下，過去所有地圖集立刻顯得微不足道。不過價格也跟地圖集品質成正比：一本彩色版地圖集價格為四百三十荷蘭盾，將近是布勞一年年薪，相當於今天的兩萬五千英鎊。換句話說，這本書不是給普通大眾看的，而是賣給貴族、外交官及商人的。

《偉大輿圖集》可說是世界上最美、最令人印象深刻的地圖集。不過，這也是一座有著泥腳的雕像：就像隻恐龍。布勞及揚森紐斯重量不重質，重華麗超過準確性，他們的策略是盡量賣出越多地圖越好。《偉大輿圖集》中的某些地圖已有三十年歷史，但布勞之所以缺乏創新，有可能是基於商業考量，畢竟他為這項著作投入鉅資，以至於不想冒險採用其他新的陌生地圖。或許他也從麥卡托的失敗中汲取教訓，因為麥卡托在八十年前展示其全新、準確，但標示毫不起眼的地圖。總之，布勞的著作並未失敗：《偉大輿圖集》賣得很好，並以豪華版持續流行，也是華麗巴洛克時期最大的地圖出版物。

軍事地圖

當布勞及揚森紐斯各自為戰之際，荷蘭方面則陷入更大的戰爭。在西元 *1579* 年非正式宣布獨立後，荷蘭仍持續對抗著西班牙。民間地圖師看

重地圖集、世界地圖及城市地圖，軍方則需要具有邊界區域及防禦措施的戰略地圖。西元 *1600* 年，萊頓大學（*Leiden University*）開始提供數學、工程及土地調查相關領域的研究計畫，並在同年出版《土地調查師實務》（*Practijck des lantmetens*）等教科書。荷蘭工程師們很快因其創新實務而享有盛譽，包括透過摧毀依戰略性所建造水壩來淹沒、擊敗西班牙敵方軍隊，因此有許多人受任命前往外國。其中一位甚至在其前往北方丹麥某省路上，設法使人迷路。

地圖師兒子伊薩克·凡·蓋科克（*Isaac van Geelkerck*）大約在十六歲時，便開始繪製其第一張地圖。因此，當他二十九歲，即西元 *1644* 年受聘為丹麥挪威聯合軍隊地圖師及軍事工程師時，已經具有相當豐富的經驗。兩年後，他繪製卑爾根地圖，其中更提出新防禦措施的建議，這也是該城市現存最古老的地圖。後來，凡·蓋科克還繪製了邊界區域、通往哥德堡（*Gothenberg*）的海線、特隆海姆主教區及費特列斯塔市（*Fredrikstad*）的地圖。西元 *1650* 年，他受徵召休假，以完成其挪威地圖工作。該地圖可能從未完成過，不過幾年後，出現了丹麥及挪威的地圖（*Daniæet Norvægie tabula*），部分則由凡·蓋科克完成（*ex Is. Geelkerckji*）。在西元 *1657* 年他離開挪威之際，繪製地圖的工作已經進行得十分順利。

在凡·蓋科克的邊界區域地圖上，「*Abris der Smaa Lehnen*」（即東福郡，*Østfold*），顯示出博斯倫（*Båhuslen*）是挪威的一部分，該區域在凡·蓋科克離開該國一年後被移轉為瑞典領土。同時，亦有新國際邊界劃定及設立相關條約的簽署。

挪威及瑞典之間的邊界一直很不穩定。甚至在西元 *1645* 年，挪威不得不承認「關於耶姆特蘭（*Jemptelandh*）及赫德蘭（*Herredalen*），赫德蘭位於瑞典山脈一側所延伸之一定範圍」，才是確切的邊界線。但是在西元 *1661* 年的夏秋二季，又改為確立從艾德峽灣直到諾德雷·科恩舍（*Nordre Kornsjø*）的希松島（*Hisøya/Hisön*）為邊界，並正式畫入官方地圖上，至

今仍然能在此看到邊界石「瑞克斯岩一號」（*Riksrøys 1*）。不過，直到那七十七年之後，北部邊界才終於確立下來。

邊界

　　丹麥國王克里斯提安四世繞行北角航行以展示其權勢之後，芬馬克的邊界爭議仍持續不休。西元 *1709* 年，丹麥挪威聯合王國再次跟瑞典交戰，在宣戰中亦提及該爭端。直到兩國於西元 *1734* 年真正恢復友好協議之際，才簽署相關條約，規定兩國必須為「任何可能提出為挪威邊界爭議的所有地方」進行爭端解決。不過，解決邊界爭端與設立國際邊界並不相同，克里斯提安六世（*Christian VI*）在一份正式溝通信函中寫道，其目標應該是「繪製出挪威及瑞典雙方邊界線及地區的完整地圖」。他的代表使節詢問，邊界區域是否應根據當地人的陳述，將「幾何上所有線條、角度及曲線以淨長及寬度表示」，或者單純以「地理條件進行劃分」。最後國王下令採用第一種方法，此決定亦顯示其所強調的科學準確性。

　　邊界勘測於西元 *1738* 年 *8* 月 *1* 日在希斯島（*Hisøya*）展開。當第一個區域調查完成，即挪威艾馬克縣（*Aremark*）及馬克縣（*Marker*）相鄰瑞典的邊界標記，挪威土地調查師繪製了一張地圖，標記出挪威所認為的邊界線。地圖上另以細線標記著瑞典的邊界線，兩條線之間的區域則用獨立的

下頁圖　三方諾蘭底亞地圖（*Norlandia Map*）中間的部分，以虛線顯示從特羅姆（*Troms*）至特隆德拉格（*Trøndelag*）的航運路線，更具體的說，是從安德涅斯（*Andsnes*）到勒卡（*Leka*）及古特維克（*Gutvik*）。這部分的地圖上有艘小船，在奇松島（*Kielsøe*，又稱切爾島（*Tjeldøya*））、欣多島（*Hindøen*，又稱欣島（*Hinnøya*））及哈梅洛島（*Hameröe*，又稱哈馬略島（*Hamarøy*））之間，有一艘在西峽灣（*Westfiorden*）上、懸掛丹麥國旗的大型船舶，還有其他在羅斯（*Røst*）啟航，以及兩條沿著虛線分別駛過恩格瓦河（*Engelvaer*）和布里克瓦河（*Brixvaer*，又稱畢立克瓦（*Bliksvaer*））小船。該地圖沒有署名也沒有註明日期，但大多認為是西元 *1750* 年左右所繪製。其尺寸為寬 *215* 公分、長 *38* 公分。具有金色繪飾圖案的邊框，很可能是以壁紙製成。

顏色標示。此地爭議是由於長期不受重視而來。不過，當土地勘測員到達艾沃姆（*Elverum*）以東的因德村（*Indre*）時，他們抵達大約一百年前瑞典所佔領的地區。較早之前，往倫達倫（*Rendalen*）方向的因德堂區邊界由南至北經過費蒙登湖（*Femunden*），瑞典人依此提出了一張地圖，顯示國際邊界也跟此地圖路線相同。挪威本來希望能收回部分的因德郡，但更重要的是，要確保需大量木材供以冶煉的勒羅斯（*Røros*）煉銅廠，具有通往大片森林的資源。因此，丹麥挪威聯合王國提出了一個折衷方案——以不要求歸還所有因德教區的權利作為交換，國際邊界設立在費蒙登湖以東 *20 ～ 25* 公里，由該國委任彼得・斯尼特勒（*Peter Schnitler*）少校協助並提出其請求。

斯尼特勒既是軍官又是法學家。在交出《挪威及瑞典之間諾登山脈邊界線的推論報告》（*Nordenfields*）之後，也成功使現今邊界落在費蒙登以東 *10* 公里處，他負責從勒羅斯到瓦然格（*Varanger*）所有邊界進行實地調查，並開庭詢問當地居民所認定的邊界位置。

在這趟旅程中，斯尼特勒證明了自己是一位幹練的地圖師。西元 *1742* 年 *10* 月，他被因德勒於（*Inderøy*）的天氣「困住了」，並利用這段時間製作其所造訪地區的「大致地圖，以及根據證人的說明繪下邊界」，即因德勒於、南戴（*Namdal*）、海格蘭德（*Helgeland*）及薩爾騰（*Salten*）等地區。後來他還繪製了諾德蘭、塞亞（*Senja*）、特隆姆瑟（*Tromsø*）和芬馬克等其他地區的地圖。西元 *1746* 年初，他在日記中寫道：「從 *1* 月 *16* 日至 *2* 月 *16* 日，繪製了諾德蘭的拉普馬克（*Lappmark*）的地理地圖草稿，直到屬於塞亞及特隆姆瑟的管轄範圍，並發給當地的王室官員。」

斯尼特勒將其所有地圖及日記都寄給了正在從事相同工作的挪威軍事工程師。他們精確測量斯尼特勒僅憑肉眼所畫的內容，利用其對瑞典談判中從當地人那裡所取得的資訊，以及曾親眼看過的所有邊界標記，加入進原有地圖之中。對於今天仍然適用的挪威及瑞典北部邊界，斯尼特勒在定

位邊界的貢獻，很難不去特別強調。

　　西元 *1751* 年 *10* 月 *2* 日，有關歐洲兩國之間最長邊界條約被簽訂，確立了全長約 *2,200* 公里長的邊界，從希松島到瓦然格峽灣以南的古梅斯艾梅（*Golmmešoaivi*），而這也是挪威及俄羅斯共同起始的地區。邊界上設有標記，並由兩國土地勘測員於之後的十五年之間進行調查。

　　在標記與瑞典邊界的作業中，挪威具有第一所培訓土地調查師的大學，但是設立時機點也只是湊巧。不過，卻因此出現對丹麥挪威聯合軍隊的不滿，因為軍官不需要接受任何形式的教育，而且晉升機會通常也都是留給那些出生高貴、具人脈關係或用錢買頭銜的人。據說這些人對此行業的「貢獻不大，也不夠專業」。有人注意到，在特隆海姆一名德國人吉奧格‧米歇爾‧杜鐸萊（*Georg Michael Döderlein*）願意教導「軍官或軍官的孩子」數學科學教育，而且有些學生已經成為優秀的工程師。國王被要求，是否能好好運用杜鐸萊以擺脫軍隊的「無知」。西元 *1750* 年 *12* 月，杜鐸萊受任為奧斯陸自由數學學院（*Den frie matematiske Skole*）第一任領導人。在此，學生能學到「球面三角學（*spherical trigonometry*）及土地調查」，這是挪威首次具有能學習繪製地圖的教育機構。這便是挪威軍事學院（*Norwegian Military Academy*）及挪威測繪局的開始。

挪威的挪威地圖

　　西元 *1756* 年，挪威軍官奧瓦‧安德烈亞斯‧萬根斯坦（*Ove Andreas Wangensteen*）調動部隊前往德國邊境的丹麥城市倫茨堡（*Rendsburg*）。戰爭再次在歐洲爆發，但丹麥挪威聯合王國一度成功擺脫耗損軍力，也因此萬根斯坦得以致力於調查活動。他的《西元 *1759* 年萬根斯坦繪於倫茨堡的挪威王國地圖》（*Charta over Kongeriget Norge, aftegnet i Rendsborg, Aar 1759 af O. A. Wangensteen*）是他數年後所完成兩幅較大地圖的草稿，即「西元

1761 年經國王陛下頒發特許挪威砲兵隊長萬根斯坦所繪製完成，分為亞克斯胡斯、克里斯提安桑、卑爾根胡斯（*Bergenhuus*）及特隆海姆四教區的挪威王國。」（*Kongeriget Norge afdelet i sine füre Stifter, nemlig Aggershuus, Christiansand, Bergenhuus og Tronhjem, samt underliggende Provstier. Med Kongelig Allernaadigst Tilladelse og Bevilling forfærdiget Aar 1761 af O. A. Wangensteen Capitain ved det Norske Artillerie Corps*）

　　挪威除了圓形或方形以外，一直是很難在紙上呈現的國家。西元 *1680* 年，荷蘭地圖師費德列克・德・威特（*Frederik de Wit*）率先把此國家一分為二，將北部和南部地區並列展示，成為解決問題的第一人。萬根斯坦沿用這種方式，導致《特隆海姆教區下的諾德蘭及芬馬克》（*Nordland og Finmarken under Tronhiems Stift*）地圖的地區比例顯得太小。但該地圖完整提供了當時挪威貿易和工業的大致面貌，以及其漁民、獵人、伐木工及航運業。貿易樞紐（*Kiøb-Stæder*）、銀礦（*Sølvværckog Gruber*）、煉銅廠（*Kaabberværck*）及鋼鐵廠（*Iernværck*）均具有專屬符號標記，在胡德爾（*Hurdal*）及埃茲沃爾（*Eidsvoll*）上，則標記著玻璃吹製廠（*Glaspusterie*）及金礦（*Guldmine*）。

　　萬根斯坦清楚看到德國有地圖的市場。他在地圖上用德語寫道：「德國應注意的是，具有『*V*』的名稱中，應將其讀作『*W*』；同樣，若是『*aa*』則不應發音為長音『*a*』，而幾乎像是『*o*』。因此，諾德蘭的『*Vaage*』不應讀為『*Faage*』，而應讀為『*Woge*』；同樣，在叟勒爾（*Solöer*）的『*Vaaler*』不應讀為『*Faler*』，而應讀為『*Woler*』等等。」

　　萬根斯坦的地圖，是第一張由挪威地圖師繪製並印刷出版的挪威地圖。該地圖很顯然比其他在國外出版的還要準確。在地圖出版兩年後，挪威歷史學家格哈德・舍寧（*Gerhard Schøning*）敘述：「直到現在，我們還是缺少正確且全面的挪威王國地理描述……外國人及非本地人所出版的相關內容仍相當匱乏，沒辦法提供更多資訊，反而使人困惑。所以從這些地圖上，大家可

能只會看到挪威正確地區、範圍、位置及地名，就跟普通地圖顯示大韃靼（*Great Tartary*），以及位於非洲、美洲深處國家的真實樣貌一樣。」

然而，萬根斯坦的第一版地圖卻存在嚴重錯誤。挪威和瑞典之間的邊界直線通過了瑞典人原先所定下的費蒙登湖，萬根斯坦並沒有及時更新最新的邊界談判。他在第二版彩色地圖上繪了一條全新的正確邊界，不過卻從未消除舊的邊界線，所以至今被仍保留在他的地圖上。

林業地圖

著作期間，萬根斯坦尋找二十年前由林業委員會（*Generalforstamtet*）所繪製的一些地圖未果。這些地圖是挪威第一次規範公共及私人林業，因為在十七及十八世紀，大家對森林濫伐的擔憂很大。西元 *1688* 年，挪威南部及東部的所有木材加工廠都關閉了，因為「許多地方的森林都被摧毀了」。

康斯貝格（*Kongsberg*）的銀礦屬於最大森林所有者之一，德國兄弟約翰・吉奧格・凡・朗根（*Johann Georg von Langen*）及法蘭茲・飛利浦・凡・朗根（*Franz Philip von Langen*）於西元 *1737* 年前往該地區，不僅繪製具銀礦的森林地區，也繪製了該國所有森林的地圖，不管這些森林是否屬於國王或其他人。

繪製沿海地區地圖的任務，即「在沿海地區可能發現的森林範圍內」，已分配給船員及地圖師安德烈亞斯・海特曼（*Andreas Heitmann*）。在得到船隻及聘用船員的資金之後，海特曼於西元 *1743* 年春天開始在特隆海姆北部繪製航海圖。由於逆風緣故，以及卡姆與卑爾根之間還剩下一些調查工作，他到 *8* 月之前都未能抵達特隆海姆，而那時才開始在北部地區的工作已經太晚了。不過，隔年夏天，海特曼的工作已經接近特雷納縣（*Træna*）範圍，那時他也已經完成繪製與芬馬克郡相鄰、沿途往安德涅斯的海岸線。

幾年後，出現了一張不具名、衍生自海特曼地圖的《諾蘭迪亞地圖》（*Norlandia Map*），此地圖算是一定程度上改進海特曼原作的彩色業餘之作，其繪製具有以下特定目的：「航海路線」（*Nordfahrleden*）詳細呈現了島嶼與礁石之間的海峽。從南部的勒卡及古特維克之間的海峽開始，有條虛線跟隨小船沿著海岸航行，直到北部帕斯‧芬馬奇安（*Pars Finmarchiæ*）的安德涅斯。

林業委員會一直無法成功繪製整個國家地圖。克里斯提安六世曾希望「以整個王國為範圍，繪製完整的國家地圖」，但這對靠森林維生的所有人及木材商卻不是件受歡迎的事，他們不喜歡有任何會限制其活動的想法。所以當國王於西元 *1746* 年去世時，繪製森林地圖的作業便停止了。

林業地圖一開始便十分保密。西元 *1743* 年，一位教區長寫信給林業委員會，要求其提供一份克里斯提安桑教區地圖，但隨後便受告知地圖未經國王許可不得任意提供。在委員會解散後，這些地圖便立即被收藏在哥本哈根某個櫥櫃中，直到西元 *1772* 年，瑞典人帶著其鏗鏘作響的軍刀到達此處，海因里希‧威廉‧凡‧休斯（*Heinrich Wilhelm von Huth*）將軍便在派遣至挪威整裝軍隊之際，順道帶走了這些地圖。該批地圖也就此成為丹麥首次現代科學調查的基礎。

新分類

斯卡文紐斯地圖的故事能看出，十六及十七世紀歐洲地圖如何在整個大陸四處流浪，並為需要最新、最準確資訊的人所使用。地圖師成為競爭對手，爭先掌握最新資訊，因為地理資訊可以換成裝入口袋裡的硬幣。不過同時，各種不同類型的地圖也變得越來越具區別性。受宗教影響的地圖仍然很重要，中世紀的遺跡在新教地區以新形式出現；貿易商需要更多與其商業活動有關的地圖，而國家及軍隊則需要能用於行政、管理及軍事的

地圖，這種趨勢也隨著未來幾年丹麥、法國、英國、德國及挪威的地圖業不斷壯大而越來越強大。

第六章
大調查

挪威　康斯維恩格堡壘（*Kongsvinger Fortress*）

北緯 *60° 11'57''*

東經 *12° 00'40''*

　　挪威現代地圖的故事，從兩位中尉站在康斯維恩格北部兩座不同山丘上，並相互發送煙霧信號開始。那年是西元 *1779* 年，一位中尉站在布雷特貝格（*Brattberget*），另一位站在埃斯佩貝格（*Esperberget*），他們用火及火藥試圖找出兩座山丘之間的距離。此目的是要測量地圖基線，並運用該基線來繪製靠近瑞典邊界、具有戰略意義的重要區域，但是該方法會帶來問題，造成區域所有葉子和廢物都被燒掉了。

　　因此，兩位中尉一試再試。他們根據太陽的移動，盡可能準確地設置擺鐘。其中一位中尉在時鐘顯示太陽達到最高點之際開火，另一位則在時鐘稍晚顯示相同時間時，而且兩個時鐘之間的時間差距大約為一分鐘十七秒，代表兩個山頂之間的大致距離。

　　他們把四天內所得到最佳測量數據與天文觀測相結合，結果顯示，

左圖　西元 *1750* 年佚名所繪的《康斯維恩格堡壘位置地圖》（*Cituations Cart of Kongs Wingers Festning*）細節。此地圖是在新堡壘建設期間所繪製，「*CCC endnu ikke ferdig*」意指「*CCC* 尚未完成」。不過西元 *1779* 年挪威所設立的子午線旗杆，卻沒有被標記下來。

兩座山之間的距離為 *62,322* 丹麥英呎（*Danish feet*），即現代的 *19,555* 公尺，誤差大約為 *100* 公尺。因此，次年 *2* 月，他們帶著四支每支長度為 *4* 公尺的松木桿，在挪威崎嶇地形中最平坦的地方，即凍結水域上進行控制測量。他們前往位於康斯維恩格西北方數英里的斯多揚湖（*Storsjøen*），並用這些測桿測量另一條基線。接著，他們再把此結果與第一個測量儀器連接。最後，計算出布雷特貝格與埃斯佩貝格之間的距離為：*62,139* 英呎。這是挪威第一次運用科學方法做長距離測量，也是該國現代地圖的起點。

調查

其實早在七年前，此國家的調查便已開始進行，當時瑞典國王古斯塔夫三世（*Gustav III*）發起政變以取得更大的權力。丹麥挪威聯合王國的這個調查是為了可能的襲擊做準備。丹麥挪威工程師團領導人海因里希·威廉·凡·休斯將軍，以加強丹麥挪威的邊境防禦作為因應措施。他不只強化堡壘、改善砲兵，亦於西元 *1773* 年 *12* 月 *14* 日成立該國第一個調查機構：挪威邊境調查局（ *Norges Grændsers Opmaaling*）。該機構的主要任務是繪製經常與瑞典交戰地區的軍事地圖，即哈爾登（*Halden*）及特隆海姆之間範圍。凡·休斯寫道：「現在這些地圖主要呈現葛洛瑪（*Glomma*）與邊界之間的地形。這項工作從因格達倫（*Ingedahlen*）開始，希望能持續繪製到特隆海姆的史特那（*Stene*）堡壘。」

凡·休斯所寫的「因格達倫」，很可能是指哈爾登東南部具爭議的恩寧達倫（*Enningdalen*）邊界地區，凡·休斯畢竟生長在德國，提到挪威地名並不總是完全可靠。

挪威邊境調查局與自由數學學院被分配在同一建築物內，此新機構主要任務是從過去的地圖中收集有用資料，包括管轄地地圖、航海圖、萬根斯坦地圖、凡·朗根地圖，以及任何其他所能找到的資料，全部放入一張

寬約 *3* 公尺、高 *4* 公尺，並分為兩部分的大地圖，以便把所有已知資訊繪成地圖。接著，調查員會進入地形實際檢查地圖的準確性，記下舊地圖不正確的差異，並開始繪製新地圖。

這批新地圖大多以平方英里的格式製作，每張地圖都具有 *1* 平方挪威英里（*Norwegian mile*）。西元 *1773* 年的挪威英里數與今天的英里數不同，而是 *18,000* 亞令（*alen*），相當於 *11,295* 公里。地圖上還加入教堂及教區等詳細資訊，以及管轄地、道路、河流、農場、小農莊及軍事倉庫。軍方所需資訊包括道路流通性及沿路上駐營機會等重要考慮因素。

挪威邊境調查局每年預算為一千五百瑞典克朗，這筆微不足道的金額，並不足以派遣超過二至四名地圖師至外地工作六個月。地圖師從厄斯特福郡最南部地區，即哈爾登及恩寧達倫開始，一直往北到奧斯陸峽灣與瑞典邊界之間。當時，挪威最常用的調查方法是一種稱為平板測量（*plane table*）的儀器，即安裝在三腳架上的平板。繪圖紙通常會以迴紋針固定在平板上，還有直尺及望遠鏡瞄準器也是。透過該瞄準器，調查員可以定位一個已知位置，例如教堂的尖頂或山脈，然後以該點為起點，開始在地圖上繪入詳細資訊。

但是調查員在開始工作之前，卻沒有建立共同的起點——即本初子午線，因此，從一張地圖到另一張地圖的微小誤差可能會放大。有時，一幅地圖可能會將多達 *2* 或 *3* 公里的範圍移到另一幅地圖上。到西元 *1777* 年，調查員已經偏離現實很多，所以必須採取相關因應措施。數學學院的一位教授建議，要以更新、更準確的測量方法的培訓調查員，但由於預算緊張，凡‧休斯無法為他的員工提供這種培訓，儘管他也認為這非常需要。

隨著地圖師往北移動越來越具困難，林木茂盛的地區及人口稀少的地區，使用便宜方法的缺點也變得越來越明顯，地圖師被迫要一再進行測量及繪製地圖。同時，瑞典國王所採取的行動，似乎也讓戰爭威脅不再迫在眉睫。西元 *1778* 年，凡‧休斯將軍與哥本哈根的湯瑪士‧布格（*Thomas*

Bugge）聯繫，要求進行現代化的調查計畫。

丹麥

　　布格是天文學教授兼哥本哈根圓塔（*Rundetaarn*）天文台管理人。西元 *1763* 年夏天，丹麥皇家科學院通過一項決議書對丹麥進行測量，年僅二十三歲的他便成為派遣至實地的首批兩位調查員之一。皇家明令禁止妨礙土地調查員的工作，或移除他們所設立的任何標記。法規還規定，從 *5* 月 *1* 日至 *9* 月底，「若天氣條件允許，時間得以延長 」，調查員有權請求「四到六名農夫及農工，後者為不能太老、但不小於十六歲的年輕男孩；其中能包括一個熟悉周圍環境，例如邊界之間郡、縣市和堂區的老人」。

　　儘管如此，調查員仍然會遇到問題。有人會抱怨偷竊行為，或是「惡劣農民對其要求露出態度勉強及不滿……其他像是不舒適的環境，要不是使人困擾，就是會使調查活動進度受阻。除此之外，最重要的是，調查工作實在是太複雜艱難了」。

　　丹麥地圖的繪製計畫範圍甚廣、全面性又頗具野心，這也代表小小的丹麥在土地調查專業方面，因而快速成為領先的歐洲國家之一。西蘭島從北到南能分為十五條主線，之間距離為 *1* 萬亞令。這是調查員透過一遍遍拉著 *50* 英呎長的鍊子所得到的結果：另一種方式，則是調查員沿著西蘭島的長度上下走十五遍，邊走邊測量，接著再由東至西重複做一遍。利用這種方式所設立的網格，就能準確找到該地區的村莊、城堡、鄉村莊園、教堂、農戶及房屋，以及該地區內所有的湖泊、沼澤、森林、河流及鄉村道路，還有鄉村郡縣的邊界。

右圖　一張西元 *1779* 年由湯瑪士・布格在丹麥所繪製的西蘭島三角地圖。其清楚顯示調查員用來測量該島的所有三角形。奇歐本哈文天文台的子午線（*Kiöbenhavns Observatorii Meridian* ）一條從北到南，另一條則是從東到西，並在哥本哈根中間的圓塔天文台相交。

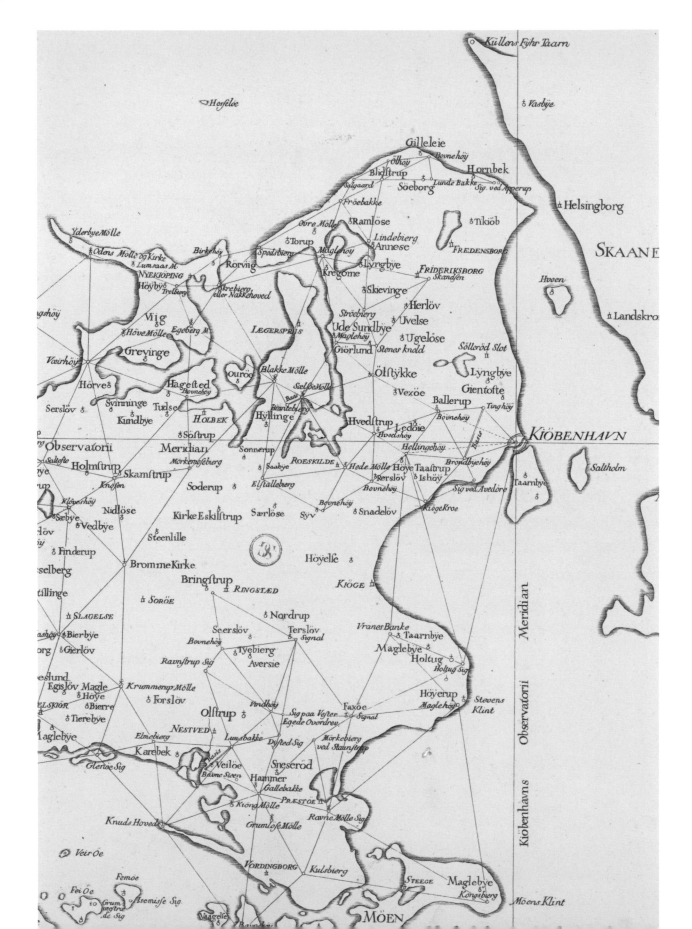

西元 *1778* 年秋天，凡·休斯將軍派遣兩名中尉約翰·雅各·里克（*Johan Jacob Rick*）及迪特列夫·維貝（*Ditlev Wibe*）到布格所在的哥本哈根，在那裡學習現代地圖製作方式，即「三角測量法」（*Triangulation*），丹麥亦是歐洲最早採用此方式的國家之一。

三角測量法

許久以前，古埃及人及蘇美人便已經使用三角測量法，以測量土地與繪製地圖。但是，舊的三角測量法的問題在於，它不適用較大區域的測量，如繪製邊界地區。荷蘭數學家弗里西斯在西元 *1553* 年出版的一本小書中，創立了現代三角測量的方法，解釋三角網絡如何能測量任何大小的區域。弗里修斯將其儀器帶到安特衛普高聳的教堂塔樓尖頂，從那裡能看到附近城市如卑爾根歐普佐姆（*Bergen op Zoom*）、布魯塞爾、根特、魯汶、里爾（*Lier*）及梅赫倫（*Mechelen*）的塔樓，也是他在幾何地圖上所繪上的。他寫道，這樣就有可能從布魯塞爾的某座塔樓上觀察相同的城市，並知道安特衛普到布魯塞爾的距離，進而計算出其他塔樓之間的距離。為了避免不準確，弗里修斯建議先以天文計算來定位所選擇的控制點，例如安特衛普及比利時的塔樓。

丹麥天文學家布拉赫是最早使用這種劃時代方法的人之一。西元 *1597* 年，他從松德海峽（*Øresund*）文島（*Ven*）上的天文台，完成了到哥本哈根、馬爾默（*Malmö*）、隆德（*Lund*）、蘭斯克魯納（*Landskrona*）、赫爾辛堡（*Helsingborg*）、赫爾辛格（*Helsingør*）及克隆堡（*Kronborg*）等橫跨水域的角度及距離測量。他以天文觀測文島的位置，以及從天文台到聖艾卜（*St. Ib*）教堂東塔的 *1,287.90* 公尺基線作為起點，並根據其測量結果繪製該島地圖，那也是世界上最早以三角測量為基礎的地圖之一。

布拉赫的測量是出版丹麥和挪威改良版地圖計畫的第一階段，國王腓

特烈二世（*King Frederick II*）表示關切並支持該計畫，因為在西元 *1585* 年的一封信中，他要求圖書館員向布拉赫提供這兩國國內所有的城堡地圖。但是，布拉赫的大規模地圖計畫卻一直沒有完成，很可能是因為其朋友已經有類似的計畫。

布拉赫於西元 *1597* 年離開文島。當時一年前登基的克里斯提安四世無意把資金花在布拉赫的天文台上，因此西元 *1600* 年，布拉赫離開了丹麥和挪威，成為神聖羅馬帝國皇帝魯道夫二世的皇家天文學家。

在布拉格，荷蘭數學家威理博・斯奈爾・范・羅恩（*Willebrord Snel van Royen*）拜訪布拉赫，他在英語世界以斯奈爾（*Snell*）這名字聞名。斯奈爾同樣對三角測量法感興趣，而且幾年後，他也於西元 *1616* 年把弗里修斯的方法付諸實踐。斯奈爾用調查員的測量鏈，以一種確保能更精確測量的全新發明，率先設立一條從北到南長達 *327.80* 公尺（從 *A* 到 *B*）的基線。接著，他使用三角測量法測量該點以東及以西（*C* 和 *D*）兩點之間的距離，即 *1,229* 公尺。之後，他站在 *C* 點，從此處測量其與萊頓市政廳高塔及祖特爾烏德（*Zoeterwoude*）教堂塔的角度，再從 *D* 點進行相同測量，藉此繪出兩個三角形。透過這方法，他便能計算出萊頓到祖特爾烏德的距離為 *4,118* 公尺。

依此類推，利用其第一條短基線，斯奈爾也逐漸能測量更長的距離。直到用了三十三個三角形，他才找出阿克馬（*Alkmaar*）和卑爾根歐普佐姆之間的距離為 *130* 公里。

對於斯奈爾來說，此進行三角測量的目的，便是重複希臘數學家厄拉托斯尼於一千八百五十年前進行的實驗，即測量地球周長。就像前人一樣，斯奈爾從兩個位於大致相同經度的地點測量其距離，即阿克馬和卑爾根歐普佐姆，而厄拉托斯尼則是以亞歷山卓市和阿斯旺。斯奈爾的優勢是，他比前人更能準確測量兩地之間的距離，畢竟厄拉托斯尼是根據駱駝在行走兩個城市之間的時間，來計算亞歷山卓市和阿斯旺之間的距離。斯

奈爾在著作《荷蘭厄拉托斯尼》（*Eratosthenes Batavus*）中，解釋其使用方法及結果：*38,639* 公里。而他的錯誤率僅小於實際的百分之四。

法國地圖

　　法國是世界上第一個大量使用這些現代三角測量方法的國家。而此方法也被義大利天文學家喬凡尼・卡西尼（*Giovanni Cassini*）所改進，他在西元 *1668* 年曾造訪太陽王路易十四（*Louis XIV*）的皇宮。身為波隆納大學（ *University of Bologna*）教授的喬瓦尼・卡西尼，同意了參與在巴黎郊外的新天文台建造，其雇主教皇也特他的出訪。教皇和喬瓦尼・卡西尼本人都認為此次法國行只是短暫停留，因此喬瓦尼・卡西尼一開始並沒有努力學習法語。不過，路易十四提供十分豐厚的薪水，所以喬瓦尼・卡西尼最後相當投入新成立的法國科學院（*Académie des sciences*），並改變了主意。三年後，他以尚・多明尼克・卡西尼（*Jean-Dominique Cassini*）成名，並擔任該學院負責人。

　　在這裡，喬瓦尼・卡西尼與牧師、天文學家兼地圖師尚・皮卡爾（*Jean Picard*）一起工作，後者在測量瑪瓦辛（*Malvoisine*）和蘇爾東（*Sourdon*）之間的距離時使用了斯奈爾的方法，同時也是為了要算出地球圓周。皮卡爾後來以這種三角測量法繪製《巴黎周邊環境地圖》（*Carte particulière des environs de Paris*），也為法國指日可待的大規模地圖製作樹立標準。

　　法國科學院的設立原因，主要是基於功利主義。該學院甚至在成立之前，法國財政大臣就下令要繪製整個國家的最新地圖，以便掌握法國所有的資源及其所在地，還有特定地區是否適合「農業、商業或製造業，以及公路和水路狀況，尤其是河流及相關改善可能」。

　　同時，該學院特色是具有自由的研究風氣，這與亞歷山卓圖書館當時所享有的地位無異。從研究人員的地位及其豐厚收入顯示，他們處於政府

機構中最高階的地位。該學院是收集資料、進行研究及推廣成果的地方，同時也吸引了許多國際專家。

西元 *1679* 年，路易十四國王下令要該學院繪製最精確的法國地圖，皮卡爾被獲選為法國海岸線地圖繪製計畫第一階段的負責人。法國早期地圖是以經過加那利群島的本初子午線為基線，這條子午線原本是希臘人所設立，被用來確認當時已知世界的最外層點。不過，法國海岸到加那利群島的距離卻從未準確測量過。在此三年期間，皮卡爾及助手測量了從北部佛蘭德斯到東南部普羅旺斯的經緯度，而他則使用自己所設立的本初子午線，該子午線正好通過巴黎天文台。

西元 *1682* 年，《法國地圖修正版》（*Carte de France corrigée*）的問世，令學院及國王都相當震驚。皮卡爾所交出的調查成果成為當時法國官方的地圖，並以粗線突顯出差異。頓時間，大家都看到法國面積比以前所想像的要小了百分之二十。大西洋海岸向東拉開，地中海海岸則向北移動，據其顯示，馬賽（*Marseilles*）及瑟堡（*Cherbourg*）等重要海港在早期地圖上都離海很遠。據說，路易十四在研究地圖時曾大聲驚呼：「法國在科學院所喪失的領土比輸給敵人的所有領土還要多。」皮卡爾或許早就很清楚自己的地圖不見得會受歡迎，他小心翼翼在新地圖上註明文字，以澄清這是「依國王命令所修正」（*Corrigée par ordre du Roy*）。

皮卡爾的新地圖顯示，該學院絕對有充分理由把所有舊地圖都撕成碎片，並同時根據皮卡爾的三角測量法，以及喬瓦尼・卡西尼以觀測木星衛星找出地方經度的新方法，開始對法國進行全面勘測的計畫。

最新的望遠鏡使喬瓦尼・卡西尼的方法成為可能，因為天文學家能清楚看到木星的衛星。透過在某地點記錄其衛星的出現，以及其消失於木星後面、之後再重新出現的時間，並將這些時間點與另一個位置所記錄的時間進行比較，就可以確定兩個位置間的經度差。這種方法也代表當時出現了比計時用途更為精確的時鐘。但是，這項偉大的地圖製作計畫，因為皮

卡爾於西元 1682 年去世而被擱置，法國也在次年與西班牙及荷蘭開戰。

然而，測量法國從北到南巴黎子午線仍持續作業，這是為了回答十七世紀最大的問題之一——地球大小和形狀到底為何？根據英國科學家艾薩克・牛頓（*Isaac Newton*）所提出的萬有引力理論，地球的外觀略受擠壓，因為重力在赤道和兩極似乎會有所變化。不過學院並不認同，而是堅持法國哲學家勒內・笛卡爾（*René Descartes*）的理論，即地球的形狀像雞蛋。這問題的答案，最終成為英吉利海峽兩岸之間的國家榮譽問題。

該學院要求國王支持他們前往北部地區和赤道的探險，以便測量那裡的緯度。若是北方緯度之間的距離比南方的短，那麼地球的形狀就像顆雞蛋；若距離更長，那麼代表牛頓就是對的。

西元 1735 年，第一支探險隊在南美洲祕魯登陸；次年，第二支探險隊前往瑞典和芬蘭之間的邊境地區薩普米（*Sápmi*）。前往祕魯的探險充滿災難，船停在了蚊蟲肆虐的地方，許多船員都染上瘧疾。他們騎著騾子穿越叢林，一路披荊斬棘，並在狂風暴雨中睡在高架小木屋裡，攀爬高山就會在夜裡睡在冰冷的山洞裡。最後，終於在兩年後，他們才得以開始進行測量，並發覺自己犯了錯誤，必須重新開始。等到探險隊員回到家，都已經過了十年了。

幸運的是，前往薩普米的旅程較為順利。探險隊利用結凍的托恩河（*River Torne*）計算托恩教堂尖頂到基蒂斯瓦拉山（*Mount Kittisvaara*）長達 14.3 公里的基線，但西元 1737 年 11 月時，學院對所得到結果感到震驚。在北部地區，大家發現緯度稍長一些，這代表地球是顆受擠壓的球體，而這一切最糟的，大概就是牛頓和英國人是對的。法國科學院的測量方法等於自行反駁了其學院的理論，但是當學院強調自己方法的優越性時，這種失敗又很快變成了勝利。他們的方法中立、可驗證及具科學性，並提供一個客觀的世界觀，任何人都可以使用，無論其信仰或意識形態。

到了西元 1730 年，法國已經恢復以往地圖學活動，該國新任財政總理

菲里伯‧奧里（*Philibert Orry*）幾乎沒有時間進行有關地球大小及形狀的哲學討論。奧里更擔心的是，國家公部門缺乏可用於更新基礎設施的準確地圖。西元 *1733* 年，他要求主持學院地圖製作計畫的雅各‧卡西尼（*Jacques Cassini*），即喬瓦尼‧卡西尼的兒子，開始對整個國家進行三角測量。

奧里同時也負責執行工程師及調查員的政府教育，目的是設立標準化地圖，以協助海軍輕鬆導航、在國際邊界上建立軍事要塞。後來，他還要求調查員為整個國家籌備標準化道路計畫。地圖的使用目的及其相關敘述都開始產生變化。國家、公共利益及標準化作用逐漸變得比王室風潮、商業利益及科學思考還要重要，地理學家也成為了公務員一份子。

調查員必須冒險進入未知崎嶇的地形。當時，三角測量大多是在荷蘭、丹麥及法國北部等地形相對平坦的地區進行，不過調查員接著要開始前往東部及南部山區。面對不是很友善的當地人的情況下，在德國和瑞士邊界地區的孚日山脈（*Vosges Mountains*），調查員顯得相當行跡可疑，又拿著奇怪儀器四處亂指，所以常被指控為政治煽動者。有人甚至被毆打致死，因為大家認為他們正在用儀器詛咒田野。他們的儀器設備經常被偷、被拒載，沒有人願意帶他們到處看看，反而要用石頭砸他們。

但是在西元 *1744* 年，這項工作終於完成了，調查員總共測量了八百個三角形和十九條基線。同年，《依三角原理為基礎的法國幾何新地圖》（*Nouvelle carte qui comprend les principaux triangles qui servent de fondement à la description géométrique de la France*）以十八頁合集形式出版，但實際工作仍尚未完成。一些例如庇利牛斯山（*Pyrenees mountains*）、汝拉山脈（*Jura mountains*）和阿爾卑斯山（*the Alps*）等較大地區只有大致輪廓，

下頁圖　為馬賽及其周邊環境地圖，是賽薩‧法蘭斯瓦‧卡西尼（*César-François Cassini*）於西元 *1748* 年所進行的大型法國地圖計畫，該計畫於西元 *1784* 年由他的兒子尚‧多明尼克‧卡西尼接手，並於西元 *1793* 年法國大革命開始之際移交給「戰爭檔案庫」（*Dépôt de la Guerre*）。該計畫十分成功，儘管技術上從未完成。

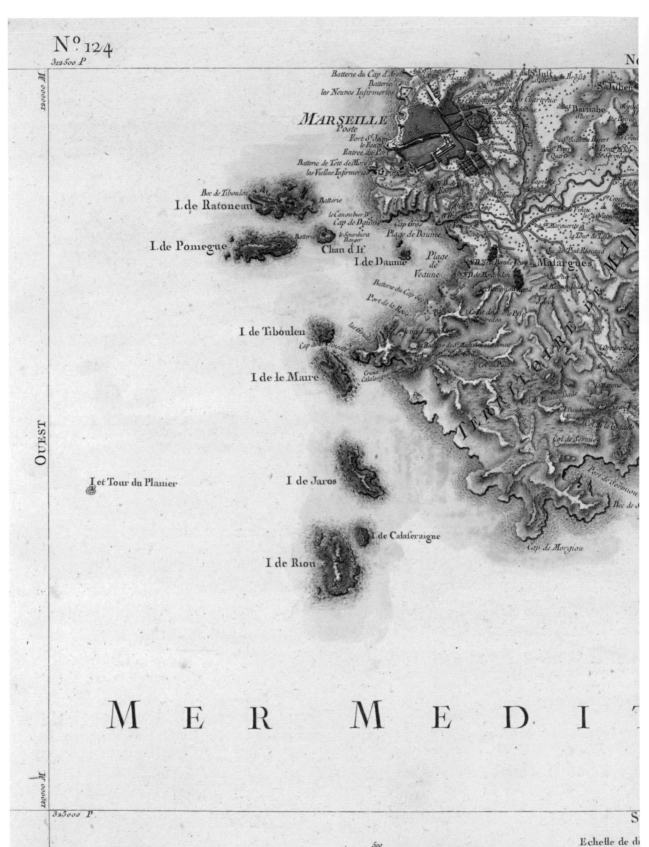

120000 M

Batterie du Cap d'Aren
Batterie
les Neuves Infirmeries

MARSEILLE
Poste
Port St Jean
le Panier
Entrée du Port
Batterie de Tête de More
les Vielles Infirmeries

St Just
St Charles
les Capucines
Barnabe
Bosc
St Julien
les Chartreux
St Jean du Desert
St Pierre
Quai Ch
le Pont de Tiap
St Croix

Bec de Tiboulen
I. de Ratoneau
Batterie

le Canoubier D.
Cap de Daume
le Senardura
Danger
Cap Gros
Plage de Daume
N D de la Garde
Fort

St Marguerite
le Tour de Tiap

I. de Pomegue
Batterie
Chau d'If
I. de Daume
Plage de Veaune
N D des Bonne Veur
N D de Montredon
Berinaud
Matargues

Batterie du Cap S.
Port de la Reue
la Plage Brune
Collet de
Montredon
le Pret

I de Tiboulen
Cap de Passelle
les Goudes
la Batterie de St Roch
Col du Pait

I de le Maire
Creux
Calalongue

OUEST

I et Tour du Planier

I de Jaros
Col de Sormiou

I de Calaseraigne
Cap de Morgiou

I de Rion

MER MEDIT

500   Echelle de di
1   2   3   4

EST

TERRANÉE

Cassidaine Danger

x mille Toises

5   6   7   8   9   10000 T

地圖幾乎沒提到該國地形，只有三角形網格（即幾何框架）沿著該國海岸線、河流及道路大範圍描繪著重點。不過，該地圖倒是滿足財政總理希望能提供得以用於規劃活動綜覽的需求。

在調查期間，卡西尼第三代的賽薩・法蘭斯瓦・卡西尼・圖里（*César-François Cassini de Thury*）便接手這項工作，並認為這項工作已完成，儘管他也承認調查員並沒有造訪每座農場，也沒有測量每條河流流向。不過，公私機構都已經能在區域地圖上填入詳細資料。

但是歷史最後並不像卡西尼所計劃的那樣。法國在地圖繪製完成之前便與奧地利開戰，之後在西元 *1746* 年與奧國哈布斯堡王朝（*Austrian Netherland*）的戰況更是加劇。卡西尼被派遣協助軍事工程師繪製軍事地圖。法國贏得戰爭後，路易十五造訪工程師及卡西尼，並將卡西尼的地圖與地形進行比較。路易十五對其印象深刻：「我希望以同樣的方式繪製屬於吾國的地圖，我命令你（卡西尼）這麼做……。」

國王及卡西尼都知道詳細繪製法國地圖的工程浩大，儘管卡西尼對實現目標的可能性心存懷疑，但此機會能讓他進行更大的調查，包括每條河流、每座村莊、山峰及樹林，這是他無法拒絕的提議。他估計要花十八年的時間及一百八十幅地圖並列，才能把整個國家繪製完成，這會是一張長 *12* 公尺、寬 *11* 公尺的法國地圖。每年預估繪製十幅地圖，每幅預算為四千利弗（*livres*），用於支付儀器設備、三角測量及印刷費用。首次印刷為兩千五百份，每張地圖成本為四利弗，比當時其他地圖要多得多。若能賣掉所有地圖，便會為因戰事而日漸枯竭的國庫賺進總計一百八十萬利弗的利潤。因此，連財政總理也認為該計畫是個好主意。

但是事實證明，執行該計畫比原先所預期還要困難。第三代的卡西尼是一個非常仔細的人，十分專注於細節及準確性。他監督並驗收所有作業流程，從調查本身到地圖印刷，對每個細節一再仔細查看。為求每條溪流名稱及地方名都能收錄，也對當地居民進行大規模詢問。他為西元 *1744* 年

那張只具有骨架的地圖填入了血肉，賦予其肌肉、動脈及皮膚，最終形成自由女神瑪麗安的軀體，即法國精神的象徵。

卡西尼所估計的十八年已經過去了八年，但是只完成了兩幅地圖。西元 *1756* 年夏天，當卡西尼向國王及大眾展示第二幅地圖之際，路易十五拋下震撼彈：「可憐的卡西尼，非常抱歉要跟你說個壞消息。我的財政總理不希望我繼續進行地圖計畫。實在是沒有錢了。」國王也提到一項重點，若是按照現在的速度繼續下去，地圖恐怕在下個世紀到來前也無法完成。卡西尼並不氣餒，他回答：「地圖一定會完成。」

卡西尼改變其作法。在國王的批准下，他成立法國地圖協會（*Sociétéde la Carte de France*），其五十名會員每年必須捐款一千六百利弗。這使卡西尼的預算翻了一倍，也代表該計畫能夠在十年內完成。而協會會員除了能得到每張地圖的兩份複本之外，還能賺取部分利潤以作為回報。這實在是明智之舉，會員認購如網紅蛋糕一樣大賣，重要的貴族成員、著名政客，甚至國王的情婦龐巴度夫人（*Madame de Pompadour*）都趕來登記。卡西尼獲得的金錢很快超過其所需，也能聘請更多調查員、地圖師及雕刻師。

接下來三年內，卡西尼出版了多達三十九幅地圖，每幅印刷五百份。地圖賣得很好，在西元 *1760* 年，前四十五幅地圖總共賣出了八千份。地圖以前所未有的方式發行，對於許多人來說，卡西尼地圖的發行也成為法國的民族象徵。具大量資產的農民及資產階級成員也很有興趣入股，欲以一己之力投資法國。卡西尼設立公開認購權，大眾能以法國地圖協會會員的三分之一價格進行購買。

而該計畫的成功及大受歡迎的原因，也正是來自於過去導致其計畫脫軌的威脅，即卡西尼的學究本質。對於任何查看過這些地圖的人來說，很明顯的，這些地圖比以往任何地圖都更為精美詳細。地圖所用的墨水及紙張都是上乘品質，其特色為簡單、清晰，並以當代字體及標準化符號重現

許多細節，從修道院到礦產的標示皆如是。

但與此同時，實際組成法國人口的民族特色，也正醞釀著政治問題。法國具有區域自治色彩，而該國人民所說的語言也十分多元，從義大利文、德文到布列塔尼文（**Breton**）及加泰隆尼亞文（**Catalan**）都有，但卡西尼卻以相同方式繪製所有區域地圖，並使用相同的巴黎法文書寫不同地方名稱，以助於整個國家的標準化及統一。然而，該計畫在十八世紀末的民主化浪潮中瓦解，越來越多人爭辯，政治主權應該屬於國民，而非君主或貴族。

經過西元 *1788* 年至 *1789* 年嚴酷寒冬之後，隨之而來的乾旱使得物價暴漲，舊政權也因法國大革命而被推翻。

卡西尼在此三年前過世，接手的第四代卡西尼，即尚・多明尼克・卡西尼，也即將完成該計畫。調查已完成，剩下的就是發行最後的十五幅地圖。不過，革命家有其他想法，新法蘭西共和國正受到鄰國威脅，對地圖的需求很大。法國陸軍工程師指揮官擔心，像卡西尼的地圖這般敏感資訊，最終可能會落入敵人手中：「他的地圖品質可能好也可能壞。若是好，就必須禁止發行，如果不好，那也不值得注意。」國民議會（**National Convention**）決定沒收該地圖，並將其移交至戰爭檔案庫。卡西尼對此十分傷心，他在回憶錄中寫道：「在我完全完成並加上最後修飾之前，他們就把地圖從我手中奪走了。」西元 *1794* 年，卡西尼被判入獄，在被釋放的幾個月前，他只能設法避免自己走上斷頭台。

技術上來說，該地圖從未完成。戰爭檔案庫令該計畫中止直至西元 *1804* 年，此時幾乎與整個歐洲交戰的拿破崙・波拿巴（**Napoleon Bonaparte**）寫信給他的軍事參謀長：「如果堅持以卡西尼的規模來繪製地圖，我們應該早就拿下整個萊茵邊境。我現在要求把卡西尼的地圖完成。」戰爭檔案庫任命十二位雕刻師來更新舊地圖銅版並印刷新版本，而最後一幅布列塔尼地圖也在西元 *1815* 年出版。但是那時距離開始繪製已過了六十

七年，該地圖都已經過時了。而卡西尼的地圖也直接被封存，不是因為新國王下令才這樣做，也不是因為地圖不符合新共和國的意識形態，而是此時現代國家正需要：最新的調查。

軍械調查局

拿破崙戰爭也影響到海峽另一端的地圖製作。英國在西元 *1791* 年建立地圖機構，即「軍械調查局」（*Ordnance Survey*），並從西元 *1801* 年開始出版地圖。但是在西元 *1810* 年時，英國已經跟法國交戰將近二十年，發行地圖被視為是對國家安全很大的威脅。次年，公共地圖便從市場上撤回，直到拿破崙在西元 *1815* 年的滑鐵盧戰役中真正戰敗，地圖的身影才再次出現。

在此三十年前，英國因為受到法國的邀約，開始對英國進行三角測量，但要是以法國的方式為之，就代表了英國對其的認同，也是對英國的侮辱。西元 *1783* 年時，卡西尼・圖里（卡西尼第三代）寫信給皇家學會（*Royal Society*）的主席約瑟夫・班克斯（*Joseph Banks*），他說，若能知道歐洲最著名的觀測站，即巴黎和格林威治之間確切的經緯度差異將很有趣。卡西尼・圖里寫道，儘管大家認為緯經度都是眾所周知的，但英國及法國的計算也沒有到令人擔憂的程度；他認為，格林威治的位置尤其令人懷疑，而解決方法便是在英吉利海峽進行英法聯合的三角測量。

英國在法國進行三角測量之後不久，也開始討論其領土的三角測量。在皇家學會的支持下，地圖師約翰・亞當斯（*John Adams*）早於西元 *1681* 年就開始測量基線，但只過了七年，他便抱怨少了得以持續這項工作的支持，後來所有的地圖繪製都是用舊方法，結果就是產生很大的誤差。

不過，卡西尼・圖里的邀約激怒了許多皇家學會成員。法國人竟敢暗示英國人不確定自己的天文台地點！格林威治的英國皇家天文學家內維爾・馬斯基林（*Nevil Maskelyne*）根本沒回覆卡西尼・圖里，但一本舊筆

記本顯示了他很在意自己的祕密實驗，即計算兩個天文台之間的距離。

另一方面，班克斯倒沒有那麼容易被惹怒，而是把邀約交給了威廉‧羅伊（*William Roy*），其參加過多次軍事調查，並在信中看到補救英國地圖繪製，以及最終得以開始三角測量的絕佳機會。同年夏天，羅伊測量了基線，自行對倫敦及周邊地區進行三角測量。

喬治三世（*George III*）的兩千磅新鮮薄荷，使得羅伊開始對現今的希斯洛（*Heathrow*）機場所在區域，即豪恩斯洛希思（*Hounslow Heath*）重新進行精準的三角測量。但是西元 *1784* 年的夏天非常潮濕，木尺在雨中收縮又膨脹，以至於最終變得毫無用處。羅伊的某位朋友建議，或許可以購買新的玻璃尺；之後在 *8* 月 *2* 日，即是使用木尺的兩個月後，他們又重新開始測量。到了月底，結果十分明顯：*27,404.7* 英呎。羅伊表示：「*大部分的地球表面，從來沒有像現在這樣被仔細又精確測量過。*」

西元 *1784* 年 *9* 月，卡西尼‧圖里逝世，其兒子尚‧多明尼克‧卡西尼（卡西尼四世）便接手法國所進行的計畫，但卻等到三年後才開始動工，而英國人則在同一時間打造出世界上最精密的經緯儀。

西元 *1787* 年 *7* 月，英國人以羅伊位於豪恩斯洛希思的基線開始進行三角測量，瞄準班斯特（*Banstead*）教堂、溫莎（*Windsor*）城堡、切特西（*Chertsey*）的漢格丘塔（*Hanger Hill Tower*）與聖安丘（*St. Ann's hill*）、百畝森林（*Hundred Acres*）、諾伍德（*Norwood*）、格林威治及賽文度格（*Severndroog*）城堡。最終，他們在薩塞克斯郡（*Sussex*）、肯特郡（*Kent*）到博特利丘（*Botley Hill*）及羅丹丘（*Wrotham Hill*）設立三角網格，但是工作進展緩慢。一位英國人寫給法國人的信中提及，「*羅伊將軍離倫敦有一段距離……但是據我所知，他到過的地方還不夠遠。*」於是雙方決定直接前往沿海地區進行合作。

卡西尼四世和羅伊於 *9* 月在多佛（*Dover*）碰面，並同意應該在測量旗桿加上「特別明亮的白色」，以便在海峽瀰漫濃霧之中能經常豎立、作為標

示。在接下來三個星期，法國及英國輪流點亮信號，並橫跨英吉利海峽進行觀察，即在多佛城堡及英格蘭南海岸的費爾萊特角（*Fairlight Head*）的風車之間，以及所有在法國北海岸的蘭伯特山頂（*Montlambert hilltop*）、白鼻角（*Cap Blanc Nez*）、敦克爾克塔（*Dunkirk tower*）及在加來市（*Calais*）的巴黎聖母院（*Notre-Dame church*）。

到了 *10* 月中旬，測量已經完成，而且英國及法國也因為三角測量而建立連繫。那麼格林威治的位置呢？馬斯基林祕密測量兩個天文台之間的距離為 *9* 分 *20* 秒，羅伊的計算則為 *9* 分 *19* 秒，大致上跟法國天文學家的結果一致。

有人認為，在西元 *1791* 年建立軍械調查局，是因為英國人對革命後的法國感到恐懼，需要保衛國家的良好地圖。瑞秋·休伊特（*Rachel Hewitt*）於西元 *2010* 年的著作《國家地圖：軍械調查局》（*Map of a Nation: A Biography of the Ordnance Survey*）中寫道：「但事實沒有如此簡單。」休伊特認為，在英法關係較和緩之際，「巴黎至格林威治三角測量奠定了合作基礎」，而喬治三世「是啟蒙運動及民族主義的熱情擁護者……繪製地圖計畫更是引起他的興趣」。軍械調查局也該歸功藝術協會（*Society of Arts*）嘗試「繪製精確的地區地圖，直到整個島嶼都進行定期調查」，而且許多地圖繪製者也都認同，三角測量是測量大面積區域最準確的方法。

旗幟人員

康斯維恩格鎮位於一條容易通往挪威及瑞典之間路上，該道路從奧斯陸到瑪格諾（*Magnor*）及艾達（*Eda*），再從那裡一直緩緩轉換到韋姆蘭（*Värmland*）的景色。軍事防禦於西元 *1673* 年在此開始建造，以確保渡輪能停靠葛洛瑪河及其周圍地區，抵禦瑞典軍隊。西元 *1779* 年夏天，兩名中尉約翰·雅各·里克及迪特列夫·維貝到達康斯維恩格，要把這個城鎮繪

進地圖中。凡‧休斯將軍寫道：「此後，調查應以天文確定點為依據……因此，兩名中尉約翰‧雅各‧里克及迪特列夫‧維貝都到哥本哈根接受布格教授的訓練，並接手此項計畫。」

他們採用從哥本哈根帶來的最先進新儀器——兩位調查員得以用來測量角度的某一個點到另一個點；還有兩個擺鐘和兩個 7 英呎長的望遠鏡——中尉們執行了必要的天文計算，以找出其當前位置的確切經緯度。堡壘的旗幟人員很榮幸能標示挪威的本初子午線。明亮的夏日夜晚使天文觀測變得困難，但他們根據清晰的恆星及太陽運動觀測，成功計算出旗幟約為北緯 60 度 12 分 11 秒。他們在 6 月 14 日觀測日蝕時間，以確定經度。然而，在整個秋天裡，他們受到惡劣天氣的影響，無法觀測到任何一次月蝕或木星日蝕，因此所得到的本初子午線基礎一直無法進行天文計算。不過，其觀測及以煙霧信號於冰層上進行測量所得的基線，確實提供了足夠資訊，能對全國進行更進一步觀測。屆時他們也必須往北移動。

在往北前進時，他們帶了一個軍官大帳篷、兩個助理帳篷、四個水壺、四個附蓋金屬罐、四個裝有食物的鞍袋及一張通行證，以便隨著當地農民自由行動。從西元 1779 年到 1784 年，里克及迪特列夫‧維貝在夏季沿著邊界一一設立三角網格的過程中，測量了每座山頂及教堂尖頂的經緯度，並在沒有合適環境的地方設立小型觀測台，以放置其儀器。

在冬季，他們在哈爾登、奧斯陸、克里斯提安桑及哥本哈根進行觀測，以找到每個位置的經緯度，並在結凍湖泊上建立新的基準線，以避免微小誤差會在進行工作之際被放大。西元 1781 年 1 月，他們測量一條橫跨歐森榮湖（Osensjøen）約 6 公里長的線，同年 3 月則測量橫跨米薩（Mjøsa）長 7 公里的線，次年在費蒙登（Femunden）測量出長 7 公里的線，並於西元 1785 年確定最後一條在特隆海姆東南部榮斯瓦納（Jonsvatnet）的線。其任務終於完成，並使用該時代最準確、最科學的方法繪製出挪威的戰略地區。

在里克及迪特列夫・維貝完成工作，並於同年出版挪威南部的新地圖之際，丹麥地圖師克里斯提安・榮喬・彭彼丹（*Christian Jochum Pontoppidan*）成為第一個使用此新資訊的人。其著作《挪威南部地圖三區及相關地理資訊》（*Geographisk Oplysning til Cartet over det sydlige Norge i trende Afdeelinger*）的介紹中，他寫道：「這項調查是由里克上尉和維貝中尉於過去的西元 *1780*、*1781*、*1782*、*1783* 及 *1784* 年幾年內所進行三角測量的成果，從康斯維恩格延伸到因德勒於（*Inderøen*）轄區內的伊格（*Egge*）教堂」，即是他所使用過「最傑出的輔助工具」之一。他也採用凡・朗根的森林調查及西元 *1752* 至 *1759* 年的邊界調查。結果顯示，此地圖相當有效準確，並成為挪威南部地圖的新典範。布雷烏斯於西元 *1626* 年繪製的地圖，以及其代表外國人眼中所呈現的挪威，終於被取代。

金星凌日

里克及迪特列夫・維貝向布格教授建議，其計畫下一階段應該繪製從特隆海姆到南部的挪威海岸地圖。西元 *1785* 年，一項皇家法令確定「挪威海岸及哈滕（*Haltenø*）以外所有島嶼及礁岩，即特隆海姆北部最遠處，一直到腓特烈克沙德（*Fredrikshald*），都應該進行調查，因為還是少了張好的航海圖」。丹麥挪威聯合王國的航運業因為在美國獨立戰爭期間的中立地位而蓬勃發展，而美國、法國、荷蘭、西班牙及德國都涉入此次戰爭，因此，急需一張良好的航海圖。

布格為調查員準備一套詳細的說明：「當特隆海姆的子午線成為整個挪威海岸測量的本初子午線，亦即沿岸所有經度測站都應參照的子午線，因此，精準設立目前仍未知的特隆海姆經度便顯得十分重要。」

布格非常了解此問題。因此，他在二十四年前就造訪了特隆海姆，以觀察金星凌日（*The Transit of Venus*），即一種金星看起來移動經過太陽

表面的現象。早在西元 *1716* 年，英國天文學家愛德蒙‧哈雷（*Edmond Halley*）曾計算過，金星凌日將發生於西元 *1761* 年及西元 *1769* 年（編註：一次週期內會出現間隔八年的兩次凌日），之後要再等一百多年後才會再次發生。此時，地球到太陽及金星之間的各自距離，以及太陽系大小和其組成都只是些模糊假設，所以哈雷建議應從世界上各個不同地點觀察金星凌日。行星在太陽面前所移動次數，能看出計算距離所需數字，還可以拿來計算經度。在發生第一次金星凌日的前一天，即 *6* 月 *6* 日，來自世界各國的兩百位天文學家帶著儀器一起前往西伯利亞、馬達加斯加及聖赫勒拿島（*Saint Helena*）等世界角落。西元 *1761* 年的金星凌日，是史上第一個各國共同合作的科學計畫。

但是金星的移動很奇怪：行星並不像所預期的那樣，單純地在太陽表面移動。觀察者注意到，這顆行星變成橢圓形，在朝向太陽圓盤的中心移動之後又慢慢變圓。很難知道凌日到底從何時開始，此點在特隆海姆的觀測結果明顯可見。布格所得到的結果，跟那些其他同地點、具相同觀測任務、同觀測站所得到的結果不同；金星首次在太陽表面出現的時間，他們所記錄的相差了整整兩分鐘。當時，許多人認為該現象代表金星具有大氣層，但如今科學家認為這是受到地球大氣層的干擾所致。

下次金星凌日發生日期為八年後的西元 *1769* 年 *6* 月 *3* 日，哥本哈根抓住這次機會，把最傑出的專家吸引到這座城市。維也納皇家天文學家暨匈牙利牧師麥斯米蘭‧黑爾（*Maximilian Hell*）亦收到來信，邀請他前往瓦德觀察金星凌日。身為耶穌會會士，黑爾通常不被允許進入丹麥挪威聯合王國，但鑑於該計畫名聲響亮，所以法律得以被暫時擱置一旁。克里斯提安七世國王將支付黑爾的所有費用。

西元 *1768* 年 *4* 月 *28* 日，黑爾及其同事於維也納出發，僅僅七個月就抵達了瓦德。一到那裡，他們便設立觀測台，並作為執行官住所的延伸。他們當天運氣極佳，在金星進入太陽圓盤之前，整個天空顯得十分清晰，

接下來六個小時內烏雲密布，然後當黑爾再次要觀察並記錄金星離開之際，天空又及時明朗。黑爾把其測量結果與英國船長詹姆士·庫克於太平洋大溪地所得結果，以及英國數學家威廉·威爾士（*William Wales*）於加拿大哈德遜灣所得結果進行比較，計算出地球到太陽的距離為 *1 億 5,170* 萬公里，跟實際距離 *1 億 4,960* 萬公里相差不遠。

黑爾回到維也納後，便繪製出四張地圖：即挪威南部、北部郡縣、芬馬克郡及瓦德等地圖。瓦德地圖已印刷出版，但挪威南部和芬馬克地圖只經過打版試印，北部郡縣地圖甚至尚未進行雕刻，因為黑爾所合作的銅雕師不幸逝世。在他收到打版試印之際，挪威歷史學家格哈德·舍寧建立了一張地名勘誤列表，但一般認為，以萬根斯坦的地圖為基礎，挪威南部地圖大有進步，而芬馬克郡地圖也藉由以往地圖獲得明顯改善。舍寧寫道：「顯然，在此所提及的許多地方位置比以往描述得還要正確，而牧師黑爾曾去過的所有地方也顯得更清楚。」如今，我們無從看到這兩張試印地圖，因為只有瓦德地圖被保留下來，所以，也很難說黑爾的地圖是否真的有效改善了之後的挪威地圖。

繪製海岸

里克及迪特列夫·維貝之後長住於特隆海姆，以計算該城市的經度，並將該城市大教堂正南方一棟建築改為天文台。西元 *1785* 年夏天，他們收到一架專門觀察恆星凌日所設計的木製望遠鏡，並將其安裝在天文台內的

下頁圖　在克里斯蒂安·榮喬·彭彼丹出版《挪威南部地圖》（*Det Sydlige Norge*）的十年後，他也出版了《挪威北部地圖》（*Det Nordlige Norge*）。其西元 *1795* 年出版的《挪威北部地圖地理解釋》著作中，他寫道：「諾德蘭郡主要大陸幅員狹長，邊界至海岸之間地理距離從 *6*、*8*、*12* 至 *16* 里（*milo*，即現今 *10* 公里）不等。芬馬克從北部邊界到耶姆森海峽（*Jelmsøen*），與大陸之間最長距離為 *35* 里。」

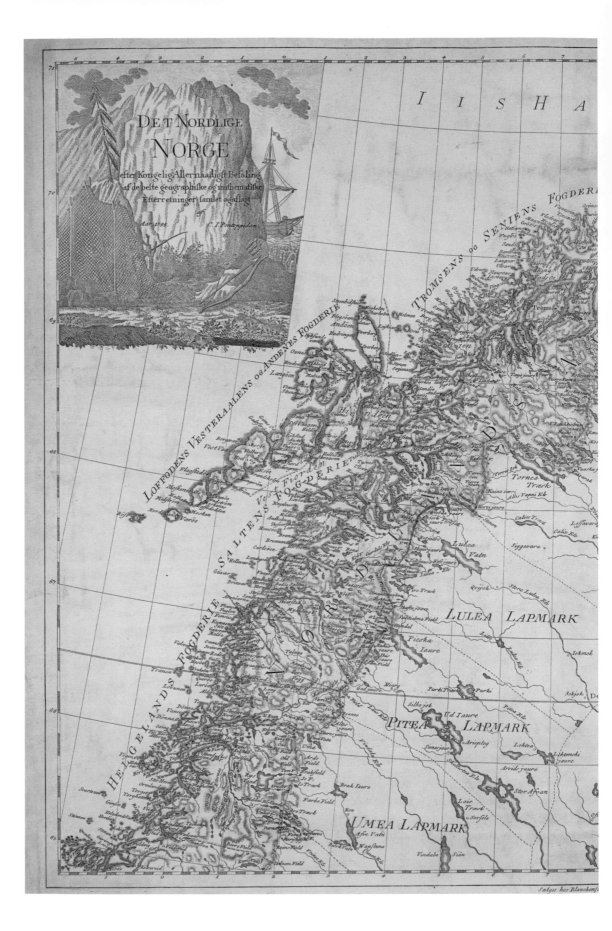

Det Nordlige

NORGE

efter Kongelig Allernaadigst Befaling
af de bedste geographiske og mathematiske
Efterretninger, samlet og aflagt
af
C. I. Pontoppidan

Aar 1795.

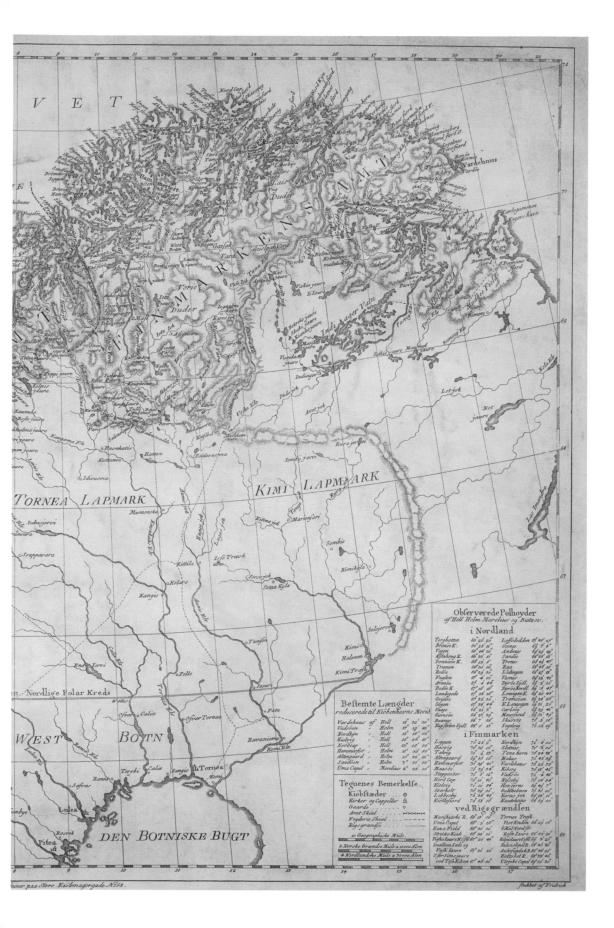

松木柱上。但是，儘管木柱已深入地下 2 公尺，但冬季嚴酷低溫仍導致木柱移動，所以觀察者都必須等待望遠鏡，稍微穩定停在其所建造的大教堂上子午線一側。

沿海地區的調查工作仍在進行，里克和迪特列夫‧維貝進行其三角測量並越過特隆海姆峽灣，直到初秋抵達克里斯提安桑。迪特列夫‧維貝的兄弟尼斯‧安德烈亞斯‧維貝（*Nils Andreas Wibe*）也緊隨其後，在海上進行測量。他繪製地圖，並在上面標記燈光、木樁及其他海上標誌，亦測量潮汐及洋流，並描述港口及註記「風可能進出處」。

西元 *1786* 年，里克結了婚並搬到奧斯陸；維貝則繼續朝莫爾德（*Molde*）前進，獨自對該地區進行三角測量，而凡‧休斯將軍則再次擔心起他的預算。凡‧休斯寧願詳細調查康斯維恩格及特隆海姆之間的範圍，也不願繪製海岸圖，因此在西元 *1787* 年，由里克及維貝所開始的這項計畫便宣告中止。然而，海軍在次年找到了繼續該計畫的資金。維貝兄弟對其海岸進行三角測量，而丹麥中尉卡爾‧費德列克‧格羅夫（*Carl Frederik Grove*）則接手從莫爾德至南部的海上測量工作。

西元 *1791* 年，維貝兄弟在卑爾根設立一條新的本初子午線，即其到達克里斯提安桑四年後所沿用的子午線。他們在此建了一座觀測台，並測量另一條子午線，以往上直達阿格德爾（*Agder*）、泰勒馬克、西福郡（*Vestfold*）及奧斯陸，再往下經過東福郡到達伊德峽灣（*Iddefjord*）及瑞典邊界。三角測量計畫及海上調查結束後，格羅夫便開始繪製地圖，並於西元 *1791* 年完成第一幅地圖：《特隆海姆水域及哈爾頓（*Halten*）至克里斯提安桑外海島嶼岩礁地圖》（*Trondheims Leed med Ud-øerne og Skiærene udenfor Leedet fra Haltens Øe og til Christiansund*）。西元 *1791* 年至 *1803* 年之間，總共出版了七幅刻於銅版並於丹麥印刷的地圖，即現今所知的《格羅夫草稿》（*De groveske drafter*）。國王則在瀏覽地圖之際，表示其感到「無比榮幸」。

西元 1814 年

西元 *1805* 年，一項合併軍事及經濟調查的決議案通過，也使得凡·休斯更加失望。凡·休斯擔心軍隊會失去優先地位，儘管調查延續以往採用的方式，但財政部（*Rentekammeret*）仍將接管了該計畫，該機構被更名為「軍事暨經濟聯合調查局」。該計畫有關經濟的部分包括標記財產、田地及牧場之間所有邊界，以及每項財產的面積計算。但是，並非所有人都願意接受調查。西元 *1814* 年，海德馬克的農民針對挪威憲法的起草，集體向國民議會提出一項請求：「我們合法繼承祖先的農地，所以在此懇請要求不受他人調查；若是其他人有權對我的財產進行調查，那麼我的財產權也跟著中止了。」農民擔心這些地圖會被用來增加其稅收，但由於資金不足，同年的經濟調查便取消了。

在進行沿海調查的同時，調查員還跟著里克及維貝的腳步前往瑞典邊境，以便在三角網格上加入更多細節。除了繪製地圖外，他們還指出在哪裡有機會開拓新土地。當地人是否從事耕種、飼養牲畜、出產木材或漁產；當地道路狀況，以及岩層中是否存在任何金屬礦石。

調查員也對從康斯維恩格一路往南至恩寧達倫的地區進行三角測量，而康斯維恩格的網格，亦透過三角測量與東福郡及羅曼里克（*Romerike*）外圍區域所進行的沿海測量相結合。然後，他們繼續沿著葛洛瑪河以西區域繼續前進：從埃茲沃爾到奧斯陸、哈德蘭（*Hadeland*）、林格里

下頁圖　為兩張「平方英里」格式的挪威地圖，位於東福郡的恩寧達倫（西元 *1775* 年繪）及位於亞克斯胡斯的厄耶倫（*Øyeren*）（西元 *1802* 年繪）。恩寧達倫地圖上所有白色部分皆屬於瑞典，紅色及黃色線為國際邊界。這是同系列共二百一十幅的地圖中，所繪製的第一幅。系列地圖收錄範圍為大部分的東福郡、往到南特隆德拉格（*Sør-Trøndelag*）一部分的亞克斯胡斯及海德馬克（*Hedmark*）區域。瑞林島（*Reling Öen*）、艾瓦桑德（*Elver Sand*）、位於厄耶倫北部的奎赫爾門（*Qvae Holmen*）及拉斯赫爾門（*Raas Holmen*）所繪都與現今不同，因為此區域為持續變動的三角洲地帶。

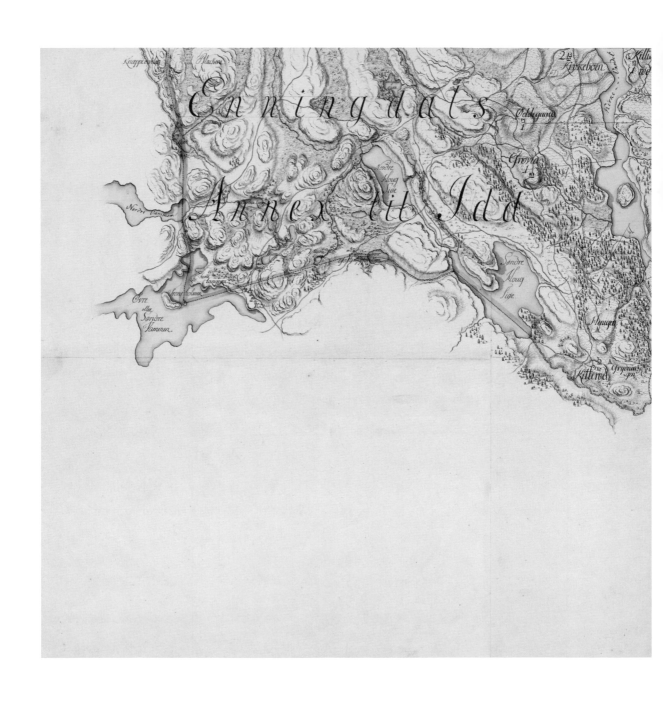

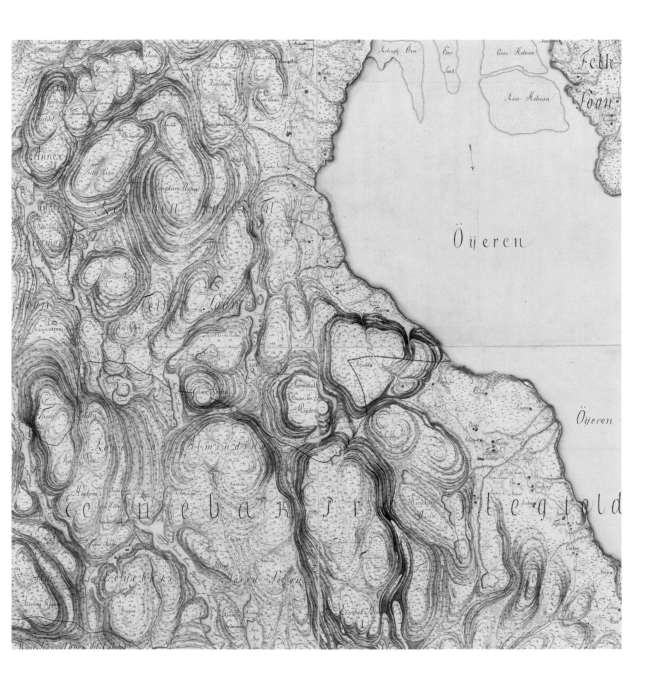

克（*Ringerike*）、莫頓（*Modum*）及艾克（*Eiker*），越過米薩湖到達西元 1806 年的林格沙克（*Ringsaker*）、華德爾（*Vardal*）及托頓（*Toten*），直到米薩湖西側再回到埃茲沃爾，最終在西元 1807 年到達古柏達倫（*Gudbrandsdalen*）、華德雷、亞斯堡（*Jarlsberg*）和拉維克。但是，隨後與瑞典開始的新戰爭不僅中止此工作，也使調查陷入混亂；調查員將原始地圖帶到被摧毀或喪失的領土，關鍵人員被殺，軍方要求徵收計畫繪圖室作為駐軍學校。戰爭結束後，已經不再有能全面了解該計畫運作的人。

西元 1814 年的和平條約簽署後，丹麥將挪威割讓給瑞典，挪威的所有丹麥地圖也都移交給了瑞典，卡爾‧約翰國王（*King Carl Johan*）更要求繪製這兩個國家的聯合總覽地圖。西元 1818 年，兩名調查員各自在邊界一側工作，將挪威和瑞典的三角測量網格連接在一起。

當時，繪製該國北部地區的沿海地圖也正在計劃中。這不僅證明對航運業有用，也希望確立挪威及俄羅斯的邊界，但由於預算限制，國會無法在西元 1824 年前為此撥款。四年後，北部各郡縣配給了三艘全都只有「最基本設備」的小船，其中兩艘以前曾用作郵政船。他們從特隆海姆峽灣最外緣開始，在冬天到來前進行三角測量直至南森峽灣（*Namsenfjord*）。他們於次年到達北極圈和黑斯曼島（*Hestmannen*），然後是內斯那（*Nesna*）、伊勒斯卡爾（*Gildeskål*）、恩格瓦（*Engelvær*）、樂町恩鎮（*Lødingen*）、西奧倫（*Vesterålen*）、賽亞和洛帕（*Loppa*）。西元 1837 年，他們繞著北角航行，直到距離啟航十年後，才到達俄羅斯邊境。

挪威北部的地圖顯示，即西元 1803 年的《格羅夫草稿》，已無法滿足不斷發展的航運業及該時代地圖師的要求。西元 1847 年，特隆海姆和奧斯陸之間的海岸決定要再次繪製，四年後，船員協會（*Sømandsforeningen*）也要求必須繪製一份更詳細的奧斯陸峽灣地圖。

天文台

挪威現代地圖的準確性持續不斷提高，調查員稍微調整前人的計算結果，找出其錯誤及不準確之處，重新進行三角測量，加入越來越多的細節，甚至偶爾也募資添購更先進的儀器。該國相對精簡的公共財政及困難地形，顯然形成一項長期挑戰。相較之下，丹麥則較為富裕、地形便利，只需在鄉村漫步，調查員就能夠繪製地圖。挪威的解決方式是將國家的劣勢變為優勢。一張顯示了西元 *1779* 年至 *1887* 年所有三角測量點的地圖上，大多數的三角測量點都位於山頂，天氣晴朗之際站在古斯塔托朋（*Gaustatoppen*）上，就能看清楚挪威六分之一的土地，總共能依此點發散出二十三條基線。

地圖計畫的準確性得以提高，也是多虧了數學教授克里斯多福·漢斯汀（*Christopher Hansteen*）的關係。他在西元 *1817* 年受任為該計畫主持人，負責民間和科學方面的調查。他必須同時確保調查員具有更詳細的說明規範，以及購買新儀器，而他的夢想是建立一座最先進的天文台。自西元 *1815* 年以來，這項調查計畫皆是由亞克斯胡斯堡壘以南、一座八角形的小型天文台測量，但其實也只比簡陋木屋好一點而已，所以漢斯汀經常選擇在自家花園裡進行觀測。

西元 *1830* 年，挪威議會撥款補助，在首都外一塊名為索利（*Solli*）的土地上建造天文台，其基石上刻有「我們也在尋找星星」（*Et nos petimus astra*）的字樣。漢斯汀充分運用觀測星象的結果，透過找出天文台確切的經緯度，將挪威繪製於地圖上。西元 *1848* 年，在完成數千次天體觀測之後，漢斯汀終於對其北緯 *59* 度 *54* 分 *43.7* 秒的成果感到滿意。

哥本哈根的圓塔成為確立天文台經度的比較基礎。在西元 *1847* 年夏天，二十一個精密時鐘皆以汽船於奧斯陸及哥本哈根之間被來回運送，以測量天文觀測之間的時間變化。一百一十九次比較的結果顯示，漢斯汀的

天文台位於圓塔以西 7 分 25 秒處。然後，該本初子午線便成為確定挪威地圖上所有經度值的基礎，直到西元 1884 年，在格林威治建立國際本初子午線為止。

學校及觀光業

西元 1832 年，漢斯汀成為第一位不具軍事背景的挪威地理調查局（*Norges geografiske Opmaaling*）局長，地圖的功能和類型正在產生變化。地圖不再只為專屬國家、軍事、商人及船員所用，而是慢慢成為一般社會大眾日常生活的一部分。這與學校系統的逐漸變化，以及財富增加，促使越來越多的人去度假有關。

世界上第一家旅行社，英國考克斯金（*Cox & Kings*）公司，成立於西元 1758 年。兩年後，J·H·施耐德（*J.H. Schneider*）出版了第一本兒童地圖集：《兒童地圖集》（*Atlas des enfants*）由簡單的地圖組成，以問答形式教導兒童有關各個國家的氣候、政府體制、宗教、服裝、城市等資訊。

在挪威，盧德維格·普拉圖（*Ludvig Platou*）於西元 1810 年出版了學校地圖集，即《地理學入門集》（*Udtog af Geographien for Begyndere*）；西元 1824 年，卡爾·波拿巴·魯森（*Carl Bonaparte Roosen*）將其地圖繪製於《教學用挪威地圖》（*Norge til Brug ved Skoleunderviisning*）；西元 1836 年，吉奧格·普拉爾（*Georg Prahl*）出版《挪威南部地圖：學習及教授地理學之普拉圖手冊入門》（*Kart over den sydlige Deel af Kongeriget Norge, udarbeidet til Platou's Lære og Haandbog i Geographien*）。在此之後，地理學便成為兒童學校教育的一部分。該學科於西元 1860 年通過的新《教育法》中正式確立，並規定學校教育的目的不僅是向學生提供必要的基督教教育，還必須提供「每個社會成員皆應擁有的知識和技能」。該法案第 2 章第 5 項規定，學生應理解「教科書所選出部分，即主要描述地球、自然科

學及歷史相關的部分」。

西元 *1863* 年，來自卑爾根的牧師兼作家彼得・安德烈亞斯・揚森（*Peter Andreas Jensen*）出版了《小學及家庭教科書》（*Læsebog for Folkeskolen og Folkehjemmet*），其中有關地球的描述如以下段落：

若能看到整個地球，就會發現它像顆球一樣是圓形的，而非許多人仍然相信的那樣，像烤石板般平坦。至於地球之所以會看來平坦，是因為我們只能看到其表面一小部分……為了能一次看清地球形狀及完整表面，我們能在一顆球上繪製其土地和水域，並將其稱為地球儀。若是由北極到南極從中間切開，形成半球，即東半球及西半球。這些半球也能在一張平面紙上，繪製出圓球圖（*planiglobium*）或世界地圖。在每所設備齊全的學校中，都可以找到這些地圖，老師能透過這些地圖向大家展示大範圍的陸地及海洋，而大家也會因此更加了解。

這章的節末有此註腳：「以下部分應經老師允許，小孩才得按照學校牆上所掛之地圖學習。」小孩可能會了解到大陸、半島及島嶼之間的區別，以及舊世界與新世界。所應學習的重要國家依序為瑞典（*Sverige*）、丹麥（*Danmark*）、大英國協（*De britiske Lande*）、荷蘭及比利時（*Holland og Belgien*）、法國（*Frankrige*）、西班牙及葡萄牙（*Spanien og Portugal*）、義大利（*Italien*）、瑞士（*Schweiz*）、德國（*Tyskland*）、普魯士帝國（*Det preussiske Rige*）、奧地利（*Østerrige*）、土耳其（*Tyrkiet*）、希臘（*Grækenland*）及俄羅斯（*Rusland*）。接著是亞洲、非洲、美洲及澳洲，分別具有各自章節。至於紐約（*Ny-York*），本書寫道：「我們許多的同胞也來到這裡，在這個世界一角尋找新家。」

新的交通方式代表人們較以往更常外出旅行，而缺少優質地圖便造就了旅行手冊市場的出現，以提供各地方與旅館位置之間的距離。早在西元

1774 年，丹麥作家漢斯・霍克（*Hans Holck*）所出版的著作《挪威旅行指南》（*Norsk Veyviser for Reysende*）中，書裡所提供有關卑爾根、奧斯陸、斯塔萬格及特隆海姆市之間的主要道路上，其行駛距離及車費的資訊都相當不準確。

直到西元 1816 年，雅各・萊曼（*Jacob Lehmann*）出版了《挪威兩地之間的鄉村道路》（*Landeveiene mellem Norges Stæder*），並於同年開始進行一項測量公路長度的調查後，情況才獲得改善。但是，農民對此表示抗議，其理由相當充分，因為調查結果顯示道路距離較短，減少了農民能藉由交通接送所能收取的費用。因此，大家便以亂寫當地旅遊手冊的距離作為回應。西元 1822 年，《赫莫德雜誌》（*Hermoder*）便曾感嘆寫道：「我們長期缺乏可靠的挪威路線圖。」但七年後，C・H・P・隆德（*C.H.P. Lund*）中尉便出版其《挪威路線圖》（*Veikart over Norge*），即使範圍只有該國南部。《袖珍旅行路線指南》（*Lomme-Reiseroute*）則於西元 1840 年匿名出版，描述從奧斯陸經由古德布蘭德斯達倫（*Gudbrandsdalen*）及東達倫（*Østerdalen*）到達特隆海姆的旅行路線。藉此，讀者也會知道康斯福（*Kongsvoll*）旅館房東有兩個「漂亮女兒」；第二版則收錄了通往該國西部及南部地區的路線。

在西元 1842 年和西元 1843 年的整個夏天，歷史學家兼地圖師彼得・安德烈亞斯・蒙克（*Peter Andreas Munch*）徒步走過挪威南部山脈。他在一處未知地區進行考察，以尋找其在薩加傳說及中世紀作品中所讀到的地方與道路。在一本關於穿越山脈的手寫書中，他畫了一張《哈丹格、孚斯、哈林戴、努姆戴、泰勒馬克及瑞弗克山脈地圖》（*Kart over Fjældstrakten mellem Hardanger, Voss, Hallingdal, Numedal, Thelemarken og Ryfylke*），也是第一個正確描繪出山脈的人。在其引言中，他批評了彭彼丹於西元 1785 年的地圖，即那張「有史以來最好、最完整的挪威地圖」，僅繪製了「交通便利處及居住地區……不但沒有加入也未具名的山脈，只

是稍微暗示提到」，甚至有個區域幾乎是「虛構的」。在他寫給朋友的一封信中，蒙克描述繪製地圖的實用性：「只有持續進行地圖工作，我才能清楚知道，地形學對我們的歷史有多麼重要，是的，非常重要。」

接著，他在西元 *1847* 年出版第一張地圖《挪威南部地圖》（*Kart over det sydlige Norge*），並於西元 *1852* 年出版《挪威北部地圖》（*Kart over det nordlige Norge*）。《挪威南部地圖》收錄了將近四萬個地名。因為該國地圖長年都是由丹麥人及挪威人以丹麥文為書寫，所以挪威過去多數的地圖上都充斥如「*Walöer*」（表示『*Hvaler*』）、「*Quievogh*」（表示『*Kvivaag*』）、「*Steinbergdalen*」（表示『*Stemberdalen*』）等地名。因此，蒙克計畫中一項重要部分，便是盡量把地圖上的地名改為挪威文。其《挪威南部地圖》大受歡迎，所以後來必須再刷四版。在西元 *1853* 年湯姆士·佛瑞斯特（*Thomas Forester*）所出版的英文著作《挪威及其風光》（*Norway and Its Scenery*）中，亦稱該地圖為任何想造訪該國的人必不可缺少之物。

挪威健行協會（*Den Norske Turistforening*）成立於西元 *1868* 年，並成為改善熱門旅遊地區地圖的積極主力。協會成員也會繪製自己的地圖，並將其出版在協會年鑑中，包括西元 *1868* 年的《黑克利費爾德地圖》（*Kart over Haukelid-Fjeld*）、西元 *1873* 年的《加爾赫峰地圖》（*Kart over Galdhøpiggen*），以及與民間調查員暨地圖師辦公室（*Kontoret for private opmaalinger og kartarbeider*）合作繪製的《尤通山脈及其周圍區域地圖》（*Kart over Jotunfjeldene med omgivelser*），還有自西元 *1890* 年的《約詩達特冰河地圖》（*Kart over Jostedalsbræen*）。該協會同時也對其會員提出一項

下頁圖　為伊凡·瑞弗戴（*Ivar Refsdal*）的世界地圖，選自西元 *1910* 年出版、見證殖民時代的《小學及家庭用地圖集》（*Atlas for skole og hjem*）。印度尼西亞是「巽他」（*Sundaöerne*）群島（荷屬殖民地）；孟加拉、印度及巴基斯坦（英屬印度洋殖民地）；奈比亞（德屬西南非洲殖民地）；被錯誤標示為羅德西亞（*Rhodesia*）英屬殖民地的波札那（*Botswana*）、賴索托（*Lesotho*）、史瓦濟蘭（*Swaziland*）、南非、尚比亞（*Zambia*）及辛巴威（*Zimbabwe*）等地；芬蘭則有部分為俄國領土。挪威及瑞典所繪顏色相同，但以邊界分隔開來。

2

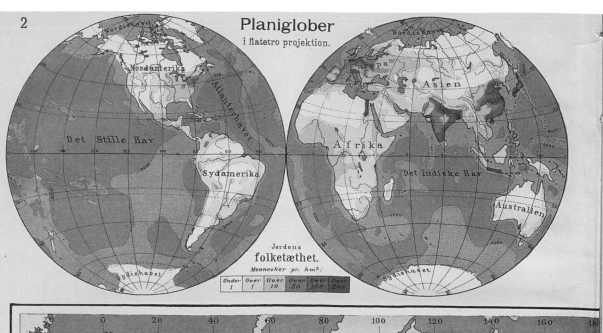

Planiglober
i flatetro projektion.

Jordens
folketæthet.
Mennesker pr. km²:

Under 1	Over 1	Over 10	Over 50	Over 100	Over 200

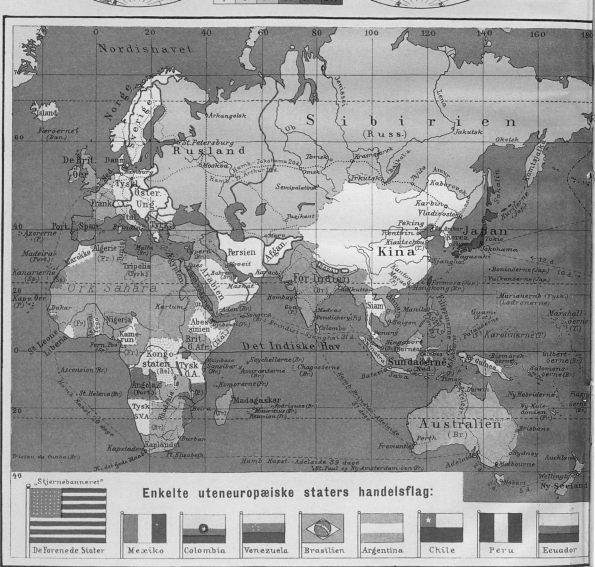

"Stjernebanneret"

Enkelte uteneuropæiske staters handelsflag:

De Forenede Stater | Mexiko | Colombia | Venezuela | Brasilien | Argentina | Chile | Peru | Ecuador

3

Nordamerikas
arktiske öer
1:25 mill.

"Fram":
1898–99
1899–00
1900–01
1901–02

Vestindien
1:25 mill.

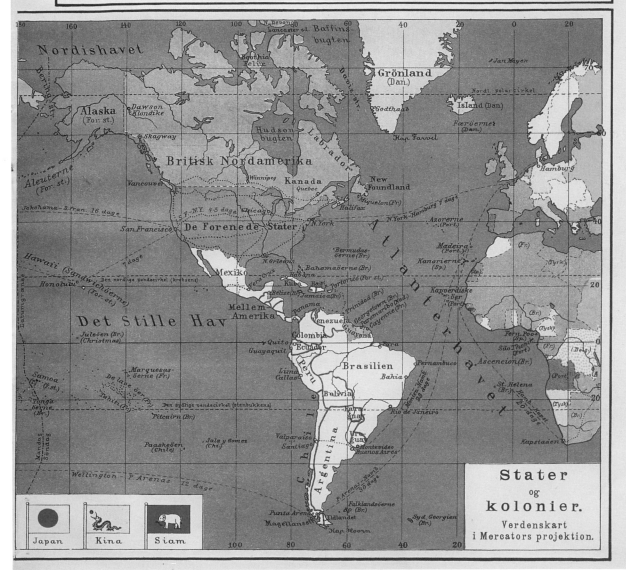

Stater
og
kolonier.
Verdenskart
i Mercators projektion.

Japan   Kina   Siam

長期要求：「對挪威地理調查局來說，能汲取到修訂舊地圖的資訊是非常重要的，特此鼓勵任何在旅行中遇到地圖勘誤的遊客，直接或透過協會祕書回報相關必要細節。」

山區地圖中的錯誤，可能是由於調查員迫於解決許多問題所致，以下是出自西元 1873 年有關尤通黑門（*Jotunheimen*）山區的日記節錄，便是個明顯例子：

4 日　到達嚴汀（*Gjendin*）。尤通山區中都是大霧。

6 日　大雪陣陣，帳篷慘遭雪埋。無法工作。

9 日　登上瑟曼汀（*Semletind*）；但由於有大量積雪，所以攀登過程極為艱苦。在交界點進行工作之際，鎖定了幾個地點，不過強烈暴風雪在下午 **3** 點再次出現，因此無法再進行更多作業。

10 日　惡劣的天氣，伴隨著大雪和暴風雨，由於毯子和便衣被弄濕，無法繼續忍受下去。只好先到嚴汀遊客處紮營。

該國的基礎設施處於不斷變化的狀態，馬及馬車都已經被其他機械運輸方式所取代。蒙克曾繪製一張路線圖，一直到西元 1867 年其去世後才出版，該圖亦顯示了計畫中的鐵路線。十八年後，在再版印刷中，地圖上便出現八條具有兩百個火車站的鐵路線。根據《菲卓海姆報》（*Fedreheimen newspaper*），佩・尼森（*Per Nissen*）於西元 1881 年所繪製的《亞伯特・坎莫麥爾的旅行地圖》（*Albert Cammermeyer's travel map*），其中收錄「所有旅館、碼頭、電報局及火車站的名稱；據稱，所有道路均清晰可見，包括主要道路、鄉村道路及最重要的山路通道」。讀者也很喜歡坎莫麥爾的《挪威旅遊地圖口袋書》（*Lomme-Reisekart over Norge*）：「所有遊客及登山者都會感到滿意的地圖，其中更收錄了尤通黑門山脈大部分的區域總覽。由於我對山區所知不多，我特別喜歡這張地圖；所有的道路都一目了然，一切

都清晰可見。藍色水域相對棕色岩石，白雪皚皚的山脈似乎都挨著白色山峰矗立著。」

工程師恩斯特‧比耶克尼斯（*Ernst Bjerknes*）於西元 *1890* 年出版了世界上第一張滑雪圖，即《北馬克及南德倫滑雪地圖》（*Kart over Nordmarken og Sörkedalen for Skilöbere og Turister*）。他標記「一般通行滑雪道及冬季道路」，亦標記「陡坡或急轉彎」，並「以紅色底線標著提供住宿及食物的農場名字」。

大家也開始騎自行車，西元 *1894* 年，尼可萊‧ *C* ‧瑞德（*Nicolay C. Ræder*）為「挪威乘車旅行協會」（*Norsk Hjulturist-Forening*）繪製的《挪威南部自行車觀光地圖》（*Hjulturistkart over det sydlige Norge*）中，為所標示的道路加入詳細資料。這是一本能提供三十一條路線沿途資訊的地圖手冊。

自行車觀光地圖逐漸也變成摩托車騎士的旅行地圖，在手冊中，西元 *1908* 年的挪威有一百輛汽車和五十輛摩托車，手冊中具有簡要的「駕駛人須知注意事項」，在交通規則未編寫之際，是相當實用的補充須知。九年後，皇家挪威汽車俱樂部（*Kongelig Norsk Automobilklub*）出版了第一本《挪威南部汽車地圖》（*Automobil Kart over det sydlige Norge*）。

昨日世界

西元 *1902* 至 *1903* 學年的學生成為挪威第一批研讀地圖集的人，這也是幾世代以來，許多挪威學生與廣大世界的第一次接觸，所讀的便是瑞弗戴的《小學及家庭用地圖集》（*Atlas for skole og hjem*）。經過不斷再版，該地圖直到 *1960* 年代時，都仍是教室裡的基本配備。而西元 *1889* 年通過的新《教育法》將地理學作為一門獨立學科時，瑞弗戴寫道，該學科的地位沒有特別被提高，「大多數老師都必須接受教材不多的事實，而僅存不多的教材通常也很糟糕，以至於幾乎等於沒有」。瑞弗戴自行繪製地圖，其地圖

簡單、清晰且具有教學意義，獲到老師及地理專家一致好評。他同時也繪製在挪威教室中所使用的掛圖。

在西元 *1910* 年版本的瑞弗戴地圖上，亞洲和非洲的特色是殖民地；波蘭並不是個獨立的國家，而是分裂於德國及俄羅斯之間。芬蘭為俄羅斯的一部分；愛爾蘭屬於英國；捷克共和國、斯洛伐克、斯洛維尼亞、克羅埃西亞、羅馬尼亞、摩爾多瓦及保加利亞則組成位居中歐南部的「奧匈帝國」。奧地利作家史帝凡·茨伐格（*Stefan Zweig*）在其西元 *1942* 年出版的回憶錄《昨日世界》（*The World of Yesterday*）中寫道：「我出生於西元 *1881* 年哈布斯堡王朝（*Habsburg Monarchy*）所統治的強大帝國中，但大家在現今地圖上一定遍尋不著，因為早就消失無蹤了。」

瑞弗戴的世界地圖上方有一幅附加的小地圖，其象徵著獨立新挪威的驕傲之源，即北極地區西部地圖，其稱為《北美北極地區島嶼》（*Nordamerikas arktiske öer*），其中「斯凡卓（*Otttoø Sverdrup*）所發現的土地均被塗成紅色」。這是挪威帝國主義在北極地區海域所達到的最高峰：南森以滑雪方式越過格陵蘭、法蘭姆號經過北極海域、羅德·阿蒙森（*Roald Amundsen*）抵達南極，以及探險隊遠征斯瓦巴群島（*Svalbard*）、揚麥延（*Jan Mayen*）、熊島及布韋島（*Bouvet Island*）。挪威可說是透過在地圖上對其他國家的標示，把自己的價值定位在地圖上。

KART
over
Dr. FRIDTJOF NANSEN'S
POLAREXPEDITION
1893-1896

ALASKA

Mackenzie Flod

Wrangel Ld

Ny Sibiriske Øer

Jeannette Ø
Henrietta Ø
Jeannettes Undergang
De Long Øer
Bennett Ø

Sannikow Ld

Fram i Isen 22. Sept. 1893

NORDENSKJÖLD SØ

Nansen og Johansen forlader "Fram" 14. Marts 1895.

86° 14'
7. April 1895.

POLAR
POL
REGION

C. Tscheljuskin

Vestl. Taimyr Halvø

Østl. Taimyr Halvø

Dickson Hav

Petermann Ld
Kong Oscars Ld
Franz Josef Land
Overvintring 1895-96

Parry 1827

Markham 1876

C. Washington

Peary og Astrup

Independance Bai

Smith Sund

Cochburn Ld

Nord Devon

Baffin Ld

BAFFIN-BAI

GRØN-
LAND
INDLANDSIS

Nansen 1888

C. Bismarck

Shannon Ø

Jan Mayen

ISLAND

nordl. Polarcirkel

Grønwich Meridian

SPIDS

BERGEN

BARENTS HAV

KARISKE HAV

Samojed Halvø

Kola Halvø

Nordkap

Hammerfest

Tromsö

Bodö

Trondhjem

St. Petersburg

Stockholm

Kristiania

Bergen

Kristiansand

Fær Øer

Shetlands Øer

SCOTLAND

Lena

Tegnet af Knud Bergslien.
Forlagt af Cammermeyers Boghandel, Kristiania
— ENERET. —
Ny revideret Udgave
Kristiania Litografiske Aktiebolag 1896.

"Frams" Rute fra 14. Marts 1895.
Dr. Nansens Polarreise.

Den sandsynlige Drift af "Jeannettes" Effekter.

Skovland
Höifjeld og Heder
kolde Strömme
varme Do

第七章
極北留白處

加拿大　伊薩森（*Isachsen*）

北緯 *78° 46'59"*

西經 *103° 29'59"*

　　西元 *1896* 年某個 *9* 月早晨，在法蘭姆號完成第一次北冰洋（*Arctic Ocean*）探險返家後幾天，船長奧圖・斯凡卓（*Otto Sverdrup*）在將船開至里沙克灣（*Lysaker Bay*）卸貨，而南森則剛從國外回來。南森想知道斯凡卓是否有興趣再次往北遠征，領事艾克塞・海堡（*Axel Heiberg*）和林納斯（*Ringnes*）釀酒廠老闆，即艾默・林納斯（*Amund Ringnes*）及艾勒夫・林納斯（*Ellef Ringnes*）兄弟都願意提供資金，以裝備全新的極地探險隊。

　　斯凡卓在七年後其遊記《新土地》（*New Land*）中寫道，「對於這項提議，除了欣然接受，我沒別的好說。地圖上仍然有許多空白區域，我很高興能有機會在此塗上屬於挪威的色彩，因此這項探險就此成行。」第一次法蘭姆號的探險已經證明北極沒有大陸，至少在其探險航行區域的東部沒

左圖　為西元 *1893* 年至 *1896* 年法蘭姆號第一次探險的航行路線圖，於西元 *1896* 年由克努茲・貝格斯林（*Knud Bergslien*）所繪，以展現他們的探險成就。南森相當意外在航行過程中，並未在此水域發現任何新大陸。關於法蘭姆號的第一次探險，詳細請見本書第 *281* 頁至第 *282* 頁。

有。不過，在往更西方地區的周圍仍然存在很多不確定性。在西元 *1896* 年的地圖上，顯示了法蘭姆號穿越北冰洋，而格陵蘭北部部分地區及其以西的路線，從這裡一直到新西伯利亞群島（*Ny Sibirske Øer*）極地地區附近竟是完全空白。至此，探勘只到埃勒斯米爾島（*Ellesmere Island*）東海岸部分地區，斯凡卓認為挪威能對他及其船員所繪製的區域主張所有權。

探險隊於西元 *1898* 年 *6* 月 *24* 日啟航，最初目的是繪製格陵蘭島北部及未知地區的地圖。法蘭姆號先沿著格陵蘭島的西海岸航行，因為這是探險隊在被迫靠港過冬，並派遣小隊以雪橇轉往北方及東方之前，在冬季所能向北航行的最遠距離，但當時受制於嚴寒冰雪因素，該計畫不得不放棄，改而探索加拿大北部北極群島。接下來四年中，探險隊隊員在這些水域中進行探索，並繪製出等同挪威南部大小的區域，範圍遠大於他們在北極地區進行的任何遠征。

探險隊的地圖師是古那・伊薩森（*Gunnar Isachsen*），斯凡卓寫道：「探險隊地圖師古那烏斯・伊凡德・伊薩森（*Gunerius Ingvald Isachsen*）是騎兵第一中尉。他出生於西元 *1868* 年的德勒巴克（*Drobak*），自西元 *1891* 年參軍。隨後，他進入中央體操學校。」伊薩森的首要任務是找到法蘭姆號得以停靠過冬的地方，即埃勒斯米爾（*Ellesmere*）的哈耶斯海峽（*Hayes Sound*），並透過觀測太陽和月亮找出經緯度。探險隊擁有三個經緯儀、三個六分儀、一個指南針、一支望遠鏡、三座大天文鐘及六個懷錶。他們在船上置有調查員的桌子，並在進行三角測量時在景觀中設下標記。雪橇還配備了里程錶，即小型齒輪形設備，用於測量所涵蓋的範圍距離。

西元 *1888* 年 *9* 月 *14* 日，星期三，上午 *4* 點 *30* 分，伊薩森、斯凡卓及萬事通伊凡・福斯海姆（*Ivar Fosheim*）一同啟航進行其第一次測繪探險。斯凡卓希望能弄清楚哈耶斯到底是海峽，或只是個大峽灣。

旅途十分艱辛，在崎嶇不平的地形上，眾人的步調很是緩慢。團隊中沒有人具有拉雪橇的經驗，當雪橇狗以瘋狂的速度衝下坡時，斯凡卓「非

常希望牠們是為了自己，也是為了我們」。伊薩森和福斯海姆之前也從未在帳篷裡睡覺過：「帳篷生活對伊薩森和福斯海姆來說很新奇，他們也非常熱衷於體驗。」福斯海姆躺在睡袋裡，感覺自己都快窒息了。「無論如何，福斯海姆都不會把頭包在裡面；他說，覺得自己好像快窒息，然後再次探出頭，但時間無法持續太久。」斯凡卓描述，當時溫度大約是零下 *30* 度左右。

在此時繪製極地地區地圖，會面臨一連串非常特別的挑戰，不僅要面對凍僵的耳朵、手指及腳指，同時強風、大雪及濃霧也會讓任何測量活動變得困難。斯凡卓在天氣特別惡劣的某天試著進行測量後，寫道：「在這種情況下，大家有很多時間煩惱、感到急躁不安。」若是隊員發現自己在冰川上，則幾乎不可能進行測量，因為很難看到地平線，而且因地磁北極（*Magnetic North Pole*）與地理北極位於不同位置之故，所以也無法仰賴指南針。隨著糧食越來越少，通常要在工作完成之前就得返回船上。

在第一次的探勘中，斯凡卓想解決此水域是否形成峽灣或海峽的問題。「我們當然應該對此進行調查」；在伊薩森進入山區並看到峽灣往北深入陸地之後，斯凡卓寫道：「但狗糧快吃完了，我們不得不回到船上。」

不過幾天後，探險隊帶著十一名男子、六十條狗及大量糧食返回並建立營地，以便更仔細探索該地區。斯凡卓寫道：「我們首先要做的，就是為繪圖找到基線。」為此，伊薩森帶了一條 *20* 公尺長的鋼帶，並量出三角測量所需的 *1,100* 公尺長基線。第二年春天，他們在更北方的位置測量一條長達 *1,500* 公尺的新基線，並且為了確保其結果完全正確，也另外在哈耶斯海峽沿海以東位置再增加了兩個基線，同時在調查之後，將其改名為哈耶斯峽灣。峽灣在最深處一分為二，而他們也把峽灣最南端一臂及端點的名字分別命名為貝斯塔德峽灣（*Beitstadfjorden*）及斯坦夏（*Stenkjær*），這也顯示斯凡卓對家的渴望，因為這都是他年少時曾住過的地名。

在本次探勘的第一個秋冬季，探險隊隊員開始繪製周圍環境圖。西元 *1899* 年 *5* 月 *23* 日星期二，短暫的北極夏天才剛剛開始，伊薩森及來自索

勒（*Solør*）的加煤工兼雜工奧夫・布拉斯克魯德（*Ove Braskerud*）開始一段漫長旅程，一起探索埃勒斯米爾島西部。伊薩森在其報告中寫道：「我收到的命令很簡短：找個人為伴，以兩組各由六隻狗所組成的小隊，在三十天內穿越埃勒斯米爾島內陸的冰河。我自行選擇方向向西，努力到達西海岸，然後盡我所能地向南行駛。」

伊薩森及布拉斯克魯德一路攀上冰川，從那裡往西南方前進，而那些雪橇狗「在我們頻繁冗長的偵察中亦有足夠時間休息」。6 月 2 日午夜，他們在西海岸發現一座峽灣，卻決定不走這條路，伊薩森希望能盡量維持在較高的山頂位置，以便取得最好的景觀概況。「從有利的角度來看，我們觀察到山脈往東南方延伸，也沒有雪，同時，遮蔽住了西方及西南方的視野。」並在其他日子，無法完成預期的任務：「不幸的是，在這種情況下無法準確測量（山的高度）。」暴風雪及大霧也代表他們遲了十天才返回船上：「儘管布拉斯克魯德的背心口袋曾裝有菸草，也在我們的菸斗中待了整整三天，但是很遺憾的，我們的菸草供應已經耗盡。」

但是法蘭姆號的隊員並非獨身在冰原上，其第一個冬季港口就在伊努特人狩獵範圍的中心。斯凡卓滿懷敬畏欽佩之情，認為極地研究人員必須「從兩個種族中汲取教訓」，畢竟這些當地居民最能因應此種惡劣環境，即芬蘭人或愛斯基摩人（*Finnen og Eskimon*），又稱薩米人（*Sami*）或伊努特人。那年春天，一位伊努特人首次造訪法蘭姆號，斯凡卓形容其看起來是所謂「聰穎十足的野蠻人」。他們允許他翻閱極地研究員埃文德・亞斯特普出版於西元 1895 年的著作《北極周圍環境》（*Blandt Nordpolens Naboer*），結果證明此人曾是亞斯特普的同伴。「在地圖協助下，他似乎就跟在家研究的地理學教授一樣……我們亦從其身上得知，他來自英格費爾德灣（*Inglefield Gulf*）的卡馬島（*island of Kama*）。」

維京人

　　北部地區的探索，自然是開始於第一批往北移動，並在此定居的人，即居住在格陵蘭、加拿大北部及阿拉斯加的伊努特人，其祖先大約在西元 *1000* 年從西伯利亞越過白令海峽。但是也有伊努特人抵達此地趕走人群的傳說，而考古發掘目前已證實圖聶人（*Tunit*）或斯弗利奧謬人（*Sivullirmiut*），其意指「第一批居民」，居住在兩千五百年前的北極地區。在五千年前，也有其他人居住過此地區。

　　薩米人已經在斯堪地那維亞半島生活了至少兩千年，西伯利亞各地也還有其他許多原住民，但是與第一批挪威人不同，這些人沒有留下任何我們得以研究的書面資料。薩加傳說可說是最早提供我們第一手資訊的來源。

　　在英語世界中被稱為紅鬍子艾瑞克（*Erik the Red*）的冰島人艾瑞克・勞德（*Eirik Raude*），他於西元 *982* 年突襲格陵蘭之際，發現東西兩岸都有人類定居、船隻及石器的痕跡。「很明顯，此處住著跟文蘭（*Vinland*）一樣的居民，格陵蘭人稱之為『斯克瑞林人』（*Skaelings*）。」亞雷・弗洛德（*Are Frode*）在西元 *1130* 年所出版的《冰島人之書》（*Islendingabók*）中如此寫道。「斯克瑞林人」是美國人對北歐人的稱呼。

　　紅鬍子艾瑞克的兒子萊夫・艾瑞克森（*Leif Eriksson*）則有幸被稱作文蘭（美國）的北歐發現者，儘管在《格陵蘭人傳奇》（*Saga of the Greenlanders*）中的敘述表示，有名叫比雅尼・何爾約夫松（*Bjarni Herjolfsson*）的人，儘管從未曾抵達上岸過，但是他在一次航行中迷路，成為真正第一個把目光放在美國這個國家上的人。

　　維京人從挪威、瑞典及丹麥遠距航行至冰島、格陵蘭、美國、法羅群島、愛爾蘭、蘇格蘭、英國、俄羅斯、法國、義大利及土耳其。十字軍戰士西古德（*Sigurd the Crusader*）則一路往耶路撒冷前進，而《定居書》（*Landnámabók*）提到的國家很可能是斯瓦巴群島。就此而言，令人驚訝的

是維京人從來沒有繪製過一張地圖，連一條海岸線或一座島都沒畫過。因此，我們只能推論，維京人在口述地圖這方面表現良好。考古學家兼作家黑格・英斯塔德（*Helge Ingstad*）曾想像其可能的運作方式：

船長、船員及農民聚在一起，討論各自長途航行的種種經歷，分享有關風向、洋流、冰、遙遠水域及離岸的經驗。知識不斷堆疊，並建立許多固定航行路線，形成了一種傳統。

西元 *1308* 年的《侏儒之書》（*Hauksbók*）便提供這種口述地圖的例子：

某個有智慧的人說，從挪威的史塔特（*Stadt*）到冰島東海岸的霍恩（*Horn*）需要七天的航行時間，但從斯諾芬斯尼斯（*Snøfellsnes*）到格陵蘭的赫瓦爾夫（*Hvarf*）卻只要四天。若從挪威的赫納爾（*Hernar*）出發，必須快速向西航行到格陵蘭的赫瓦爾夫，即往設得蘭群島以北航行，才能在天氣晴朗之際看到這片土地。但是在法羅群島南部，只能看到一半高的山脈，一直到冰島以南，則可能會看到該國的海鳥及鯨魚……

靠近陸地的區域，可以透過地標導航並詢問方向，但在海上，則需要透過觀測太陽及星星來導航。對於較長的航程，維京人都會帶著一名「導航專家」（*leidsagnarmadr*），該專家會分享航線經驗（*deila ættir*）或確立基本方向。《格陵蘭人傳奇》中也提和萊夫和其船員於美國建造房屋並在那裡過冬時，是如何測量太陽：「那裡的春分（*jamndøgr*）比格陵蘭或冰島要長得多。那裡的太陽在冬至（*skamdagen*）具有埃克特史塔德（*Eyktarstad*）及達格瑪拉史塔德（*dagmålastad*）位置。」

春分的晝夜長度相等，冬至則是一年中最短的日子，即 *12* 月 *21* 日。「埃克特史塔德」及「達格瑪拉史塔德」是指太陽在晚餐（*eykt*）和早餐

世界地圖祕典：一場人類文明崛起與擴張的製圖時代全史

（*dagmåla*）的位置。在文蘭，跟斯堪地那維亞半島不同，太陽在冬至仍會於埃克史塔德及達格瑪拉史塔德升起。

根據這些資料，歷史學家古斯塔夫・斯托姆（*Gustav Storm*）和天文學家漢斯・蓋繆伊登（*Hans Geelmuyden*）計算出文蘭在紐芬蘭北部的位置為北緯 *49* 度 *55* 分。英斯塔德還在該地區發現幾千年前的房屋廢墟，這同樣也代表了斯托姆及蓋繆伊登的成就。

一幅西元 *1590* 年的冰島地圖，即斯考哈特（*Skálholt*）地圖，也是紐芬蘭（*Newfoundland*）所位於的溫蘭達海岬（*Winlandiæ Promontorium*）。另一幅由丹麥神學家漢斯・普爾森・雷森（*Hans Poulson Resen*）於西元 *1605* 年所繪製、類似於斯考哈特地圖，但雷森註明，其地圖是以某張具有一百年歷史的地圖為根據（*ex antiqua quadam mappa, rudi modo delineate, ante aliquot centenos annos*……）。英格塔德認為，斯考哈特地圖與雷森地圖都是以哥倫布時期之前的通用地圖為基礎。

透過耶魯大學及大英博物館一些世界著名的地圖專家，在做出這些地圖是在大約西元 *1440* 年所繪製、比哥倫布橫跨大西洋早五十年的結論之後，於西元 *1965* 年公諸於世的文蘭地圖，即第三幅地圖之中，美國被繪成一座島，稱作文蘭半島（*Vinlandia Insula*）。該地圖被公認為美國最古老的地圖，但有些人卻不太相信此說法。首先，沒人知道西元 *1440* 年前後可以作為地圖參考的單一來源；其次，格陵蘭島的繪製實在太過於精確。在其中某張地圖說明文字所提到的萊夫・艾瑞克森（*Leif Eriksson*），其名字也被拉丁化為「艾瑞森烏斯」（*Erissonius*），這種做法要到 *1600* 年代才變得很普遍。經過大量研究後，現今認為該地圖是近代的偽造品。

但是，會有人在西元 *1440* 年前後繪製這樣一張地圖並非全然不可能，

下頁圖　根據荷蘭探險家威廉・巴倫茲（*Willem Barentsz*）的筆記所繪製的北冰洋地圖，其地圖是在西元 *1597* 年他逝世於新地島（*Novaya Zemlya*）之前所繪製，其地圖以驚人的精準度繪製出北方的海域及海岸線。挪威北方的巴倫特海（*Barents Sea*），便是以巴倫茲為命名。黑紐威島（*Het neuwe land*）便是指斯瓦巴群島，也是此群島首次在地圖上出現。

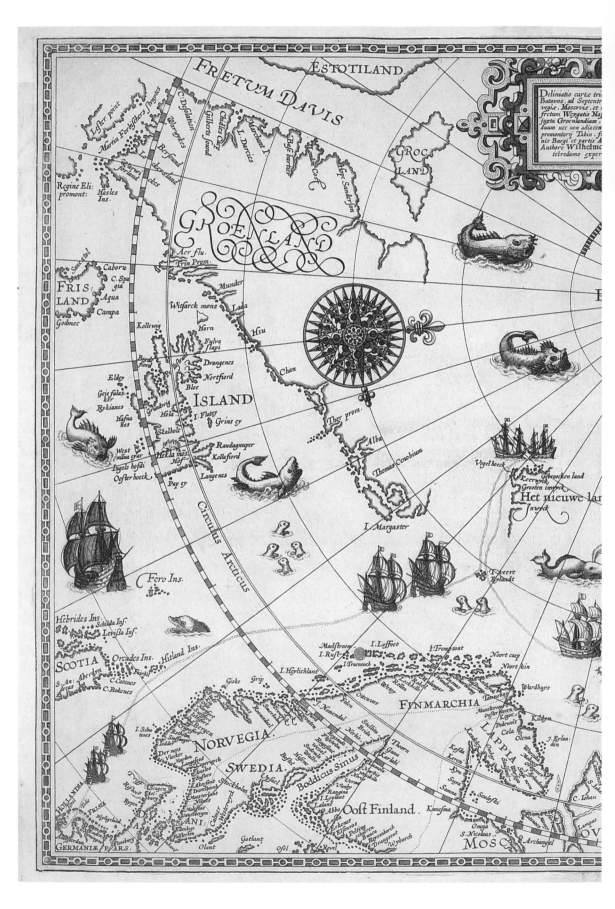

ESTOTILAND.

FRETVM DAVIS

GROE
LAND

Lesser point
Martin Forbischers freyes
C.Desolation
Warwyckes
Berssund
Iogk
deso land
Iohn
Tartety Portland
C.Desolation
Charles Cape
Gilberts sound
L. Darcies
Marchant I.
Byssborne
Iackman Coste
Hope Sandesson

Regine Eli: promont:
Hasles Ins

FRIS-
LAND

Caboru
C.Spa-
gia
Aqua
Campa
Godmec
Sancstol

Munder
Lada
Hiu
Chan

Acr flu.
Trin Prom.
Witsarck mons

Kollewig
Horn
Fulva flapi
Drangenes
Nortfiord
Bloc

Byrd-fiord
Reksto-
Grimdwig
Eldey
Geie fulas-
ker
Rykianes
Hafna nes
Hola
Stalholt

ISLAND

I. Flatty
Grins ey

Ther prom.
Alba
Thomas Cenobium

West mana eyar
Ingols hofdi
Oosterhoeck
Hekla mons
Hof
Raudagnuper
Kollafiord
Langenes

Pap ey

GROC
LAND

Circulus Arcticus

Fero Ins.

Hebrides Ins.
Schilda Insf.
Levista Insf.

SCOTIA
Orcades Ins.
Hitland Insf.
S. An:
Sirtas
Aberdyn
C.Catenes
C.Bokenes
Fairhil

Giske
Grip

I.Heylichlant

Maelstroom
I.Ruft
I.Traenooch
I.Loffoet
I.Trompsont
Noort caep
Noort skin
Wardhuys

FINMARCHIA

Vogel hoeck
Keerwyck
Grooten inwyck
Grooten inwyck

Het nieuwe lan

I.Margaster

LAPPIA

Munckeshaven
Oosterhaven
Kegor
Podewolt
Cola
Olena
Kildyn
J. Erlan-
den

HOLLANDIA
I.Schu tenet
Ristand
Bergen
Stafsanger
Der noes
Vlecker
Landgsont
Ansloo
Oosters
Abersont
Distelsport
Stockholm
Ilberden
Flensburg
ANI.
Ellenloge
Asslerken

NORVEGIA

SWEDIA.

Boddicus Sinus

Oost Finland.
Kinesma

Gotlant
Olant
Osel
Revel
Wyborch

S.Nicolaus
Oneça
Rossenborch
Drangisont
Lampas
Archangel

GERMANIÆ P. ARS.

MOSC

OV

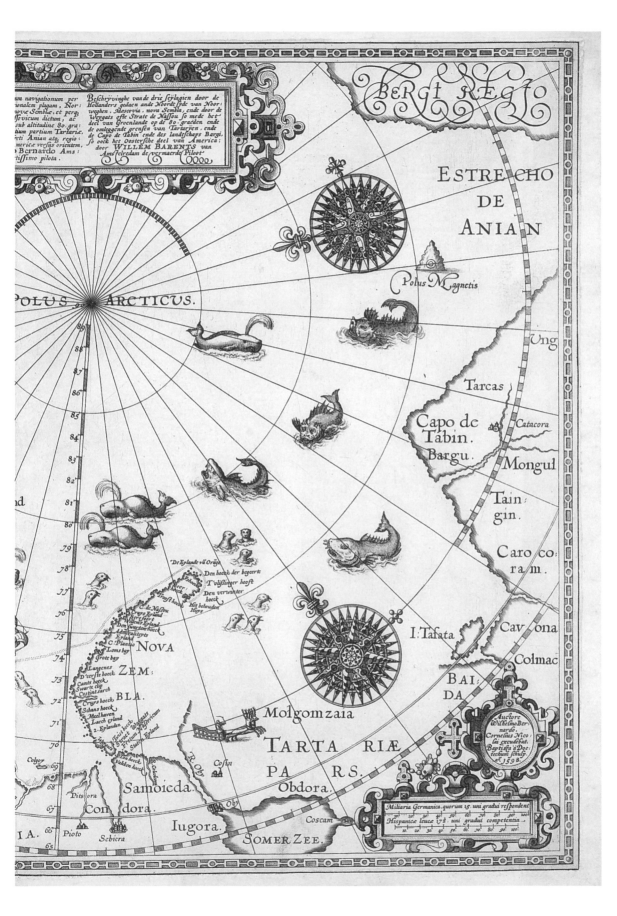

BERGI REGIO

ESTRE CHO
DE
ANIAN

Polus Magnetis

POLUS ARCTICUS.

89
88
87
86
85
84
83
82
81
80
79
78
77
76
75
74
73
72
71
70
69
68
67
66
65

Ung

Tarcas

Capo de
Tabin.
Bargu.

Catacora

Mongul

Tain:
gin.

Caro co:
ra.m.

Cav ona

Colmac

BAI
DA

I: Tafata

De Eylande vã Oranje
Den hoeck der begeerte
T'vlishinger hooft
Den vertwinter hoeck
Het behoudent Huys

C: de Naffou
Prins Eyland
Willems hooft
Den Swarte hoeck
Admiralityts
Eyland
C: Plancius
Lonts bay

NOVA

ZEM:
BLA.

Grote bay
Langenes
D' teerste hoeck
Cants hoeck
Swarte clip
Costint sarch
Cruys hoeck
Schans hoeck
Mcel haven
Laech t'land
2. Eylanden

Colgoy

Pitslora

Con dora.

Samoieda.

IA.
Pioto
Scbiera

Iugora.

Molgomzaia

TARTA RIAE
PA RS.
Obdora.

R.Oby

Cofin

Ob

Coscam

SOMER ZEE.

Auctore
Willelmo Ber:
nardo.
Cornelius Nico:
lai excudebat.
Baptista á Doe:
tecchum sculp.
aᵒ 1598.

Miliaria Germanica, quorum 15. uni gradui respondent
Hispanicæ leucæ 17½. uni gradui competentia

因為前往美國、格陵蘭和冰島的航行仍持續進行中。在西元 *1075* 年，不來梅的亞當在《漢堡教區概述：大主教活動及北方島嶼王國》（*Account of the Diocese of Hamburg, the archbishop's activities and island kingdoms in the north*）中寫道：「丹麥國王還告訴了我另外一個島嶼，也是很多人早在海洋上所觀察到的，其稱為文蘭……這既不是閒話，也不是假話，是我從可靠的丹麥消息來源聽來的。」西元 *1121* 年《冰島年鑑》（*The Icelandic Annals*）指出「格陵蘭主教艾瑞克，開始啟航去尋找文蘭」，而西元 *1347* 年的年鑑則說：「一艘從格陵蘭島來的船……船上有十七個人，他們先到了馬克蘭（*Markland*），後來受到海上風暴影響才到這裡。」馬克蘭是萊夫·艾瑞克森對文蘭以北地區的命名。一張可能來自西元 *1159* 年過世的修道院院長，孟卡維拉的尼古拉斯（*Nikolás of Munkatverå*）的世界圖中顯示：「格陵蘭南部是赫路蘭（*Helluland*）。接著是馬克蘭（*Markland*），然後就離佳地文蘭（*Vinland the Good*）不遠了，某些人認為其來自非洲。若是如此，那麼海洋必然在文蘭及馬克蘭之間流動。」《侏儒之書》中提及艾利（*Ari*），他曾出海到達過白人土地，即被稱作大愛爾蘭（*Great Ireland*）的地方：「其座落於海洋西側，靠近勝地文蘭，據說從愛爾蘭向西航行需要六天。」

但是，陸上的地圖師對這些北歐人所具有的北部地區知識了解多少呢？很少。在重要的中世紀地圖上，例如《赫里福德地圖》及《艾伯斯托夫地圖》（*Ebstorf Map*）中，都沒有找到任何試著代表圖勒北部及北極圈的地圖的跡象。除了一張十三世紀中期的公禱書地圖，在挪威北部繪製了兩座島嶼，即伊普里亞（*Ipboria*）及阿朗倍列亞（*Arampheans*），這兩座島的名字是以希臘人認為定居遙遠北方的兩個民族，即敘佩波爾列亞人及阿朗倍列亞人為命名。

西元 *77* 年，大畢利尼在《自然史》中寫到有關阿瑪利亞海（*Amalehian Sea*），「其名字在當地語言的意思為『冰凍』」；在此海域附近的島嶼居住著有蹄而非腳足，或是耳朵大得能覆蓋整個身體的人類。不來梅的亞當寫道：

「在挪威，即北歐地區最外邊國家以外，不會有人類居住，只有遍布整個世界、恐怖又無盡的海洋。」西元 1410 年，皮耶・達埃理（*Pierre d'Ailly*）樞機主教在其《理想世界論》（*Tractatus de imagine mundi*）中寫道：「在圖勒島之外，有海洋的最後一座島，經過一天的航行，大海結凍堅硬。在極地中，那裡生活著巨靈及猛獸，即人類的敵人。」

北方航道

關於極地地區的系統化地圖繪製，是從歐洲人試圖找到通往亞洲、但避開南非或南美洲的海上航線才得以展開，那是一條航向美國北部的西北航道，或者說是歐亞大陸北部的東北航道。

一旦有人開始不像哥倫布所認為的那樣，想像美國可能不是亞洲的一部分，他們便會開始在這片新大陸周圍探索，或是尋找穿越這片新大陸的路線，以抵達富有的東方。西元 1487 年，義大利探險家約翰・卡伯特（*John Cabot*）在美洲大陸北部航行時，便試著開始探索西北航線，比葡萄牙探險家麥哲倫在大陸南端航行還要早二十三年。因此，卡伯特是第一個駛入北極迷宮的人，而該迷宮也在接下來的四百年內逐步被繪製出來，直到挪威極地探險家阿蒙森及其約亞號（*Gjøa*）終於在西元 1906 年到達太平洋。在卡伯特抵達陸地冰層之際，其實距離他的目標還很遠，只到達了紐芬蘭（*Newfoundland*）。在他西元 1498 年的第二次遠征中，卡伯特及其四艘戰艦消失得無蹤無蹤，對於任何敢冒險進入這些水域的探險家而言，這就像個不祥預兆。

卡伯特的地圖很遺憾沒有流傳下來，但是看到西班牙地圖師璜・德拉・科薩斯（*Juan de la Cosas*）在西元 1500 年所繪製的美國東海岸地圖時，就能發現其蹤跡。在北緯 52 度，科薩斯已經繪製上五張英國海事旗幟，並寫著「英國人所發現的海」（*Mar descubierta ynglesie in*）。葡萄牙人

也嘗試往西方尋找到東方的路線，探險家嘉士伯·科爾特雷亞爾（*Gaspar Corte-Real*）於西元 *1500* 年及 *1501* 年到達格陵蘭、拉布拉多（*Labrador*）及紐芬蘭。在西元 *1502* 年的不具名地圖開始，這些區域變得到處都是葡萄牙海事旗幟。格陵蘭島旁邊的文字指出，該地區「代表是葡萄牙國王唐·曼埃紐（*Dom Manuel*）所發現，他們認為這是亞洲的最外圍地區」。而科爾特雷亞爾也消失得無影無蹤。

但是英國人並沒有放棄在北部地區搜尋路線的希望。西元 *1541* 年，來自布里斯托（*Bristol*）的商人羅傑·巴洛（*Roger Barlow*）把《地理簡介》（*Brief Summe of Geographie*）呈獻給亨利八世。他寫道，由於西班牙人及葡萄牙人在東方、南方及西方都已建立其海外帝國，因此只留下一個方向得以探索，就是「北方」。西元 *1553* 年，英國探險隊從挪威海岸啟航，試著在俄羅斯尚未繪製地圖的北海岸上找到東北航道。他們之所以能夠如此，是因為烏勞斯·馬格努斯在西元 *1539* 年的《北方地區航海圖》上顯示，斯堪地那維亞的北部是片開闊海域。當他們繞過挪威的最北邊，其中一位船長將克尼斯坎尼斯（*Knyskanes*）的懸崖命名為北角，該名稱一直被沿用至今。可惜不久後，探險隊便沉沒了。兩艘船上的六十三名男子，全在科拉半島過冬時死於飢餓和疾病。

那時代的地圖師對於往東或往西的方向，是否存在通向亞洲的航線一事上意見分歧。很多人認為美洲與亞洲同屬一大陸，根本沒必要航行，如果沿著該大陸北邊往西方航行，就只會回到大西洋。在西元 *1502* 年的葡萄牙地圖上，亞洲最東邊海岸向東延伸到地圖邊緣，這或許代表其羊皮紙之外的地方與美國相連，在之後幾年所繪的兩張義大利世界地圖也是如此。

西元 *1507* 年，一名可能是卡伯特首次探險成員的荷蘭人約翰尼斯·魯胥（*Johannes Ruysch*）繪製了一張世界地圖，其中格陵蘭島顯然與亞美大陸東部相連。魯胥還把挪威跟一塊名為文提蘭（*Ventelant*）的土地相連，該土地同時與費拉貝藍（*Filapelat*）和皮拉貝藍相連，即往北方到一座一直

延伸到北極、名為許珀耳玻瑞歐羅巴（*Hyperborei Europe*）的島嶼。

在大約西元 *1505* 年的地球儀上，北美四散成許多群島，這對於任何想到達東方亞洲的人來說根本不算障礙。西元 *1515* 年，德國地理學家約翰尼斯・舍納（*Johannes Schöner*）的地球儀中也收錄進這些島嶼，但在後來西元 *1520* 年、*1523* 年及 *1533* 年的地球儀中，北美大陸變得越來越大，直到最終與亞洲相連。

缺乏可靠資料來源，代表北緯 *55* 度以上的大西洋地區不僅為地圖師帶來挑戰，也放任其想像。並非每個人都像西元 *1556* 年的義大利地圖師加斯塔爾迪那樣傳統，當時他在繪製的地圖上留下完全空白的北部，而之後加斯塔爾迪本人也沒有維持此想法。在西元 *1562* 年的世界地圖上，他在美洲和亞洲之間增加個缺口，並將其命名為亞泥庵海峽（*Streti di Anian*）。他可能是依據《馬可・波羅遊記》為命名，其中「亞泥庵」（*Ania*）是中國某個省名，但是否為海峽純粹是猜測。然而，令人驚訝的是，加斯塔爾迪確實把此海峽安排在白令海峽實際將兩大洲分開的位置。

亞泥庵海峽停留在歐洲地圖上的歷史很長，也曾出現在英國編年史學家喬治・貝斯特（*George Best*）於西元 *1578* 年的著作《真實話語》（*True Discourse*）中的地圖上。兩年前，貝斯特曾是船長馬丁・弗羅比歇（*Martin Frobisher*）探險隊的成員，在兩年前尋找西北航線，並帶著麥卡托西元 *1569* 年的世界地圖及奧特利烏斯西元 *1570* 年的地圖集。兩張地圖上都有一條從美洲大陸北部上方通往太平洋的航道路線。在 *7* 月下旬駛入巴芬島東南角的弗羅比歇灣（*Frobisher Bay*）時，弗羅比歇以為他到了亞洲在其右方、美國在其左方的位置，而太平洋就在另一邊。實際上，距離遠征隊到達亞洲的最東邊還有 *4,390* 公里。因大雪及救生艇損失，弗羅比歇在距離海灣盡頭僅 *32* 公里處迴轉，並確信自己已發現西北航道。他將其命名為弗羅比歇海峽（*Frobisher Strait*），以彰顯其得以比擬為麥哲倫在北部海峽的地位。被收錄於《真實話語》的地圖上，其探險隊所到達處顯示為一個島嶼王國，此處的

「弗羅比歇海峽」（*Frobussher's Straightes*）寬大開闊，一路經過亞泥庵海峽流入太平洋。一回到倫敦，弗羅比歇以曾去過的地方向麥卡托及奧特利烏斯致意。奧特利烏斯則越過英國，以取得關於新發現的第一手資料。

　　同時，荷蘭航海家巴倫茲也在尋找東北航道，並於西元 *1596* 年展開第三次航行，試圖經過新地島並往東航行。*6* 月 *4* 日，探險隊看見了北角，但從這裡開始，一位固執強硬的船長將探險隊的路線設定在比巴倫茲所指示西邊更遠的地方。第二天，他們便遇到海冰，船員葛里特・德維爾（*Gerrit de Veer*）在其日記中寫道，這使他們必須向西行駛：「因此，我們從西方繞西南方航行，直到用完兩次沙漏的時間，再往南南西方三次沙漏時間，接著往南方三次沙漏時間，航行到我們所看到的島嶼，同時也避開海冰。*6* 月 *9* 日，我們發現一座島，該島位處北緯 *74* 度 *30* 分，（根據我們預估）大約有 *12* 英里長。」在跟北極熊搏鬥之後，他們將此島稱為熊島（*Beyren Eylandt*）：「我們看到一隻白熊，便用小船尾隨其後，想在牠脖子上繫繩子；但是一靠近牠，便發現牠實在太雄偉，導致我們不敢這麼做，只好再次回到船上，好帶上更多的男人及支援，接著再用步槍、來福槍、戟及斧頭對付牠，」德維爾描述寫道，船員是如何與熊搏鬥了兩個小時，因為在熊最終屈服之前，他們的「武器只能令牠受一點傷」。

　　十天後，船員在北緯 *80* 度的地方發現許多尖齒狀的山頂，巴倫茲將其命名為斯匹茲卑爾根（*Spitsbergen*）。儘管他們往山脈北方航行，並在繪製由北至南海岸線之際從西側往下行駛，接著到達最南端又再次往東轉向，並一直認為該地區是格陵蘭島一部分。不過巴倫茲及其四名船員永遠無法返回家鄉，因為他們的船被困了冰裡，不得不在新地島北端過冬，最後更在那裡與世長辭。但是冬天時，巴倫茲完成了北部地區的地圖，該地圖於西元 *1598* 年其過世後出版，這是第一幅顯示熊島及斯瓦巴群島的地圖，也是一幅不再於北極附近繪製島嶼，反而呈現為開闊北冰洋的地圖。

西北方

西元 *1610* 年，英國探險家亨利‧哈德森（*Henry Hudson*）發現了今日所知的哈德遜海峽（*Hudson Strait*），他也是第一個進入加拿大北部巨大哈德遜海灣的歐洲人。由於海灣非常大，哈德森當時相信自己已經到達了太平洋，若是他只是沿著海岸往西南方航行，那到達加州就不足為奇了。因此，在極度不情願的過冬及叛變情況下，這次探險便在抵達詹姆士灣（*James Bay*）後戛然而止。哈德森和其他八名船員搭乘救生艇離開，再也沒有其消息。

叛變者一定把哈德森的日誌帶回去了，至少看起來是這樣。因為荷蘭雕刻家赫塞‧格里茲（*Hessel Gerritsz*）在為西元 *1612* 年的《發現哈德遜海峽》（*Detection Freti Hudsoni*）繪製地圖時，似乎是以其作為資料來源。地圖顯示「大海」（*Mare Magnum*）在遠方的西邊，要是哈德森當時停留在更北的地方，他就會發現到它的存在。

因此，英國人返回哈德遜灣，開始往遠西尋找通航機會。西元 *1615* 年，航海家兼地圖師威廉‧巴芬（*William Baffin*）觀察到最強的潮汐，並認為是來自西北流向的海域，即從北方格陵蘭島旁邊的戴維斯海峽，而非往西流的哈德遜海峽。因此，巴芬把探險路線設定於北方，他及船員到達北緯 *78* 度的史密斯海峽（*Smith Sound*），距離兩百八十二年之後法蘭姆號所停靠過冬的海峽只差半個緯度。一路以來，巴芬發現了幾條通往西方的海上路線，並將其記載於 *7* 月 *12* 日的航海日記中，即他們正在「另一個巨大海峽旁，位於北緯 *74* 度 *20* 分，我們稱之為爵士詹姆斯‧蘭卡斯特海峽（*Sir James Lancaster's Sound*）」。當時，巴芬並不知道，他的船正在未來十九世紀時成為西北航道的入口處緩慢移動著。他沒有意識到自己有多接近，只是寫信說，他們受制於漫天冰雪，尋找一條前往北方航道的希望日益遞減，船員們更罹患了壞血病及其他疾病。在安全返回英國之後，他便

氣餒地下了結論:「那裡沒有航道。」

　　但是,山繆爾‧普查斯(*Samuel Purchas*)不同於巴芬的消極,他是出版巴芬的旅行著作的編輯,同時也十分渴望英國能再次出海。因此普查斯專出版巴芬的日記,而不出版其地圖,所以那些地圖都遺失了。這實在很可惜,因為這位可能是當時最傑出的航海家巴芬,也是透過觀察月球,去找到經度數值的先驅,比起其記載的日記,或許他在繪製地圖上投入更多的心血。然而,普查斯選擇收錄了數學家亨利‧布里格斯(*Henry Briggs*)的《美國北部》(*The North Part of America*)。在此地圖上,美國太平洋海岸向東北延伸,直到哈德遜海灣,將其形容成「前往日本及中國最接近、溫暖的航道」。普查斯想找到航道的慾望是如此強烈,以至於把一個僅紙上談兵的投機地圖,優先取代於實際去過該地區的人所繪製的地圖。

　　西元 1619 年,在巴芬之後的三年,延斯‧穆克(*Jens Munk*)所率領的達諾挪威探險隊(*Dano - Norwegian expedition*)駛入哈德遜灣。國王克里斯提安四世(*King Christian IV*)受到北歐薩加傳奇中發現人居地的啟發,夢想能再建立一個北方帝國,於是派出了一艘護衛艦麒麟號(*Enhiörningen*)、一艘船艇蘭皮亞尼號(*Lamprenen*),以及總共六十五名男子。但是,這次探險以災難告終,他們被迫在海灣西岸過冬,共有六十二人喪生。三名倖存者,其中包括蒙克,則是令人難以置信地把蘭皮亞尼號成功帶回卑爾根,後來他們因毀壞國王的船而被判入獄。不過,他們最終還是被赦免,而穆克也在西元 1624 年寫下其著作《北方地圖:關於現今稱為新丹尼亞的西北航道遊記》(*Navigatio, septentrionalis. Or: A relation or description of the voyage to the Northwest Passage, which is now called Nova Dania*)。相較於探險隊的不幸命運、找不到人居地,新丹尼亞這個名字還能被長留於此地,實在令人驚訝。在之後幾張的地圖中都能看到新丹尼亞,甚至晚至西元 1762 年荷蘭地圖師托比亞斯‧康拉德‧洛特(*Tobias Conrad Lotter*)的袖珍地圖集上。

　　西元 1717 年,即穆克探險之後將近一百年,英國探險家詹姆斯‧奈特

（*James Knight*）到達穆克過冬的地方，發現淺埋的墳墓、殘留骨骸散布在該地區，「若在冬天來臨之前沒存下補給品，這就是我們的下場⋯⋯祈禱主能庇護我們」。而奈特之後也在另一次前往遠北的探險中失去蹤影。

東北方

俄國人對歐亞大陸東部及北部地區進行勘探，並主張對其主權。而在西元 *1648* 年，由哥薩克探險家塞米恩・德日涅夫（*Semyon Dezhnev*）所率領的探險隊抵達太平洋北部，此地在一百二十八年後命名為白令海峽，即亞洲及美洲之間真正的亞泥庵海峽。

維特斯・白令（*Vitus Bering*）是俄羅斯海軍中的丹麥高階軍官。他一踏上遠征之後，便盡其所能地往東方前進，直到 *1720* 年代末抵達堪察加半島（*Kamchatka Peninsula*）及北太平洋。他受到俄國沙皇安娜・伊凡諾芙娜（*Anna Ivanovna*）的指派，負責繪製俄羅斯整個北部海岸地圖。三年後，四個小組都開始繪製其負責的區域，無畏嚴峻冰雪、酷寒及道路不便等地理條件，直到完成整個龐大計畫。不過在西元 *1741* 年計畫最終完成之前，大量軍官都遭到降級。

同年 *6* 月 *4* 日，白令帶著兩艘船從堪察加半島出發，去探索東方的水域。探險隊穿越美國西北海岸，這也是當時歐洲人不熟悉的地區，即作家喬納森・斯威特（*Jonathan Swift*）在其西元 *1726* 年的諷刺小說《格列佛遊記》（*Gulliver's Travels*）中，位於大人國（*Brobdingnag*）的虛構半島。白令及其探險隊也繪出了在阿拉斯加海岸以南及以西的島嶼。

下頁圖　為西元 *1619* 年穆克企圖尋找西北航道時所繪的地圖。一路到右邊，即地圖上最遠西方，便是穆克尼斯冬港（*Munkenes Winterhaven*），那也是在冬季結束之際、六十二名探險隊隊員喪生地點。在穆克的日記中，他寫道：「*6* 月 *4* 日，即聖靈降臨節（*Whit Sunday*），我是剩下的四名倖存者之一。我們絕望地躺著，完全沒辦法互相幫忙。」穆克及其他兩名隊員最後終於回到挪威，之後他才開始寫遊記及繪製此地圖。

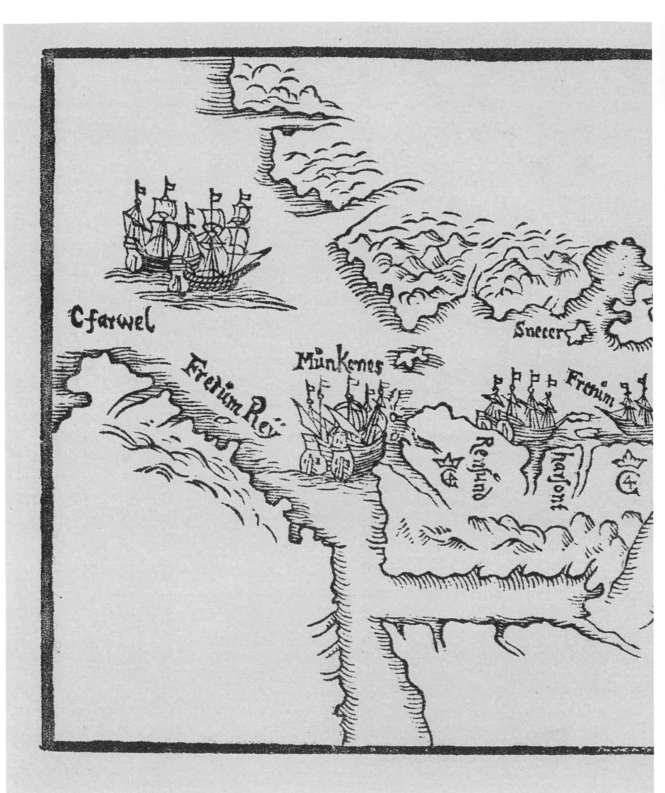

Cfarwel

Fretüm Reÿ

Münkenes

Sneeer

Frenim

Renhini

harsont

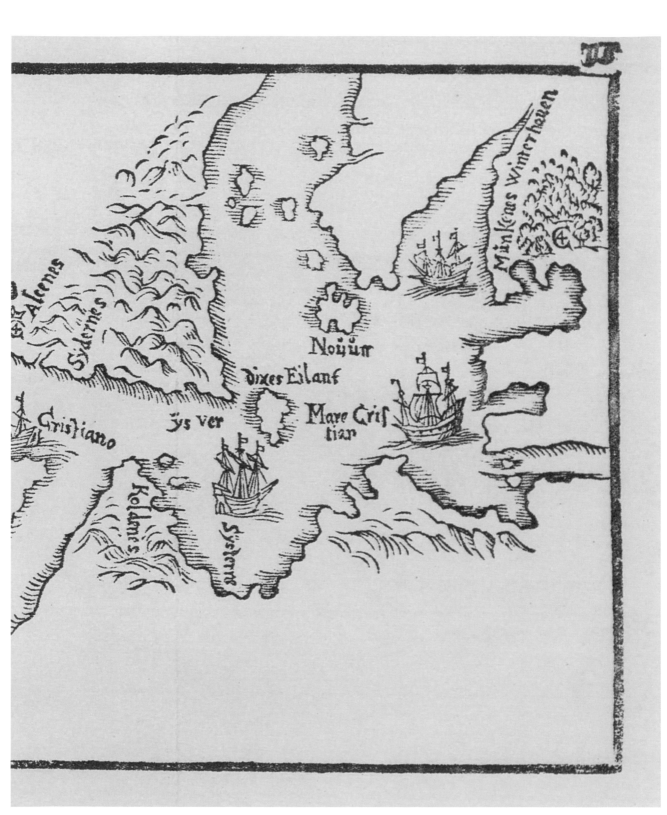

俄羅斯政府決定保密白令的遠征結果，對外稱其只達到部分目標。西元 1747 年，受聘聖彼得堡（*St. Petersburg*）科學院的法國地圖師約瑟夫‧尼可拉斯‧德利斯（*Joseph-Nicolas Delisle*）回到法國時，也帶著白令探險隊的相關地圖及文件。接著，他與當時的法國首席地圖師菲利浦‧布阿殊（*Philippe Buache*）分享該資料，兩人於西元 1752 年出版北美地圖。

但是在製作地圖時，德利斯與布阿殊把來自俄羅斯的資料，跟西元 1640 年西班牙探險家巴托洛梅‧德福恩特（*Bartolomé de Fuente*）啟人疑竇的「發現」相結合。據說德福恩特在美國西海岸北緯 53 度，沿著一條名為羅瑞耶斯（*Los Reyes*）的河，一路往東航行駛入大陸，直到在東海岸碰到另一艘船。比起在俄羅斯北部的發現，德利斯與布阿殊對於繪製出東方哈德遜灣不存在的湖泊及河流系統更感興趣；英國報紙更稱讚該地圖，因為其顯示了「通往東印度的捷徑」。但實際上，在白令進行探索之前，歐洲人對於美國西海岸北緯 43 度以上的區域根本一無所知。

西元 1758 年，格哈德‧費德里希‧穆勒（*Gerhard Friedrich Müller*）終於根據白令的發現，在聖彼得堡正式出版一張地圖。穆勒還寫了一封公開信，批評德利斯及布阿殊，開玩笑地說：「任何不確定的事物最好都要有所保留，留下一片空白，直到那些爭議因為未來的新發現得以確定為止。」在穆勒的地圖上，美國西北部幾乎是一片空白。

按照地圖師所繪的大陸及海洋地圖航行的英國船長庫克，也曾被北太平洋地圖導引到西北航道，即過去看來只存於理論的地方。據說，聖彼得堡學院的雅各‧凡‧史塔林（*Jacob von Stählin*）所繪製的《新北部群島地圖》（*Map of the new northern archipelago*），便是以俄羅斯海軍中尉的發現為參考依據，但這地圖根本大錯特錯。在這張新地圖上，阿拉斯加不再是半島，而是一座島嶼，與美洲大陸之間具有一條開闊海峽，直達北緯 65 度的北冰洋。

在前往該海峽的途中，庫克及其船員做出結論如下：海岸並沒有像史塔林的地圖那樣直接往北延伸，而是往西彎曲。在西元 1778 年 10 月的一

封信中，庫克寫道：「在沿海這裡，我們每一步都仔細斟酌，但不管是現代或古代地圖都無法提供任何相關資訊。」在其日記中，他將史塔林的地圖描述為「一張即便是他最不識字的船員，都會對掛名於此感到羞恥的地圖」。 白令海峽是庫克及船員到達後所給它的命名——沒想到遇到一位同樣被史塔林的地圖所困惑的俄羅斯軍官。

庫克及其船員竭盡所能修正史塔林的錯誤，運用對天文鐘、六分儀及月球位置的觀測，他們進行許多相關計算以確定沿海經緯度。該地圖於西元 *1784* 年出版，也是第一張合理準確繪製出美國西北部的地圖，但庫克從未找到「西北航道」。探險船也受冰冠所阻撓，止步於白令海峽東北處。

失敗

同時，在航道另一側的英軍也沒閒著。西元 *1747* 年，探險家亨利・埃利斯（*Henry Ellis*）寫道：「我們可以把哈德遜海灣看作是迷宮，穿過哈德遜海峽進入其中，而目標是從另一端出口走出去。」但是法國地圖師雅各・尼可拉斯・貝林（*Jacques Nicolas Bellin*）於西元 *1757* 年所繪製的《世界北部地區刪修版地圖》（*Carte Reduite des Parties Septentrionales du Globe*）中，卻澆熄了他們的滿腔熱血。他在地圖的西北方角落寫道：「英國正在這些地區尋找航道，但什麼也沒找到。」

英國擱置這遠征計畫大約二十年，以便與法國交戰。而就在拿破崙慘遭滑鐵盧之敗三年後，英國的新探險船便被派遣繼續進行探索。船長約翰・羅斯（*John Ross*）及威廉・愛德華・帕里（*William Edward Parry*）受命尋找一條從巴芬灣通往西方的路線，並於西元 *1818* 年 *8* 月 *21* 日駛入蘭卡斯特海峽，即是兩百年前巴芬所看見、但未深入調查的航道入口。

兩位探險隊領導人對此的態度截然不同，羅斯很悲觀，帕里卻充滿熱情；羅斯認定蘭卡斯特海峽只是一個海灣，而帕里則確信他們會發現美國

西海岸。很不幸的是，在 8 月 31 日下午，羅斯指揮著那艘更快的船，當帕里的船遠遠落在其後某處之際，羅斯在大霧消散後走上甲板觀察景象，並看見「海灣底部陸地形成相連的山脈」。於是羅斯只得命令兩艘船都返回原處，英軍再次跟西北航道錯過。

之後，很多人都想知道，為什麼羅斯會在一片開闊海域中聲稱看過連綿的山脈，難道是北極的海市蜃樓嗎？而且，為什麼他不諮詢其他指揮官？帕里對於他們為什麼要掉頭回返也感到困惑。

羅斯必須在公聽會上解釋，而帕里要負責安排新探險。他必須為在冰上過冬及可能的壞血病風險做好準備，除了罐裝肉及湯品之外，還帶上了檸檬汁、麥芽萃取物、酸菜及醋。不過，罐頭食品的概念，即後來極地探險的主要飲食，在西元 1819 年那時才剛被發明沒多久，以至於開罐器尚來不及發明，因此必須用斧頭及刀子來開罐頭。

7 月 28 日，在船駛入蘭卡斯特峽灣之際，帕里在日記寫下「幾乎無法喘息的憂慮」。他們最終會看到山嗎？船員都在桅欄上屏息觀察，但就在他們往西緩慢航行時，亦經過了帕里先前被迫回航、未注意到那麼多岩石的地方。9 月 4 日，他們到達了西經 110 度的麥爾維島（*Melville Island*），並在二十天內靠岸過冬，建造觀測台。在酷寒嚴冬中，他們把一塊布放在儀器視線上，以防止皮膚從臉上剝落，這也是他們憑著經驗所發展出來的技術。

探險的消息透過捕鯨船傳到了歐洲。西元 1819 年 10 月 14 日，挪威《晨報》（*Morgenbladet*）報導：「近日從戴維斯海峽（*Davis Strait*）返回的捕鯨者，對於西北航道的最終發現抱持最大希望。」帕里非常樂觀，不過之後才發現，西元 1819 年剛好是冰層異常較低的一年。

西元 1820 年的夏天非常寒冷，8 月以前，船隻一直都陷在冰層中；西部水域太深，探險幾乎沒有進展，航行七週也僅移動了 60 英里。他們到達西經 113 度，已知距離冰冠還有 130 英里左右，即是之前庫克的東方之旅回航處。此時帕里仍決定回頭，因為他跟船員都無法再度過另一個冬天了。

這次探險既算是一次成功，也算是一次徹底慘敗。沒人航行到過西方更遠處，但麥爾維島附近海域結冰太多，帕里也只好就此作罷，認為西北航道「幾乎就與兩百年前一樣無法被證實」。

儘管如此，帕里還是開啟了另一場探險。就在西元 1821 年夏天繞哈德遜灣航行、未能找到往西航行的新入口之後，他在停船過冬之際，遇見了伊莉格柳克（*Iligliuk*），一名極具地圖繪畫天分的伊努特女子。帕里給伊莉格柳克一張紙，她在上面畫出了海岸線輪廓。帕里特別感到興趣之處，便是她將海岸繪成往麥爾維半島（*Melville Peninsula*）西北方蜿蜒的曲線，而他們正好位於其南方。帕里認為此處就是航道，便於 7 月向北出發。伊莉格柳克的地圖準確無誤，不過海峽再次充滿冰雪。結果，帕里及船員又再次抱憾而回。

在進行海上探險的同時，還有很多繪製加拿大北部海岸線的地圖，正以步行方式進行探勘中，而在其中某些地圖上也發現了開闊海域。那麼，問題便是，該如何乘船到達那裡？西元 1819 年，帕里沿著威爾斯王子海峽（*Prince of Wales Strait*）航行，即從蘭卡斯特海峽往南航行，但又因他想往西航行而返回。或許通往海岸的路就在這裡？

西元 1824 年 5 月，帕里進行最後一次啟航。他們到達威爾斯王子海峽之際已遍地冰雪，因此他們再次停留過冬，建造觀測台，並成為第一個發現地磁北極不斷移動的人。與五年前位於同一區域的地理北極相比，二者之間的距離增加了 9 度。西元 1825 年 7 月下旬，帕里的船員不得不鋸開冰雪令船隻鬆脫。他們設法沿著海峽再往下航行一小段，但隨後便迎來強烈風暴，船隻被懸崖上掉落的巨大結冰及岩石擊中。其中一艘船遭到嚴重破壞，船員只好喪氣望著那片在開闊水域中、永遠到達不了的海峽。一位隊員寫道：「……得以邁向西北航道的那一步，從未出現在視線中。」不過，這也只是一廂情願的想法。威爾斯王子海峽根本就不屬於西北航道。

大災難

　　地理學家詹姆士‧瑞內（*James Rennell*）在帕里最後一次的探險後，寫道：「我認為海軍人員一定都已經對所謂的『極地哲學』感到厭倦了。」勘探區域的地圖更瀰漫著一種絕望感，地圖上充滿著諸如擊退灣（*Repulse Bay*）、極點（*Ne Ultra*）、迴轉岬灣（*Point Turnagain*）、希望查哨點（*Hopes Checked*）、冰凍海峽（*Frozen Strait*）等名稱。

　　但對英國人來說，接受失敗也是別無選擇的事。西元 *1844* 年，海軍大臣寫道，停止尋找實在沒有道理，「畢竟在完成許多工作之後，現在也沒有什麼要做的事」。次年，少將約翰‧富蘭克林（*John Franklin*）進行最終探險，這是所有探險中規模最大、最可怕的一次，而一切都是由於地圖不準確所致。

　　英國皇家海軍恐怖號（*HMS Terror*）及幽冥號（*HMS Erebus*）是兩艘風力及蒸汽驅動、配有炸彈的船，分別重達 *325* 公噸及 *372* 公噸。船頭及船身皆以堅硬金屬板加固，所以船本身就能破冰，並將碎冰粉碎、掃到一邊，以克服極地冰雪。

　　地圖剩下尚未探勘的範圍大約有英國面積那麼大，位於威爾斯王子海峽西南部。在海峽之外、沃克角（*Cape Walker*）左側，有一個未經探勘的入口，往南延伸至此區域，眾人希望這就是在大陸岸邊觀察到、能通往無冰海域的海峽。在西元 *1845* 年 *5* 月 *19* 日早晨，兩艘船正式啟航，船上載有二十四名官員及一百一十名船員。在格陵蘭島，基於維持紀律的原因，有五名船員被遣送回國，因為富蘭克林拒絕容忍酒醉及詛咒。不過，這五名船員也同樣是探險隊唯一的倖存者。最後看見富蘭克林探險隊的歐洲人，是一群在巴芬灣捕鯨船上的船員，而這兩艘船上的人的最後遭遇，要等到一百五十年之後才終於水落石出。

　　到了西元 *1848* 年 *3* 月，依舊沒有富蘭克林或其隊員的任何消息，後來英國派出了三支救援隊，第一艘航向白令海峽，第二艘航向大陸海岸，第

三艘則航向富蘭克林最後一次出現的地方。三支探險隊都沒有找到他的蹤跡，但都在沿途上成功繪製了以往不曾記錄過的廣闊區域。

諷刺的是，比起安全順利地通過該航道，富蘭克林探險隊正是透過其悲劇結果，提供大家更多的地理知識。對於尋找那兩艘失蹤的船，這三支救援探險隊也只是被派去搜索的第一批。西元 *1850* 年，八支新的探險隊又被派出，並於當年夏天發現第一個富蘭克林留下的遺跡，即西元 *1846* 年他在蘭卡斯特海峽畢奇島（*Beechey Island*）留下的冬日營地痕跡。但是他後來到哪裡去了？往北方？西方？南方？救援探險隊在各個方向進行搜索，以徒步及雪橇方式穿越水域及冰域；同時，繪製的地圖區域也越來越大，並往英國人之前未曾去過的西方、北方移動。

外科醫生約翰‧瑞伊（*John Rae*）則專注於往南方搜尋。西元 *1854* 年 *4* 月，他遇到一位伊努特人告訴他，有三十至四十名白人「死於飢餓，距離他們西方較遠處，在一條大河之外」。後來，他又遇到其他人，他們曾看見一群瘦弱的白人往南方走，拉著一條船及雪橇在威廉國王島（*King William Island*）獵捕海豹。

約翰‧羅斯跟其侄子詹姆士‧羅斯（*James Ross*）在十五年前曾到過這些水域。在他西元 *1835* 年的著作《第二次啟航尋找西北航道敘事》（*Narrative of a second voyage in search of a North-west passage*）中，他繪製了一張地圖，表示不可能在威廉國王島往東航行，而約翰‧羅斯的侄子認為這是一座半島。對於被認定為海灣中的幾個岬角，他們甚至還取了名字。不過，威廉國王島以東正是阿蒙森在七十三年後航行的地方。而約

下頁圖　為古那‧伊薩森於西元 *1898* 年至 *1902* 年第二次挪威極地探險的定位地圖。探險隊發現並繪製整個東半部的埃勒斯米爾島、艾克塞海堡島、艾默林納斯島、艾勒夫林納斯島及克里斯提安國王島。圖中哈瑟海峽（*Hassels Sund*）（編註：*sund* 為古北歐語，同現代英文「*sound*」，海峽之意）、亨德克森海峽（*Hendriksen Sd.*）、福斯海姆半島（*Fosheims Halvö*）、謝斯島（*Scheis Ö*）、斯凡森河口（*Svendsens Hö*）、包曼斯峽灣（*Baumanns Fj*）、貝斯峽灣（*Bays Fj*）、伊薩森島（*Isachsen Ld*）及伊薩森岬角（*Kap Isachsen*），則都是以探險隊成員的名字為命名。

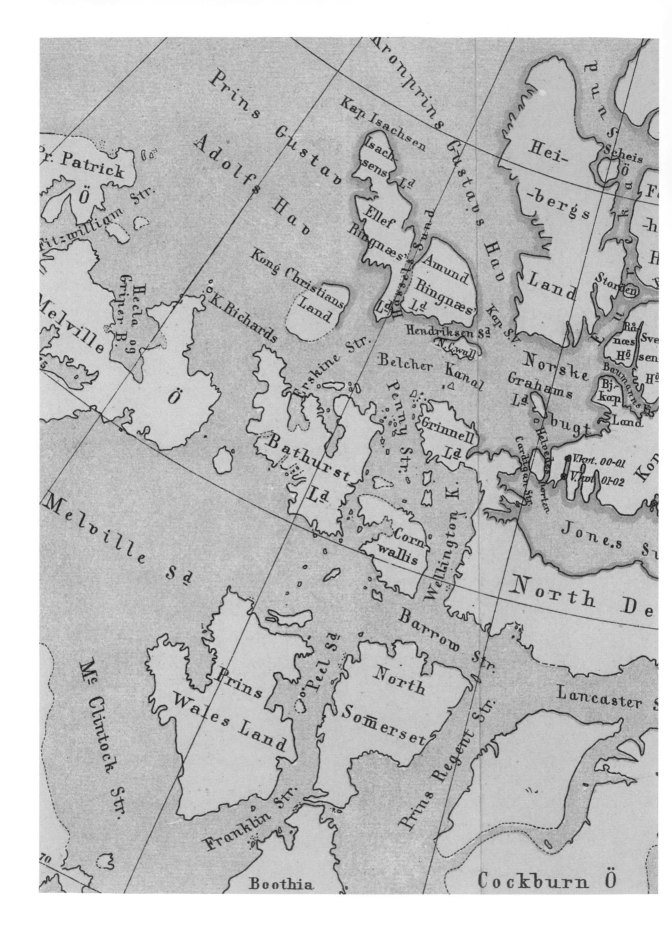

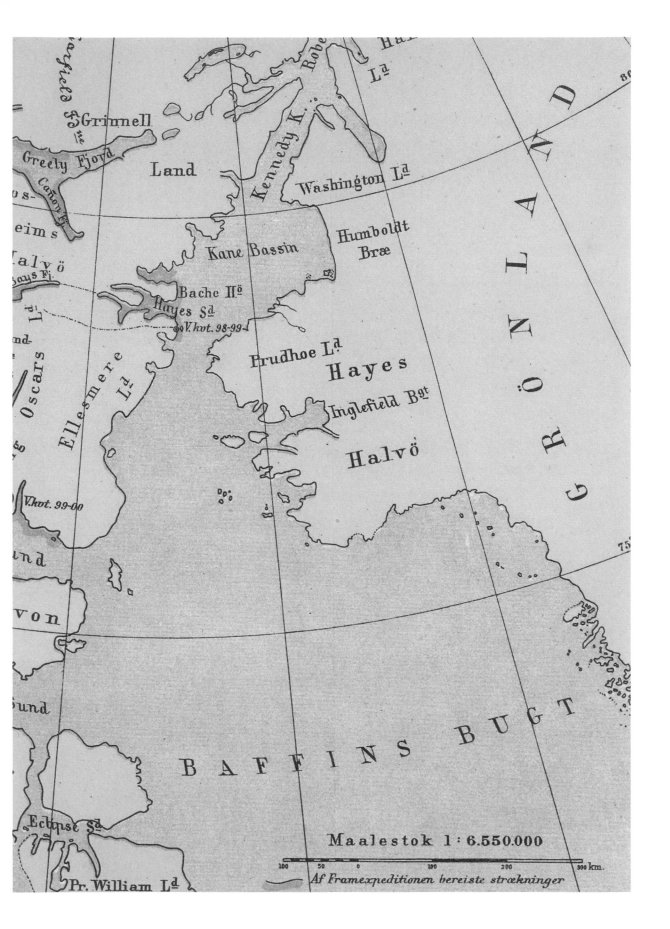

Maalestok 1 : 6.550.000

100   50   0   100   200   300 km.

Af Framexpeditionen bereiste strækninger

翰‧羅斯則再次誤以為是航道不通。

　　根據羅斯的地圖，富蘭克林探險隊將其路線定在該島以西。儘管這裡的水域比島嶼另一側要寬得多，但冰也不斷從北方滑落下來，兩艘船很快就在這裡被凍結。根據西元 1859 年某次救援隊在島上發現的消息顯示：「西元 1848 年 4 月 25 日，恐怖號及幽冥號在 4 月 22 日被棄船，船隻自西元 1846 年 9 月 12 日以來便已經被困在此地區。」島上遺留的字條也顯示，倖存下來的船員都往南方陸地前進。不過，所有人最終都餓死或凍死了。

　　富蘭克林探險隊的不幸，以及意識到要在條件如此困難、無法預測的情況下發現西北航道等事實，改變了英國對該地區的看法。不再有北方探險隊了，倫敦也在西元 1880 年將該水域責任移交給加拿大地方當局。

　　探險隊隊長法蘭西斯‧麥克林托克（Francis McClintock）則發現了富蘭克林探險隊的最後訊息，他在搜尋期間回到船上後，回想道：「以雪橇移動超過 4 萬英里，其中更包括詳細檢查海岸長達 8 千英里……除了 12 月及 1 月較為陰暗的天氣外，在氣溫沒有低於零下 40 度，甚至偶爾再低個 10 度或 15 度的情形下，每月都會進行雪橇搜尋。」西元 1859 年，英國在該地區的地圖外觀，跟十四年前富蘭克林早晨出發那天用的地圖完全不同。在蘭卡斯特海峽、巴羅海峽（Barrow Strait）、麥爾維海峽及麥克盧爾海峽（McClure Strait）以南和北的新島嶼都已被勘探，英軍遠征隊一直往西航行至派崔克王子島（Prince Patrick）和班克斯島（Banks Island）。但是，地圖北緯 78 度以上範圍，則仍然維持空白。

新土地

　　西元 1898 年 8 月底，法蘭姆號在北緯 79 度位置過冬。奧圖‧斯凡卓在 10 月 16 日寫道：「這四個月的黑暗，還有什麼不會發生在我們身上？北極夜裡曾發生過如此可怕的事情，大家都免不了會停下來想想。富蘭克林

曾來過這裡，帶著一百三十八個人。極地之夜阻止了他。無人返回。」

接下來的 *8* 月，探險隊不得不因為冰域而被迫「放棄繞行格陵蘭島的旅程」。之後，斯凡卓及其船員便在往南尋找富蘭克林時，前往「羅伯特・英格利斯爵士峰（*Sir Robert Inglis Peak*），即西元 *1852* 年英格費爾德曾到過最遠處」。在埃勒斯米爾島南側，他們度過了另一個冬天。伊薩森及其同伴斯凡・哈瑟（*Sverre Hassel*）則利用秋天所記錄的姿訊，來繪製所在位置東側及西側海岸線。

進行幾次春季探勘之後，他們決定進行一次較遠的探險：「*3* 月 *20* 日，星期二，是最佳出發日。」斯凡卓、福斯海姆、伊薩森、哈瑟及其他兩人在難以穿越的峽灣中航行，他們將其命名為「地獄通道」（*Helvedesporten*）。再往北走的航行也沒比較容易，斯凡卓寫道：「冰……在某些地方，實在是太糟糕了，老實說，我開始懷疑繼續前進是否有任何意義。」有時，「三個人、十八隻狗及三架載著重物的雪橇」，掉落並「四散」在冰上某個洞裡。但這些都無法打擊他們的士氣：「現在，我們面前出現一條看來能有些進展的道路。」

幾天後，大家在西邊發現一座「非常大的山」，並以「正朝著新土地前進的信念」穿過冰層。那其實是塊尚未被發現的土地，後來以探險隊贊助人艾克塞・海堡為名。又過了幾天，探險隊在兩座山峰下建立營地，並發現眾人對命名一事很難達成共識：「一大早，就聽到一個描述多於品味的命名建議。多次展現自己為遠征探險隊傑出代表的福斯海姆，倒是什麼也沒說，只臭著一張臉。他整天都在斟酌，到了晚上同樣名字再次被提出時，他氣憤表示那根本行不通；那實在太難聽了。不，應該稱其為『隕石二坑』（*De to Kratere*），也因此得名至今。最終，命運站在正義的一方。」

復活節前後，探險隊也替所發現的新土地命名，例如復活節島（*Paaskelandet*）、濯足節角（*Skjærtorsdagskappet*）及耶穌受難日灣（*Langfredagsbugten*）等。他們逐漸往北方前進，順著土地轉向東方，接著

進行觀測以確定最西點。斯凡卓寫道：「當我一回來，就發現伊薩森正在觀測經度，而他也已經幸運測得子午線，因此我們便能確定此處的經緯度。」

有一天，斯凡卓爬上觀測台，以便能「眺望冰層」，同時在西邊發現：「遠方有一片灰藍色。還會有什麼？一定是新土地。」伊薩森及哈瑟便被派往西方並「踏上新土地」。在那裡，他們抵達一座被命名為艾默林納斯的島，但沒待多久，他們就返回探索艾克塞海堡島南部及東部海岸，還有該島與埃勒斯米爾島之間的海峽。

次年西元 *1901* 年 *4* 月，伊薩森及哈瑟回過頭，往南越過艾默林納斯島，抵達另一座鄰近島嶼，即原本已被英國人命名為北康沃爾（*North Cornwall*）的島，因此他們便稱兩島之間為亨德克森海峽（*Hendriksen Sd.*）。不久之後，他們在附近發現一座島嶼，便以艾默・林納斯的兄弟艾勒夫・林納斯為命名。他們把斯卡恩（*Skagen*）定為艾勒夫林納斯島最北處，而在該島南方，他們再次發現另一座島，以丹麥國王的名字稱其為克里斯提安國王島（*King Christian Island*）。兩島之間的海峽，則稱為丹麥海峽。在他們到達該島西北方處，伊薩森終於有了以他名字為名的土地，即一塊荒涼、平坦且遍布碎石的土地：伊薩森之地（*Isachsen land*），並以伊薩森岬角（*Cape Isachsen*）作為最後的駐地。

探險隊後來也開啟了更多航行活動，他們所達之最北處，便是當時探險隊地質學家斯凡卓及培・謝（*Per Schei*）前往埃勒斯米爾島及艾克塞海堡島之間的格里利峽灣（*Greely Fjord*）途中，未停下腳步所到的北緯 *81* 度 *40* 分處。伊薩森回航前往北康沃爾島、艾默林納斯島南部，以繪製該島北部海岸。西元 *1902* 年 *7* 月 *30* 日，探險隊便開始返回挪威的旅程。

次年 *4* 月，斯凡卓前往倫敦皇家地理學會（*Royal Geographical Society*）發表演講，後者則為他所達成的成就授予其獎章。在斯凡卓演講之後，活動策畫者之一說：「我們把北極地區特別視為是自己的領土，所以一談到那裡，就好像享有女王特許權般，得以自由航行來去。但是，我們再也不能

自吹自擂了。斯凡卓上尉曾去過那裡，他還發現了其他更北方的土地，因此我們無法在這個方向上，立即擴增大英帝國領土。」

斯凡卓認為，挪威應該對他及船員所發現的島嶼主張權利。加拿大既未對該地區進行探勘，也沒提出主張，更未有任何公民於此定居；而且，根據當時法規條例，加拿大也無權這樣做。但是當時瑞典挪威聯合王國的國王奧斯卡二世（*King Oscar II*）對貧瘠的北極土地沒有太大興趣，所以也沒對該地區提出任何主張，斯凡卓對此感到非常失望。

斯瓦巴群島

伊薩森在一篇有關北極的文章中寫道：「在大家查看地圖並想到挪威王國曾經的輝煌之際，我們必須意識到，自己國家的領土正隨著時間流逝而大幅縮小，許多部分已被遺棄、抵押及遺忘。」他想到的是北極島嶼，包括熊島、格陵蘭島、揚麥延島及斯瓦巴群島（*Svalbard*），並認為這些島嶼在古代便屬於挪威。而且，他也不算孤軍奮戰。到了十九世紀末，有越來越多的歷史學家認為，挪威「宣稱其對極地群島擁有主權」，依據的是其對極地海上探勘、定居的事實，以及冰島編年史描寫西元 *1194* 年所發現的新土地斯瓦巴，即「寒冷海岸」。歷史學家相信，這跟四百年後巴倫茲所到過的群島是同一處。伊薩森對此表示同意，並結論道：「看到挪威以外國家的國旗在斯匹茲卑爾根揮舞，相信所有挪威人都會感到沮喪。」

法蘭姆號在安全停靠挪威後，伊薩森便到法國陸軍服役兩年。不過，之後他又渴望能繪製更多北極地區地圖，便選擇了至今仍被稱作斯匹茲卑爾根的群島，並於西元 *1906* 年至 *1907* 年成功帶領兩支私人探險隊隊伍前往該地區。伊薩森到了斯匹茲卑爾根西北部，即卡普米特拉（*Kapp Mitra*）、康恩斯峽灣（*Kongsfjorden*）及卡爾王子島（*Prins Karls Forland*），他及隊員在那裡拉著裝載 *280* 公斤設備的雪橇，穿越冰川及山

頂以繪製地圖。在短短兩個夏季月份中，探險隊探勘了將近 7 平方公里的區域，沿途為該地區賦予了四十九個挪威地名。斯匹茲卑爾根的挪威化已正式展開。

探險之後，伊薩森跟南森曾一起參加挪威外交部的某場會議，討論挪威對這些島嶼的權利主張。當時大家多少都受到限制，但因挪威在北部地區的利益還包括捕鯨、捕魚、捕海豹、旅遊及採礦，所以西元 1909 年時，伊薩森便在國家支持下進行新探勘活動。他相信，具有準確的航海圖及地形地質圖，才有能更有效運用自然資源，而探險本身亦能鞏固挪威於該地區的地位。

伊薩森在西元 1910 年繪製地圖，持續進行該地區的挪威化。英國《地理期刊》（*Geographical Journal*）同意出版該地圖，但伊薩森把之前由英國人及荷蘭人所命名的所有地名都換上北歐名字，這件事激怒了該期刊的編輯。編輯在出版的地圖旁加上註釋，說明許多名稱與英文版地圖上的不同。至於伊薩森曾將挪威、冰島及斯瓦巴群島之間的海命名為「挪威海」，此舉也惹毛了不少人，他們嘲諷表示「『挪威海』是伊薩森跟某些挪威人自行選擇的名稱」。

第一次世界大戰使得歐洲國界充滿不確定性。西元 1919 年春天，伊薩克森受任前往巴黎，以協助挪威代表團進行和平談判。自此，《斯瓦巴群島條約》於西元 1925 年確立這些群島歸屬挪威，而挪威所做的第一件事，就是把地名從「斯匹茲卑爾根」改為「斯瓦巴群島」，以作為認同此群島早在七百三十一年前便以斯瓦巴之名被發現的理論。挪威化到此終告完成，荷蘭人及巴倫茲就此退場。

這段挪威歷史稱為「北冰洋域帝國主義」（*Ishavsimperialismen*）之一。為了捍衛挪威的利益，遠征隊受任前往其南邊及北邊，即格陵蘭、法蘭茲約瑟夫島（*Franz Josef Land*）、揚麥延島、熊島及南極洲（*Antarctica*），伊薩森在《南極周圍的挪威：西元 1930 年至 1931 年之挪威遠征》（ *'Norvegia' rundt sydpollandet. Norvegia-ekspedisjonen 1930–1931*）

一書中寫道：「在遠征南極及次南極地區（*Subantarctic regions*）的挪威探勘行動中，已經以挪威國王之名佔有幾片土地……布韋島於西元 1927 年 12 月 1 日被實際佔領，並於西元 1928 年 1 月 23 日以皇家法令宣示為挪威領土，而西元 1929 年 2 月 2 日所佔領的彼得一世島（*Peter I Island*）則於西元 1931 年 5 月 1 日由皇家宣示主張為挪威領土。」探險隊前往這些水域，為了繪製捕鯨地圖而進行氣象及海洋學調查，順便尋找楚斯島（*Truls Island*）、尼姆羅德群島（*Nimrod Islands*）及道提島（*Dogherty Island*），即那些在地圖上具有標記、但不一定存在的島嶼。

挪威自西元 1905 年開始在南冰洋（*Southern Ocean*）捕鯨。在發生許多事故及沉船事故之後，捕鯨人保險公司（*Hvalfangernes Assuranceforening*）也開始出版南設得蘭群島（*South Shetland Islands*）、南喬治亞（*South Georgia*）、南奧克尼群島（*South Orkney Islands*）、南三明治群島（*South Sandwich Islands*）及羅斯海（*Ross Sea*）的地圖。後來，他們也開始出版有關捕獵場域的地圖。伊薩森寫道：「在目前這些顯示整個南極周圍海域的地圖上，捕鯨者或許能藉此再增加其對洋流、冰凍範圍、河岸及海岸的經驗……捕鯨人在春季返鄉之後，便能整理新資訊製作新地圖，待夏至返回南方之際，捕鯨人便能一同帶上新地圖。」

結語

此時，英國針對挪威對揚麥延島主張權利一事提出異議，並宣稱同胞亨利・哈德森早在其他人之前就發現了該島。在斯凡卓接近辭世之前，或許還看到挪威當局與英國進行爭辯，並宣稱在當時已眾所周知的情況下，挪威享有對斯凡卓群島（*Sverdrup Islands*）的權利。西元 1930 年，在挪威承認加拿大對斯凡卓群島的權利後的十四天，英國也選擇承認了挪威對揚麥延島的權利。

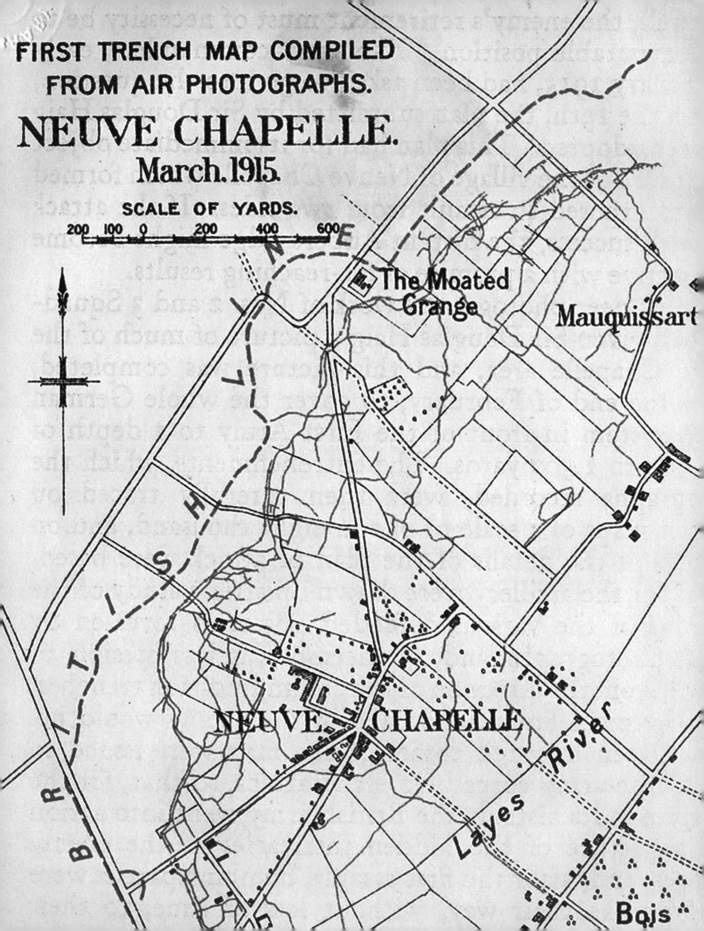

FIRST TRENCH MAP COMPILED
FROM AIR PHOTOGRAPHS.

NEUVE CHAPELLE.
March. 1915.

SCALE OF YARDS.

200 100 0 200 400 600

The Moated
Grange

Mauquissart

NEUVE CHAPELLE

Layes River

Bois

第八章
俯瞰而下

法國　新夏佩勒（*Neuve-Chapelle*）

北緯 *50° 35'4"*

東經 *2° 46'52"*

　　戰爭結束之際，超過兩萬名士兵喪生、受傷、失蹤或被俘虜，而新夏佩勒村莊不過是一個地圖上的名字。西元 *1915* 年 *3* 月 *10* 日，星期三，天降小雪，但不久又轉為潮濕大霧。儘管如此，英國戰機還是往敵人陣地飛去，轟炸鐵路線並加強增援部隊，同時砲兵亦將其槍口瞄準德國部隊。早上 *7* 點 *30* 分，英國發動了史上最大的砲彈攻擊，把德國壕溝都一一炸毀。英國軍官赫伯特・史都華（*Herbert Steward*）在日記中寫道：「天搖地動，空氣中充滿砲彈爆炸發出的雷鳴轟隆聲。在我看過成千上萬的景象中，這是最可怕的一幕：置身沙塵雲霧中，可以看到沙土碎礫中的屍體、房屋殘骸，以及飄盪空中的壕溝碎片。」短短三十五分鐘內，發射的彈藥就比十五年前，五十萬英兵於布爾戰爭三年期間所使用的彈藥還要多。

　　第一次世界大戰跟以往戰爭不同。工業化帶來了各式各樣火力強大的新

左圖　圖為世界上第一張依據空拍照片所繪製的地圖，即西元 *1915* 年英國軍隊準備於法國新夏佩勒村莊攻擊德國軍隊的演習地圖。地圖本身算成功，儘管實際攻擊並不如計畫預期，不過卻為以空拍照片繪製地圖一事奠定基礎。

第八章　俯瞰而下　Page 243

武器，例如機械槍、手榴彈及毒氣，此外還包括坦克、潛艇和飛機等新式動力交通工具。在戰爭之前，英國皇家空軍的皇家飛行隊（*Royal Flying Corps*）為了因應天氣狀況，而對德國陣地進行大量空拍。準將約翰・查特利斯（*John Charteris*）在進行攻擊的前幾天寫道：「我的桌上滿滿都是空拍照片。我們才剛開始採取這種偵察方法，但我認為這會發展成為非常重要的事。」

這些照片被並排放置，形成如馬賽克般的地理景觀圖。接著，英國陸軍，特別是皇家工程師，便協助防空砲兵用這些照片製作地圖，紅線及藍線為標示出攻擊計畫及砲擊的目標。這是世界上第一張依據空拍照片所製作的地圖。

萊特兄弟

西元 *1903* 年 *12* 月 *17* 日，一陣涼風輕拂，吹過美國北卡羅萊納州屠魔崗（*Kill Devil Hills*）平坦綿長的海灘，四名男子和一名十幾歲的男孩站在那裡，觀察一群發明家試著讓一架看似飛機的機器飛起來。發明家最後成功了，奧維爾・萊特（*Orville Wright*）在十二秒內完成了歷史上首次的動力飛行，並長達 *37* 公尺距離。

奧維爾・萊特及韋爾伯・萊特（*Wilbur Wright*），即萊特兄弟（*The Wright Brothers*），是否曾想過這次大突破會是人類不斷發展的起點，直到人類得以衝出大氣層並進入太空？或者他們只是兩個剛好有好點子的發明者？可能兩者都有。在飛機起飛的那個星期四之前，兄弟二人早在西元 *1878* 年就開始醞釀這個想法。當時父親給了他們一個玩具，一架由紙、竹子及軟木做成，以橡皮筋操縱起飛的直升機。後來因為玩得太多次、被摔成碎片之後，他們決定開始動手自己作。

萊特兄弟長大後，人類學飛行的想法也正夯，當時許多發明家嘗試各種裝置。此時熱氣球技術早已成熟，第一次熱氣球成功的飛行更可追溯到

西元 *1783* 年。十一年後，法國軍隊派人坐上熱氣球，以俯瞰敵方陣地。西元 *1859* 年，法國軍官艾米・勞瑟達特（*Aimé Laussedat*）發明了第一台專門用於製作地圖的相機。他爬上巴黎的教堂塔樓和屋頂，至少兩次以不同的角度拍攝易於辨認的位置，並使用這些圖像繪製出相當準確的地圖。這項工作為攝影測量法（*photogrammetry*）奠定基礎，攝影測量法是一種從照片中確定其測量值的科學。在美國內戰期間，北方各州成立聯邦陸軍熱氣球兵團（*Union Army Balloon Corps*），其領導人亦曾在西元 *1861* 年透過飄在白宮草坪上方 *150* 公尺處，向總統亞伯拉罕・林肯（*Abraham Lincoln*）展示攝影測量技術。美國陸軍工程師兵團（*United States Army Corps of Topographical Engineers*）則利用在熱氣球上所看到景觀，繪製以空中觀測為基礎的地圖。

很多人死於各種飛機首次試飛意外中。萊特兄弟因此結論，有效的駕駛機制是飛行的成功關鍵。哥哥韋爾伯便開始研究鳥類，並注意到鳥類在向左或向右旋轉之際，其翼尖的角度會改變。兄弟兩人認為，同樣的原理也適用於飛機，所以在對滑翔飛機進行試驗之後，便研發了一種系統，能左右轉動、上下移動、側邊滾動，此系統仍被延用至今。接著下一步便是試著在引擎飛機上起飛。

西元 *1908* 年，兄弟倆乘船穿越大西洋，向抱持懷疑態度的歐洲人展示了其發明。在某次對義大利國王進行的展演中，膠卷相機第一次被安裝到飛機上。這紀錄影片短短不到兩分鐘，以前幾乎從未有人看過此景象：世界——在這種情況下——便是從上往下看，有著牛群的義大利村莊、一個騎馬的人及羅馬水道遺址。

義大利是第一個在戰場上使用飛機的國家。對鄂圖曼帝國宣戰之後，義大利開始於西元 *1911* 年 *10* 月在敵方邊界外進行偵察任務，並在次年 *11* 月成為世上第一個從飛機上投下炸彈的國家。一年後，他們拍攝了第一張空中偵察照片，不過飛行員只能拍攝一張照片，因為他無法同時操作飛機

又要更換玻璃板（當時被作為膠卷的介質）。

　　法國是第一個研發專門用於空拍攝影飛機的國家。西元 *1913* 年，英國雜誌《飛行》（*Flight*）對巴黎航空展進行報導，展場中有一架被稱作「洋傘」（*Parasol*）的飛機，其機翼的安裝位置高於其他飛機：

　　這種設計當然佔有很大優勢，能取得觀賞整個國家的絕佳視野，因為飛機（機翼）位於飛行員上方，所以俯瞰視線自然不受任何限制⋯⋯而在飛行觀察員座位後方，則裝著鏡頭筆直向下的特殊照相機，以便在飛行當中拍攝照片。照相機操作是透過飛行員座位上的一條繩索所控制，具有同時啟動快門及更換玻璃板的功能。

空拍攝影

　　第一次世界大戰從德軍穿越比利時及盧森堡，打敗來自法國的襲擊並迅速向巴黎進攻展開，當時他們佔領了距離城市僅 *70* 公里的郊區位置。英國及法國的偵察機注意到德軍兵分二路，因此趁隙發動攻擊，迫使德軍撤退到埃納河（*Aisne River*）以北。後來，德軍在那裡挖壕溝以鞏固陣地，形成了西線壕溝戰，雙方在自北海、比利時、法國到瑞士綿延數百公里的戰線上各據一方。

　　西元 *1914* 年 *8* 月英軍到達法國後，帶著一百年前拿破崙戰爭期間勘測所繪的三張地圖：兩張是比利時及法國東北部的地圖，一張則是單獨的法國地圖。他們打算使用傳統方法更新地圖。一位英國騎兵將軍說：「我希望大家還不至於愚蠢到，認為飛機能有效運用於空中偵察。」

　　騎兵衛隊的成員經常替軍隊進行間諜行動，在敵軍後方活動，冒險報告其行動及增援狀況，但壕溝戰此種靜態作戰方式並不適合進行這些行動。因此，飛機便成為了解決如何監視敵方活動的答案。

這其實也不容易。第一架英國偵察機迷路了，因為能見度太低，加上飛行員對該地區不熟。在一名飛行員思考著，自己是否「飛下去向人問路實在很糟」，但最終還是不得不這樣做的同時，另一名飛行員卻在沒認出這座城市的情況下飛過了布魯塞爾。通常，飛行員唯一能夠確定回報的，就是找不到德軍，抑或是，他們可能花了半天時間來尋找敵人，而其餘時間則用來找回去的路。不過，空中偵察卻逐漸取代以往騎兵所扮演的角色。西元 *1914* 年 *9* 月，某位英國將軍讚揚一篇「宏偉的空中報導」，成功揭露了德軍的動向。從飛機上獲取的資訊都被記錄在地圖上，正如一位法國飛行員所寫：「於維特里（*Vitry*）以西的戰線上發現二十四把槍的位置。我在比例尺為 *1：80,000* 的地圖上作標記，並通知相關的部隊。」

戰略性的空拍攝影，其實開始得相當偶然。第一批圖像是飛行員以個人相機拍攝之後，向親朋好友展示的城市、地標及美麗風景。儘管如此，在法國隊長喬治‧貝倫格（*Georges Bellenger*）成立專門空拍攝影部門，並向上司展示他認為能以此來製作地圖時，還沒有人想過要以有系統的空中拍攝方式來製作地圖，而其上司也告訴他，自己「早就已經有一張地圖了」。儘管如此，貝倫格還是發展出一種根據照片來製作地圖的技術，不過這不僅需要熟悉地形，還要具有在手震及機身震動的狀況下，解讀黑白照片的能力。

西元 *1914* 年至 *1915* 年冬天，寒冷滯留在潮濕的壕溝中，地形景觀被轟炸得厲害，光是這件事就很難讓空中偵察再有進一步發展。但是，在前線後方正不斷努力，好讓飛機這種唯一能大幅度移動的工具，能夠拍出更好的照片。而戰爭第一個春季來臨之際，也是前線第一項行動的開始。

新地圖

新夏佩勒位於法國低地，靠近比利時的邊境。該市鎮既不大也不重要，

但命運造化的緣故，新夏佩勒成為了北方西線戰事（*Western Front*）的一部分，更因此變成戰略位置。若協約國軍隊能經過該鎮，並到達較大的里爾市（*city of Lille*），就能夠攔截德國人用來運輸物資的鐵路、道路及運河。

在計劃進攻前，英國飛機對其城鎮及周圍鄉村地區進行詳細拍攝，依據取得的圖像製成了一張地圖，並印刷一千五百張分給參戰的軍隊。這些資料非常寶貴，協約國此時得以研究戰場，並分析哪裡是德國最有可能反擊的地方。在英國軍事歷史上，這是第一次英國軍隊能在全面掌握敵方防禦線、陣地及藏身處的資訊下進攻。

準將查特利斯隨後寫道：「我們的情報顯然相當正確，因為發現的德軍地點與我們所找到的完全相同，而且他們的後援部隊也在我們預料的時間點出現。」但事實上，這次進攻也不全然成功，因為大批德國後援部隊設法在事先阻擾，迫使英軍得在開始進攻的不遠處挖新壕溝。不過這沒有關係，此項備戰行動已經算是一大進步。從那時起，以空拍照片為基礎的地圖已成為協約國的戰略之一，並建立起一套系統。空拍照片會在每晚八點半交給地圖師，接著地圖師們熬夜工作到翌日早上六點，再印刷出一百張地圖供軍隊使用。

戰前，沒人接受過從飛機上拍攝照片的訓練。但軍隊對圖像的需求大為增加，他們擴大了對照相機人才的招募──了解該如何拍攝照片、並解讀圖像傳達了些什麼的人。有人描述招募過程如下：「我小時候就有照相機了，而且也會拍攝、沖洗一些較為業餘的照片。基於此點，我受指派為中隊的官方空拍攝影師。」英國更成立「攝影、地圖製作及偵察學院」（*School of Photography, Mapping and Reconnaissance*），以滿足其軍隊的需求。

空拍攝影的要求很高。飛行員及攝影師都要待在寒冷、潮濕、受風吹雨打的飛機駕駛艙，同時敵人也正在試圖要殺死他們。飛行員必須以穩定高度直線平穩地來回飛行，好讓攝影師能盡量順利地工作。這種得以預期

的飛行路線，也使得偵察機成為地面上那些負責將其擊落的人員的輕鬆目標。一位飛行員寫道：「又拍照！我已經完全受夠這份工作了。這真是一個飛行員所能遇到最困難、最危險的工作。」另一位則簡單寫道：「要是能不受傷，拍照也算是份好工作。」

對於攝影師而言，他們的任務是在狹窄空間內操作大型相機。他們必須弄清楚何時要拍照，以達到所需的重疊圖像。通常他們是透過在心中默數，並且在每次拍攝後，還要以凍僵手指更換玻璃板。接著，便是要面對亂流的問題。不過，有位攝影師認為勇於面對嚴酷條件及困難是值得的：

然而，這實在是一大快事，對於此兩種追求目標……也就是既能越界、垂直往下查看敵人最珍貴、最私密的財產，同時又心裡明白，自己手上握有確保其被摧毀或征服的權力。這確實是份值得的工作。

那些在地面上依據照片繪製地圖的人，例如具有「空拍照片翻譯」這樣非官方頭銜的詹姆士·巴恩斯（*James Barnes*），便在自傳中寫道：

解讀空拍照片需要很特殊的心思，是種能解決棋局或現今填字遊戲的細膩心思。對於入門新手而言，壕溝及無數彈孔的照片看起來可能沒什麼，但對拼圖老手來說，用放大鏡在清晰照片上工作，那些陰影、線條及明顯傾斜起伏所代表的意義重大。照片本身就在說話。想像力常常要在小細節上作文章，這些小細節很令人困惑，也使人無法在一時間完全解開。接著，你會突

下頁圖　飛行員維果·維德勒（*Viggo Widerøe*）曾於西元 *1936* 年至 *1937* 年參與南極洲探險並繪製南極及其周圍海域地圖的活動。在此地區，捕鯨及獵海豹是挪威重要的經濟利益，而挪威也透過繪製並命名此區域的土地，來宣示其主權。其控制慾望從圖中哈肯二世國王海（*Kong Haakon VII hav*）、哈肯二世國王高原（*Kong Haakon VII vidde*）及英格麗克里斯騰森島（*Ingrid Christensen Ld*）等命名便能看出端倪。其中，拉斯克里斯騰森島（*Lars Christensen Ld*）之後被更名為拉斯克里斯騰森海岸（*Lars Christensen Coast*）。

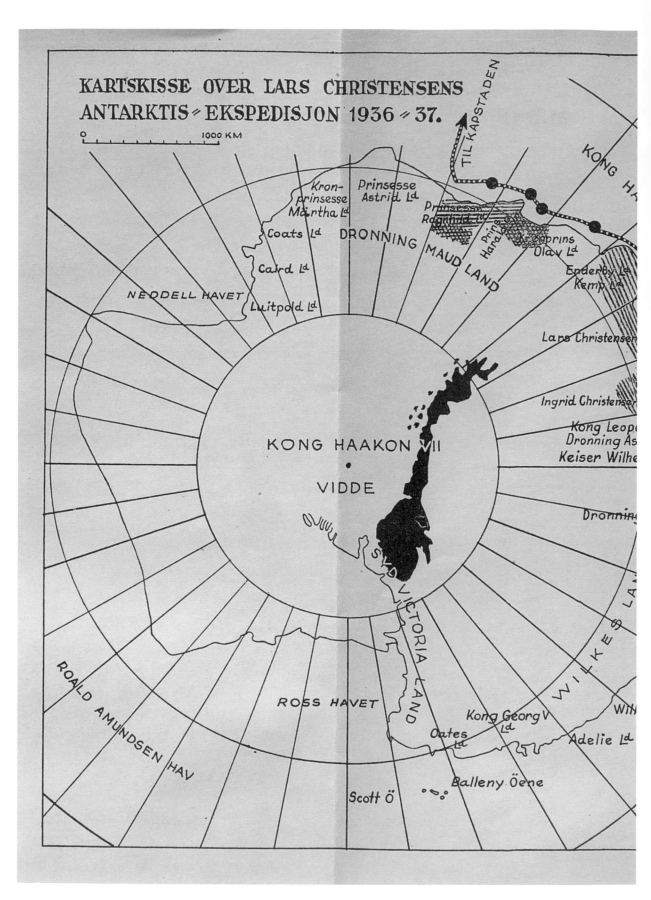

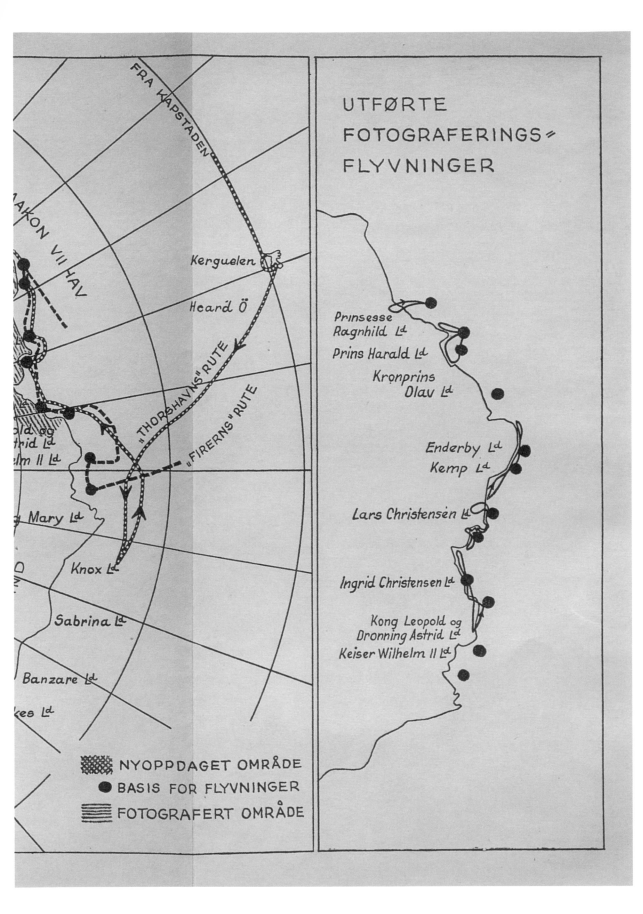

FRA KAPSTADEN

...AKON VII HAV

Kerguelen

Heard Ö

"THORSHAVNS" RUTE

"FIRERNS" RUTE

...old og
...strid Ld
...elm II Ld

...g Mary Ld

Knox Ld

Sabrina Ld

Banzare Ld

...kes Ld

UTFØRTE
FOTOGRAFERINGS=
FLYVNINGER

Prinsesse
Ragnhild Ld
Prins Harald Ld
Kronprins
Olav Ld

Enderby Ld
Kemp Ld

Lars Christensen Ld

Ingrid Christensen Ld

Kong Leopold og
Dronning Astrid Ld
Keiser Wilhelm II Ld

NYOPPDAGET OMRÅDE
BASIS FOR FLYVNINGER
FOTOGRAFERT OMRÅDE

然靈光乍現！那些看似奇怪的小點是鐵柵欄，上面有堅固電線纏繞。走向那個大殼孔的人沒有留下任何痕跡，因為他們沿著下方鋼絲走到隱藏的機槍位置，就像水手會用帆船腳纜收帆一般。在幾百碼遠處那條被踩遍的小徑，通往較低地面上的另一個圓坑，這是刻意的矇騙——那裡其實沒有槍。相片及偽裝之間的鬥法正不斷上演。就像暗自握有王牌的撲克遊戲。

　　在第一次世界大戰的荒原上，出現一種全新類型的地圖師。這類的地圖師待在一間暗房內，用先進的光學儀器來解讀圖像，而不再是走進世界查看實際地理情形。

　　空拍攝影的需求不斷增加，促使民間相機產業不斷製造出越來越好的機型，並持續改良能用於製作地圖的攝影鏡頭。當然，飛機若能在取得詳細圖像的同時再飛高一點，被擊落的風險就越小，所以能在 6,000 公尺高處精確拍攝地面影像的照相機，也很快就被研發出來。在西元 1918 年，即第一次世界大戰最後一年，空拍繪製地圖是相當重要的戰略，而協約國總共拍攝了超過一千萬張的照片。西線戰場地圖每天都會依空拍所得的新資訊進行兩次更新。德國人估計，他們拍攝的圖像量足以覆蓋德國國土面積達六倍之多。西元 1933 年，地形學家兼上尉索羅夫‧韋（*Thorolf Ween*）寫道：

　　第一次世界大戰為空拍地圖繪製打下基礎，創造完全屬於現代的精確地圖，並加上輪廓線；大概也只有在戰爭時，才會如此無視其背後人命喪失及大量資金消耗……研發依戰爭需求的步伐而往前行進。接著和平到來，因此有必要為所有這些新發明及產業找到新用途所在。

新客觀主義

　　兩次世界大戰之間時期，充滿了擁護計畫與提高效率方法的能人辯士。科學見解皆用來創造更為理性及進步的生活方式，社會經濟學家、建築師、工程師及地圖師亦主張一種基於知識及全面性視野的新客觀性。

　　兩次大戰期間，挪威前鋒飛官黑格・史卡普（*Helge Skappel*）寫道：「我們已經飛遍全國，看到如此美麗、處處生機的土地，也時常想到某些責任必須伴隨著這些我們所要面對的一切而生。但是，沒有人要這一切負責，也因此，經常發生腳下這些美景遭踐踏、生機被恣意揮霍的不幸。」從空中，他描述了導致人們逃離挪威農村地區的情形：「因為沒有人能為村莊的經濟狀況帶來秩序，以及幫助每個人建立適合居住的環境。」根據史卡普的說法，「對於一個社會的建立，一張具有正確形式及尺寸的地圖及計畫是不可或缺的。因此，地圖繪製將成為健全理性社會發展的基礎」。

　　史卡普在年輕時曾與維果・維德勒及亞利德・維德勒（*Arid Widerøe*），即後來成立同名航空公司的兄弟，一起旅行到柏林參加某次航空展。史卡普說：「展覽對我們來說，就是座聖殿。」三名年輕人在奧斯陸某個臥榻上制定遠大的計畫，只是那個計畫很快被擊落。所以一開始，該團隊小組便只進行有關兩架機動飛機及一架滑翔機的計畫。先是在透過集會表演及空中廣告賺錢之後，他們隨後推出客運航班、飛行課程及空拍攝影等服務。在飛行兩年後，這三個朋友收集了來自挪威各地共六千張的照片，但是他們的野心遠比出售精美明信片還大。史卡普曾寫道：

　　我們想從空中拍攝整個國家，並通過經濟地圖的呈現，來建立以全方位視角促進國家工商產業機會的基礎……照片及地圖應該放在科學家與學者的桌上，並啟動調查及研究計畫。接著，應該再透過社會學家、社會經濟學家、地理學家、農業專家、工程師及建築師共同合作，來規劃新社會

的結構與發展。

　　史卡普及維德勒兄弟盡可能針對國家每個特定地區的共同問題來提出建議方案。在挪威東部，他們選擇「林格沙克、內斯（*Nes*）、費尼斯（*Furnes*）及凡（*Vang*）等農村地區，以及附近城市如哈馬（*Hamar*）及里爾哈馬（*Lillehammer*）……在這些地區中，我們會準備完整的地面圖」。

　　自西元 *1814* 年首次提出以來，建立挪威經濟系列地圖的問題便定期被拿出來討論，但每次都因預算有限被駁回。政府官員約拿斯·安德森·默西耶（*Jonas Endresen Mossige*）在西元 *1910* 年寫道，「軍事出征需要軍事地圖。經濟出征則需要經濟地圖。要了解情況，並探索有關我國基礎設施的大致情況，就必須要有一系列的經濟地圖。」不過計畫卻一再失敗，因為創造這樣的系列地圖，需要相當大量的資金。

　　國防部於西元 *1931* 年的一封正式公文中寫道：「到目前為止，經濟調查只有在林格沙克此一郡縣開始，考慮到目前正面臨經濟大蕭條，自然不可能再進行這種新事務。」

無主之地

　　因此，挪威直到私自佔領格陵蘭島後，才終於著手空拍地圖的繪製。西元 *1931* 年 *6* 月 *27* 日，挪威國旗在蚊子灣（*Mosquito Bay*）升起，捕鯨人哈爾瓦·德沃（*Hallvard Devold*）發了一封電報，聲稱：「南方的卡爾斯伯格峽灣（*Carlsberg Fjord*）及北方的貝塞爾峽灣（*Bessel Fjord*）之間的土地，皆以哈肯國王之名進行佔領。我們稱其為『紅鬍子艾瑞克之地』。」

　　這個佔領是源自格陵蘭島在歷史上屬於挪威的此一信念。在西元 *1814* 年割讓給瑞典之際，隸屬舊挪威王國的冰島、法羅群島及格陵蘭島並未被視為挪威的領土，所以仍算是丹麥王國的一部分。西元 *1921* 年，當丹麥

聲稱擁有格陵蘭島及其周圍水域的所有權時，衝突跟著浮出水面。挪威認為，這已經侵害了自十九世紀後期以來，在東格陵蘭島以外活動之挪威海豹獵人及捕鯨人的權利，也因此，挪威政府表示支持私人佔領。

西元 1932 年夏天，一支東格陵蘭探險隊帶著一架飛機、地圖、指南針、繪畫材料、兩台照相機，以及 550 公尺長、足以拍攝二千八百五十張照片的底片等裝備，從挪威奧勒松（Ålesund）出發，其目的是補充挪威曾在該地區所進行的三年調查結果。這架飛機是從領事和捕鯨船東拉斯·克里斯騰森那裡借來的，後者在該地區擁有捕鯨及獵海豹的船隻，而菸草製造商 J·L·提德曼（J.L. Tiedemanns Tobaksfabrik）則贊助兩千挪威克朗進行空拍攝影活動。在短短一個多月裡，探險隊拍攝了將近 3 萬平方公里的範圍，其中一半是以往完全未知的領域。換句話說，挪威做了大多數佔領國和帝國主義者在佔領一塊新土地之後都會做的事——繪製地圖，以取得該地區地形及資源的戰略知識。不過，挪威佔領格陵蘭的時間很短暫。西元 1933 年 4 月，挪威所提出的國際裁決終告敗訴。

同年 6 月 21 日，挪威海軍的 F300 水上飛機從霍騰鎮（Horten twon）起飛。由於內陸天氣惡劣，飛行員沿著該國南部沿海航行一直到卑爾根，持續不到四個小時就降落了。隔天，機組人員便往北飛行，包括途中在布隆諾伊桑（Brønnøysund）停下來加滿油，共經過九個小時後到達諾德蘭的拉姆桑（Ramsund），其目的是第一次從空中繪製部分挪威地圖。哈斯塔德（Harstad）以南約 100 平方公里處尚未被以最新標準進行調查，因此獲選為試驗區域。前一年，土地調查師對此區域進行三角測量，並標記從空中就可以看到的大量標記點，即每平方公里一個點。

第一天，狀態一切良好。地形學家兼上尉索羅夫·韋負責拍照。「所有設備運作正常，一切似乎順暢無比，但就在飛行結束那一刹那，油潑濺上我的臉，仔細檢查後才發現相機被噴滿了油……」在返回哈斯塔德沖洗照片之前，韋便清洗了相機，而工作人員則完成地圖繪製工作。「我馬上就

意識到，整組照片必須要重拍，」韋說道，照片上油漬斑斑，而飛機也必須進行維修，「正如一位被迫停止作業的地圖師會說的話，真是好在這三天的天氣實在是糟透了。」第四天，必要的維修工作已經完成，天氣大好，只有幾朵雲散布在山上 **1,500** 公尺處，因此地圖繪製便在早上十點二十分展開，並在中午十二點五十五分左右完成。韋說：「現在整個地區的空拍地圖都已經完成，成果就像其他任何一般原始地圖一樣。」

但不幸的是，事情並沒有以這種方式順利發展下去。圖像顯示出挪威的地形太多山脈，無法在空中單單用一台照相機繪製出來。在一般空中拍攝的照片中，由於高地比低地還要靠近相機鏡頭，所以其顯示的比例也明顯較小。因此，必須使用立體測量方法——操作原理與人的雙眼相同，即以兩個並排放置的相機同時拍攝；由於兩者視角略有不同，因此較容易看到景觀中的高峰及低谷。

當這種新方法在南瓦潤格縣（*Sør-Varanger*）進行測試時，挪威地理調查局選擇與維德勒合作而不是與挪威海軍，因為後者總是以軍事、而非民事考量為優先。

北方及南方

西元 **1936** 年，亞利德‧維德勒及史卡普前往南瓦潤格縣拍攝該地區。史卡普說：「我們到達芬馬克海岸當時，天氣陰冷寒涼，整個農村低雲密布。我們應該穿越並直飛希爾克內斯（*Kirkenes*），但是相反的，卻一直被迫沿著北角的海岸飛。」他們降落在有帕茨河（*Paatsjoki River*）所形成大湖的斯凡維克（*Svanvik*），並在那裡等待晴朗的天氣：「對於那些熱愛自然、徒步穿越森林、爬山並過著自由自在生活的人來說，空拍繪製地圖是件容易的事，特別是在南瓦潤格這麼原始的地區。」

天氣一放晴，亞利德‧維德勒及史卡普便按照他們詳細準備的飛行計

畫，以及一張特別仔細標記其飛行路線的地圖飛行：「我們沿著地圖上下飛行，繪製地圖的設備運作如常。等到燃料用完或烏雲密布時，我們就會降落，等待下次拍照時機的到來。」

同年，維果‧維德勒接下來自地球另一端的任務：「從東經 *80* 度到西經 *10* 度的未知區域，飛行於南極洲沿海。空拍照片要沿著海岸取景，其圖像都會用於繪製攝影區域的地圖。」而維果‧維德勒的雇主，則再次是領事兼捕鯨船老闆拉斯‧克里斯騰森。

維德勒寫道：「很多人漠不關心或認為這是浪費時間，去探索距離自己國家偏遠的地區。」但是，「（多虧）有拉斯‧克里斯騰森的研究活動，挪威在南極的地位才得到確保。如今，所有從事捕鯨活動的國家都在使用捕鯨協會的地圖；根據我們空拍照片所繪製的地圖，也會在未來裡把船隻安全領向海岸。」

跟南瓦潤格一樣，南極也是經常需要等待晴朗天氣的地區。經過幾天的「雨雪交加」、「灰濛濛的惡劣天氣」及「風雪陣陣」，維果‧維德勒觀察到「只能在極地雨中才能看到的日落……但是，第二天幾乎沒有時間做筆記，因為探險隊從日出開始，便一直工作很久直到日落之後。」他的日記中只寫了：「從七點三十分開始，油箱裝滿……繪製整個海岸線由東邊至西邊屏障為止……落地加油……與英格麗‧克里斯騰森一起進行內陸偵察飛行……落地……再次從裝滿油箱跟新膠卷……往西方繪製整個索爾斯港灣（*Thorshavn Bay*），長達 *800* 公里，然後返回……。這是在天氣極少良好的情況下所能達到最好的成果。那天我們總共飛行 *1,700* 公里，並拍攝了一條長達 *430* 公里長的海岸線。」

從維果‧維德勒的描述中，我們瞥見這些地區的新土地的主權是如何被宣告：「克里斯騰森太太跟我同行，在我們飛行不到一個小時之後，她興高采烈地指向前方。她發現一座小黑山在白雪中朝天聳立成山峰，我們飛越無人來過的土地。克里斯騰森太太投下了挪威國旗。」該地區後來被稱

為哈拉德王子海岸（*Prince Harald Coast*）。在最後一次飛行中，維德勒與克里斯騰森繪製了更多未知領土的地圖：「這是山峰，或是只有雲？……從內陸冰山升起的山峰，峰峰相連，一望無際。龍達納（*Rondane*，挪威國家公園）深藏在白雪皚皚的南極洲之中，是一片從未見過的山脈。在夕陽下，我們沿著山脈飛翔，以相機完成工作……」

維德勒公司接到更多任務，洛羅斯煉銅廠（*Røros Copper Works*）想要購買空拍照片以協助其尋找新礦床，洛肯維克（*Løkken Verk*）附近的歐卡拉公司（*Orkla*）也是如此。里爾哈馬、斯塔萬格、斯基恩（*Skien*）及波斯古倫（*Porsgrunn*）都因挪威的地理調查而成為拍照地點，而騰斯伯格（*Tønsberg*）、諾特瑞（*Nøtterøy*）、提爾馬（*Tjøme*）、亞斯克（*Asker*）、巴朗姆（*Bærum*）及斯特林達（*Strinda*）等郡縣也都想要將自己的圖像成為分區計畫及道路建設計畫的基礎。西元 *1938* 年春天，維德勒採購能製作其地圖的設備，第一個任務便是製作斯塔萬格及周圍地區的旅遊地圖，以及該地區的經濟地圖。

但是，該產業未如維德勒所預期的速度發展。史卡普寫道，「這種新技術的重要性顯而易見，各領域專家也成為我們的盟友，更令我們獲得地圖繪製工作的相關支持。但是有關當局臨時收手……我們被迫要到國外尋找生意。」該公司曾經為了中美洲薩爾維多（*El Savador*）的地形及經濟地圖遞交投標書，該計畫不幸因政治變化而破局；接著，他們也努力想進入伊朗，因為其對汲取國內石油及礦藏概況有興趣。但是，在歐洲政治局勢又陷入危機之際，這些計畫也必須被迫放棄。

西元 *1939* 年秋天，史卡普在瑞典南部執行任務，飛過波蘭以北、最近才剛慘遭攻擊的海域：「在地平線上，濃煙從海上升起。那是軍艦。突然間，我們覺得戰爭距離很近。」

第二次世界大戰

西元 *1938* 年，德國陸軍將軍兼總司令威爾納·凡·費里奇（*Werner von Fritsch*）預測，「具有最佳空中偵察能力的軍隊，定會贏得下一場戰爭」。很多人認為德國擁有最多飛機及最好相機，因為第一次世界大戰的獲勝者並未在空拍製圖技術方面有持續顯著的進步。「第一次世界大戰後，大家對照片情報的興趣幾乎消失殆盡。結果，在第二次世界大戰爆發時，武裝部隊便受困於老舊的相機，以及無組織、設備或訓練有素的人員，以汲取後來能成為主要情報來源的東西。」西元 *1949* 年的美國《步兵雜誌》（*Infantry Journal*）如此寫道。英國皇家空軍更未能取得一架專用偵察機。

但是英國皇家空軍確實有一個照片解讀的專業小組，即「中央解讀小組」（*the Central Interpretation Unit*），其設立於英國鄉村的某棟豪宅之中。首先，該部門共雇用了一百一十四位軍官及一百一十七位工作人員，不過到戰爭結束時，這些數字已經增加到五百五十位軍官及三千位工作人員。這些人全都在製作各種類型的地圖，有地理學家、考古學家、記者、探險家、地質學家及藝術家。小組成員都必須參加為期兩週的攝影解讀課程，透過該課程，他們學會找出照片比例，弄清楚自己在看些什麼。例如，圖像顯示的是公路或鐵路，跑道是供戰鬥機或轟炸機所用，並區分出具有軍事意義的物體。還有獨立的部門研究機場、偽裝、鐵路、道路、河流、運河、工業區及軍事營地。

地圖上標記了每架飛機所飛行的路線，以確定所拍攝的內容及通常需要再次拍攝的內容。主要地圖上會標記要關注的項目，並把具有重要戰

下頁圖　為西元 *1959* 年挪威地理調查局為了試驗符號、顏色及地形之運用，所繪製的想像地圖。該地圖以桑德尼斯鎮（*Sandnes*）附近的區域為參考，該區域又稱為史托爾桑（*Storesand*），而尤通黑門、里爾桑（*Lillesand*）、呂格（*Rygge*）及斯瓦維克（*Svelvik*）實際上座落在他處。

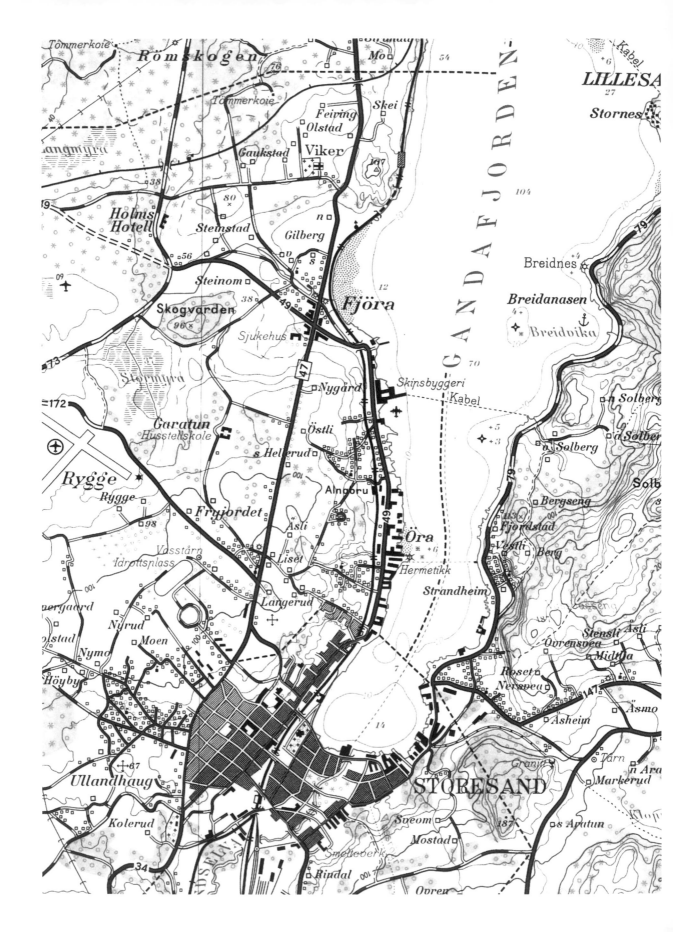

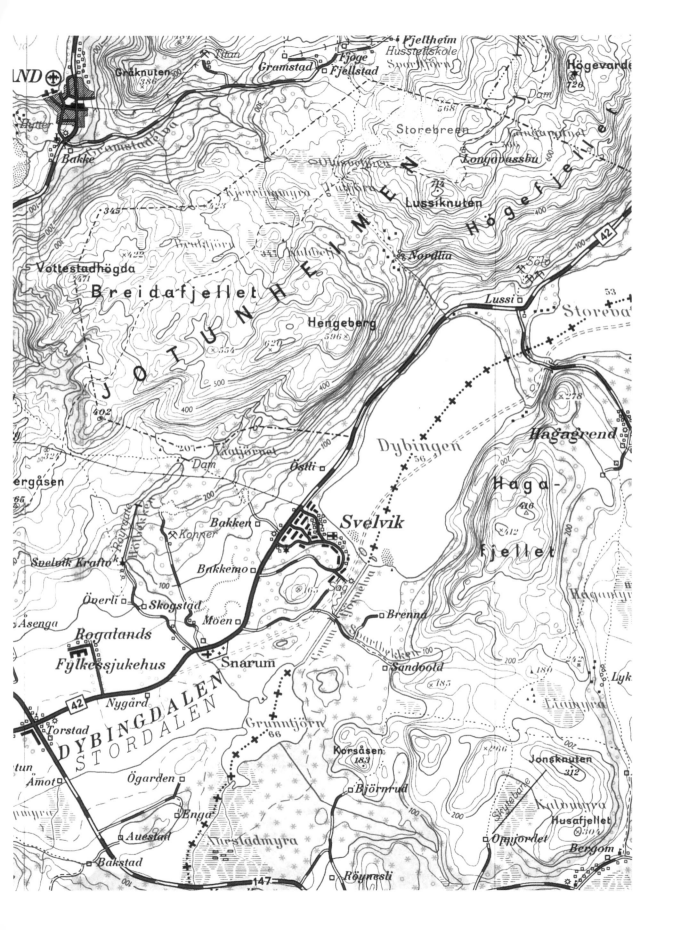

略意義的區域製作成三維模型地圖。木匠、雕刻家、藝術家及銀器工匠皆受命製作這些模型，其規模通常都很大，長度將近 *2* 公尺，並繪有丘陵、樹木、河流、海灘、港口、房屋、動力火車、貨車、雷達及軍事設施。有時，他們甚至會點燃燭火，好了解該地區在月光下看起來會如何。此類模型是在英國轟炸滿內（*Möhne*）及索爾培（*Sorpe*）大壩之前所製造，飛行員受到指示，「一直看到眼睛都快凸出來，把所有細節都記在腦海中，接著離開後憑記憶畫出來，再回去檢查所畫的地圖，修正之後再離開，接著再畫，直到達到完美為止。」最大的模型製作任務便是九十七張諾曼第海灘的三維地圖，這是戰爭行動日及西元 *1944* 年 *6* 月同盟國軍隊登陸法國的開始準備工作之一。

　　跟第一次世界大戰不同，空拍地圖繪製並未在第二次世界大戰期間有任何重大進展。但要是說有的話，便是使各個參戰國家意識到自己技術落後甚遠。戰爭一結束，美國空軍便在外交考量讓問題變得複雜之前，利用其資源從空中繪製歐洲地圖。

新需求

　　在戰爭及佔領挪威之後，維德勒收到第一個任務，便是拍攝德國人在撤出芬馬克期間所燒毀的九十座城市及地點，新地圖對於規劃重建行動至關重要。

　　戰後，挪威成為北約成員，其組織對軍事地圖提出新要求。挪威的武裝部隊提出一份比例為 *1：50,000* 國家系列地圖的全新計畫。在當時，國家系列地圖的製作比例主要為 *1：100,000*，而且仍然未能完成。武裝部隊的要求，使得挪威地理調查局不得不放棄所有以 *1：100,000* 比例繪製的國內其餘地區地圖的計畫，反而又開始以 *1：50,000* 的比例進行整個國家地圖繪製，而其目的是要讓美國人伸出援手。西元 *1952* 年，挪威軍隊與美國

陸軍地圖繪製局（*American Army Map Service*）一起合作繪製東特隆姆斯（*Øst-Troms*）地區地圖。挪威地圖原先的空白區域，很快就被三十三張地圖覆蓋。

該計畫之所以成功，是因為美國陸軍地圖繪製局對挪威南部的整個地區進行航空照相的決定，並且負責繪製三分之二的地圖。但是很明顯，從東特隆姆開闊、單調地形上所汲取的經驗，並不容易移轉到西南方連綿起伏的丘陵、人口稠密地區及森林覆蓋地區的地圖繪製上。最終，其製作的地圖具有以下事實：美國人的攝影測量方法，跟挪威地理調查局因應自身地理條件所使用的測量方法極為不同。西元 *1957* 年，兩方同意結束合作。

挪威陸軍及挪威地理調查局繼續出版兩組地圖系列的工作，即一組軍用、一組民用，名稱分別為 *M711* 及挪威 *1：50000*（*N50*）。但即使是這種合作，也不是就都沒有問題了。挪威武裝部隊與各公務機關對地圖內容的要求大不相同，但是在一個資源如此有限的國家中，為不同的目的繪製不同的系列地圖，是完全不可能的。戰後，挪威地理調查局局長克里斯提安·格萊迪奇（*Kristian Gleditsch*）寫道：「竭盡所能，我們的地圖必須是『通用』地圖。」除了僅在軍事系列地圖中收錄的網格，以及只在民用地圖中所使用的標線，還有隨附文字有些不同之外，這兩組系列地圖本身所收錄所有細節都是相同的。

對某張地圖或地圖系列所進行每次的更新，都需要改變地圖的外觀和內容，以反映整個社會的變化，*N50* 地圖系列也不例外。代表木材及水車的過時符號已刪除，避暑小屋建立了專用的新符號，並首次以不同寬度的紅線標記各種不同類型的道路。農場符號則從一個黑色實心正方形變成一個空心正方形。「我們可以不斷討論代表農場的象徵，」格萊迪奇接著補充，以前的黑色實心正方形看起來太過強勢。「但我希望空心正方形會是個很好的解決方案。」

在主要地圖系列工作進行的同時，關於史卡普與其他人在戰前所爭論

的經濟地圖系列仍在持續不休。這種系列地圖的時代已經來臨，挪威是幾個西歐國家中不具有該類地圖的國家之一。所需的成本費用當然是原因之一，而人口密度低及土地面積大多荒蕪則是其二。以往，經濟地圖系列主要是為農業及林業使用地區導覽，但在挪威，這些地區僅佔該國土地面積的百分之二十五，而瑞典為百分之六十，芬蘭為百分之七十四，丹麥為百分之八十三。格萊迪奇如此寫道：

但是戰後時期也同樣帶來很多其他要求，尤其是不斷增加的都市化地區規畫，這些地區的變遷步伐往往相當得快，卻沒有任何實際規劃每當大家提出一系列經濟地圖的提案，令人恐懼的，當然是所涉及的成本費用。但是，在西元 *1930* 年至 *1950* 年左右這段時間裡發生了技術革命，攝影調查方法也使得製作地圖的成本大幅低於以往……到西元 *1950* 年代末，我們終於能夠讓所有政府機構注意到發生了什麼事。

西元 *1964* 年，挪威議會出版了《國家經濟地圖系列計畫》（*Landsplan for økonomisk kartverk*），該計畫提議在林木線以下，即 *135,000* 平方公里，其所有生產區域皆應依照 *1：5,000* 的比例繪製地圖，其餘區域則依 *1：10,000* 的比例繪製。地圖繪製工作預期將在十五年內完成，並且由挪威地理調查局、政府、縣市地方政府、土地所有人及民間企業一同合作進行。托比昂・保勒（*Torbjørn Paule*）在《挪威經濟地圖故事》（*Den økonomiske kartleggingens historie i Norge*）中如此寫道：

這種範圍的調查以往從未進行過，我們在知識及經驗方面幾乎是從零開始，在各個階段中都很可能犯下大量的錯誤……建立這樣的地圖系列要能堅定、全力以赴，個人及機構也都要有開創性的表現。據說當時的調查展示給某些丹麥同事時，他們都大為震驚：「哇，你們挪威人都瘋了！」

在作業期間，挪威經濟地圖系列也很明顯需要再擴大。就在縣政府大致瀏覽所有應收錄進地圖的區域之後，原來的 *13* 萬 *5* 千平方公里也增加到了 *17* 萬平方公里。大家逐漸意識到，區域規劃及開發的快速步伐很快就使地圖變得過時。西元 *1975* 年，根據統計，其所繪製的地圖中，有三分之一已經過時，以至於在實際的區域規劃中幾乎沒有用處，也因此隨後產生初次調查需求與更新之間的衝突。直到西元 *2002* 年，所有畫定區域的初次調查才算終於完成，總面積為 *18* 萬 *5* 千平方公里，繪製比例為 *1：5,000*。

拋棄式地圖

地圖的作用在戰後的消費主義社會中產生了變化。西元 *1969* 年，挪威地理調查局局長格萊迪奇被問及，他是否同意地圖已經在幾年之間於廣大公眾的意識中成為日常用品。他的回答是肯定的：「是的，毫無疑問。在古代，地圖是昂貴珠寶，必須鑲嵌、保存及繼承；而現在地圖已成為家居用品，為人所使用、消費及取代。這是令人欣喜的發展。但是隨著交通及住宅地圖的快速發展，地圖必須時常更新，因此最好也不要用得太久。」

地圖也同樣成為公共教育及資訊的一部分。「在向政客及大眾介紹計畫及規畫時，運用地圖提供詳細說明，能使大家更易於參與計畫，因此其民主影響也會更加真實。」西元 *1975* 年，一份標題為〈關於挪威地圖繪製和調查活動〉（*Om norsk kart -og oppmålingsvirksomhet*）的報告便表示：

如今，特別需要一種能使普羅大眾更加理解社會各領域現況及相關措施的地圖，例如：

●隨著時間變化，酸雨對自然環境的影響（挪威南部地圖）。

● 概述地方郡縣值得保護的區域。

● 學區內行人、單車騎士及動力交通工具的替代計畫。

　　該報告還提供區域概況和地圖可能的使用方式，以及作為預設使用者的作者為實際參考。根據其事實及官僚主義風格，報告會帶領我們進入六大使用區域。

　　首先是資源管理方面，即展露出繪製國家基礎岩層、植物、野生動植物、水、空氣、土地所有權、定居處及大眾交通地圖的需求。第二是區域規劃方面，第三是房屋、學校、工業設施、道路、橋梁、機場、港口、發電廠及能源傳輸、電信及供水設施的計畫規劃方面。

　　第四是營運方面，也是最大宗，包括農業、林業（所有權）、漁業（海底條件、航行路線）、採礦（地震帶）、石油生產、工業、供水、電力供應（電網、水資源）、陸上大眾交通（運輸能力、道路品質）、航運、航空（機場、航空障礙）、電信（網路）、貿易、旅遊（住宿、人口數量）、學校系統（發展、人口數量）、衛生服務（發展、公民健康）、警察、消防（消火栓、供水網路、水源）、國防及一般管理。

　　然後是第五，即法律事務方面；第六為其他用途方面，包括統計數據資料的收集及呈現、天氣預報、教學、大眾媒體、旅遊、戶外休閒及定位。

　　四十年前，史卡普飛遍全挪威，並認為要建立一個社會，就不能沒有地圖及計畫。現在，該報告中有關當局的官方立場陳述如下：「要量化出地圖及調查數據對社會經濟活動的重要性，此事是不可能的。但是，其重要性之大無庸置疑，因為很難想像，會有現代社會能在不具此種工具條件下就能運轉。」在幾乎每個使用的領域中，其報告皆特別註明該地圖參考自：「空拍照片」（*Flybilder*）。

戰爭與和平

　　空中偵查方法之所以興起，是因為十九世紀的技術創新，攝影及航空技術幾乎同時發展；一次完全有別以往的全球性戰爭，飛機是此戰爭中唯一能大幅移動的事物，照相機則能立即掌握敵方的位置。在和平時期，空拍地圖繪製用於民生活動，包括從尋找金屬礦產、調查沼澤地到市政規劃、道路建設及經濟調查等各種方面。最終，空中製圖變得如此便宜有效，因此成為一種標準作業。挪威地圖繪製暨地籍局（*Norwegian Mapping and Cadastre Authority*）更持續每七年對挪威各地進行空中地圖繪圖，以維持最新的地圖狀態。

　　西元 *1960* 年，當蘇聯擊落美國 *U-2* 間諜飛機時，以飛機作為空中間諜的行動便已減少。不過，在此三年前，倒是有一種全新技術席捲了整個世界——第一枚衛星被射入太空。

右圖　為西元 *1932* 年格陵蘭東部的局部地圖。該圖於挪威佔領此地區兩年期間所繪，並在冰島人於西元 *980* 年代開始有人定居此處後，將其命名為紅鬍子艾瑞克島。地圖繪製得相當仔細，具有挪威地理調查局及挪威斯瓦巴暨北冰洋調查局（*Norges Svalbard – og Ishavsundersøkelser*）二者署名，能看出佔領意味十足。

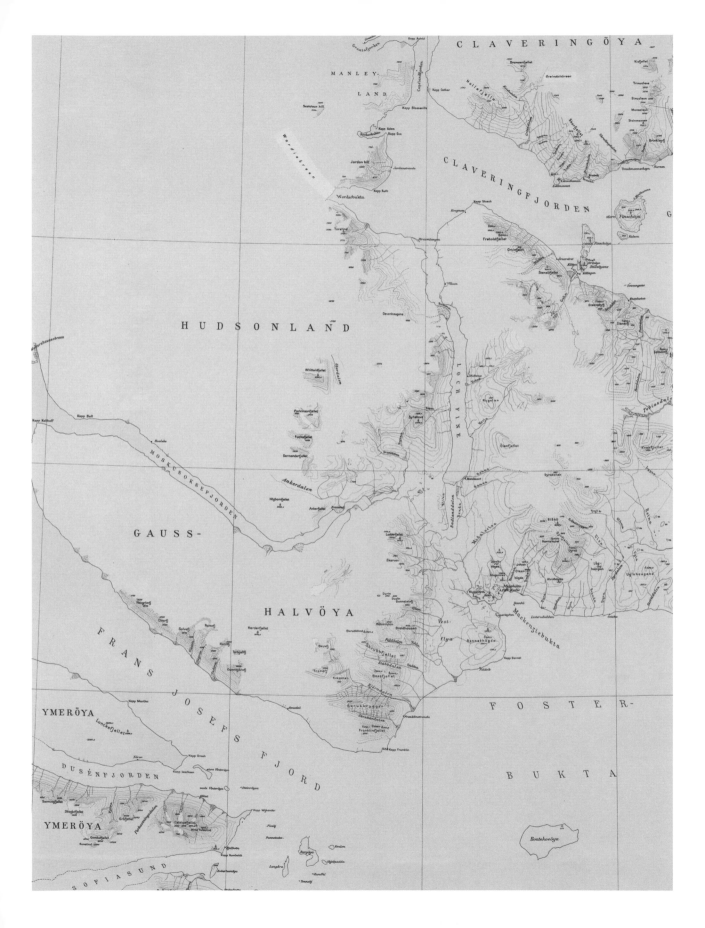

PHYSIOGRAPHIC DIAGRAM

ATLANTIC OCEAN

(Sheet I)

BY BRUCE C. HEEZEN AND MARIE THARP

Vertical Exaggeration About 20:1

20-200 Fathom Relief   500-1000 Fathom Relief

200-500 Fathom Relief   1000-1500 Fathom Relief

第九章
湛藍星球

美國　拉蒙特地質觀測所（*Lamont Geological Observatory, USA*）

北緯 *41°00'14"*

西經 *73°54'25"*

　　西元 *1957* 年 2 月 1 日，《紐約時報》的頭版刊登了一張令許多讀者困惑的地圖——一張世界地圖上，海洋被幾條粗黑線條分開，有些甚至延伸至內陸。「地質學家發現海底巨大裂縫」為其標題，隨附文字則說明地球的「撕裂接縫」是從何而來。負責研究結果的拉蒙特觀測所之後收到讀者來信，該讀者表示擔心世界末日已經到來。在一封回應類似該問題的信件中，某位觀測所的地質學家寫道：「我不認為您該有任何立即的擔憂。地球呈現如此『撕裂接縫 』的樣子，似乎已經很長一段時間（數百萬年）。百年來能移動個幾英吋就算很快了。感謝您的來信。」

　　該報紙頭版上所刊登的地圖，是觀測所研究人員過去四年來一直在研究的大型航海圖簡化版。《紐約時報》寫道：「瑪麗・瑟普小姐是拉蒙特觀測所的地圖師，她注意到過去四十年中，北大西洋及南大西洋具有大量地

左圖　為大西洋海底地圖，以地文圖（*physiographic diagram*）的方式所繪，呈現宛如空拍照片的外觀，並具有地質學家瑪麗・瑟普及布魯斯・希岑（*Bruce Heezen*）於西元 *1956* 年的簽名。當時，沒人見過這樣的地圖。左上角可以看到部分美國東北海岸地區。

震的發生地點，恰好與那條巨大海溝相吻合。」但是報紙並沒有提到地圖是由瑟普所繪，他們只採訪了她的兩位男同事，而後兩者都沒有提到是瑟普發現這條撼動地質學基礎的海溝，並繪製出最精準的北大西洋海底地圖。

瑟普從西元 1952 年 9 月某天開始進行地圖工作，當時她的一位同事布魯斯・希岑在她桌上放了一大堆裝滿紙捲的紙箱。瑟普輕輕推動其中一捲，代表海底深淺變化的黑線便露了出來。「聲納，」希岑說。「妳覺得呢？」他的問題很誠懇，並沒有對瑟普說明她應該如何解讀。他之所以會交給她，是因為他不知道如何將其轉錄成他所想要的東西，即一張能呈現地球海底面貌的地形圖。

這些紙卷包含了觀測所多年來在大西洋所進行的聲納調查結果，總長度共計為 915 公尺。該觀測所的海洋學家從美國航行至非洲及歐洲，在地圖上標記路線及所處位置的經緯度，以便確定每次進行探測的地點。不過，調查結果仍有待詳細分析。瑟普及希岑決定把 915 公尺長的紙張轉錄為一張圖，以探索北大西洋的完整面貌。

瑟普先把適當大小的紙張黏在一起，形成一張尺寸超過 2 公尺長的紙，接著在上面加入所有詳細資訊。之後，她藉著研究船所行駛過的路線，畫出了橫跨大西洋的六條路線，最北邊的一條從瑪莎葡萄園（*Martha's Vineyard*）到直布羅陀，最南邊則是從巴西海息飛（*Recife*）直到獅子山（*Sierra Leone*）的自由城（*Freetown*），同時標記這些海床沿岸的深度。六個星期後，她便有了初稿。

一直以來，海洋學家都認為大西洋下方是從北往南延伸的山脈，即大西洋中洋脊（*the Mid-Atlantic Ridge*），就連冰島也算其中一部分。瑟普的地圖證實了這一點，同時還發現了更多內容。她仔細觀察，發現了一條寬達 3 英里的深谷，將山脈一分為二。

「亂講，」希岑在瑟普指出這條裂痕時說。「這不可能的。這看起來簡直像是……」

「大陸漂移。」瑟普說。

奧特利烏斯是我們所認識、第一個想像大陸可能正在移動的人。在十六世紀，就像許多之後的追隨者一樣，奧特利烏斯注意到，南美洲東海岸就像拼圖一樣，跟非洲西海岸的形狀合致，並寫下它就好像兩塊土地被撕開一樣。挪威地質學家先驅安德烈亞斯·*M*·漢森（*Andreas M. Hansen*）於西元 *1891* 年在其博士論文《海岸線研究》（*Strandlinje-studier*）中，便率先探討了冰河時期及地球氣候變化。為什麼在格陵蘭島上，會發現比生長溫度明顯高於當地的花朵化石？漢森表示，或許各大洲都已經移動過，也因此預期瑟普理論最終將會得到證實。

西元 *1915* 年，德國研究員亞佛雷德·瓦格納（*Alfred Wegener*）出版其著作《大陸及海洋的起源》（*Die Entstehung der Kontinente und Ozeane*），他提出一個理論，即地球表面是由處於恆定運動狀態的大陸板塊所組成。在第一次世界大戰期間，德國書籍在許多其他國家地區並不特別受歡迎，因此該著作在西元 *1922* 年之前未被翻譯成其他語言。不過，就算該著作已發行至國際上，也沒有特別受歡迎。地質學家只是嘲笑瓦格納的理論，而他對於各大洲如何運動的現象，也很不幸地解釋得並不太好。

因此，當希岑聽到大陸漂移這說法時，他一點都不感興趣。所有地質學家都認為這是不可能的，若是承認大陸漂移是正確的，那就是承認腳下的事物可能都不太穩定。希岑要求瑟普再次檢查細節。結果還是一樣，但是希岑拒絕再聽到這種說法，因此，科學家們便在維持其最初的計畫下，達成共識並否認此說法：繪製一張所有人都可以理解的海底圖。瑟普繪製了一張地文圖（*physiographic diagram*，即地貌圖），一張看起來像空拍照片的地圖。

地文圖是由美國地形學教授亞明·洛貝克（*Armin Lobeck*）所研發。他在第一次世界大戰後，為各國元首建立新的歐洲邊界時，注意到當權者只是呆呆盯著自己的地形圖。地圖上面以線條標示著不同高度，但是歐

洲元首們都「無法分辨出是山峰還是山丘，或是來自山谷還是海岸線的河水」，所以他繪製出一張地文圖，讓圖上的山看起來像實際的山。瑟普相信，使用洛貝克的方法，就可以使大家都了解海床的地理情形，即那個佔地球表面七成、仍然成謎的區域。

不可測量之深

　　幾世紀以來，航海圖的繪製都是為了使大家熟悉周圍海域地理，即島嶼、懸崖、沙洲、海上及海下礁岩。多年來，潛入海中是汲取隱藏水面以下相關資訊的唯一方法，就跟聖經新約的《使徒行傳》第 *27* 章第 *27* 節至 *29* 節（*Bible's New Testament, Acts xxvii, 27-29*）所描述的一樣，當時保羅在暴風雨中出海：「那是第十四夜，我們正漂流過亞德里亞海（*Adriatic Sea*），大約在午夜時分，水手以為漸近旱地。探過深淺之後，發現深度為 *20* 噚（*fathom*）（編註：用於測量海洋深度）。再過一會兒，他們再探深淺，並探得 *15* 噚。擔心我們會撞到岩石，於是他們就從船尾拋下四個錨，並祈禱天明到來。」

　　西元 *1521* 年，探險家麥哲倫試圖找出太平洋的深度。當這條線到達 *750* 公尺深時，他便宣布此海域的深度無法被測量，而烏勞斯‧馬格努斯於西元 *1539* 年的《海洋地圖》上也有類似的東西。在挪威的松恩灣（*Sogn og Fjordane*）海岸，有一個手持垂鉛長線的人的圖案，旁邊寫著「最深處」（*Mos altissimus*）。在這本附有地圖的書中，馬格努斯寫道：「有人試圖用垂鉛長線測量海洋深度，但是他並沒有探到谷底。」

　　測量海洋深度並不像在船外拋下一條鉛垂長線那樣簡單。在開闊海洋中，水面下是如此深不可測，以至於在鉛垂線到達底部後，線本身的重量還是能在船舷上持續往下延伸，使得海洋測量起來比實際上更深。還有另一個問題，船的漂移不定也代表線很難保持垂直。在西元 *1830* 及 *1840* 年

代，水手便開始在其空閒時間進行海洋垂線測量，而據傳令人難以置信的 *1* 萬 *5* 千多公尺深，也是錯的。

在地理調查局開始對挪威北部海岸進行地圖繪製之後，亨利克・哈格魯普（*Henrik Hagerup*）中尉在西元 *1828* 年至 *1832* 年的調查工作中，便已經十分熟悉漁民的情況，他建議沿海地區的海堤應該進行調查，因為這會是有利航海圖的補充資料。哈格魯普的建議並不受重視，直到西元 *1840* 年，東芬馬克郡的挪威漁民抱怨俄羅斯漁船進入其水域中作業。當地郡長提議要求進行深度測量，以繪製漁業區域地圖，但是挪威地理調查員認為這是浪費時間，因為漁民根本無法理解該地圖。然而，挪威財政部並不認同，更以預算項目「雜項支出」為測量行動找到補助資金。西元 *1841* 年，從塔納峰（*Tanahorn*）到俄羅斯邊境的海底地圖繪製完成，以及在特隆姆斯（*Troms*）的卡爾綏（*Karlsøy*）島周圍的危險區域。結果並不特別準確，因為地圖師對漁民在何處及如何工作只有個大致概念，但是西元 *1843* 年一份報告指出，其結果「很可能造成了不小的期望，鑑於未來精準深度探測將更為有用的緣故」。良好地圖能使漁場「具有更大的重要性，因為就能在一年中的最佳時期內得以善加利用」。

挪威成為漁業地圖的先驅。「像我們這麼好用的捕魚圖，以前從未被出版過，」《謝林雜誌》（*Skilling-Magazin*）在西元 *1870* 年關於挪威 DS 漢斯汀號探測船（*DS Hansteen*）的新聞報導中寫道，「最後，終於打造了具有能探測海床及出版漁業地圖等特殊裝備的輪船，以提供準確清晰的魚類棲息地概況。」該雜誌更為讀者介紹此項作業內容：

下頁圖　為《西元 *1878* 年北海探勘標準地圖》（*Oversigts-Kart over det af Nordhavsexpeditionen i 1878 bereiste Hasträg*），此地圖收錄了挪威、斯瓦巴群島、揚麥延島及格陵蘭島之間的海域，為海洋地圖學家喬治・歐錫安・沙斯（*Georg Ossian Sars*）親手所繪製。地圖上畫有「柳葉魚遷徙路線」（*Loddestimernes Træk*）及「羅弗敦鱈魚洄游路線」（*Lofot-Torskens Sig*），此外還有「北海邊界」（*Nordhavs-Barrieren*）、「北極洋流」（*Polar Ström*）及「*2,000* 噚以上之深海谷」（*Dyb Havdal indtil 2000 F*）。

Grönland:

Polar Ström

Drivis

Drivis

Drivis

Polar-Strömmens grændse

Polar-Strömmens grændse

Jan Mayen

Loddstimerne.

Træk

vestligtræk.

Nordsø-
Trit.

midtre ??ff.

Stf6 Hardal

Atlanterhavs Ström

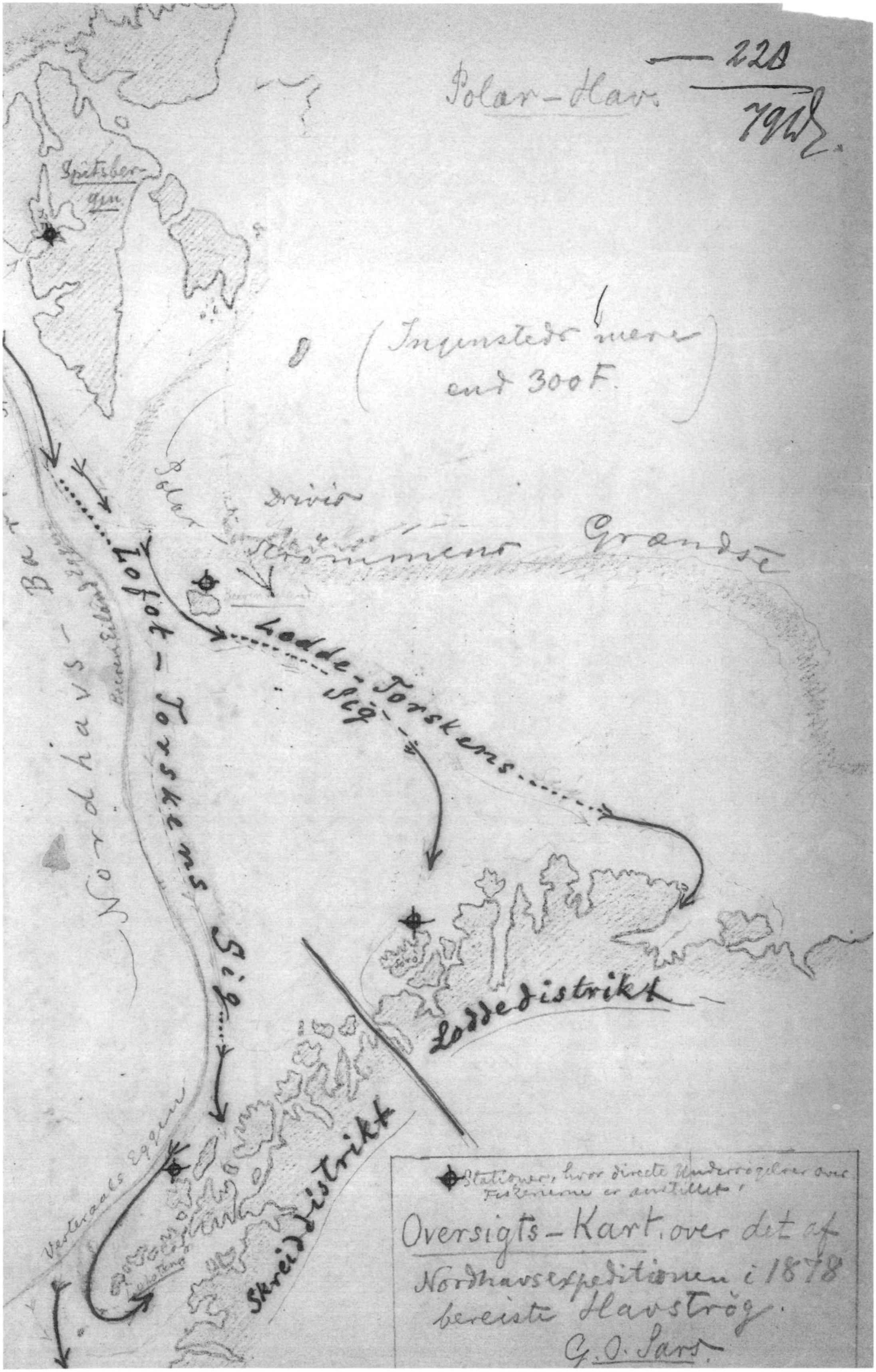

Polar-Hav.

220/792½

Spitsber-gen

(Inqunstedt mere end 300 F.

drivis

Polar Strømmen Grandse

Lofot-Torskens Sig

Lodde-Torskens Sig

Nordhavs-Ba...

Nordhavs-Ban...

Lofot-Torskens Sig

Loddedistrikt

Vesteraals Eggen

Skreidistrikt

⊕ Stationer, hvor directe Undersøgelser over Fiskerne er anstillet.

Oversigts-Kart, over det af Nordhavsexpeditionen i 1878 bereiste Havstrøg.

G. O. Sars

一旦確認這條線的深度，捲軸便開始由一台小型蒸汽機啟動，並以平均每分鐘 *100* 噚的速度拉起這條線。同時，在所有能看到或發現其他觀測結果的山頂三角點（*trigonometric points*）之間，皆使用六分儀進行測量，以確定當前位置的必要角度。在拉起線之前，就要完成所有工作，並詳細記錄資料，因為船艦必須全速前往下一個探測位置。接著進行計算，並在地圖上標記探測點，然後在五、六或七分鐘後停船，一切再從頭開始。

DS 漢斯汀號在挪威東南部的菲德勒（*Færder*）南部開始，一直往西航至曼達爾（*Mandal*）、亞倫（*Jæren*）、斯塔特、特隆德拉格及諾德蘭海岸，並特別留意希特拉（*Hitra*）島、弗洛亞（*Frøya*）島、羅弗敦島、西奧倫和塞亞島。透過繪製地圖計畫，有關烏特羅斯（*Ut-Røst*）的神話傳說及其他海洋未知地，那些過往難以解釋的沉船事件都得到一勞永逸的解釋。*DS* 漢斯汀號發現新的漁獲場域，並建立起挪威及俄羅斯之間位於海上的邊界。西元 *1875* 年，挪威地理調查局在巴黎國際地理大會上，因為其出色的航海圖獲得金牌及證書。

亞特蘭提斯

關於海床的兩種不同觀點，主導著十九世紀後期的思想。其一為夢想家，即地質學家及進化論者，他們想像著失落城市亞特蘭提斯（*Atlantis*）或沉沒大陸，或許這就是為什麼在海洋兩邊都能發現相同類型的岩石及化石。其二便是那些較為傳統保守的人，他們相信陸地無法上升及下沉，自地球形成以來，陸地就是陸地，海洋就是海洋。

這兩派人馬皆以研究人員的身分登上英國皇家海軍挑戰者號，並於西元 *1872* 年 *12* 月啟航穿越世界海洋。該船橫渡大西洋五次、印度洋及太平洋各一次，並發現了大西洋中洋脊及世界海洋最深處，即日本與新幾內亞

之間的馬里亞納海溝（*Mariana Trench*）。當他們從南大西洋的崔斯坦達庫尼亞群島（*Tristan Da Cunha*）往北約 *30* 度的亞森遜島（*Ascension Island*）行駛時，他們注意到自己經常身處在淺水區域，卻未曾進行足夠的測量，因而意識到他們正在沿著水下山脈前進。因此研究人員將該地區標記為一處高原。

返家之後，研究人員的發現先是被稱許為失落大陸的發現，儘管從海底採集的地質及生物樣本顯然並非如此，但此種想法依舊存在。挑戰者號航行了約 *12* 萬 *5* 千公里，但在海上七百一十三天期間，卻只進行不超過四百九十二次測深，這代表大家對海床的了解仍然太少，失落的大陸還仍在那裡待人去探索。

北海

挪威人也受到了英國探險隊的啟發。氣象學家亨利克·莫恩（*Henrik Mohn*）及海洋學家沙斯這兩位教授便指出，在挪威、法羅群島、冰島、揚麥延、斯瓦巴群島之間的水域就跟未知領土一樣多，現在對這些水域的探索「已特別成為我們挪威人的責任」。而「對於挪威西海岸海域進行科學調查這項任務，從挪威的角度來看，這項任務必然能跟英國探險隊一樣幸運完成。」挪威人亦清楚，「英國政府不會讓挑戰者號進行我們所希望的北極水域調查。」該調查之後被稱為挪威北海探險（*Den norske Nordhavs-Expedition*）。

教授們認為，進行這次探險有科學及實際上的原因。首先，這將有助於闡明為什麼挪威在沿海擁有溫暖洋流，不只使挪威適合居住，亦有助於農業發展。其次，探險隊將提供有關漁獲條件的重要資訊，「進而解決與我們重要漁業方面的許多問題。尤其對於我們極為重要的鯡魚漁業而言，更是如此。」透過調查海洋深度、海底及地質構造，就會對「我們遷徙魚種

的生物學條件」更加了解。

　　輪船 DS 威靈根號（*DS Vøringen*）於西元 *1876* 年 *6* 月 *1* 日早晨從卑爾根出發，在繪製松恩峽灣底部並往西航行之後，「便對一路延伸至北冰洋的『斜坡峽谷』（*Sloping Canyon*）進行勘測」，即今日的挪威海溝，然後再從克里斯提安桑啟程進行遠航。天氣形成重大障礙，*7* 月 *1* 日至 *8* 月 *15* 日狂風驟雨，風速達每秒 *20* 公尺的嘯叫聲，以及高達 *6* 公尺高的海浪：「海洋運動阻礙了我們測量深度的工作。」碎浪對船造成巨大損害，所以船員不得不進入法羅群島避難，但在進行必要的維修之後，他們又重新航向海上。在兩次風暴之間，他們測得法羅群島東北處深度為 *1,215* 噚，並在幾天後於冰島附近島嶼尋求庇護，接著繼續作業。「不管風有多大（風速為每秒 *10* 至 *16* 公尺）及海上有多波濤洶湧」，他們都會對海床進行測深和調查，並計算出中途所必須棄置的設備損失。「在經歷了六週共八場暴風雨之後」，他們終於在納姆索斯島（*Namsos*）停靠。

　　西元 *1877* 年夏天，探險隊在羅弗敦及羅斯進行探測之前，先長途跋涉抵達格陵蘭島及揚麥延之間的西冰河，以繪製海洋深度及洋流：來自大西洋的溫暖洋流與在格陵蘭海域「寒冷的極地洋流」。他們在揚麥延島上岸，「透過方位及六分儀的測量角度，來確定各種可見山峰和冰川的位置」。其成果是一張美麗的島嶼地圖，上面有著以探險隊成員名字命名的冰川、山峰及河流。

　　在西元 *1878* 年的探險報告中，北冰洋的名稱已被更改為挪威海，因為自「遠古時代我們的船員便曾經過此處」。在探險最後一年，*DS* 威靈根號航行到最北端直至熊島及斯匹茲卑爾根，研究人員在那裡收集化石、勘測土地並確認山的高度。

　　挪威北海的探險促成了許多科學書籍及新地圖的誕生。其中一本書即為《北海深度、溫度及洋流》（*Nordhavets Dybder, Temperatur og Strømninger*），就收錄了多達二十七幅地圖，以標示地表溫度及壓力變化、

風、洋流及深度。

法蘭姆一號

莫恩及沙斯寫道:「帶著前往北極真正的探險裝備,到達迄今尚未有人探索的極地,這都不是我們的責任。我們必須把此任務委託給更富裕的國家。」但是在 *DS* 威靈根號完成航行十五年後,一艘由政府資助的探險隊,便乘坐特殊建造的法蘭姆號前往北極。儘管之前仍有所保留,但莫恩跟沙斯都參與了探險計畫。

西元 *1884* 年秋天,南森在《挪威早報》(*Morgenbladet*)上讀到,某艘在新西伯利亞群島失事的船隻殘骸,一路往西漂流到幾千里外的格陵蘭島沿海地區。這使他突然有了搭著船穿越漂著海冰的北冰洋此一想法,也許洋流會帶領他到達那塊理想極地。南森於十三年後在《遠北》(*Farthest North*)一書中寫道:「這次探險的科學任務之一,是研究極地海域的深度。」在探險隊出發之前,根據在巴倫茲海及周圍海域所進行的測深結果,就一般共識認為,北冰洋是座淺海:「我預估北極淺海此一地區目前已知的最深之處為 *80* 噚」,南森寫道。就像很多人一樣,他曾認為「極地周圍地區先前被大片土地覆蓋,而島嶼便是其遺跡」。他並不認為到北方也不會發現土地此一想法是「可笑」之談。

不過,第一次探測深度卻有了令人驚訝的結果。西元 *1894* 年 *3* 月,探險隊正位於北緯約 *80* 度的地方,研究人員在仍未探到海底的情況下,「拋下 *2,100* 公尺(超過 *1,100* 噚)的線……不幸的是,我們並沒有想過會這麼深,所以既沒有準備好,也沒有帶任何深海探測儀。」而解決方法便是解開船上一根鋼纜,將鋼纜與線綁在一起,以形成將近 *5,000* 公尺長的測量線,最終到達海底時為 *3,850* 公尺。「我認為大家不該再說北極是淺海了,因為那裡可能有土地。」南森在其日記中寫道,「我們很可能在看不到任何

山頂情況下就進入了大西洋。」此一發現，導致之前所有關於北極大陸的理論都必須要被摒棄。儘管如此，在西元 *1895* 年，法國《費加羅報》（*Le Figaro*）寫道，南森在北極的「群山中」插上了挪威國旗。

探險結束後，南森在北冰洋海床方面寫下開創性的成就——提出關於地殼變化的理論。根據他及其船員在較淺的巴倫茲海所完成的測深作業，以及其於周圍陸地所作的調查，南森認為，在大冰河時期之前，巴倫茲海曾是一片乾旱之地，河流流經此地並往外擴散形成廣大平原，而之後的研究也證明他是對的。

Ping……Ping

西元 *1899* 年，第七屆國際地理大會於柏林舉行，繪製海底地圖也已經到了需要採用通用名稱的階段。一個委員會被成立來繪製水深圖（*bathymetric map*），即海底地圖。但是大家都同意，他們所嘗試的第一張《通用海底水深地圖》（*Carte générale bathymétrique des oceans*）結果很糟糕。為了能正確繪製出海洋深度，相關的重要技術需要大躍升——這是在鐵達尼號（*Titanic*）於西元 *1912* 年撞到冰山並導致一千五百一十三人溺水死亡之後所發生。在鐵達尼號沉沒一個月後，因應改進探勘能力及增加安全性之需求，英國在聲納系統技術上取得了第一項專利。

聲納系統能穿過水發出聲音，即所謂的「乒乓」（*Ping……Ping*）聲，以測量聲音撞擊到水面以下的東西後，再反彈回來所花費的時間；只需一個人操作，就能在短短幾秒鐘內，完成過去要好幾人、好幾個小時才能完成的作業。其原理很簡單，但挑戰在於組裝的設備必須要夠準確才行。聲音在水中的傳播速度比在空氣中快四倍，這代表半秒的差距就相當於 *1,000* 英呎距離。美國海軍物理學家哈維·海斯（*Harvey Hayes*）是第一個發明能在深水中使用測深儀（*echo sounder*）的人。西元 *1922* 年夏天，他從新

港（*Newport*）航行到直布羅陀。在僅僅一週內，他進行了九百次深水探測，其速度遠遠超過英國皇家海軍挑戰者號於三年半裡進行過的探測。海斯的發明，終於讓大家看到世界水域及海洋無水的樣貌。

從西元 *1925* 年到 *1927* 年，德國流星號（*Meteor*）運用聲納測量整個大西洋共 *67,388* 處位置的深度。若船員以人工升起及放下垂線的方式進行調查，需花費每週七天、每天二十四小時工作，共七年的時間才行。船上研究人員比較有興趣的，在於找出是否有可能從鹽水中萃取黃金，以償還德國自第一次世界大戰後所欠的債務。不幸的是，答案是不能。

在德國研究船於大西洋上來回航行之際，西元 *1926* 年某天，一位六歲的女孩第一次到達美國東南海岸，並看到大海。密西西比州的帕斯卡古拉（*Pascagoula*）是一塊只高於海平面幾公分的平地，在幾乎看不見、沉入海面以下之處，樹木、草皮、灌木叢及沙子都到了盡頭。這個六歲女孩對於眼前看似無物的一片景色會做什麼？她是否想像，該景觀會在水下看不見的地方繼續延伸？那裡也隱藏著山脈及山谷嗎？

這個女孩的父親是農業當局的地圖師，在海岸的這段時間是她童年的特別時光，因為他們一家人通常住在遙遠、具廣大農業的內陸一州。她脫下鞋子，雙腳陷入沙中，感受到海浪在腳趾間來回流動。海灘上有一場觸礁事故，第二天一到漲潮時，船便幾乎沉下水面了。流星號在海上遠處發現大西洋中洋脊是座山脈，而不是挑戰者號所認為的高原；而在二十六年後，這個曾在海灘上的六歲女孩瑪麗・瑟普，發現了這座山脈之所以有撕裂接縫，是因為地球各大洲持續處於運動狀態的緣故。

博士

西元 *1930* 年，二十四歲的美國地質學家莫利斯・尤因博士（*Maurice Ewing Doc*）剛成為教授。他的個性古怪，上課的大部分內容都是把學生帶

到田野調查，用炸藥炸東西——當然，這是非法的。但是地震壓力波返回到地球表面所花費的時間，能提供關於地底地質結構的訊息；而測量此時間的差距，對於任何希望想汲取繪製地質地圖經驗的人來說，是一種極好的實作。有一天，尤因被問到他是否想研究美洲大陸棚。此時，人們已知道離陸地幾海里外的海底突然變得更深了，但沒人知道為什麼。博士以前從未在海上工作過，但是他在自傳中寫道：「就算他們要我把地震儀放在月球上，而不是我所想的海底，我都太希望能有機會做研究。」他成為第一個使用地震儀來繪製海岸至大陸棚盡頭的人。

這位博士迷上了海底。他認為，想透過調查海平面上只佔三成的地表來了解地球，「就像是在看一眼鞋帶後，試著描述一顆足球一樣」，而這是其他大多數地質學家從未有過的想法。當時的海洋學家也沒有真正了解他的工作。挪威海洋學家哈洛維・烏利克・斯凡卓（*Harald Ulrik Sverdrup*）於西元 *1936* 年至 *1948* 年期間擔任斯克瑞普海洋學研究所（*Scripps Institute of Oceanography*）的所長，他寫道，海床之所以能被引起注意，主要是其為海水的盡頭處。但尤因博士卻與其抱持完全相反的觀點：「海洋不過是那層令我見不到其底部的朦朧薄霧。老實說，我希望一切都能『浮出水面』。」

早在西元 *1930* 年代，博士的調查便顯示，大陸棚主要由沉積物組成，而遍布岩床的多孔岩層通常會蘊藏石油及天然氣。他問標準石油公司（*Standard Oil*）是否願意為其研究提供資金，但是結果很遺憾，他們連花五美分尋找海洋石油的興趣都沒有。

第二次世界大戰期間，美國海軍與博士聯繫上，希望他或許能協助使用聲納及世界上第一台水下攝影機，去尋找德國 *U* 型潛艇，並以資助他最新發明作為條件交換。博士說：「在戰爭期間，我們曾經談論過，戰後該拿這些研發中儀器進行些什麼有趣的科學研究。」這是事實，第二次世界大戰後的海洋學研究確實顯著成長。大西洋及太平洋成為了把兩個世界超級強國分開來的戰略要地；而博士受聘為紐約哥倫比亞大學新成立的地球物

理研究所教授。在西元 *1948* 年，當一位年輕、富有地質學經驗的女孩來向他申請工作時，博士問：「妳會繪圖嗎？」

PG 女孩

第二次世界大戰為美國婦女提供了新機會。西元 *1942* 年某天，瑪麗‧瑟普在俄亥俄州大學的校園中穿梭徘徊，不確定是否該繼續學習哲學、音樂、藝術、英文、德文、動物學或古代植物學時，她看到密西根大學的海報，上面寫著保證地質學生畢業後便能在石油產業工作。在該年度的七十三名學生中，瑟普是三名女性之一，也曾研究過一點地質學。她的成績並不特別突出，但是老師認為她很有潛力，便鼓勵瑟普把研究主題與繪圖相結合，這樣她至少能在辦公室從事地質工作。畢竟帶女性到野外進行研究，並不是男性地質學家的習慣。

由於美國境內多數年輕人都被送上戰場，自然的，多數地質系學生便都是年輕女性，在密西根州被稱作「*PG* 女孩」，即石油地質女孩（*petroleum geology girls*）。她們穿著牛仔褲、登山高筒靴到黑山（*Black Hills*）田野調查，研究岩層、繪製地形圖。當時，還沒有人能完全確定該地區的形成原因。為什麼會有山脈及山谷？為什麼地表會不平，有如一個殼？

瑟普的其中一本教科書亦承認，「地殼變形的原因是科學重大奧祕之一，只能透過推測的方式來討論。企圖進行解釋的種種分歧及矛盾，恰好能突顯此研究主題缺少明確知識的事實。」光是一位哈佛大學的講師，便

下頁圖　各為西元 *1965* 年及 *1971* 年的挪威大陸棚地圖，其顯示北海進行探勘鑽油的地區。西元 *1965* 年那幅人工上色的地圖顯示，在第一批的授權經營申請中，七十八個區域便有二十二個經營許可。第一個鑽油探勘便在四年後展開。

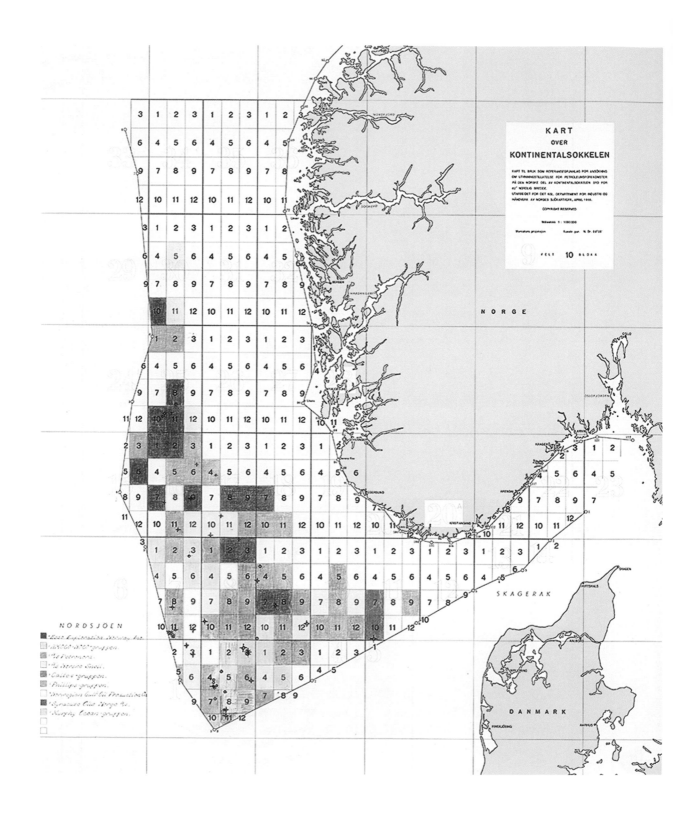

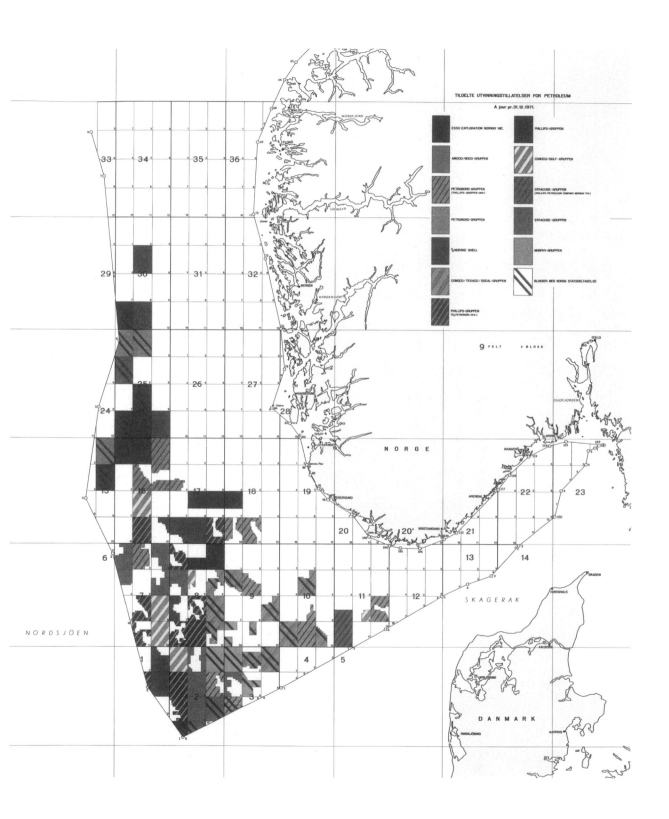

對山脈的形成有著多達十九種不同的解釋。瑟普研讀過某種理論，該理論認為地球收縮是因為其熾熱初始後漸行冷卻，並導致地理產生運動及大陸漂移，最後造成整個地貌因此改變。多數地質學家都駁斥此兩種理論。至於她在教科書上所見的其他理論，更是多如牛毛。不過，成為地質學家的重要關鍵，便是或多或少要提出有根據的臆測。

在第二次世界大戰即將結束之際，瑟普完成攻讀地質學碩士學位必修的四個學期。因為有感在某些領域與專業的不足，瑟普轉在第五個學期選修物理、數學及化學。這種對跨學科的好奇心令她的導師感到不安，他們擔心瑟普會放棄地質學，因此，他們鼓勵她一畢業就到一家石油公司工作，她為此賺了很多錢，但花了大半時間在枯燥乏味的工作上，因為一般來說，當時女性多半都被大材小用。瑟普持續在閒暇時間學習數學，並學到球面三角學（*spherical trigonometry*），這是一門有關事物該如何與球體相互關聯的科學；對於想在海洋中遠征航行的人，或者是繪製一幅海洋地圖，都十分有用處。

瑟普在距離第一次見到海洋的二十年後，她移居紐約尋求新挑戰時再次見到大海，也使她進入哥倫比亞大學的地球物理研究所。

她對研究所的祕書說：「我正在找工作。」

「工作嗎？」

「是的。我問了樓上的地質系，有人告訴我有位博士⋯⋯」她看了一下手中的紙條。「⋯⋯莫里斯・尤因博士可能在找人。」

祕書便帶她去找博士，博士在聽到瑟普談到她身為地圖師的父親、其地質學的專業，以及她在石油公司的工作內容後，便問她是否能繪圖。

意外裂痕

　　瑟普的第一位地質學老師是對的，對地質感興趣的女性都需要學習繪畫。瑟普跟博士說她可以，所以博士便讓她在研究所工作。在那裡，二十三個人擠在三個房間裡，試著了解海床、陸地及大氣之間的相互作用。瑟普是該研究所第六名的女性員工：美吉（*Midge*）負責會計作帳；琴恩（*Jean*）是數學暨物理專業學生，負責煮咖啡、操作打字機，並執行其他管理事務；兩位數學專業的艾蜜莉（*Emily*）及菲（*Faye*）則擔任其中一名男性研究員的計算助理，而擁有地質學、數學、物理學及化學學士學位的瑪麗・瑟普，則負責繪製地圖並製作計算表。

　　瑟普開始工作不久，整個研究所便遷址至哈德遜河沿岸，機構的建築為寡婦佛羅倫斯・拉蒙特的遺贈，並更名為「拉蒙特地質觀測所」，這也代表該小組現在不僅僅只研究地球物理學。

　　但這對瑟普的工作並沒有影響，四年後，她便受夠了。她去了父親在俄亥俄州的農場，直到收到電報才回去：「就當這是個額外的假期吧！博士。」觀測所此時由地質學家布魯斯・希岑負責，他比瑟普年輕、資歷較淺。多年後，德國社會雜誌將兩人的首次見面形容為：

　　……纖腰、長裙搖擺、姿態優美，她看來很是迷人。當他走到她身邊時，她感受到他的溫暖、全身散發男性氣息，並以低沉嗓音向她說：「瑪麗，我們會成為繪製全球海底地形圖的地圖師。科學必須要接受這一點。」在今晚，他們成為一對相愛的情侶，在未來人生中密不可分。

　　我們只能猜測，瑟普可能會想對此說法的真實性說些什麼。然而，我們所知的是，瑟普及希岑在工作上確實合作無間，直到希岑在西元 *1977* 年冰島的一艘潛水艇上心臟病發作去世為止。而他們的合作，是從希岑把紙

箱放在瑟普的桌上，並問她是否能把紙卷內容轉錄為地圖之際展開。

瑟普先繪製出海岸線及經緯度，接著再繪製濱海地區地圖，此處情況因幾百年來的深度測量已大致底定。然後，她參考觀測所的海洋學家以聲納所探索的六條路線，繪製出海底景觀。其結果是可信的，這是大西洋海底迄今最好的繪製圖，但是瑟普並不滿意。她沒發現任何新東西。不過，與此同時，有件事讓她停了下來，即大西洋中洋脊的明顯裂痕。在瑟普與希茲的首次辯論結束後，最後他們同意，其結果是否就是大陸漂移一說仍有分歧，而觀測所其中一個繪圖光桌上也出現了蹊蹺。

此時，希岑及其同事正與貝爾實驗室（*Bell Labortories*）合作，該實驗室隸屬於製造電話電纜的西方電力公司（*Western Electric*）及使用電話電纜的美國電話電報公司（*American Telephone & Telegraph*）。這兩間公司正在規劃一條橫跨大西洋的電話線。但是，哪裡才能保護其免受地震破壞呢？哪裡是水底最平坦處，能盡量少用點電纜？總之，就是他們應該在哪裡設置電纜。因此，觀測所工作人員也在繪製地圖，以記錄大西洋發生地震的位置。某天，這張地圖與瑟普的地圖，在希岑及瑟普都無法想起原因的情況下，最後被一起放在同張光桌上——清楚顯示了地震頻繁發生的地帶，恰好是瑟普認為地殼裂縫的所在位置。

瑟普運用此項新認知進行一些有根據的臆測。在新地圖上，她繪製一座山脈，從北方格陵蘭島開始，一直到大西洋南部，即非洲的南端附近，直到西北方的印度洋。在此處，英國皇家海軍挑戰者號在馬達加斯加與墨西哥之間發現了淺水區。接著，再從此處向西進入大陸，到了東非大裂谷（*East Africa Rift*），即地殼仍持續運動的區域。最後，她把東非裂谷與海底裂谷相比較。輪廓看起來是一樣的。

在瑟普開始解讀聲納數據八個月之後，她便能勾勒出一條蜿蜒在地球上、幾乎綿延不斷的裂谷，即長達 *6* 千 *5* 百英里的水下構造，這很可能也是世界上最大的地質構造。此時，就連希岑都開始相信大陸漂移這回事。

地球裂縫

不過，瑟普及希岑不敢立即發布此消息。直到四年後的西元 *1956* 年，希岑及博士才終於撰寫一篇有關「明顯」裂痕、但語帶保留的文章。同年，瑟普重新繪製北大西洋海底地圖。但是，地圖上的附加文字已經不可能再維持保守意見，因為地圖上的裂痕十分清楚。「就跟過去的地圖師一樣，我們在沒有資料來源的地方放上一個傳說。同時我也想收錄美人魚及沉船，但布魯斯是不會想要的。」瑟普後來寫道。他們兩人的文章及地圖也變成《紐約時報》撰寫有關地球接縫處裂開的參考來源。

多數地質學家拒絕相信在瑟普地圖上所看到的東西。她說：「他們不僅說這不公正，還說是一派胡言。」西元 *1959* 年秋天，在紐約所舉行的第一屆國際海洋學大會上，她的同僚一直堅持不懈。《紐約時報》寫道：「來自東西方約八百位科學家在此表示，今日他們顯然都被『漂移散開』了，不是在政治上，而是在地理上。」在希岑進行演講時，一位地質學家甚至大聲喊道：「不可能！」

會議上的亮點是法國的水下攝影師兼電影製片人雅各·庫斯托（*Jaques Cousteau*）。希岑在去年見過他，並給了他一張北大西洋地圖。庫斯托把地圖掛在自己船內的牆上，以便仔細研究。他橫跨大西洋去參加會議之際，決心要證明瑟普及希岑是錯的。他拍攝了裂縫本應該存在的區域。

「各位，」庫斯托在會議晚宴上、具美麗裝飾的餐桌旁致辭：「我不認為最近拉蒙特所出版的北大西洋地圖是對的；我不相信大西洋中的洋脊裂谷會是真的。我覺得這故事編得太完整了，參考依據卻太少。但裂谷真的在

下頁圖　圖為瑪麗·瑟普、布魯斯·希岑及海因利希·貝倫（*Heinrich Berann*）於西元 *1977* 年所完成的《世界海底全景圖》（*The World Ocean Floor Panorama*）。此地圖促使世界上的地質學家及海洋學家以全新角度來看海底。瑟普及希岑先前曾繪製過個別的海洋區域，像是大西洋及印度洋，但此圖是第一張顯示全球海底山脈如何相連的全景地圖。

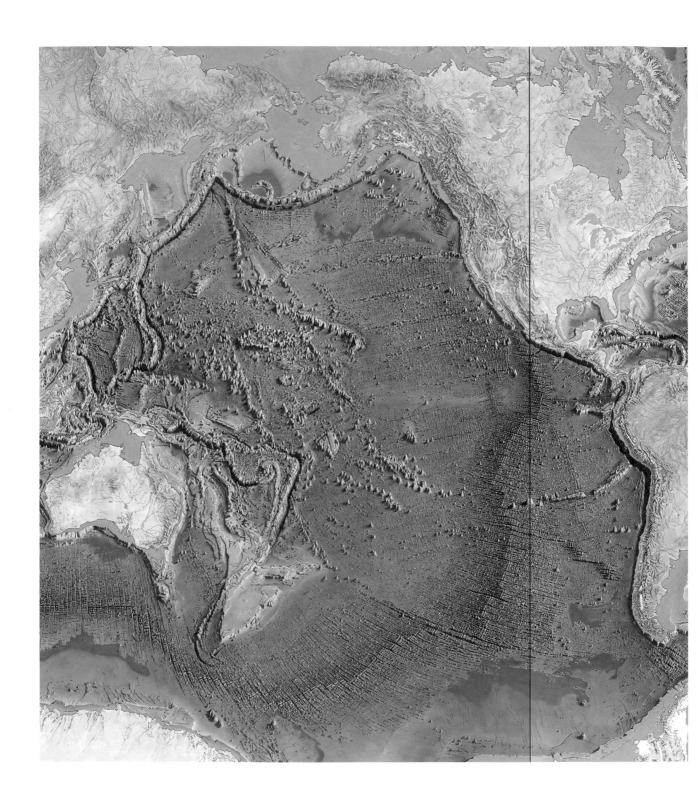

那裡。是真的。」

　　燈光轉暗，投影機嗡嗡作響……三、二、一……那裡是海底、沙子、海星；在更遠處有一塊黑暗區域，當攝影機靠近時，便能發現這是座山脈。鏡頭持續拍著山腰，直到到達山頂。而在那裡，下方便是裂谷，所能見到的都是鏡頭光線所能投射之處。瑟普終於能看到在過去七年期間，她只能去幻想的景象。

　　瑟普在接下來的四年中，繪製了大西洋南部地圖，並由美國地質學會印刷出版。西元 *1972* 年，她與希岑一起前往冰島研究部分的大西洋中海脊──以及其裂谷──能被走動橫跨的區域範圍。瑟普搭機在該島上空飛行，並畫下裂谷構造的草圖。

黑金

　　同年，法國飛機為了北海行動（*Operation North Sea*）起飛，此行動的目的在於，探索該地區是否有機會找到比荷蘭人於三年前所發現更多的石油及天然氣。飛機探勘地表以下的岩層磁性。沉積物，即通常能在其中發現油氣的多孔岩層，並不具磁性，而岩床則具有磁性。透過磁性深度探測及一般深度探測，便能確定沉積物的厚度。

　　幾乎沒有人會相信，在挪威海岸附近能發現到石油及天然氣。西元 *1958* 年，地質學家向挪威外交部發了一封信，信中他們推測，大陸棚的岩石類型跟在岸上發現的相同。在此之前，大家都認為冰河時期便已經把沉積物都帶走了。他們寫道：「大家可能都低估在挪威沿海大陸棚發現煤炭、石油或硫磺的可能性了。」但是在隔年，拉蒙特觀測所的尤恩博士便發表了一份有關挪威海域的報告，其中提及在特隆海姆以西的海域中，必然有沉積岩類型的發現。但是他的報告從未得到重視。

　　在丹麥，日德蘭半島上的鑽探已進行將近二十五年，卻沒有發現

石油。因此，尋找黑金並不是地球物理學家馬克瓦・賽勒沃（*Markvard Sellevold*）在西元 *1962* 年開始探索斯卡格拉克海峽（*Skagerrak*）的動機。他對於繪製丹麥與挪威之間的邊界地質圖更感興趣，即丹麥沉積物排擠挪威岩床之處。賽勒沃及其團隊在沿海地區設立地震觀測站，他們把 *100* 公克的炸藥及一個點燃的雷管放進一個爆破紙袋中，扔到船外，接著一次又一次重複此過程，以分析地震聲波。挪威地質調查局亦從空中測量該地區的磁性，而令大家大感驚訝的是，其結果顯示沉積物一直延伸到挪威南海岸的鵝卵石上，離岸近 *20* 公里的大陸棚更有著厚達 *5,000* 公尺的沉積層。

於是，向外交部提出有關進一步探勘大陸棚的一系列申請，便把重點放在「這些沉積物具有潛藏石油、天然氣、煤炭、鐵礦等」事實上。西元 *1963* 年，挪威地質調查局進行十次空中探勘，以調查斯塔特島與羅弗敦島之間的狀況。該地圖顯示，從陸地到海洋之間的過渡地帶，磁場排列具明顯變化，並因為結果大有斬獲，所以隔年又在羅弗敦島與塞亞島之間進行二十次空中探勘，並在飛行之後進行更詳細的調查。在《挪威海域及周圍地區測深圖》上，某位不知名官員在瓦多（*Vardø*）海岸和弗洛勒（*Florø*）海岸標記了一個「*A*」，並用原子筆在大陸上寫下「*A* 即地下沉積物連接處」。換句話說，整個海岸線皆可能有著油氣沉積物。當然，石油公司此時也變得很感興趣。越來越多的外國船隻都因地圖繪製的任務，停靠在斯塔萬格市中心的碼頭上，船上裝滿地震探勘所使用的炸藥。

挪威當局現在意識到北海是一個潛在金礦。西元 *1963* 年 *5* 月 *31* 日，挪威政府正式宣布其沿海地區的海床及底土皆歸挪威所有。

在挪威與瑞典最終協議兩國邊界的兩百年之後，以及與俄羅斯在遙遠北方地區達成最新協議的一百四十年之後，挪威被迫要與英國及丹麥人，針對國家沿海主權範圍大小進行談判。與瑞典的邊界劃分花了將近一百年的時間，但與英國及丹麥的談判卻相當快解決。西元 *1965* 年，各國都同意使用中線原則——即畫出一條線，將國家之間的水域平均分配。挪威隨後

便能開始受理欲從事勘探活動的石油公司申請，並以專門公告的國家出版品《挪威公報》（*Norsk Lysingblad*）的某一版面為申請窗口，也為探勘申請正式拉開序幕：「申請應參考本公告標示的油田區塊編號，即以挪威皇家貿易暨產業部所存放之地圖為主。」

《大陸棚地圖》顯示了北緯 *62* 度以南的挪威水域。在西南地區，如拼布一般的紅色、黃色、綠色及其他顏色區塊，標示出哪些石油公司已在各方面獲得探勘鑽井許可。挪威的石油時代正式展開。

海洋全景圖

大約在同一時間，一位奧地利的年輕女孩給《國家地理雜誌》（*National Geographic*）寫了一封信。她寫道，她看過雜誌的地圖，並相信她的父親能畫出更好的。根據瑟普的說法，該雜誌對孩子的來信向來難以拒絕，因此派遣他們的首席地圖師到奧地利調查女孩的父親，即繪製過許多阿爾卑斯山地圖的海因里希・貝倫。至此，開始了貝倫與《國家地理雜誌》的長期合作。西元 *1966* 年，貝倫與瑟普及希岑聯繫，因為該雜誌希望能向讀者提供印度洋地圖，即能掛在牆上的大地圖。

貝倫是根據瑟普最初的地文圖發展自己繪圖技術，畢竟瑟普的目的是要使她的地圖更易於被理解。但瑟普是以墨水及鋼筆繪製地圖，貝倫卻是使用畫筆和豐富色彩的畫家，兩人的目標是盡可能以攝影和寫實的方式進行繪製。在淺水區及大陸棚區塊使用淺綠色，高原上使用一般藍色，深灰紫色用於較接近地表的小山，深處海溝則使用更深的灰紫。貝倫讓大家都可以看到海洋下所隱藏高低深淺。

該地圖廣受地理學家及讀者歡迎，《國家地理雜誌》也藉此成功推出雙面地圖。一面是《大西洋能見處及其周圍地區地圖》，而另一面則是同一張地圖，但省去海域部分。這張地圖被傳播至六百萬戶的美國家庭。

貝倫、瑟普及希岑為《國家地理雜誌》又繪製了另外兩張地圖：一張是太平洋，另一張是南極洲附近水域。然後瑟普及希岑建議再加上一張全景圖，以說明所有海底山脈如何連結，以及全球各海域實際相連的情況，並形成浩瀚的世界海洋。該雜誌雖然沒有興趣，但美國海軍研究辦公室卻對此很感興趣。西元 *1974* 年，瑟普及希岑便開始他們最後一個計畫。

　　貝倫為全景圖製作一塊很大、專門為此設計的板子。他勾勒出陸地輪廓，將藍色背景應用於海洋區域，並開始在瑟普的圖中添加細節。瑟普則把自首次繪製地圖以來，所能汲取新資訊的區域進行更新，同時助理為其研究基礎收集大型航海國家的數據資料。瑟普的家裡看起來就像地圖生產線，在其他人根據這些草圖創建全景地圖之前，一部分的人先繪製裂谷、山脈及海溝概覽圖，並把這些地圖與測深數據結合等等。瑟普隨後為該地圖進行繪圖工作，即第一次能展示有七成位於水下地表的海底地圖。

　　西元 *1977* 年 *5* 月，瑟普及希岑將貝倫納入團隊，一同完成這個龐大計畫。我們能想像這一男一女靠在貝倫書房裡的地圖旁，書房中瀰漫著顏料、溶劑及咖啡的氣味。地圖本身約 *2* 公尺長，以藍色、黑色及紫色海底所呈現的冷色調，跟黃綠色及棕色陸地形成鮮明對比。自從這兩位地質學家到訪後，貝倫每天在地圖上進行修改的地方至少有三十至七十處。瑟普研究著白令海峽、堪察加半島及阿留申群島（*Aleutian islands*），並說：「我想……」

　　「拜託，瑪麗，拜託，別再更動了。」貝倫用破英文說。

　　瑟普蹲在椅子上，「我只是想說，看起來一切都很好。」

　　一個月後，希岑前往冰島，在潛艇上近距離研究大西洋中海脊裂谷。然而他心臟病發作，死於海底深處的船艙中，年僅五十三歲。

　　希岑在去世之前，只看過一張全景測試照片；瑟普在他去世後，便負責確保出版過程一切正確。她說：「我發覺色彩不是我的專長。」因為她注意到測試的印刷出現了問題，卻無法確切看出問題所在。某位攝影師朋友

則表示，那是印刷機的紅色墨水出了錯。這是未來多次延後出版其中的第一次，但不到一年後，西元 *1978* 年 *5* 月 *17* 日晚上七點，幾經多次顏色及版型調整之後，《世界海底全景圖》第一版便正式出版上市。

人造衛星

　　全景圖並不完全準確。儘管花費大量心血，還是以地質學家具根據的臆測為基礎，但自第一次出版以來，全景圖仍陸陸續續進行修正及更新，就跟陸地地圖一樣。儘管瑟普及希岑對海床的了解，比過去的任何人都還多，但由於海洋太過遼闊，因此對其所知的仍是太少。例如，瑟普只有一套聲納資料，來作為澳洲及南極之間長達 *640* 英里山脈的根據。因此，她寫道：「有相當的必要，以非常傳統的方式勾勒出來。」所有地形也都被過分誇大，不過卻也是必須的。否則，縱然是 *8,000* 公尺高的山峰，在全景圖上也完全看不到。

　　也因此，我們無法用此地圖尋找海面下某座特定山脈，就跟無法保證那裡真的有山脈一樣。西元 *1984* 年，某個海洋學家團隊在探索大西洋南部裂谷時，便是使用該地圖，並發現該裂谷與地圖所指示的位置差了 *24* 英里。

　　海洋學家很喜歡提及月球地圖比地球地圖更為準確一事。即便是距離 *4* 千萬公里、包圍在厚重毒氣中的金星，在西元 *1992* 年麥哲倫衛星及其雷達越過它上方時，所呈現的地貌也比地球的更精確。雷達能繪出超過 *300* 公尺的地表結構，其細節程度是海洋學家夢想能企的。

　　雷達的問題在於無法穿透水，因此聲納仍是繪製海床最準確的方法。但是船又小又慢，海洋卻是非常遼闊。因此，只有百分之五至百分之十五的海床能利用聲納進行繪製，同時亦要看大家如何定義「繪製」地圖。

　　不過，衛星也已被用於繪製海洋地圖。西元 *1985* 年，美國海軍發射大

地測量衛星（*Geosat*）以測量海平面高度。即使是平靜的水面下也都不會是平的；其山及谷所相差的高度有數百英呎，但落差都是逐漸產生而來，靠探測船無法檢測到。其中大部分地形變化都發生在洋流交匯處，例如大西洋部分寒流與墨西哥灣暖流交匯處，但是會產生最大高度差是受到地球引力影響所致，而此處的重力正好強過其他地方。因此，大地測量衛星地圖能顯示出海洋表面高度，以及整個地球的重力分布。

大地測量衛星地圖看起來對地理學家來說很熟悉，它就像一張海底地圖。原因便是在主要陸塊處，例如山脈，重力會增加，但在平坦區域及凹陷深處時重力會降低。而海面即是海床的回音。

美國地球物理學家大衛・桑德瓦爾（*David Sandwell*）及海洋學家華特・史密斯（*Walter Smith*）把大地測量衛星地圖與歐洲遙感衛星一號（*ERS-1*）所作的測量與實地深度探測進行比較，以確定衛星測量的準確性。西元 *1997* 年，他們出版了一張地圖，顯示出過去大部分未知的海底地形。史密斯說：「這張地圖把我們的注意力集中在一些通常不會乘船去的地方，因為都在南冰洋偏遠地區，離港口很遠，那裡的天氣也令人很不舒服。」

桑德瓦爾及史密斯持續努力改善原始地圖，並在西元 *2014* 年根據歐洲衛星克里賽特二號（*CryoSat-2*）及美國衛星傑森一號（*Jason-1*）的資料數據繪製地圖。該地圖的精確度是之前那張的二至四倍，並且記錄了長達 *5* 公里以上的海床構造測量，但這仍然遠不及麥哲倫衛星對鄰近星球地圖繪製的準確性。

進入深處

海底地圖繪製一直是項繁瑣又艱鉅的任務。其技術發展已經從拉長的鉛垂線發展到聲納及衛星，但是要獲得完整、準確的海底全圖，還有很長

的路要走。但也許這樣的地圖並非真的必要。希岑的門生之一，海洋學家比爾‧萊恩（*Bill Ryan*），開發過各種用於繪製海底地圖的工具，卻認為創建完整地圖是浪費時間及金錢。萊恩說：「事實上，我們能通過觀察其表面的百分之五，就能了解這顆行星的形成原理。其他百分之九十五就跟這百分之五一樣。」他寧願優先繪製相對於海洋的阿爾卑斯山、凍原、沙漠等各區域。瑟普及希岑的地圖只具有十種不同景觀類型，而萊恩提到，若要準確顯示海底，需要用上約兩百種。但是萊恩卻認為，大家只需要對各類型之一徹底探索就行了，因為弄清楚其一，便等於看清一切。

　　萊恩或許是對的。但是很難想像人類會願意在繪製海底到最細微地步之前，就願意停下來。資料數據會持續被蒐集，科學考察亦會繼續以零散拼圖的方式為大西洋、印度洋、北冰洋、太平洋及南冰洋，即世界五大洋貢獻己力。直到有天，海底地圖終將完成。

右圖　西元 *2014* 年 *10* 月 *2* 日的《全球海洋重力圖 *23.1* 版本》（*Global Marine Gravity, Version 23.1*）。此地圖由地理學家桑德瓦爾及史密斯所製作，其運用衛星圖顯示重力最大之處。重力最大之處很可能就是山脈所顯示之處；在平坦區域及凹陷深處則會減弱。因此，重力便能為我們提供有關海底面貌的資料。

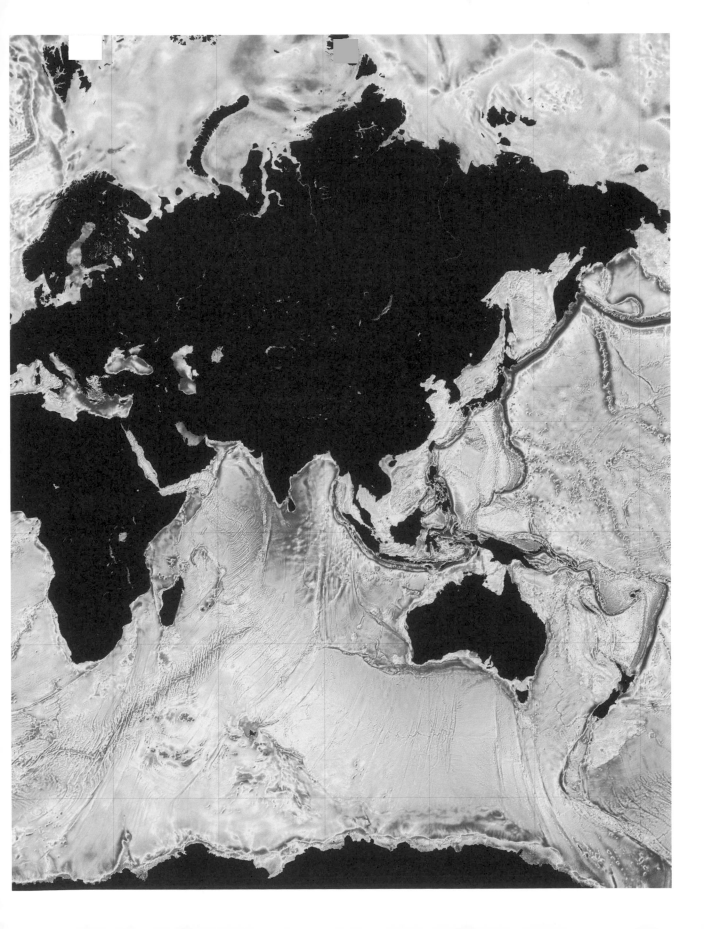

第十章
數位世界

哈薩克　拜科努爾（*Baikonur*）

北緯 *45° 57'54"*

東經 *63° 18'18"*

　　在日落之後，在大空高處可見：小小月球移動得比其他天體都要快。世界各地的人們拿出雙筒望遠鏡，架設在屋頂及公園中，運用業餘的無線電，以觀察該時代的科技奇蹟，同時還可以聽到無線電發射器發出的嗶嗶聲。電視機上的記者說，「直到兩天前，地球上從未有過這種聲音。突然間，這聲音便成為二十世紀日常生活的一部分，就跟吸塵器的嗡嗡聲一樣。」在西元 *1957* 年秋天傍晚，史波尼克（*Sputnik*），即世界上第一顆人造衛星，帶領了人類走向驚奇的太空時代。

　　史波尼克從哈薩克拜科努爾的蘇聯航天發射場（*Cosmodrome*）發射升空，以每小時 *2* 萬 *9* 千公里的速度繞地球飛行共九十六分鐘十二秒。其直徑只有 *58* 公分，在距離地面 *940* 公里的最高點位置移動，不過肉眼還是能看得見，因為它的光滑表面能反射太陽光。建造史波尼克的工程師希望，

左圖　當太空人登上正越過哈薩克上空的國際太空站，便能透過追溯錫爾河（*Syr Darya River*）流徑找出其原本的出發位置：即拜科努爾的航天發射場，同樣也是世界上第一顆人造衛星史波尼克於西元 *1957* 年發射的地點。本圖於西元 *2016* 年 *4* 月 *10* 日所拍攝。

世界能跟隨這個小金屬球持續發展，而在兩個超級強國競爭之中，這算是一次勝利的宣傳壯舉。次日，該衛星經過柏林十三次、紐約七次、華盛頓六次，迫使美國人不得不承認，他們的主要競爭對手已經領先到達太空。

星期一早上，在史波尼克自星期五晚上開始佔據各大新聞版面之後，物理學家威廉‧H‧郭亦爾（*William H. Guier*）和喬治‧C‧維芬巴赫（*George C. Weiffenbach*）在美國巴爾的摩應用物理實驗室（*APL*）的自助餐廳裡吃午餐。他們認為，沒人研究衛星所發出的無線電訊號是件奇怪的事，便在實驗室裡架設了接收器及一條充當天線的細電纜。當天下午稍晚，他們便聽到人造衛星發出訊號「嗶嗶嗶」的聲音，並開始記錄及分析這些訊號，除了僅保存數據以供未來使用外，沒有其他特殊目的。

不久之後，郭亦爾及維芬巴赫發現一些有趣的事。史波尼克第一次出現在地平線上時，他們所聽到的訊號會隨著衛星靠近而改變，並在經過他們又繼續前進後才會再次改變，類似於晚上在火車上聽到外面平交道警鈴的鈴響變化。而利用此聲音變化，科學家就能預測出史波尼克的軌跡，並能在任何時間點確定衛星當時的位置。

有一天，郭亦爾及維芬巴赫被叫進主管辦公室，主管將他們身後的門關上。他開始在想，是否能好好利用此發現：利用衛星，有可能確認某人在地球上的位置嗎？

全球定位系統

今日，我們經常以一顆移動小點的形式出現在地圖中，無論是尋找開車前往當地遊樂園的最快路線，還是在陌生城市中尋找麵包店，都能使用全球定位系統（*Global Positioning System*，簡稱 *GPS*）、平板電腦或手機設備，查看本身位置及移動方向。地理已被數位化，在我們上方，衛星不斷發出指示我們位置的訊號；我們的接收器則從四顆衛星取得資訊，計算出

我們所在位置。一顆衛星提供緯度，另一顆衛星提供經度，第三顆衛星是水平高度，而第四顆則是執行計算，這些衛星得以讓全球定位系統為我們提供準確的位置。

我們現在用的地圖，通常也是根據衛星所拍攝的圖像。我們用衛星去繪製天氣、空氣品質、結冰情形、沙漠化、城市化及森林砍伐的地圖。使用衛星的好處之一，便是它以固定的軌跡繞著地球運行，因此能一遍又一遍拍攝相同區域的照片；即使是荒蕪偏遠地區，也可以輕鬆觀察其變化。衛星能在短短十六天之內拍攝完整個地球。希臘哲學家蘇格拉底曾說：「人類必須到達地球上空，到大氣層最高處，才能充分了解所生活的世界。」而在我此時動筆的當下，大約有一千一百顆衛星依軌道繞行於我們上方。衛星能對地球進行的調查是如此詳細，例如從地球上方 *800* 公里處，衛星能拍攝到兩隻狗正在德州休士頓的某花園裡玩耍。因此，我們現在開始能以前所未有的速度來更新地圖。

想像人造衛星繞地球飛行的第一個人，是英國科學家牛頓。他在西元 *1687* 年所出版的《自然哲學的數學原理》（*Philosophiæ Naturalis Principia Mathematica*）中，描述過一座大砲從高山山頂射出一顆球的實驗。若是砲彈以低速前進，便會掉落到地面；若是高速前進，便會持續前進、進入太空。但要是砲彈的速度恰到好處，那麼地球引力會將其拉進軌道。

西元 *1865* 年，法國作家儒勒・凡爾納（*Jules Verne*）便根據牛頓的理論寫了一本科幻小說《從地球到月球》（*From the Earth to the Moon*），書中人們用大砲發射的砲彈繞月球旅行。西元 *1903* 年，俄羅斯火箭科學家康斯坦丁・齊奧爾科夫斯基（*Konstantin Tsiolkovsky*）則相當樂於計算凡爾納大砲發射時間的長度，以及人類在發射過程所必須承受的壓力。不意外的是，齊奧爾科夫斯基得出了大砲並無益於把人送入太空的結論。不過，他也因而發展出多節火箭（*multistage rocket*）的原理，其燃料槽會在燃料耗盡時脫離，而在最後階段時，仍會有足夠的燃料持續把火箭推進軌道。這

項原理在五十四年之後，促成了我們第一顆的人造衛星，並開啟美國與蘇聯兩大強國的太空競賽。

V-2 火箭

美國與蘇聯之間的競賽從第二次世界大戰結束之際開始，同時也是取得德國導彈技術的競賽。在戰爭最後階段，納粹引進一種新武器向同盟軍隊發射衝擊波，即 *V-2* 火箭。

這些導彈在西元 *1944* 年 *9* 月某天早晨，從被佔領的荷蘭土地上首次發射，站在英吉利海峽彼端的人能看到三層煙霧消失於平流層中。導彈以超音速離地 *80* 公里的上方飛行，這也代表五分鐘後它會在巴黎及倫敦墜毀，炸死了三人。*V-2* 是世界上第一架太空火箭。

在 *1920* 年代，*V-2* 計畫的首席工程師沃納・凡・布勞恩（*Wernher von Braun*）是幾個業餘火箭愛好者之一，他們以柏林郊外被稱作火箭發射場（*Raketenflugplatz*）的一個廢棄倉庫為基地。一段時間後，該小組取得莫大進展，令德國軍隊開始對其工作產生興趣。西元 *1932* 年，即納粹上台的前一年，業餘火箭科學家成為軍隊發展計畫一部分，由凡・布勞恩擔任技術指導。西元 *1942* 年，該小組設法在火箭落地 *200* 公里遠前，將其發射至脫離大氣層的高度。一位德國將軍在報告中興奮寫道：「我們用火箭入侵太空了，也是第一次。做得好，就用太空作為連接地球兩點之間的橋梁吧。」

V-2 火箭從未達成任何重要的軍事意義，而為了製造火箭所強迫勞動、最後喪生的人數——即納粹集中營裡的兩萬名囚犯——比被火箭擊中的人數還多。但是美國及蘇聯都知道這是未來的武器，所以雙方都建立專家小組，以取得德國的火箭工程師及藍圖。

西元 *1945* 年 *2* 月，凡・布勞恩聽到蘇聯紅軍的砲兵正向火箭實驗室前進。他和其他數百名員工帶著一切能攜帶的東西，往西南方美國陸軍的方

向前進，並且十分相信憑著自己所擁有的知識，必然會使他價值非凡而不致入獄。5 月初，美國人開了一條通往 V-2 工廠的路，而根據同盟軍的協議，該工廠從 6 月開始便會成為蘇聯領土。鐵路運輸車隊將幾噸的火箭零件運輸到安特衛普，接著透過海運運輸到美國。凡・布勞恩與其同事也同樣踏上了旅程。

科羅列夫 vs 凡・布勞恩

　　美國人贏得第一輪競賽，V-2 實驗室及工廠裡幾乎沒有給蘇聯留下任何東西。因此，蘇聯決定釋放一名出色的火箭研究員謝爾蓋・科羅列夫（*Sergei Korolev*），他在戰前受到莫須有指控而遭入獄、被送往西伯利亞。西元 1945 年 8 月，經過一段時間康復後，科羅列夫受派前往德國，研究如何製造 V-2 火箭。一位專員對他說：「你必須明白，美國不會休息的。在廣島及長崎核彈爆炸之後，他們會繼續使用核武器。現在他們只有一個敵人，就是我們。」蘇聯不喜歡美國完全佔有核武及導彈的局勢，因此，科羅列夫便負責彌補凡・布勞恩開創火箭計畫所搶得的先機。

　　因為冷戰的關係，太空競賽與軍備競賽成為密不可分的關係，使科羅列夫和凡・布勞恩都感到沮喪，因為他們不得不優先進行能用於導彈攻擊的火箭，而非將衛星送入軌道的火箭。某種程度上，兩人都是醉心登月的夢想家，渴望能把人送入太空，而不是想辦法殺人。凡・布勞恩在一篇文章中敘述從上方看地球的樣子，以呼應蘇格拉底在兩千多年前的描述：

　　一顆巨大的球，大部分散布著灰黑色，與更顯深黑的太空相映，但在

下頁圖　為舊金山及其周圍區域衛星地圖，西元 1985 年由美國陸地衛星五號（*Landsat 5*）所拍攝。衛星以可見光及紅外線光拍攝，因此紅色區域是樹林、林地、草地及沼澤地，灰色區域代表乾旱植被、山地或高地。綠色區域則顯示從海水提取或其他地區高度蒸發而來的鹽。

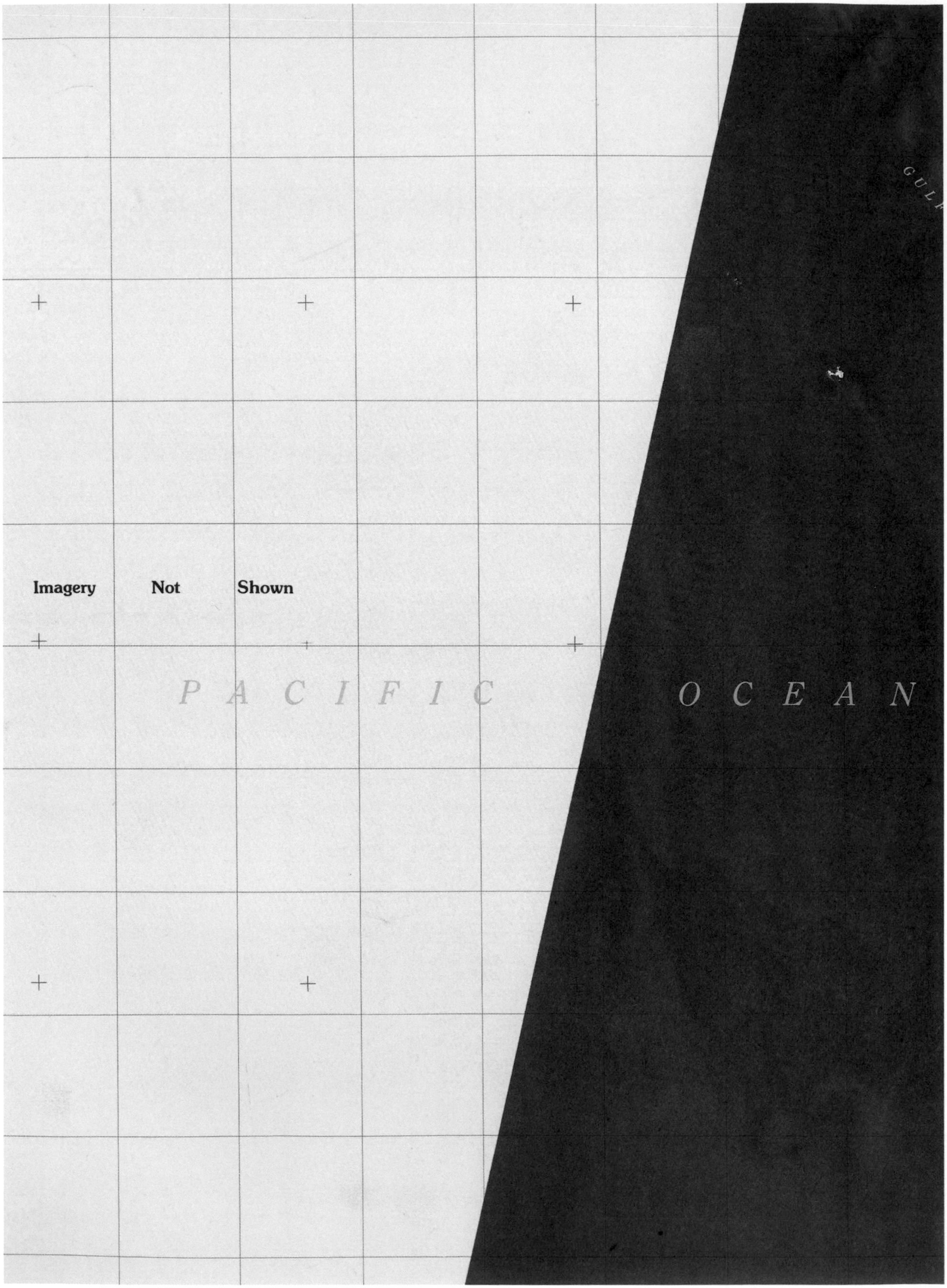

Imagery   Not   Shown

P A C I F I C   O C E A N

GULF

S OF THE FARALLONES

SAN FRANCISCO

RICHMOND

BERKELEY

OAKLAND

ALAMEDA

SAN LEANDRO

CASTRO VALLEY

DALY CITY

SAN FRANCISCO BAY   SAN LORENZO

HAYWARD

S SAN FRANCISCO

PACIFICA   SAN BRUNO

BURLINGAME

SAN MATEO

FREMONT

SAN CARLOS

REDWOOD CITY

MENLO PARK   PALO ALTO

LOS ALTOS   MOUNTAIN VIEW

SUNNY

CRUZ MOUNTAINS

陽光照射處有一大片新月形日光。在此新月形之間，各大陸享受夏日駐足於廣大的綠色地形上，被燦爛的藍色海洋所圍繞。朵朵白雲遮掩住部分細節，白色斑紋則是山脈及極地地區的冰雪。

凡‧布勞恩及科羅列夫都嘗試說服各自的國家政府與軍方，使用衛星來繪製敵人的地圖。此點從西元 1946 年美國人首次發射 V-2 火箭一事中，就能看出。通常存放爆炸物的空間被安裝上科學儀器及照相機，取得從太空拍攝的第一張地球圖像，即一張涵蓋墨西哥到內布拉斯加州的拼貼圖。

科羅列夫認為，衛星會成為蘇聯軍隊的完美間諜，就像一個能繞地球旋轉的相機眼，甚至能觀察到最微小的細節。然而，他卻被告知蘇聯軍隊想得到的是武器，而不是玩具。凡‧布勞恩亦在美國軍方面前提過相同論點，當時他宣稱，無論鐵幕落在哪裡，衛星都能將其升起。

西元 1955 年，美國軍方發表了一份報告，建議使用偵察衛星。但是，他們認為應先發射一枚民用衛星，從而建立能穿越各國上空的自由才是明智之舉。杜懷特‧艾森豪（*Dwight Eisenhower*）總統宣布，美國計劃於西元 1957 年發射人造衛星「新月」（*a new moon*）。

艾森豪的這番話對蘇聯投下震撼彈。三年前，當美國人透過引爆世上第一枚氫彈，把恩尼維托克環礁從地圖上炸毀，並徹底改變太平洋地理之後，蘇聯便已經感到恐慌。蘇聯在西元 1954 年引爆氫彈，並決定研製出更可怕的武器。科羅列夫受命研發能負載重達 5 噸彈頭的火箭，而他立即意識到，這種火箭能輕易把衛星送上軌道。西元 1956 年 2 月，他將其擬議的衛星計畫提交給總理尼基塔‧赫魯雪夫（*Nikita Khrushchev*），其想法隨後得到高層認可，赫魯雪夫相當滿意此主意，即藉助世界上第一顆衛星以歡慶俄國革命四十週年。

電腦計算

把衛星送入軌道所進行的計算，在今日不過是件習以為常的流程，但對於史上第一顆人造衛星而言，可是需要用上蘇聯最強大的計算科技。莫斯科大學的公用性計算機服務站史特拉（*Strela*）電腦，便獨自佔了一個 *400* 平方公尺的房間，每秒能執行多達三千次的計算。這台機器在當時要負責確保一支巨大火箭，能以適當力量將一顆小型衛星送入太空。一切都必須準確無誤，而種種試驗行動也常導致災難一片。

在第二次世界大戰期間，電腦的使用量大增，被用於創造、加密及破解訊息。雖然電腦非常龐大，同盟國軍隊最好的密碼破解機更是被稱為「巨人」（*Colossus*），但是該領域卻發展很快。西元 *1948* 年，美國電子工程師克勞德·夏農（*Claude Shannon*）便描述如何以數位方式傳輸所有資訊。他寫道：「*如果使用基數 2，其結果單位被稱作二進位元（binary digits），簡言之，就是比特位元（bits）。*」夏農以此描述數位資訊的時代，後來更提供了大家用電腦和線上地圖所創造的地圖資訊。如今，所有電腦數據都使用兩個數字（*0* 及 *1*）進行編碼，數據容量則以「比特」為單位。

晶體管，即一種能讓電脈衝以前所未有的速度傳播的元件，在夏農提出其理論一年前被發明出來。在西元 *1957* 年，即史波尼克升空那一年，美國電子工程師傑克·基爾比（*Jack Kilby*）提出在積體電路中連接多個晶體管並形成微晶片的想法，也為所有個人電腦、智慧型手機及平板電腦奠定基礎。

不過，在 *1950* 年代，電腦仍然只為大學、實驗室、政府機構、大公司及軍隊所用。史特拉電腦是蘇聯在進行資訊程式編寫中所使用的第一台計算機，科羅列夫及其團隊忐忑不安地觀看史波尼克的發射，急著想確認這台機器的計算是否正確。*10* 月 *4* 日星期五晚間，戴著白手套的技術人員把史波尼克放在一支龐大的載具火箭上；午夜前的半小時，地面震動，發動

機將火箭從海面升上夜空。在地上，觀眾緊張地看著何謂完美的發射。突然間，火箭似乎正返回地球，眾人驚呼：「掉下來了！掉下來了！」之後他們才意識到，這是因為衛星火箭的程式線路與測試用的不同。最後引擎關閉，把史波尼克送入了離地 230 公里上方的軌道。科羅列夫及其團隊在等待衛星完成第一個完整軌道的期間瘋狂抽著菸，直到最後收到「嗶嗶聲」訊號，科羅列夫便要所有人仔細聽：「這是以前沒人聽過的音樂。」

子午儀號

在接下來的星期一，郭亦爾及維芬巴赫坐在巴爾的摩的實驗室裡，聽著史波尼克的訊號。發射兩週後，史波尼克的電池電量耗盡，無線電信號便消失，接著便開始使用電腦分析訊號。結果證實，透過收聽衛星所發出的訊號，便能確定衛星的位置。

實驗室負責人法蘭克・麥克盧爾（*Frank McClure*）問郭亦爾及維芬巴赫，他們是否可以顛覆此項發現，因為他正在協助海軍陸戰隊進行一項潛艇裝備核彈的計畫。他們的想法是，敵人永遠不會知道自己距離核彈攻擊有多近，甚至不知道潛艇所在位置；但問題是，潛艇也常常不確定本身的確切位置。若導彈想要擊中目標的話，這是相當重要的資訊。理想情況下，潛艇必須要能在不浮上海面的情況下，便能得知自身位置。麥克盧爾詢問郭亦爾及維芬巴赫，他們用衛星計算位置的精確度如何，而兩人估計應該有 160 公尺左右的誤差。

巴爾的摩應用物理實驗室因而創立，並開始進行子午儀導航計畫（*Transit navigation programme*）的工作，即當今全球定位系統的先驅。不過，美國必須先證明他們也能發射衛星。

史波尼克發射當晚，在凡・布勞恩為新任國防部長安排宴會。當時有人帶著蘇聯勝利的消息來到會場，緊張且沉默的氣氛瀰漫整個現場。據

說，凡‧布勞恩不高興地喃喃自語：「我早在一年前就能做到。」在艾森豪宣布美國打算發射衛星之後，美國陸軍、海軍及空軍都爭取要取得合約。儘管凡‧布勞恩為陸軍工作並擁有最佳解決方案，但有些人認為，讓德國人（尤其是具有納粹背景的德國人）來製造第一顆美國衛星會有很多問題，因此合約還是給了海軍。不過矛盾的是，美國當局卻控制凡‧布勞恩的實驗，以防止他為其他人發射衛星。

史波尼克讓全世界的目光望向天空，赫魯雪夫則稱此歷史性事件證明了共產主義優於資本主義。《時代雜誌》稱其為「紅色勝利」，而許多人擔心蘇聯將有能力使用原子彈對抗美國。在兩個月後，美國更加倍感壓力，因為史上第一隻進入太空的生物——一隻名叫萊卡（*Laika*）的狗，登上了史波尼克二號衛星，成功發射升空。

這種日益加劇的壓力，迫使美國人宣布他們將於 *12* 月 *6* 日發射衛星。此時成千上萬的觀眾觀看電視直播，而當引擎啟動，噴出火焰及濃煙滾滾，火箭精準上升到空中 *1.2* 公尺之際，火箭箭身卻突然往側面傾翻，爆炸於發射台上，衛星躺在地上殘骸旁，哀鳴般發出訊號。

翌日早上，凡‧布勞恩有些幸災樂禍地讀了許多報紙頭條下的稱號，例如「沒用號」（*Kaputnik*）、「失敗號」（*Flopnik*）、「蠢貨號」（*Goofnik*）及「哎喲喂啊號」（*Oopsnik*）。海軍的失敗給了他機會，在西元 *1958* 年 *1* 月 *31* 日，凡‧布勞恩及其團隊把美國第一顆衛星探險者一號（*Explorer 1*）送入了軌道。

次年，海軍及應用物理實驗室從佛羅里達的卡納維爾角（*Cape Canaveral*）發射了「子午儀號」（*Transit*），該衛星在發射二十五分鐘後便越過大西洋，接著掉入愛爾蘭沿海區域。火箭第三節未能點燃，但儘管如此，氣氛還是樂觀的，因為在其短途飛行中，衛星已經按照計畫發射出訊號。

在子午儀號導航計畫最後開始運作之前，還要發射許多試驗衛星。該計畫工程師更接著發現，這會干擾衛星訊號，也會干擾其軌跡，包括地

球的不規則形狀所導致衛星經過地球上方時的引力變化。衛星出乎工程師意料地上下跳動，直到他們發現地球的形狀比最初想像的還要不均勻。此外，地球北端比南端更要尖一些，因此工程師不得不結合大地測量學（*geodesy*）知識——一門測量地球大小和形狀的學科；以及研看瑟普及希岑的研究工作——地表在板塊持續運動下所呈現的面貌，以及其如何影響地心引力，並連帶影響衛星。所有不規則處都必須再繪測及計算過。

從試驗階段開始，科學家就意識到使用衛星所進行的定位，比起過去的三角測量法更加準確。例如，普通地圖上的夏威夷諸島被發現與真實位置相距幾公里之遠。

西元 *1964* 年 *6* 月，子午儀 *5c1* 成功發射，該系統已經完成，三顆衛星成功繞地球旋轉，其發送訊號由海軍船艦及潛艇接收。三年後，子午儀號便能供大眾及商業使用，而挪威就是該系統最早的使用者之一。該國使用該衛星導航系統的第一年，便是用其來確定自己在大陸上的位置。

西元 *1971* 年，挪威極地研究所終於能確定斯瓦巴群島的位置，西元 *1979* 年 *1* 月在揚麥延島所進行的測量亦顯示，該島比以前認為的更靠近挪威 *350* 公尺。大陸棚辦公室（*The Continental Shelf*）也使用該系統，精確計算挪威及蘇格蘭之間北海的分界線，並確定石油平台的確切位置。當接收器變得更小、更便宜時，甚至連一般休閒用船也安裝了子午儀衛星導航系統。該系統的誤差範圍只有 *25* 公尺。

間諜地圖

在太空競賽的壓力下，美國軍方研發出間諜衛星。儘管他們於西元 *1954* 年就在 *U-2* 偵察機上配備了能在 *2* 萬 *1* 千公尺高空拍攝僅 *1* 公尺物體的攝影鏡頭，但他們也知道，蘇聯設法把飛機擊落下來不過是時間問題。蘇聯在西元 *1960* 年偵測到並擊落一架 *U-2*，但同年夏天，美國人仍然成功

回收到一卷膠卷，其中便包含衛星所拍攝的圖像。

當時數位相機拍攝的圖像還不夠詳細，無法用於偵察，因此間諜衛星必須使用膠卷，其長度為 *9,600* 公尺，比平常更長一些。這些膠卷會從衛星上被拋落、放在一個稱作「膠卷桶」的東西中。膠卷桶是一種其隔熱罩離地 *18* 公里處脫落、釋出降落傘之際，垂直墜落 *140* 公里的膠囊。接著再派出一架飛機趕上墜落中的膠卷桶，若是不成功，便在地面或海上進行搜索。

衛星能以在地面上相當每秒 *8* 公里的速度前進。每張圖像範圍大小為寬 *16* 公里、長 *190* 公里，因此衛星每隔一秒鐘拍攝一張照片，只需一、兩天即能拍攝完整個敵方領土。第一卷膠卷包含了六十四個蘇聯機場及二十六個防空導彈發射場圖像。蘇聯亦在西元 *1962* 年發射第一顆間諜衛星「天頂號」（*Zenit*）。

冷戰在當時的地圖上留下印記。例如，一張蘇聯地圖上的英國查塔姆市（*city of Chatham*）清楚顯示了皇家海軍建造潛艇的船廠，而在英國地圖上，同地點卻只有一片空白。蘇聯地圖還提供了有關船廠附近橋梁大小及負載能力的資訊。

這兩個超級大國的地圖策略不同，各自反映出其軍事上的差異。美國空軍指揮表示具有戰略意義的區域地圖，其顯示細節之比例應比 *1：250,000* 的地圖更為詳細。

另一方面，蘇聯處於坦克戰場最前線，擁有世界上最大陸軍軍隊，因此需要詳細的地圖，以提供諸如道路寬度、橋梁負載能力、河流深度及森林地形等資訊。其中還要配上氣象資訊。因此，蘇聯所繪製的某些世界區

下頁圖　圖為西元 *1972* 年蒙特利及其周圍區域地圖。該地圖概述各種土壤類型，其中橘色及黃色代表適合農業的區域，綠色及白色為較不適合，紅色區域則是完全不適合。藍綠色區域則代表不明。

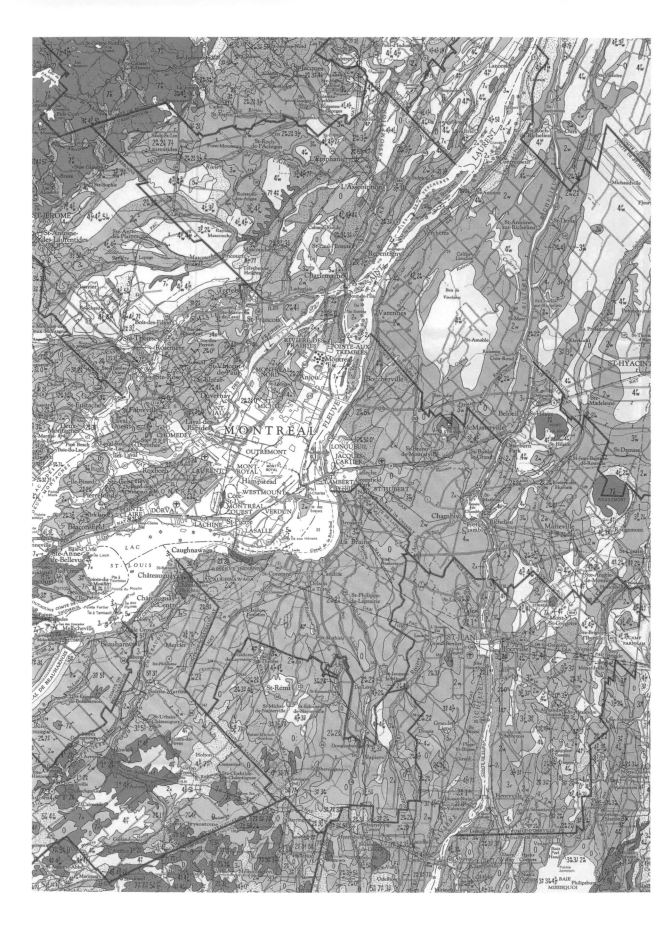

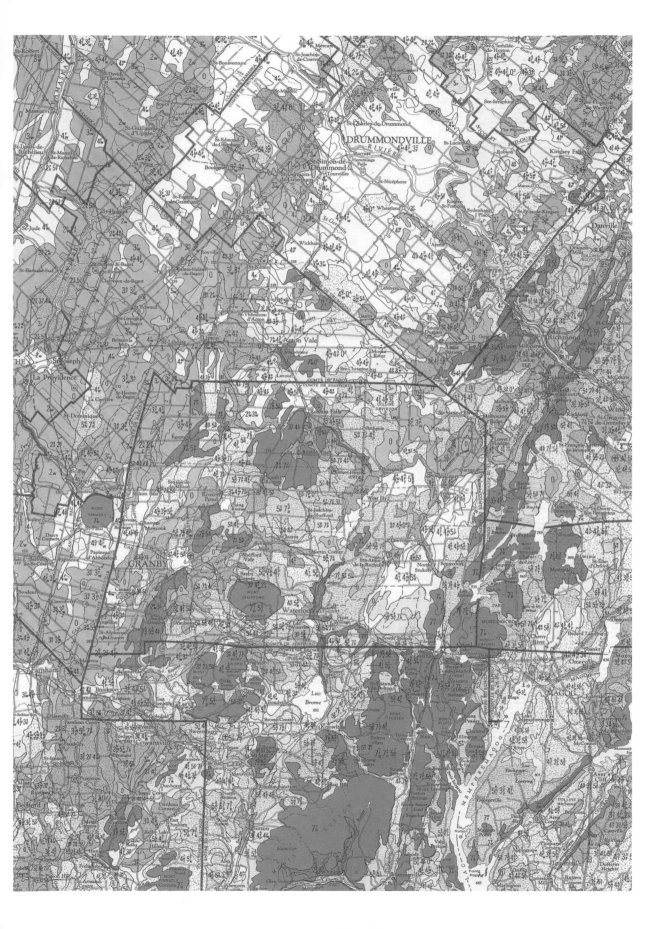

域地圖，其詳細程度能達到建築物本身，而其軍事地圖對比西歐及美國的地形圖，往往都比這些國家所擁有的更為詳細。所有人員也都受到嚴密的監視，全都被要求簽還任何演習所需地圖，如果地圖被破壞，碎片也必須交還。同時，蘇聯的民用地圖幾乎毫無用處，不僅缺少細節，還會使用特殊的投影方法故意使其扭曲，導致其隨意變形。所收錄的著名地標如河流及城市等，其特定座標、方向及距離完全都是錯的。這些都是為了防止西方間諜能從任何當地報刊亭或售貨亭中，取得蘇聯領土的準確地圖。研發出此系統的地圖師，也因為其努力而獲得喬瑟夫・史達林（*Joseph Stalin*）所頒發的獎章。

史達林於西元 *1953* 年去世後，蘇聯軍隊便胸懷獨霸全球的野心，赫魯雪夫在已成為獨立國家的歐洲前殖民地世界中，看到了發展共產主義的沃土。因此，蘇聯軍隊派出地圖師去調查，並繪製幅員遼闊的發展中國家的地圖。同時他們在此地的活動也進行得相當徹底，實際上，是非常徹底。以前這些區域的蘇聯地圖，都是由建立行動網路的電信公司所購買與使用。這項工作很需要地形概覽，以便在適當位置設立手機訊號塔，而蘇聯地圖剛好能為此處丘陵地區提供最佳概覽。

蘇聯使用地圖來系統化其對地球的理解。其地圖就像一個模擬數據資料庫，跟中世紀地圖一樣，不僅能提供地理訊息，還有許多其他資訊。蘇聯透過建立能見等級（*visual hierarchy*）系統提供廣大多元的資訊，其中最為重要的部分會被強調出來，次要部分則留在背景中。他們的地圖早就採取今日所使用的數位方法，即以多層次的方式處理和組織地理資訊。

地理資訊系統

在 *1960* 年代初期，加拿大當局希望能使用類似的技術，繪製出 *250* 萬平方公里的土地。其目的是要繪製一張地圖，其中收錄農業地區、森林、

野生動植物，以及能宣傳作為旅遊勝地或具有其他用途的地點。大致估計顯示，該計畫需要五百三十六位地理學家，還要在三年內繪製出三千張地圖。不過問題便在於，加拿大總共只有六十位地理學家。但是在西元 *1962* 年，英國地理學家羅傑‧湯姆林森（*Roger Tomlinson*）提出一個計畫，說明其認為該計畫可以完成的原因。

肯亞當局之前曾要求湯姆林森尋找一個適合為新造紙廠種植樹木的地區。人工林最好位於氣候適宜地區的坡度上，這樣工人可以輕鬆進入該人工林。最好該地區也沒有會吃樹苗的猴子，並且能跟大象所行走的路線保持安全距離。為了找出這樣的區域，湯姆林森必須繪製好幾幅地圖，即氣象圖、動物園區地圖、地理圖等，並將其相互交疊。但是，成本太昂貴，因此只好放棄。

事後看來，湯姆林森已經有了運用計算機來處理資訊的想法，這樣他就能在顯示土壤及天氣狀況的地圖上輸入大象行走路線。湯姆林森之後提道：「電腦可以成為資訊儲存的設備及運算機器。技術上的挑戰是把地圖輸入這些計算機，將形狀及圖像轉換為數字。」而美國地圖師沃爾多‧*R*‧托布勒（*Waldo R. Tobler*）在三年前接下此挑戰，當時他在一台計算機上進行程式編寫，而十五分鐘內，他以三百四十三張打孔卡繪製出美國領土輪廓，這是史上第一張使用計算機所繪製的地圖。「自動化，似乎這就是了，」托布勒寫道：「未來地圖製作所具有的共同基礎，似乎很可能是大部分事物都會被自動化，而且在一定期間內所產出的地圖數量亦會增加，但成本卻會降低。」

湯姆林森先試著在電腦公司中引起大家對數位地圖的興趣，但是沒有成功。之後，他遇到參與過加拿大測繪計畫的團隊成員。湯姆林森說服他們解決方案就是把資訊數位化，再跟國際商業機器公司（*IBM*）共同開發出一套系統。透過該系統，地圖就能轉換為數字，並以條件產生關聯，連接至相關資訊，例如田野區域地表、居住聚落、林業及動物遷徙路線。

湯姆林森將其稱為地理資訊系統（*Geographic Information System*，簡稱 *GIS*），而透過該系統，其地圖便能為區域或國家提供其自然資源的完整概覽。

西元 *1970* 年，該系統的普及進度依然緩慢，世界上仍然只有四十人使用這種方法。但是一些重量級的機構，例如美國國家航空暨太空總署（*NASA*），很快就跟著採用。西元 *1972* 年，美國國家航空暨太空總署發射了美國陸地衛星一號（*Landsat 1*），即專門設計用來監視地表情形的第一顆衛星。該衛星所配備的攝影鏡頭，比軍方所使用的攝影鏡頭分辨率較低，範圍為寬 *56* 公尺、長 *69* 公尺，但完全是數位化的。

挪威是美國陸地衛星一號計畫的積極參與者，該衛星數據後來用於研究斯瓦巴群島周圍的冰層，觀察設有水力發電站地區的積雪量，並進行地質調查及環境監測。西元 *1973* 年的某天，美國陸地衛星一號拍攝了挪威北部芬馬克高原的照片，其顯示出白樺林及高原沼地上覆蓋著帚石楠（*heathers*）及馴鹿水草（*reindeer moos*）。六年後拍攝的同一區域圖像則顯示，由於附近俄羅斯鎳廠的污染日益嚴重，岩石裸露及被破壞的植被面積已經擴大。而利用衛星圖像，亦能逐年監測高原上的自然破壞現象。

西元 *1975* 年的一份官方報告提及，「連續的衛星涵蓋範圍也能用於挪威地區的監測及地圖繪製……用於製圖及勘測活動的支援技術，近來正面臨重大發展，具有最新測量儀器、自動化的製圖過程，以及電子資訊處理技術之延伸應用。」該報告強調，挪威應負責例如北極及南極這般偏遠地區，以及最近因為北海石油生產所增加的海上活動，而衛星圖像在船舶漏油及鑽井平台與管線洩漏監測方面特別有用。圖像能顯示沿海地區及外海溫度，同樣有益於漁業。

挪威的地理調查逐漸走向數位化。西元 *1981* 年，挪威資訊電腦公司（*Norsk Data*）向位於莫勒魯姆斯達爾（*Møre og Romsdal*）、海德馬克、泰勒馬克及羅加蘭（*Rogaland*）等郡縣的地圖辦公室提供四套電腦系統。其

他郡縣辦公室則能透過國營電信公司泰勒瓦卡（*Televerket*）所經營的達特斯公共資訊網路（*Datex*）連接到該系統，但只能共享五百四十三百萬位元組（*megabyte*）容量的資訊，即是今日只佔手機一小部分的資訊容量，其目的是建立一套能跟主管機關資料庫登記相結合的地理資訊系統。例如，透過將地圖上的房屋，連接到建築暨居住登記與國家登記處，電腦便能找出住在某個特定位置的人是誰及其各自年齡，並自動創建一張家中有將於秋天入學子女的家庭地圖。

全球資訊網

在十五世紀，印刷術使得歐洲人生產的書籍數量比以前多得多；同樣的，數位化也代表能製作出更多的地圖。透過將地圖轉換為計算機代碼，便能輕鬆與其他資訊連接，建立專題地圖、統計地圖、地形圖、植被地圖，或是其他類型的地圖，而且用不到幾次按鍵的動作便能進行更新。要在網路電腦之間共享地圖，也變得十分容易。

在進行加拿大地圖計畫的過程中，湯姆林森不禁大膽想像，有沒有可能出現一個大家都能連接得到的全球資訊系統資料庫？一個能把全世界收錄至最小細節程度的資料庫？而且，他也不是唯一想到這些的人。有了計算能力增強的晶體管及微晶片，許多資訊工程師不斷努力研發電腦程式，以便全世界的使用者能運用一種電子網路，達到彼此資訊共享──網際網路（*Internet*）就此誕生。

今日的網際網路，是美國國防部在 *1960* 年代後期努力工作的成果，其目的是研發一種能抵抗蘇聯核武攻擊的通信網路。這種網路不能以單一主機站為基礎，但必須要在即便部分被破壞的情況下，也能正常運行。因此該系統要以扁平化結構組成，每個人都能相互發送資訊。西元 *1969* 年 *9* 月 *1* 日，在加州及猶他州的四台電腦便組成了世上第一個電腦網路。兩

年後，第一封電子郵件以「@」符號被發送出去。西元 *1978* 年，數據機（*modem*）的發明代表個人用戶不必通過軍事網路，就能彼此發送資訊。西元 *1994* 年，當「超文件傳輸協定」（*hypertext transfer protocol*，簡稱 *http*）開始能在網頁上建構內容，並以「統一資源定位器」（*uniform resource locator*，簡稱 *url*）標準化網址後，「全球網際網路」（*World Wide Web*，簡稱 *www*）的基礎就此確立。如此一來，鍵入例如 *http://www.verdensteater.net* 之類的網址，任何一台在世界各地的電腦都會抵達同一位址。世界上第一個線上地圖服務「*mapquest.com*」在西元 *1996* 年問世，緊隨在後的還有「街圖」（*Streetmap*）、「地圖編輯」（*Mappy*）、「多元地圖」（*Multimap*）和「熱門地圖」（*Hot Maps*）等。

西元 *1998* 年，美國副總統艾爾・高爾（*Al Gore*）讓湯姆林森的夢想又往前邁進一步。他在某次演講中強調，「新一波科技創新，使大家得以汲取、儲存、處理及展示，空前未見、關於我們星球及各種環境、文化現象的大量資訊。這些資訊多半是『地理參考用』（*georeferenced*），也就是說，會被指向地表上某個特定位置。」高爾想像著，運用一個他所謂的「數位地球」（*Digital Earth*）電腦程式，即「大家能在其中嵌入大量地理參考資訊、以三維形式所呈現的地球」，就能整理以上所有資訊。

他要聽眾想像一個正在使用該程式的小孩：「戴上頭戴式顯示器之後，她看到現身於太空中的地球。使用數據手套，她就能放大地圖，解析度也會跟著變高，先看到各大洲，然後是地區、國家、城市，最後是獨棟房屋、樹木及其他自然或人造物。」

高爾承認這種情況聽起來似乎有些牽強，但要是有可能，他認為這種計畫能協助外交、減少犯罪、保護自然多樣性、預測氣候變化及增加全球糧食產量。高爾相信，已經有足夠資源能開始進行這樣的計畫了，「我們應該努力以 *1* 公尺的解析度，來發展數位世界地圖」。

其中一塊解開「數位地球」難題的拼圖，便是一種以數位方式定位世

界上任何地方的方法。子午儀衛星導航系統很成功，但獨立於海軍計畫之外、美國其他軍事部門所研發出來的定位系統諸如 *621B*、賽科（*Secor*）及測時導航系統（*Timation*）也很優秀。西元 *1973* 年，大家同意把所有系統的最佳優點整合起來，以建立一個新系統，即全球定位系統（*GPS*），並於西元 *1978* 年發射第一顆衛星。西元 *1986* 年，挪威測繪局對此新系統進行測試，得出的結論是，全球定位系統所提供的結果超乎預期。他們興奮地寫道，「這已經不是衛星定位『是否』會成為土地調查員日常生活一部分的問題，而是『何時』。」不久後的西元 *1991* 年，定位設備便開始陸陸續續為人所使用，過去里克及維貝的時代已經永遠被拋開了。

全球定位系統於西元 *1994* 年完成，總共有二十四顆繞著地球軌道運行的衛星。然而，美國軍方對於允許其他人，尤其是其敵方國家，也能取得相同的定位資訊而感到擔心，因此也推出收錄具有數百公尺故意誤差的民用版本。許多人開始抗議，包括美國聯邦航空總署（*Federal Aviation Administration*）、交通部海岸防衛隊（*Department of Transportation and Coast Guard* ）在內，在西元 *2000* 年 *5* 月 *1* 日前一晚，比爾·科林頓（*Bill Clinton*）總統便向所有人開放全球定位系統，也使得高爾的數位地球願景又邁進了一步。

線上地圖

自從高爾發表演說以來，矽圖公司（*Silicon Graphics*）一直在研究一套程式，該程式能從太空觀看並放大地球，此目標是透過使用所謂「地圖

下頁圖　為西元 *2007* 年曼哈頓的「*Google* 地圖」（*Google Maps*）。其使用顏色跟今日的有些不同，在此，所有建築物都是灰色的，但從西元 *2016* 年開始，已經有些會被塗成塊狀亮橘色，造成混淆情況。這代表什麼意思？或許，是對住宅區及商業區的區分？錯！*Google* 決定要把「有趣區域」都標示起來。而同樣有趣的是，西元 *2007* 年的版本中並沒有廣告。

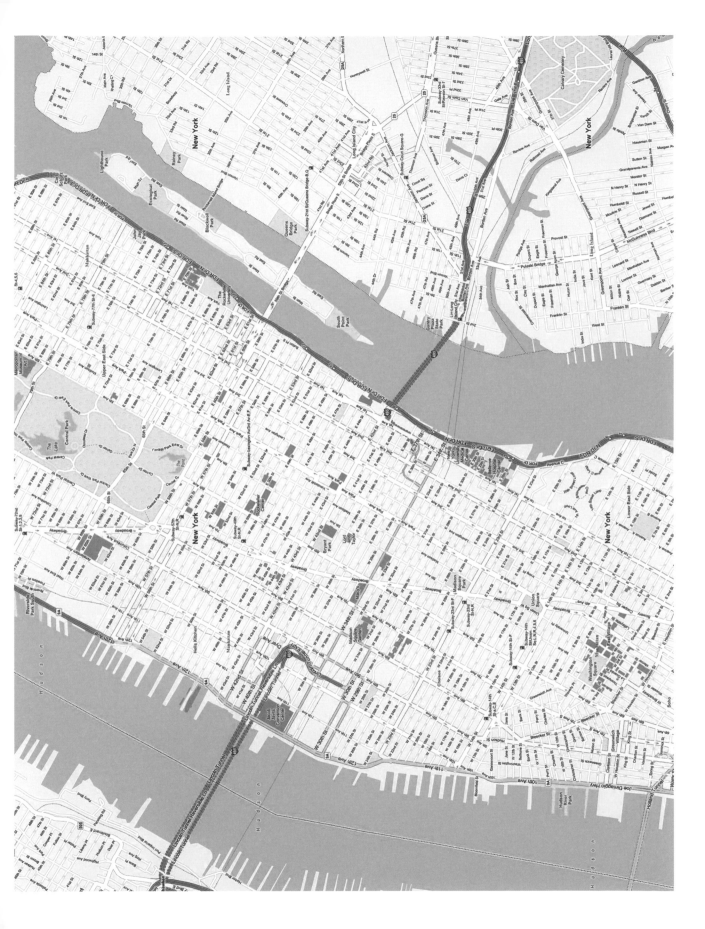

剪輯」（*clipmapping*）的智能技術而得以實現。該技術能把較大的圖像，例如尺寸為 *420,000 x 300,000* 畫素的歐洲地圖，顯示於解析度僅為 *1024 x 768* 畫素的較小尺寸的電腦螢幕上。螢幕上每個畫素會對應到下方更多的畫素。首先，整個大陸會被顯示在螢幕上，若是點擊放大鏡、加號，或快速點擊二次欲詳細查看的區域，例如西北部分，則地圖此部分會接著放大，而其餘地圖則會被去掉。點一下，就會看到不列顛群島；再點，是英國東南部；再點，是倫敦；再點，是肯頓鎮（*Camden Town*）；再點，是查克農場路（*Chalk Farm Road*）；再點，是艾美・懷斯（*Amy Winehouse*）雕像及肯頓市場。使用者每次深入研究圖像時，該技術都會自動省略那些使用者較不感興趣的內容，直到最後能汲取至圖像的最小細節為止，即便這些細節的實際尺寸遠大於螢幕本身。

受到高爾演講的啟發，矽圖公司在西元 *2001* 年推出「地球瀏覽」（*Earthviewer*）軟體。購買該軟體的用戶能以前所未有的速度及解析度，瀏覽一個三維形式、數位化版本的世界。但是，除了美國以外，其他國家或地區的地圖品質都很差，該公司根本不夠資金購買所有必要的衛星圖像。但是該軟體已經算很不錯了，所以西元 *2003* 年 *3* 月美國對伊拉克戰爭爆發時，美國電視頻道便採用該軟體進行報導。在軍隊發動入侵前幾週，美國中情局所資助的 *In-Q-Tel* 公司也投資了「地球瀏覽」，據說是用來協助軍隊。「地球瀏覽」有六個軟體版本發行上市，直到 *Google* 於西元 *2004* 年以未公開收購金額將其收購，*Google* 也在短短幾週後，收購數位地圖公司「去哪裡」（*Where2*）。

Google 搜索引擎的創造者會對地圖感興趣是合乎邏輯的事，大約百分之三十的網際網路搜尋都是有關「在哪裡」。早在西元 *2002* 年，*Google* 便開始向數位全球公司（*DigitalGlobe*）購買衛星圖像，該公司擁有兩顆衛星，每天以半公尺解析度進行拍攝範圍為 *100* 萬平方公里的地表。這些價值數億美元的圖像會輸入進「地球瀏覽」中，即西元 *2005* 年 *6* 月所啟動的

「*Google* 地球」（*Google Earth*）計畫。*Google* 公司描述該計畫是「努力組織世界資訊並使其更為實用、普及化的加值行動」。同時，「*Google* 地圖」（*Google Maps*）也在幾個月前發布上線。

Google 地球

程式開啟後，「*Google* 地球」會以藍色、綠色、白色及棕色，顯示出距離 *1* 萬 *1* 千公里處的地球白日一隅，就像顆在漆黑太空中發亮的地球儀。這不僅是蘇格拉底、西塞羅、馬克洛庇斯，以及凡‧布勞恩以數位與二維形式所描述的地球圖像，更是收錄超過 *20* 千兆位元組（*petabytes*）數據的地理資訊系統，即相當於一本具有十兆頁的教科書。

當用戶繞著地球或往下進行導航時，僅需幾秒鐘便能汲取所有資訊，圖像亦隨著每秒更新五十次。左側選項中，用戶能在地形圖上選擇不同圖層的地圖，完全取決於用戶有無查看國界、道路及地名的興趣；還能選擇或取消一些顯示地球各方面的功能。點選「全球意識」（*Global awareness*）會顯示出一堆不同的符號，點擊各符號便能汲取更多資訊，提供更多計畫相關內容，例如世界自然基金會（*World Wide Fund For Nature*，簡稱 *WWF*）在中國秦嶺山的熊貓保育計畫等詳細資訊。點選「圖庫」（*Gallery*）及「朗姆希歷史地圖」（*Rumsey Historical Maps*）的話，則會再顯示幾個圓圈；點擊這些按鈕，就能瀏覽美國地圖收藏家大衛‧朗姆希（*David Rumsey*）所收藏的歷史地圖，包括西元 *1794* 年的斯堪地那維亞地圖。

我們還能以紙本地圖或地圖集無法實現的方式，跟「*Google* 地球」及「*Google* 地圖」進行互動。點選「圖片」（*Images*）會顯示成千上萬張圖片，這些圖片由世界各地的用戶上傳，從耶路撒冷到馬里布海灘都有。該系統也開放用戶參與修正：當斯洛維尼亞城市邊界不小心落在義大利境內，用戶會糾正該錯誤；至於有人在西元 *1965* 年被中國佔領的西藏寫下

「這裡沒有人權」時，則引發衍生爭議。錯誤有時也會出現，例如布拉格的橋梁上被輸入完全錯誤的名稱，或者有人在錯誤的位置上傳了圖像。但毫無疑問的是，*Google* 地球允許大家影響對周圍環境圖像的建構，以一種在過去任何地圖歷史時點上都不可能實現的方式進行著。四百年前，也許能把托斯卡尼地圖寄給奧特利烏斯，以便他在下一版《地球大觀》中能更準確繪製該地區，但是多少人有機會這樣做？再說了，最後也還是由奧特利烏斯本人決定是否要更新地圖。

　　Google 地球是了解我們這顆星球的絕佳工具，運用這套軟體，大家能探索歷史悠久的吳哥窟、馬丘比丘及龐貝古城；前往最高的山頂，造訪北極和南極洲，遊覽亞馬遜雨林、阿拉斯加、亞歷山卓、曼谷或芝加哥……。此外，還能再多鍵入一組搜尋關鍵字，例如「奧斯陸的烏勒瓦爾（*Ul!evål*）、附近、披薩」。若是我在 *Google* 線上搜尋引擎中鍵入「披薩」，結果頁面頂部就會顯示提供披薩送貨上門服務的公司付費廣告；在下方，*Google* 地圖則會顯示三家披薩餐廳，正好是在我所居住位置的北方、東方及西方。

　　這個細節證實了托布勒的《地理學第一定律》（*First Law of Geography*）：「任何事物都相關，相近的事物關聯更緊密。」*Google* 已經很清楚知道，地圖主要是日常工具，以便我們尋找新商店或線上銷售二手自行車賣家的所在，而並非只是成為遙遠旅程的夢想起點。而這也是 *Google* 能免費提供我們地圖的原因，就是向披薩餐廳及我們周圍地區的其他餐廳出售廣告。正如英國地圖史學家傑瑞・波頓（*Jerry Brotton*）所說，*Google* 地圖「也是部分被用來投放廣告的工具」。

　　請注意，地圖不會憑空而來。托勒密一世在亞歷山卓市設立博物館及圖書館，因為知識會促進貿易；為更準確中世紀地圖打下基礎的義大利航海圖，也是為了貿易商人而產生；奧特利烏斯從需要更實用地圖的水手那裡，得到創造地圖集的想法；荷蘭東印度公司支付布勞家族兩代薪資，以

繪製珍貴的香料群島地圖；支付 *Google* 地球及 *Google* 地圖廣告費用的披薩餐廳，則有助於支付下一次衛星圖像的費用，而這些衛星圖像能創造出更精確的地圖。波頓相信，「在地圖及其製造商對地理資訊的追求明顯無利可圖的情形下，要想汲取地理資訊，就必須有贊助、政府撥款或商業資本。地圖繪製及金錢總是齊頭並進，並反映特定執政者、州、企業或跨國公司的既得利益，但這並不一定會抹煞其資助地圖製作者所具有的創新。」

但現在的問題是，*Google* 是否已經變得太過主導、強勢？地圖服務市場競爭激烈，即便是蘋果、微軟及雅虎等大型公司所創立的地圖服務，都被 *Google* 七成的龐大市佔率所擠壓。致力於確保網上自由公平貿易的「競爭性網上市場」倡議（*Initiative for a Competitive Online Marketplace*，簡稱 *ICOMP*），並在西元 *2012* 年的一份報告中寫到，「立法者應努力盡快恢復地圖的多元化，避免 *Google* 的競爭對手於該領域市場中不斷消失。」*mapquest.com* 的創辦人賽門・格林曼（*Simon Greenman*）則認為，儘管 *Google*「在『地球』方面表現出色」，但他們「也很有可能以史無前例的規模，主導整個世界地圖市場。可以想見，快轉到十至二十年之後，*Google* 已稱霸全球地圖及地理空間應用程式市場。」

未來

西元 *1942* 年 *10* 月 *3* 日，凡・布勞恩及其員工向太空發射第一枚火箭，火箭上裝飾著露娜夫人（*Mrs. Luna*）。此舉是把月亮化身為女性形象，以及對西元 *1929* 年德國電影《月亮中的女人》（*Frau im Mond*）的致敬，該電影也讓電影院觀眾第一次看到現代火箭如何運作。西元 *2008* 年，美國衛星之眼私人公司（*GeoEye*）發射了一枚帶有 *Google* 商標的火箭，代表這家科技龍頭公司已經下令購買新衛星所拍攝的全部照片。*Google* 也在希臘太陽神阿波羅的戰車上買了永久座位——六年後，當 *Google* 收購天空盒

子成像公司（*Skybox Imaging*）及其七顆衛星時，等於買下了自己的戰車。

唯一限制「*Google* 地球」及「*Google* 地圖」能加入多少資訊的因素，是可用的資訊儲存容量。目前，其擴充速度仍快於數據資訊的收集。這是否代表著，我們終於能製造出地圖師一直以來所夢想的完美地圖？現在是否能在電腦上以一比一的比例創造世界地圖？*Google* 的地球技術專家艾德・帕森斯（*Ed Parsons*）給了肯定答案：「若您跟參與網路地圖繪製工作的多數人談過，也正在進行跟我們一樣的工作，我們完全接受您能創造出一比一地圖的事實。」

這種地圖的實用程度，即是否有人真的會對從家用電腦上看到紐約第五大道柏油路上的坑洞感興趣，這是其一問題。另一個問題，跟史上所有其他地圖一樣，就是必須解決在平面上重現球形的地球。一旦從一比一的角度拉回（通常也必須如此，因為電腦螢幕要顯示太多資訊），投影的問題就會再次浮出水面。*Google* 已經被迫變動其圖像以模擬地球曲度，在北極及南極、緯線匯集在一起的地區也陷入難題，因應此難題的數學程式亦具有許多折衷之處。

地圖是世界的圖像，代表世界大致的面貌。本書中所有提到過的地圖，都代表著理解世界的各種方式。從古希臘人的學說到中世紀宗教信仰，從文藝復興時期科學實驗及客觀地圖繪製，到現今數位時代大量數據的資訊收集，皆是如此。歷史上各時代地圖師的共同點，便在於他們選擇藉由呈現世界，以訴說自己所認為重要的東西，以及該時代所賦予其發展的機會。

世界是一座不斷上演歷史的劇院。奧特利烏斯將其時代的地圖描述成，大家能「看到事情的完成過程及完成地點，就好像當下正在發生一樣」。從目前能更新即時交通狀態的數位地圖時代中乍然回首，這聽起來幾乎是種預言。自奧特利烏斯的時代以來，具主題相關性的地圖持續被使用著，然而被使用的時間卻大幅減少。奧特利烏斯的作品直到其出版三十年

後才被擱置，而我們最後能否創造出每分鐘更新一次的地圖，以顯示正在建造或拆除的房屋、正在爆發的土石流及洪水、正在受眾人所朝聖漫步的亞歷山卓長廊，以及正航向印尼的船及飛越美洲大陸的飛機？如此一來，我們才算真正「在當下」看到整個世界？

　　就技術方面而言，要出現這種地圖不一定要等很久。即使是現在，數位地圖仍以每天四張新衛星圖像的速度進行更新。所能確定的是，未來的地圖對我們而言，就彷彿是托勒密、麥卡托及奧特利烏斯看到手持式移動地圖一樣奇怪；而在之後四百年的時間裡，今日看來夢幻非凡的數位地圖，很快就會變得跟《地球大觀》一樣平凡簡單。

參考文獻 ※

在我之前，過去已經有許多人用各種不同方式敘述地圖的歷史。標準版本便是《地圖學歷史》（*The History of Cartography*），即西元 *1987* 年芝加哥大學約翰・布萊恩・哈萊及大衛・伍瓦德開始進行的多卷冊、至今仍有待完成的計畫。所有的卷冊，除了最近幾卷之外，都能在 *press.uchicago.edu/books/HOC/index.html* 供大眾下載。只是要注意的是，在前幾卷中有些細節已經更新過了。

還有我發現特別有用的其他著作，便是傑瑞・波頓（*Jerry Brotton*）的《十二幅地圖看世界史》（*History of the World in Twelve Maps*）。南森的著作《在北霧中》則提到許多挪威及北歐地區在古文與古地圖中的敘述。這本著作及許多我引用過的書籍，在挪威國立圖書館的網頁中，都具有掃描檔案以供參考。最佳文獻回顧，同時也收錄很多古地圖的著作，請見威廉・*B*・金士堡（*William B. Ginsberg*）的《西元 *1482* 年至 *1601* 年斯堪地那維亞及北極地區相關出版地圖》（*Printed Maps of Scandinavia and the Arctic,* 西元 *1482-1601*）及《西元 *1602* 年至 *1855* 年挪威地圖及繪製》（*Maps and Mapping Norway, 1602-1855*）。哈莉・菲爾特（*Hali Felt*）所著的《聽見海底的形狀：奠定大陸漂移說的女科學家》（*Sounding*），是一本出色的瑪麗・瑟普傳記；葛林・威廉斯（*Glyn Williams*）所撰寫的《北極迷宮：西北通道之探索》（*Arctic Labyrinth: The Quest for the Northwest Passage*），更是一本獨特又有用的書。保羅・白定（*Paul Binding*）的《想像角落》（*Imagined Corners*），則是一本關於亞伯拉罕・奧特利烏斯及其時代與當時安特衛普市的有趣讀物；尼可拉斯・克朗（*Nicolas Crane*）及安德魯・泰勒（*Andrew Taylor*）兩者都曾為格拉德斯・麥卡托撰寫過很棒的傳記，而伊芙琳・艾德森（*Evelyn Edson*）的《西元 *1300* 年至 *1492* 年世界地圖》則是一本人人必讀著作。

我既不會希臘文、拉丁文，也不會英文以外的其他多數語言，因此，在必要情況下，便不得不把來源未有對應挪威文的原始資料，再以英文進行翻譯。

前言
Page xi:
Earth, Sun, Moon | I have capitalised the names of these celestial bodies as they are proper nouns like Jupiter, Polaris – the North Star, and Saturn's moon Titan.

'Oh, my God!' | 'Apollo 8 Onboard Voice Transcription', NASA, Houston, 1969. William Anders was also the U.S. Ambassador to Norway from 1976 to 1977.

Ortelius | The original poem is as follows: 'Ortelius, quem quadrijugo super aera curru Phœbus Apollo vehi secum dedit, unde jacentes Lustraret terras, circumfusumque profondum.' Translated into Norwegain by Tor Ivar Østmoe.

Page xii:
'All the world's a stage' | Shakespeare.

延伸閱讀
· *'Apollo 8 Onboard Voice Transcription', NASA, Houston, 1969.*
· *Ortelius, Abraham: Theatrum orbus terrarum, self-published, Antwerp, 1570.*
· *Shakespeare, William: As You Like It.*

第一章　世界第一批圖像
Page 1:
A large, advanced rock carving | Craig, 366–367.
'Next, in order' | Strabo, book 4, chapter 6, section 8.

Page 2:
Italian archaeologist Alberto Marretta | Schellenberg, 05:45. Norwegian archaeologist | Marstrander, 247.

Page 3:
Minusinsk, Russia | Smith (1994), 3.

Page 4:
Humans also acquired | Lewis, 51.

Page 8–9:
In 1967, British archaeologist | Jennings, 7.
Seven years later | sci-news.com. At Talat N'lisk | Smith (1987), 17.

Page 10:
'As a rule' | Cited in Smith (1987), 85.

Page 10–11:
In the Sahara | Smith (1987), 89. A painstakingly crafted cave painting | Smith (1994), 14. In the early 1700s | Gabrielsen, 8.

Page 12:
At first there was only darkness | A. L. Basham's translation of the Rig Veda.

Page 12–14:
Every place and time | Bringsværd & Braarvig, 9. 'That which at some points in time' | Bringsværd & Braarvig, 10. 'This ash is the best' | Snorri Sturluson, The Younger Edda. Translated by Rasmus B.

Anderson, 1901.
'Of Ymir's flesh' | The Elder Edda of Saemund Sigfusson. Translated by Benjamin Thorpe, 1866.

Page 17:
'There earth, there heaven' | Homer, The Iliad. Translated by Alexander Pope, 1715. A similar problem | Thank you to Benedicte Gamborg Briså for providing me with information about the classical view of the world and the challenges of translation.

Page 19:
Babylon is at the centre | Brotton, 1.

Page 20:
Before the Babylonians, the Sumerians | Millard, 107.

Page 21&24
One such example | Nemet-Nejat, 95. They used a measuring rope | Nemet-Nejat, 93.

Page 25:
Like the Sumerians and the Babylonians | Shore, 117. In his Histories | Translated by A. D. Godley, 1920

Page 26:
Around the year 1150 BC | Harrell. Amennakhte did not sign the map, but we know that he drew it because his handwriting is recognisable from other works.

延伸閱讀
· *Bringsværd, Tor Åge &*

Braarvig, Jens: I begynnelsen. Skapelsesmyter fra hele verden, Denorske bokklubbene, Oslo, 2000.

· *Brotton, Jerry: 'Introduction' in A History of the World in 12 Maps, Allen Lane, London, 2012.*

· *Craig, Alexander: 'The Bedolina Map – An Exploratory Network Analysis' in Layers of Perception, pp. 366–372, CAA, Berlin, 2007. archiv.ub.uniheidelberg. de/propylaeumdok/512*

· *Edda-dikt, translated by Ludvig Holm-Olsen, J. W. Cappelens Forlag, Oslo, 1993.*

· *Gabrielsen, Trond: 'Thomas von Westens runebomme 1723' in Ságat no. 252, 2009. finnmarkforlag.no/09_16.html*

·*Harrell, James: 'Turin Papyrus Map From Ancient Egypt' at eeescience. utoledo.edu/faculty/harrell/egypt/Turin%20Papyrus/Harrell_Papyrus_Map_text.htm*

· *Herodot: Historie, Thorleif Dahls kulturbibliotek / Aschehoug, Oslo, 1998. Translated by Henning Mørland.*

· *Homer: Iliaden, Aschehoug, Oslo, 2004. Translated by Peter Østbye, edited by Øivind Andersen.*

· *Jennings, Ken: Maphead, Scribner, New York, 2011.*

· *Lewis, G. Malcolm: 'The Origins of Cartography' in Harley, J.B. & Woodward, David (eds.): The History of Cartography. Volume One. Cartography in Prehistoric, Ancient, and Medieval Europe and the Mediterranean, The University of Chicago Press, Chicago, 1987.*

· *Marstrander, Sverre: Østfolds jordbruksristninger, Universitetsforlaget, Oslo, 1963.*

· *Meece, Stephanie: 'A bird's eye view – of a leopard's spots. The Çatalhöyük 'map' and the development of cartographic representation in prehistory' in Anatolian Studies, no. 56 pp. 1–16, 2006. jstor.org/stable/20065543.*

· *Millard, Alan Ralph: 'Cartography in the Ancient Near East' in Harley, J.B. & Woodward, David (eds.): The History of Cartography. Volume One. Cartography in Prehistoric, Ancient, and Medieval Europe and the Mediterranean, The University of Chicago Press, Chicago, 1987.*

· *Nemet-Nejat, Karen Rhea: Daily Life in Ancient Mesopotamia, Greenwood Press, Westport, 1998.*

· *Neugebauer, Otto: A History of Ancient Mathematical Astronomy, Springer-Verlag, New York, Heidelberg, Berlin, 1975.*

· *Rytter, Olav: Rigveda. Femtifem veda-hymnar, Det Norske Samlaget, Oslo, 1976.*

· *Schellenberg, Rosie: Maps. Power, Plunder and Possession, episode 1: 'Windows on the World', BBC Productions, London, 2007.*

·*Shore, Arthur Frank: 'Egyptian Cartography' in Harley, J.B. & Woodward, David (eds.): The History of Cartography. Volume One. Cartography in Prehistoric, Ancient, and Medieval Europe and the Mediterranean, The University of Chicago Press, Chicago, 1987.*

· *Smith, Catherine Delano: 'Cartography in the Prehistoric Period in the Old World: Europe, the Middle East, and North Africa' in Harley, J.B. & Woodward, David (eds.): The History of Cartography. Volume One. Cartography in Prehistoric, Ancient, and Medieval Europe and the Mediterranean, The University of Chicago Press, Chicago, 1987.*

· *Smith, Catherine Delano: 'Prehistoric Cartography in Asia' in Harley, J.B. & Woodward, David (eds.): The History of Cartography. Volume Two, Book Two. Cartography in the Traditional East and Southeast Asian Societies, The University of Chicago Press, Chicago, 1994.*

·*Strabo: Geōgraphiká, Harvard University Press, Cambridge, 1918–1932. Translated by Horace Leonard Jones & John Robert Sitlington Sterrett.*

· *Sturlason, Snorre: Edda, Cammermeyers Boghandel, Oslo, 1950. Translated by Anne Holtsmark.*

· *Anonymous: 'Çatalhöyük 'Map' Mural May Depict Volcanic Eruption 8,900 Years Ago'. sci-news.com/archaeology/science-catalhoyuk-map-mural-volcanic-eruption-01681.html*

第二章　如池中蛙
Page 29:
During antiquity, Alexandria | The description of Alexandria and its library is based on

'Science' in Jerry Brotton's *A History of the World in 12 Maps* and *Ancient Libraries by Oikonomopoulou & Woolf.*
'*a tower of great height*' | Caesar, *The Civil War*

Page 30:
'*building[s] upon building[s]*' | Strabo, book 17, chapter 1, section 8.

Page 31–32:
In their country is an immense mountain called Saevo | Pliny, book 4, chapter 27.
'*But there is a consensus*' | Cited in Berggren & Jones, 79.

Page 32:
'*but since the setting out*' | Cited in Berggren & Jones, 19.
'*through drawing [···] the entire*' | Cited in Berggren & Jones, 3.

Page 36:
Later Greek writers | Aujac, 134.

Page 37–38:
Hecataeus of Miletus | Aujac, 134.
Hecataeus was probably | Roller, 3.
But we can point to | Aujac, 136.

Page 38–39:
Diogenes wrote that Pythagoras | Pythagoras was probably right in thinking that the Earth was inhabited '*all the way around*' — people lived on New Zealand at this time.
And I laugh to see | Herodotus, *The Histories.* Translated by A. D. Godley, 1920.
Democritus | Aujac, 137.

Page 40&41
'*as the Lacedaemonians report*' | Herodotus, *The Histories.* Translated by A. D. Godley, 1920.
A scene in Aristophanes' | Aristophanes, *The Clouds,* Translated by Peter Meineck, 1998.

Page 42:
"*Secondly,*" said he, | Plato, *Phaedo.* Translated by Harold North Fowler.

Page 43:
After passing between the Pillars of Hercules | Nansen, 33.

Page 47:
Aristotle (384–322 BC) summarised | Aujac, 144.

Page 47–48:
'*There are two inhabitable sections*' | Aristotle, *Meteorology.* **Oxford Translation of Aristotle.**
'*They draw maps of the earth*' | Aristotle.
Alexander had learned | Aujac, 149.
Around the year 250 BC | Aujac, 154, Brotton, 35.

Page 52–53:
Shortly after this, Crates of Mallus | Aujac, 162.
Hipparchus of Nicaea | Aujac, 164.
'*Hipparchus*', Strabo wrote | Cited in Brotton, 39.
'*If the people who visited*' | Cited in Berggren & Jones, 62.

Page 54:
'*Marinus of Tyre seems to be*' | Cited in Berggren & Jones, 23.

Page 58:
'*East of the Cimbrian*' | Ptolemy, book 2, chapter 10.

延伸閱讀
· *Aristofanes: Skyene, Aschehoug, Oslo, 1977. In a Norwegian retelling by Knut Kleve.*
· *Aristoteles: Meteorologien, Vidarforlaget, Oslo, 2016. Translated by Mette Heuch Berg.*
· *Aujac, Germaine:* '*The Foundations of Theoretical Cartography in Archaic and Classical Greece*' *in Harley, J.B. & Woodward, David (eds.), 1987.*
·*Aujac, Germaine:* '*The Growth of an Empirical Cartography in Hellenistic Greece*' *in Harley, J.B. & Woodward, David (eds.), 1987.*
· *Berggren, J. Lennart & Jones, Alexander:* Ptolemy's Geography: An Annotated Translation of the Theoretical Chapters, *Princeton University Press, Princeton, 2000.*
· *Brotton, Jerry:* '*Science*' *in A History of the World in 12 Maps, Allen Lane, London, 2012.*
· *Caesar, Gaius Julius:* Borgerkrigen, *Thorleif Dahls kulturbibliotek / Aschehoug, Oslo, 1994. Translated by Oskar Fjeld.*
· *König, Jason; Oikonomopoulou, Katerina & Woolf, Greg:* Ancient Libraries, *Cambridge University Press,*

Cambridge, 2013.
· MacLeod, Roy (ed.): *The Library of Alexandria*, **I.B. Tauris Publishers, London, 2000.**
· McPhail, Cameron: '*Reconstructing Eratosthenes' Map of the World: A Study in Source Analysis*', master's dissertation from the University of Otago, Dunedin, 2011. ourarchive.otago.ac.nz/bitstream/handle/10523/1713/McPhailCameron2011MA.pdf
· Nansen, Fridtjof: *Nord i tåkeheimen. Utforskningen av Jordens nordlige strøk i tidlige tider,* **Jacob Dybwads Forlag, Oslo, 1911.**
· Platon: *Faidon, Vidarforlaget, Oslo, 2001. Translated by Egil Kraggerud.*
· Pliny the Elder: *The Natural History,* **Perseus Digital Library, perseus.tufts.edu, Medford, 1855. Translated by John Bostock og H.T. Riley.**
· Ptolemy, Claudius: *Geography,* **Translated by Edward Luther Stevenson, New York Public Library, New York, 1932, modified by Bill Thayer at penelope.uchicago.edu/Thayer/E/Gazetteer/Periods/Roman/_Texts/Ptolemy/home.html**
· Roller, Duane W.: *Eratosthenes' Geography,* **Princeton University Press, Princeton, 2010.**

第三章　神聖地理學
Page 63:
Snorri Sturluson | Eskeland, 158.
The world was divided | Snorri Sturluson, *The Prose Edda.* **Translated by Jean I. Young.**

Page 64:
'*I shall now wander*' | Orosius, 42.
Scholars preferred textual descriptions | *It is telling that an entire book about medieval geographical knowledge,* The Earth is Our Book *by Natalia Lozovsky, has been published – yet has nothing to do with maps. Snorri's description is a perfectly adequate map* | Schöller, 42.

Page 65:
It is characteristic that | Elliott, 101. The map's estimated original size is 8.5 metres. The western part of it has not survived, so today the map measures 'only' seven metres long.

Page 66:
Look at all the different zones | Cicero, *Republic. Translated by Richard Hooker.*
Roman orator Eumenius | Albu, 113.
The map that opens | Lozovsky (2008), 170–171.
World maps played such | Albu, 112.

Page 67–68:
Christianity, however, took another view | Albu, 114.
Information about the world | Lozovsky (2000), 11.
'*any competent man*' | Augustine of Hippo, *On Christian Doctrine. Translation from the Select Library of Nicene and Post-Nicene Fathers.*
Jerome took up this challenge | Brotton, 92–93.

Augustine's advice | Edson & Savage-Smith, 24.
'*Our ancestors*' | Orosius, 36.

Page 68:
Legend has it | Catholic Online.

Page 69&72:
'*Asia is named*' | Isidore of Seville, 285.

Page 72–73:
'*But as to the fable*' | Augustine of Hippo, *City of God. Translation from the Select Library of Nicene and Post-Nicene Fathers.*
'*though it be bare*' | Augustine of Hippo, *City of God. Translation from the Select Library of Nicene and Post-Nicene Fathers.*
'*Apart from these*' | Isidore of Seville, 293.

Page 73–74:
'*let us seek if we can*' | Augustine of Hippo, *City of God. Translation from the Select Library of Nicene and Post-Nicene Fathers.*
Noah had three sons | The Bible, Genesis 10, 5.
Ultima Thule | Isidore of Seville, 294.

Page 74–5
This religious shift | Williams, 217.
In the east he drew Paradise | *There is much discussion about what Beatus actually drew on his original map; I have tried to stick to a safe minimum. Information about that being discussed can be found here:* myoldmaps.com/early-medieval-

mo-nographs/207-the-beatus-mappamundi/207-beatus-copy.pdf

Page 75, 78:
From the 800s | Brotton, 102.
Since the decline | Gosch & Stearns, 135.
Dante, however, | Eriksen, 345.
Only towards the end | Edson, 90.

Page 78–79:
Ohthere of Hålogaland | Sandved, 643. The original text opens as follows: 'Ohthere sæde his hlaforde, Ælfrede cyninge, dæt he ealra Noremonna nordmest bude ⋯'
'Ohthere told his lord' | Translation from Two Voyagers at the Court of King Alfred, translated by Christine E. Fell (York, 1984)

Page 80:
As Nortmannia is | Adam of Bremen, History of the Archbishops of Hamburg-Bremen. Translated by Francis J Tschan.
'It starts in the east' | Historia Norwegie, 19. That Norway starts at the 'Great River' in the east is a guess, since the letters before 'River' are unreadable. Gustav Storm suggested the River Albia in accordance with an addendum from Adam of Bremen.

Page 81:
The Christianisation | Kyrkjebø & Spørck, 8.
'Paradise is located' | Kyrkjebø & Spørck, 77.

'The country from Vegistafr' | Kyrkjebø & Spørck, 81.
'Thus pilgrims travelling' | Kyrkjebø & Spørck, 83.

Page 82:
Books such as | Kyrkjebø & Spørck, 8.
'It is said that the earth's circle' | Snorri Sturluson, Heimskringla. Translated by Samuel Laing.
'Kringla heimsins' is Snorri's translation of the Latin 'Orbus terrarum', which means 'the round earth', and not, as is the case in Storm's Norwegian translation of Snorri, 'the earth's round disk'. Benedicte Gamborg Briså believes that the choice of world results from Storm believing that Snorri thought the Earth was flat – but this was false. Like all medieval scholars, Snorri knew that the Earth was round. The original opens as follows: 'Kringla heimsins, sú er mannfólkit byggir, er mjök vágskorin; ganga höf stór or útsjánum inn í jöreina ...'

Page 83:
The country surrounding the Vanakvisl | Snorri Sturluson, Heimskringla. Translated by Samuel Laing.
Around the same time, King Henry III of England | La Porte, 31.

Page 88:
While mappæ mundi were | Edson, 33.

Page 89–90:
'This region of Norway is' | An English translation of the texts of

the Catalan Atlas can be found here: cresquesproject.net/catalan-atlas-legends.
In Venice in the mid-1400s | This scene featuring Fra Mauro and Pietro Querini is pure conjecture, but it is highly probably that they met; they both lived in the same city at the same time, Fra Mauro spoke with many seamen as he worked, and Querini's landing is clearly marked Fra Mauro's map.
Fra Mauro lives | Edson, 141.

Page 91:
But if we look at | Transcriptions, 1011.
'Those who are knowledgeable' | Transcriptions, 960.

Page 91–92:
'many cosmographers and' | Transcriptions, 1043.
'In this province' | Transcriptions, 2674.

Page 93:
This work | Edson, 164.

延伸閱讀
· Adam of Bremen:
Beretningen om Hamburg stift, erkebiskopenes bedrifter og øyrikene i Norden, Thorleif Dahls kulturbibliotek / Aschehoug, Oslo, 1993. Translated by Bjørg Tosterud Danielsen and Anne Katrine Frihagen.
· Albu, Emily: 'Rethinking the Peutinger Map' in Talbert & Unger, 2008.
· Augustinus, Aurelius: De doctrina christiana. Om kristen opplæring, Det Norske Samlaget, Oslo, 1998. Translated by

Hermund Slaattelid.

· Augustinus, Aurelius: Gudsstaten, **Pax Forlag, Oslo, 1998. Translated by Reidar Aasgaard.**

·Bratrein, Håvard Dahl: 'Ottar' in Norsk biografisk leksikon, nbl. snl.no/Ottar

· Cicero, Marcus Tullius: Om staten, **Thorleif Dahls kulturbibliotek / Aschehoug, Oslo, 1990. Translated by Oskar Fjeld.**

· Edson, Evelyn: The World Map, 1300–1492, **The Johns Hopkins University Press, Baltimore, 2007.**

· Edson, Evelyn & Savage-Smith, Emilie: Medieval Views of the Cosmos, **Bodleian Library, Oxford, 2004.**

· Ekrem, Inger: Nytt lys over Historia Norwegie, **Universitetet i Bergen, IKRR, Seksjon for gresk, latin og egyptologi, Bergen, 1998.**

· Elliott, Tom: 'Constructing a digital edition for the Peutinger Map' in Talbert & Unger, 2008.

· Eriksen, Trond Berg: Reisen til helvete. Dantes Inferno, **Universitetsforlaget, Oslo, 1993.**

· Eskeland, Ivar: Snorri Sturluson. Ein biografi, **Grøndahl Dreyer, Oslo, 1992.**

· Fra Mauro: My Old Maps has an English translation of Fra Mauro`s texts: myoldmaps.com/ late-medieval-maps-1300/249-fra-mauros-mappamundi/fra-maurotranscriptions.pdf

· Gosch, Stephen S. & Stearns, Peter N.: Premodern Travel in World History, **Routledge, New York, 2008.**

· Howe, Nicholas: Writing the Map of Anglo-Saxon England, **Yale University Press, New Haven, 2008.**

· Isidore of Seville: The Etymologies, **Cambridge University Press, Cambridge, 2006. Translated by Stephen A. Barney, W.J. Lewis, J.A. Beach & Oliver Berghof.**

· Knudsen, Anders Leegaard: 'Geografi og topografi i Gesta Danorum' in Renæssanceforum 3, 2007, renaessanceforum.dk

· Kyrkjebø, Rune & Spørck, Bjørg Dale (trans.): Norrøn verdenshistorie og geografi, **Thorleif Dahls kulturbibliotek / Aschehoug, Oslo, 2012.**

· La Porte, Melissa: 'A Tale of Two Mappae Mundi: The Map Psalter and its Mixed-Media Maps', The University of Guelph, Ontario, 2012. atrium.lib.uoguelph.ca/xmlui/ bitstream/handle/10214/3662/ LaPorte-final-05-09. pdf?sequence=6

· Lozovsky, Natalia: 'The Earth is Our Book'. Geographical Knowledge in the Latin West ca. 400–1000, **The University of Michigan Press, Michigan, 2000.**

· Lozovsky, Natalia: 'Maps and panegyrics' in Talbert & Unger, 2008.

· Orosius, Paulus: Seven Books of History Against the Pagans, **Liverpool University Press, Liverpool, 2010. Translated by Andrew T. Fear.**

· Schellenberg, Rosie: Maps. Power, Plunder and Possession, episode 2: 'Spirit of the Age', **BBC Productions, London, 2007.**

· Schöller, Bettina: 'Transfer of Knowledge: Mappae Mundi Between Texts and Images' in Peregrinations: Journal of Medieval Art & Architecture, **volume IV, number 1 spring 2013.** digital.kenyon.edu/cgi/ viewcontent.cgi?article=1107&c ontext=perejournal

· Sturlason, Snorre: Edda, **Cammermeyers Boghandel, Oslo, 1950. Translated by Anne Holtsmark.**

· Sturlason, Snorre: Kongesagaer, **J.M. Stenersens Forlag, Oslo, 2009. Translated by Gustav Storm.**

·Talbert, Richard J.A. & Unger, Richard W. (eds.): Cartography in Antiquity and the Middle Ages, **Brill, Leiden, 2008.**

· Williams, John: 'Purpose and Imagery in the Apocalypse Commentary of Beatus of Liébana' in Emmerson, Richard K. & McGinn, Bernard (eds.):** The Apocalypse in the Middle Ages, **Cornell University Press, Ithaca, 1992.**

· Wærdahl, Randi: 'Snorre Sturlason' i Norsk biografisk leksikon at nbl.snl.no/Snorre_Sturlason

· Øverås, Eirik: Snorre Sturlason, **Noregs Boklag, Oslo, 1941.**

Ohthere of Hålogaland`s description is translated by Arthur O. Sandved from The Old English Orosius and retrieved from NOU 1984:18: 'Om samenes rettsstilling', Oslo, 1984, page 643–644.**

· The section from Historia Norwegie er was translated by Astrid Salvesen in Thorleif Dahls kulturbibliotek / Aschehoug,**

Oslo, 1969.
· *The story of Pietro Querini can be read on the University of Tromsø website: ub.uit.no/northernlights/ nor/ querini.htm*
· *Catholic Online has a biography of Isidore of Seville here: catholic.org/saints/saint. php?saint_id=58*

第四章　第一本地圖集
Page 95:
With her brush, Anne Ortel | This scene is also pure conjecture. It is not certain that Anne Ortel coloured this map, but nor is it improbable that she did so.
The Antwerp of Ortel's time | Binding, 7–11.

Page 96–97:
Anne Ortel was named | Binding, 19–24.
As early as the year 1500 | Binding, 39.

Page 97–98:
Abram and his sisters | Binding, 37.
Perhaps Leonard had hoped | Jan Radermacher's letter is reproduced in Binding, 67.
Another friend wrote | Broecke, Krogt & Meurer, 30.
What books might Abram | Binding, 30, 35–36.

Page 99:
In the Middle Ages | Lozovsky, 8–10.

Page 99:
We don't know exactly | Dalché, 292.

Page 102:
After a church meeting | Dalché, 310.
Of the map, Fillastre wrote | Cited in Edson, 125.

Page 103–104:
Greenland is again located | cartographicimages. net/Cartographic_Images/258_ Behaim_Globe. html
In his log, Columbus | Columbus, 35.

Page 104:
Vespucci's book | Herbermann, 88.

Page 107:
In the summer of 1527 | Miekkavaara, 1–15.

Page 112:
The quote allocated to the Norwegian king | The quote is taken from Revelation 3:11.

Page 113–114:
An earnest young man | Binding, 28.
In 1547, Abram became | Binding, 39–41.
Twice every year | Binding, 88; Crane, 162.

Page 114:
It was in Frankfurt | Binding, 90.

Page 116:
The first map Mercator created | Bartlett, 37; Crane, 83.

Page 121–122:
In 1554, Jan Rademacher | Binding, 73–79.

Plantin was French | Binding, 116–117.

Page 122–123:
The oldest known map | Binding, 129–131.
But in 1567 | Binding, 152.

Page 123&126:
'I therefore send you' | Lhuyd's letter is reproduced in Binding, 167.
It was a huge undertaking | Binding, 175.
After Ortelius | Binding, 176.

Page 126–127:
'Abrahamus Ortelius' | Parts of the preface are reproduced in Binding, 222–224.
To make this connection | Matei-Chesnoiu, 13.
At the top, Europe | But Ortelius what not unaware of what was happening in America. In a later edition, for a map of New Spain (Mexico), he writes: 'This province was in 1518 taken by force by the Spanish authorities, commanded and led by Fernando Cortez; who by sending many of his own men to their deaths, but also by killing far more of the inhabitants who fought for their freedom, conquered it'. Binding, 244.

Page 129:
'Quid ei potest' | Cicero, 150.

Page 129–1230:
Ortelius therefore encourages | Binding, 256–258.
The atlas sold well | Binding, 254–255.
In May 1571 | Broecke, Krogt &

Meurer, 82.

Page 131:
In December three years later | *Binding, 292–293.*

Page 132:
With his life's work | *Binding, 194.*

延伸閱讀
· *Bartlett, John R.: 'Mercator in the Wilderness' in Becking, Bob & Grabbe, Lester:* Between Evidence and Ideology, *Brill, Leiden, 2011.*
· *Binding, Paul:* Imagined Corners. Exploring the World's First Atlas, *Review, London, 2003.*
· *Blado, Antonio: 'Monstrum in Oceano', Roma, 1537. Translated by A. Boxer on the blog idolsoftecave.com. Here have I also found a translation of Magnus' 'Scandia. Peninsvla qvam…'.*
· *Bowen, Karen L. & Imhof, Dirk: Christopher Plantin and Engraved Book Illustrations in Sixteenth-Century Europe,* Cambridge University Press, *Cambridge, 2008.*
· *Cicero, Marcus Tullius:* Samtaler på Tusculum, *Thorleif Dahls kulturbibliotek / Aschehoug, Oslo, 2000. Translated by Oskar Fjeld.*
· *Columbus, Christopher:* Journal of the First Voyage of Columbus, *The Hakluyt Society, London, 1893. Translated by Clements R. Markham. archive.org/details/ journalofchristo00colurich*
· *Dalché, Patrick Gautier:*

'The Reception of Ptolemy's Geography (End of the Fourteenth to Beginning of the Sixteenth Century)' in Woodward, David (ed.): The History of Cartography. Volume Three. Cartography in the European Renaissance, *The University of Chicago Press, Chicago, 2007.*
· *Delano-Smith, Catherine & Ingram, Elizabeth Morley:* Maps in Bibles 1500–1600. An Illustrated Catalogue, *Librarie Droz, Genève, 1991.*
· *Herbermann, Charles George (ed.): The Cosmographiæ Introductio of Martin Waldseemüller in Facsimile. Followed by the Four Voyages of Amerigo Vespucci, with their Translation into English; to which are added Waldseemüller's Two World Maps of 1507,* The United States Catholic Historical Society, New York, 1907. archive.org/details/ cosmographiaeint-00walduoft*
· *Magnus, Olaus:* Historia om de nordiska folken, *Michaelisgillet og Gidlunds förlag, Hedemora, 1909–1951. litteraturbanken.se/#!/forfattare/ OlausMagnus*
· *Matei-Chesnoiu, Monica: Re-imagining Western European Geography in English Renaissance Drama,* Palgrave Macmillan, Hampshire, 2012. pp.13–14.*
· *Miekkavaara, Leena: 'Unknown Europe: The mapping of the Northern countries by Olaus Magnus in 1539' in Belgeo 3–4 2008. belgeo.revues.org/7677*
· *Van den Broecke, Marcel:*

'Ortelius' Theatrum Orbis Terrarum (1570-1641) Characteristics and development of a sample of on verso map texts', Koninklijk Nederlands Aardrijkskundig Genootschap, Faculteit Geowetenschappen Universiteit Utrecht, Utrecht, 2009. bmgnlchr.nl/articles/ abstract/10.18352/bmgn-l-chr.7350/
· *Van den Broecke, Marcel; van der Krogt, Peter & Meurer, Peter (eds.): Abraham Ortelius and the First Atlas. Essays commemorating the quadricentennial of his death, H&S Publishers, Utrecht, 1998.*
· *Van Duzer, Chet: 'Waldseemüller's World Maps of 1507 and 1516: Sources and Development of his Cartographical Thought' in The Portolan, Winter 2012. academia.edu/2204120/ Waldseem%C3%BCller_ s_World_Maps_of_1507_ and_1516_Sources_and_ Development_of_his_ Cartographical_Thought_*
· *Ziegler, Georgianna: 'En-Gendering the World: the Politics and Theatricality of Ortelius's Titlepage' in Szönyi, György E. (ed.):* European Iconography. East and West, *E.J. Brill, Leiden/ New York/Köln, 1996.*

第五章　冒險去
Page 135–136:
This is where the journey | *Nissen (19 October 1960), 79.*
Scavenius notes down distances | *The place names are taken from Janssonius's map.*

Page 136:
'S. S.' stands for Superintendens (bishop) Stavangriensis (in Stavanger).
The Diocese of Bergen | Nissen (14 October 1960), 92.

Page 138:
Joan and Cornelius made up | Brotton, 266.
The Republic of the Seven United Netherlands | European borders and place names are fluid during this period. For the sake of simplicity, I have chosen to use 'the Netherlands' when referring to an area that covers parts of modern Netherlands and Belgium.

Page 139:
During the 1500s, the production and sale | Schilder & van Egmond; Nissen, 1949.

Page 140:
Blaeu was not the only | Brown, 170.

Page 141:
One day in 1597 | Hagen, 64.

Page 144–145:
Mercator's life's work | Crane, 193; Taylor, 185.
In 1569 he published | Crane, 204; conversation with Bengt Malm.

Page 146:
'The priest [⋯] related to the King' | Mercator's letter translated into Norwegian by Asgaut Steinnes. Cited in Ingstad.

Page 148:
In the autumn of 1585 | Crane, 260.
Mercator also wrote a preface | Crane, 275.
In later narratives | Mauretania must not be confused with today's Mauritania, which is located further south.

Page 149–150:
Not long after completing | Crane, 279.
Hondius the Elder understood | Barber, Peter in Clarke, 09:30.
Mercator would probably | Crane in Clarke, 11:00.

Page 150:
Blaeu was ecstatic | Brotton, 276.

Page 155:
But it was also a statue | Brotton, 286.

Page 155–156:
While Blaeu and Janssonius were caught up | Koeman & van Egmond, 1271.
Isaac van Geelkerck | Widerberg, 108.

Page 156:
The border between Norway and Sweden | Nissen & Kvamen, XII.

Page 157:
The border disputes at Finnmark | Nissen, 1943 and 1963–1964.
'in all the places where any dispute' | Cited in Nissen & Kvamen, xv.
'compose a complete map' | Cited in Nissen & Kvamen, XVI.

Page 161:
It is difficult to overemphasise | Nissen & Kvamen, XIIX.

Page 161:
During the work | Hanekamhaug, 12; Sinding-Larsen, 1.
In 1756, Norwegian officer | Ginsberg, 101.

Page 162–163:
It was also clearly more accurate | Schøning, 351–352.

Page 163–164:
During his work, Wangensteen | Aanrud, 97–101.
The task of drawing | Nissen, 1938, 126.
The forestry commission never | Aanrud, 97–101.

延伸閱讀
· Bjørsvik, Elisabeth: En festning i utvikling og forandring. Bergenhus 1646–1996, Bryggens museum, Bergen, 1996.
· Brotton, Jerry: 'Money' in A History of the World in 12 Maps, Allen Lane, London, 2012.
· Brown, Lloyd A.: The Story of Maps, Dover Publications, New York, 1949.
· Bäärnhielm, Göran: 'Förlaga till Bureus' Lapplandskarta', goran.baarnhielm.net/Kartor/Bureus-forlaga.html
· Clarke, Stevens: The Beauty of Maps, Episode 4: Atlas Maps. Thinking Big, Tern/ BBC, 2010.
· Crane, Nicholas: Mercator. The Man Who Mapped the Planet, Weidenfeld & Nicolson, London, 2002.
· Dahl, Bjørn Westerbeek: 'Ophavsmanden til Dania-

Norvegia-kortet i Det kongelige biblioteks kortsamling' in Fund og Forskning, volume 26, 1982. tidsskrift.dk/index.php/ fundogforskning/article/ viewFile/1632/2714

· Eliassen, Finn-Einar: 'Generalforstamtet – vårt første skogdirektorat' on the National Archive's blog: dokumenteneforteller.tumblr. com/page/8

· Fryjordet, Torgeir: Generalforstamtet 1739–1746. Norsk Skogbrukmuseum, Elverum, 1968.

· Ginsberg, William B.: Maps and Mapping of Norway, 1602– 1855, Septentrionalium Press, New York, 2009.

· Hagen, Rune Blix: 'Det kongelige kysttoktet til nordområdene i 1559' in Briså, Benedicte Gamborg & Lavold, Bente (eds.): Kompassrosen, Nasjonalbiblioteket, Oslo, 2009.

·Hanekamhaug, Hans Joachim (ed.): Krigsskolen 1750–1950, Forsvarets undervisningsog velfærdskorps, Pressetjenesten, Oslo, 1950. Appendix: Militær Orientering 24.

· Jones, Michael: 'Tycho Brahe (Tyge Ottosen Brahe) 1546– 1601' in Withers, Charles W.J. & Lorimer, Hayden: Geographers: Biobibliographical Studies, Volume 27, Continuum, London, 2008.

· Koeman, Cornelis & van Egmond, Marco: 'Surveying and Official Mapping in the Low Countries, 1500–ca. 1670' in Woodward, David: The History of Cartography, Volume Three: Cartography in the European

Renaissance, The University of Chicago Press, Chicago, 2007.

·Nissen, Kristian: 'Hollendernes innsats i utformingen av de eldste sjøkarter over Nordsjøen og Norges kyster' in Bergens Sjøfartsmuseums årshefte 1949, Bergen, 1950.

· Nissen, Kristian: 'Melchior Ramus, en av den nasjonale kartografis grunnleggere', speech made at 'Det Norske Geografiske Selskab' 24 February 1943, printed in Norsk Geografisk Tidsskrift, volume ix, issue 5, Oslo, 1943.

· Nissen, Kristian: 'Nytt av og om Melchior Ramus' in Norsk Geografisk Tidsskrift, volume XIX, issue 5–6, Oslo, 1963– 1964.

· Nissen, Kristian: 'Det eldste Vestlandskart.' Presentation at Selskapet til vitenskapens fremme 14. oktober 1960, printed in Bergens historiske forening: Skrifter nr. 63 1960, Bergen, 1961.

· Nissen, Kristian: 'Det eldste kart over det gamle Stavanger stift.' Presentation at Rogaland Akademi 19 October 1960, printed in Stavanger museum: Årbok 1960, Dreyer, Stavanger, 1961.

·Nissen, Kristian: 'Randsfjorden og Land på gamle karter' in Kolsrud, Oluf & Christensen, Reidar Th. (eds.): Boka om Land. Bind 1, Lererlagene og Cammermeyers Boghandel, Oslo, 1948.

· Nissen, Kristian: 'Norlandia-kartet i Den Werlauffske gave og Andreas Heit-mans kart over Nordlandene fra 1744–45 samt

dermed beslektede karter' in Norsk Geografisk Tidsskrift, volume 7, 1938.

· Nissen, Kristian & Kvamen, Ingolf (eds.): Major Peter Schnitlers grenseeksaminas-jonsprotokoller 1742–1745. Volume 1, Kjeldeskriftfondet, Norsk historisk kjeldeskriftinstitutt, Oslo, 1962.

· Schilder, Günter & van Egmond, Marco: 'Maritime Cartography in the Low Countries during the Renaissance' in Woodward, David: The History of Cartography, Volume Three: Cartography in the European Renaissance, The University of Chicago Press, Chicago, 2007.

· Schøning, Gerard: 'Nogle Anmærkninger og Erindringer ved det, over Norge nylig udkomne, Kart' i Det Trondhiemske Selskabs Skrifter. Anden Deel, København, 1763. ntnu.no/ojs/index.php/ DKNVS_ skrifter/article/view/699

· Sinding-Larsen, Fredrik: Den norske krigsskoles historie i ældre tider, Albert Cammermeyers Forlag, Oslo, 1900.

· Taylor, Andrew: The World of Gerard Mercator, Harper Perennial, London, 2004.

· Tollin, Clas: 'When Sweden Was Put on the Map' in Palang, Hannes; Sooväli, Helen; Antrop, Marc & Setten, Gunhild (eds.): European Rural Landscapes, Kluwer, Dordrecht, 2004.

· Widerberg, C.S.: Norges første militæringeniør Isaac van Geelkerck og hans virke 1644– 1656, Vitenskapsselskapets

skrifter. u. Hist.–filos. klasse.
1923. No. 2, printed by Jacob
Dybwad, Kristiania, 1924.
· *Aanrud, Roald:*
'Generalforstamtet og norsk
kartografi. Et 200-års minne
om Johann Georg von Langen'
in Norsk Geografisk Tidsskrift,
volume 31, 1977.
· *Conversation with Bengt*
Malm at the Norwegian Maritime
Museum about Mercator's
projection.

第六章　大調查
Page 167:
The story of the modern | Rastad,
274–275; Pettersen (2009),
70–71.

Page 168:
The initiative to survey | Harsson
(2009), 4.
'These maps will now' | Cited
in de Seue, 11. Translated
into Norwegian by Astrid
Sverresdotter Dypvik.
The Border Survey of Norway
was allocated premises | Harsson
(2009), 4.
The new institution's first task
| Thank you to archivist Sidsel
Kvarteig at the Norwegian
Mapping Authority for showing
me this map.

Page 169–170:
Details such as churches |
Andressen, 45 in Andressen &
Fladby.
Sometimes, as much as | Harsson
& Aanrud, 108.
At the same time, the actions |
Harsson & Aanrud, 109.
In the summer of 1763 | Nørlund,
59. All the Danish quotes are

also sourced from here.

Page 172:
Dutch mathematician Gemma
Frisius | Haasbroek, 8.
Danish astronomer Tycho Brahe
| Haasbroek, 16.

Page 173:
In Prague, Brahe | Haasbroek,
59.

Page 174–175:
France was the first | Brotton,
295; O'Connor og Robertson.
'to agriculture, to commerce or
manufacture' | Cited in Brotton,
300.
In 1679, King Louie XIV |
Quoted on fr.wikipedia.org/wiki/
Carte_de_Cassini

Page 176:
The first expedition set out |
Nystedt.
Luckily, the journey to Sápmi |
Brotton, 309; Nystedt.

Page 177:
Orry also took it upon | Brotton,
311.

Page 180:
'I want the map of my kingdom'
| Reproduced in Brotton, 318.

Page 181–182:
'My poor Cassini' | Reproduced
in Brotton, 321.
But at the same time | Brotton,
325.

Page 182:
'His map may be good' |
Reproduced in Brotton, 328.
'They took it away from me' |

Reproduced in Godlewska, 77.
'If we had stuck to' | Reproduced
in Brotton, 330.

Page 186:
'The survey shall hereafter' |
Reproduced in de Seue, 17.
Throughout the autumn |
Pettersen (2014), 97.
Equipped with a large officers'
| de Seue, 31; Pettersen (2009),
71.

Page 187:
'the survey, which was
undertaken by Captain' |
Pontoppidan, 2.
In 1785 a royal decree | Hoem,
63.
'When Trondheim's meridian'|
Reproduced in Pettersen (2014),
98.

Page 188:
The transit of Venus that | Clark.
Bugge obtained results |
Pettersen (2014), 98.
The next transit of Venus |
Johansen, 40.

Page 188–189:
Hell and a colleague | Johansen,
48.
'That the locations of many
places' | Reproduced in
Johansen, 50.

Page 192:
The Wibe brothers triangulate |
Heltne.
The king expressed | Reproduced
in the Dansk biografisk Lexikon,
210.

Page 193:

'Our farms, which we' | Cited in
Paule, 7.

Page 197:
The increasing accuracy |
Enebakk and Pettersen, 263.

Page 198–199:
The subject was formalised
| *fagsider.org/kirkehistorie/*
lover/1860_skole.htm
'If we were able' | **Jensen, 57–58.**

Page 200:
For a handwritten | **Munch, at the**
back of the book.

Page 201:
Since the country had for many |
Kristiansen.

Page 205:
Continually reprinted | **Sætre, 26.**

延伸閱讀

· *Andressen, Leif T. & Fladby,*
Rolf (eds.): Våre gamle kart,
Universitetsforlaget, Oslo, 1981.
· *Borre, Kai:* 'Fundamental
triangulation networks in
Denmark' in *Journal of Geodetic*
Science, volume 4, Aalborg,
2014. cct.gfy.ku.dk/publ_others/
JGS-S-13-00034.pdf
· *Brinchmann, Christian:*
National-forskeren P.A. Munch.
Hans liv og virke, J.W. Cappelens
Forlag, Oslo, 1910.
· *Briså, Benedicte Gamborg:*
'Hvordan ble Norge kartlagt? Fra
omtrentlig geografi til detaljerte
veikart', *Nasjonalbiblioteket and*
Universitetsbiblioteket, Oslo,
2014.
· *Broch, Ole Jørgen: Norges*
Geografiske Opmålings

virksomhet gjennem 150 år,
Grøndahl & Søns Forlag,
Kristiania, 1923.
· *Clark, Stuart:* 'Transit
of Venus: Measuring the
heavens in the 18th century'
in *The Guardian,* **29 May**
2012. *theguardian.com/*
science/blog/2012/may/29/
transitvenusmeasuring-heavens
· *Daae, Ludvig: Historiske*
Skildringer, Tillægshefte til
Folkevennen, Selskabet for
Folkeoplysningens Fremme,
Kristiania, 1878.
· *Enebakk, Vidar:* 'Kartlegging
i tid og rom' in *Bagge, Sverre;*
Collett, John Petter & Kjus,
Audun (eds.): P.A. Munch:
Historiker og nasjonsbygger,
Dreyer, Oslo, 2012.
· *Enebakk, Vidar & Pettersen,*
Bjørn Ragnvald: 'Christopher
Hansteen and the Observatory
in Christiania', *Monuments and*
Sites, volume 18, 2009.
· *Ginsberg, William:* 'Route
Maps from the 1860s into
the Early Twentieth Century:
Competition, Evolution, and
Specialization' in *Ginsberg,*
William: Maps and Mapping
of Norway, 1602–1855,
Septentrionalium Press, New
York, 2009.
· *Gjurd: Review of Albert*
Cammermeyers 'Reisekart over
det sydlige Norge' and 'Lomme-
Reisekart over Norge' in the
Fedraheimen newspaper, number
39, 1884.
· *Godlewska, Anne: Geography*
Unbound: French Geographic
Science from Cassini to
Humboldt, **The University of**
Chicago Press, Chicago, 1999.

· *Grove, G.L.:* 'Grove, Carl
Frederik' in *Dansk biografisk*
Lexikon, Gyldendalske
Boghandels Forlag, København,
1887–1905. runeberg.org/
dbl/6/0212.html
· *Haasbroek, N.D.:* 'Gemma
Frisius, Tycho Brahe and
Snellius and their triangulations',
Rijkscommissie voor geodesie,
Delft, Nederland, 1968.
· *Harsson, Bjørn Geirr:*
'Historien bak Statens kartverk
og kartleggingens historie'
in *Lokalhistorisk magasin,*
Trondheim, 01 2009.
lokalhistoriskmagasin.no/
utgivelser/pdf/lokalhistorisk-
magasin-2009-01
· *Harsson, Bjørn Geirr &*
Aanrud, Roald: Med kart skal
landet bygges. Oppmåling og
kartlegging av Norge 1773–
2016, Statens kartverk, Hønefoss,
2016.
· *Heltne, Gunnar:* 'Bruk av
sunnmørske utsiktspunkt' in
Årbok for Sunnmøre Historielag
2009, Ålesund, 2009. sunnmore-
historielag.no/?p=1132.
· *Hoem, Arne I.:* 'Utviklingen
av sjøkartene over norskekysten
til 1814' in *Hausken,*
· *Kristoffersen & Svendsen*
(eds.): Norges sjøkartverk.
Kystens historie i kart og
beskrivelser 1932–1982, Norges
sjøkartverk, Stavanger, 1983.
· *Jensen, Peter Andreas:*
Læsebog for Folkeskolen og
Folkehjemmet, J.W. Cappelens
Forlag, Oslo, 1863.
· *Johansen, Nils Voje:*
'In ultimo fine Europae.
Astronomen Maximillian Hell
på besøk i Vardø' in *Briså,*

Benedicte Gamborg & Lavold, Bente (eds.): Kompassrosen, Nasjonalbiblioteket, Oslo, 2009.
· Johansen, Nils Voje: 'Caspar Wessel' in Norsk biografisk leksikon, nbl.snl.no/Caspar_Wessel
· Konvitz, Josef: Cartography in France, 1660-1848: Science, Engineering, and Statecraft, University of Chicago Press, Chicago, 1987.
· Kristiansen, Nina: 'De kartla og navnga landet', forskning. no, 24 October 2012, forskning. no/historie-kulturhistorie-sprak/2012/10/de-kartlaog-navnga-landet
· Munch, Peter Andreas: Indberetning om hans i somrene 1842 og 1843 med Stipendium foretagne Reiser gjennem Hardanger, Numedal, Thelemarken m.m. Hermed et Kart, handwritten manuscript, 1844, Nasjonalbiblioteket, Oslo.
· Myre, Olav (ed.): For hundre år siden. P.A. Munch og mennene omkring ham, Olaf Norlis Forlag, Oslo, 1944.
· Nystedt, Lars: 'En expedition till vetgirighetens gräns' in Svenska Dagbladet, 29 May 2006, svd.se/en-expediti-on-till-vetgirighetens-grans
· Nørlund, Niels Erik: Danmarks kortlægning. En historisk fremstilling. Første bind. Tiden til afslutningen af Videnskabernes Selskab opmaaling, Ejnar Munksgaard, Copenhagen, 1942.
· O'Connor, John Joseph & Robertson, Edmund Frederick: 'Giovanni Domenico Cassini', history.mcs.st-and.ac.uk/

Biographies/Cassini. html, St. Andrews, 2003.
· Pettersen, Bjørn Ragnvald & Harsson, Bjørn Geirr: 'Noen trekk fra geodesiens utvikling i Norge de siste 200 år' in Kart og plan nr. 1, Oslo, 2014.
·Pettersen, Bjørn Ragnvald: 'The first astro-geodetic reference frame in Norway, 1779–1815' in Acta Geod. Geoph. Hung., volume 44, Budapest, 2009.
· Pettersen, Bjørn Ragnvald: 'Astronomy in service of shipping: Documenting the founding of Bergen Observatory in 1855' in Journal of Astronomical History and Heritage no. 8 (2), 2005.
· Pettersen, Bjørn Ragnvald: 'Jakten på Norges nullmeridian' in Posisjon no. 3, 2013.
· Pettersen, Bjørn Ragnvald: 'Astronomiske bestemmelser av Norges første nullmeridian' in Kart og plan nr. 1. 2014.
· Pontoppidan, Christian Jochum: Geographisk Oplysning til Cartet over det sydlige Norge i trende Afdeelinger. Uddragen og samlet af de bedste, til Cartet brugte, locale Efterretninger og Hiel-pe-Midler, printed by August Friederich Stein, Copenhagen, 1785.
·Randers, Kristofer: Søndmøre. Reisehaandbog, Aalesund-Søndmøre Turistforening og Albert Cammermeyer, Kristiania, 1890.
· Rastad, Per Erik: Kongsvinger festnings historie. Vakten ved Vinger – Kongsvinger festning 1682–1807, Hovedkomiteen for Kongsvinger festnings 300-årsjubileum, 1992.

· Rogan, Bjarne: Mellom tradisjon og modernisering. Kapitler av 1800-tallets samferdselshistorie, Novus forlag, Oslo, 1998.
· Seip, Anne-Lise: 'P.A. Munch (1810–1863)', presentation at annual meeting, 3 May 2013.
· Seue, Christian Martini de: Historisk Beretning om Norges geografiske Opmaaling fra dens Stiftelse i 1773 indtil Udgangen af 1876, Kristiania, NGO, 1878.
· Siebold, Jim: 'When America was part of Asia for 270 years', myoldmaps.com
· Stubhaug, Arild: 'Christopher Hansteen' in Norsk biografisk leksikon, nbl.snl.no/Christopher_Hansteen_-_1
·Sætre, Per Jarle: 'Ivar Refsdals skoleatlas. Atlasets innhold og betydning for samtiden' in Nordidactica no. 2, 2014, kau. diva-portal.org/smash/get/diva2:765232/FULLTEXT01.pdf
· Welle-Strand, Erling & Helland-Hansen, Eigil: 'Smukke utsikter og kulturhistoriske minnesmerker' in Johnsen, Egil Børre & Eriksen, Trond Berg: Norsk litteraturhistorie. Sakprosa fra 1750 til 1995, bind II, Universitetsforlaget, Oslo, 1998.
· Skoleloven 1860 (Education Act 1860): fagsider.org/kirkehistorie/lover/1860_skole. htm

第七章　極北留白處
Page 209:
One September morning in 1896 | Sverdrup, translated by Ethel Harriet Hearn (1904)

Page 210–211:
'Gunerius Ingvald Isachsen' |
Sverdrup, translated by Ethel
Harriet Hearn (1904)
The expedition possessed |
Isachsen
On Wednesday 14 September
| Sverdrup, translated by Ethel
Harriet Hearn (1904)
'quite expected them to do' |
Sverdrup, translated by Ethel
Harriet Hearn (1904)
'In such circumstances' |
Sverdrup, translated by Ethel
Harriet Hearn (1904)

Page 211–212:
'The work first on' | Sverdrup,
translated by Ethel Harriet Hearn
(1904)
'The orders I received' |
Sverdrup, translated by Ethel
Harriet Hearn (1904)

Page 212:
'take lessons from the two races'
| Sverdrup, translated by Ethel
Harriet Hearn (1904)
'very intelligent for a' | Sverdrup,
translated by Ethel Harriet Hearn
(1904)

Page 213–214:
'from which it was evident' |
Reproduced in Ingstad, 24.
Skippers, seamen and farmers
would gather | Ingstad, 32.
So say wise men | Ingstad, 296.

Page 215:
An Icelandic map from | Ingstad,
205.

Page 218:
The Icelandic Annals |

Reproduced in Ingstad, 168.

Page 219&220:
'beyond Norway, which is the' |
Adam of Bremen, 214.
Roger Barlow | Williams, 8.

Page 221–222:
On a globe dating | The 'Lenox'
globe. Its creator is unknown.
The lack of reliable | Williams,
11.
Best had been a member of |
Williams, 17.
The next day they encountered |
De Veer,

Page 223:
The map shows a Mare Magnum
| Hessel, 81.

Page 223–224:
Along the way, Baffin discovered
| Williams, 42–44.
In 1619, three years after |
Williams, 55.

Page 224–225:
'a revelation of that' | Cited in
Williams, 59.
The Russians explored | Lainema
& Nurminen, 104–129.
Three years later | Lainema &
Nurminen, 113–114.

Page 228:
'it is always much better to omit'
| Cited in Williams, 120.

Page 228–229:
In a letter dated | Williams, 147.
'a Map that the most illiterate' |
Cited in Williams, 146.
'We may consider Hudson's-
Bay' | Cited in Williams, 53.

Page 229:
The sentiments of the two |
Williams, 177.

Page 233:
Surgeon John Rae | Williams,
331–332.

Page 236–237:
'More than 40,000 miles' | Cited
in Williams, 345.
What might not these four |
Sverdrup
'Tuesday, March 20' | Sverdrup

Page 237–238:
'Early in the morning' |
Sverdrup, translated by Ethel
Harriet Hearn (1904)
'When I got back' | Sverdrup,
translated by Ethel Harriet Hearn
(1904)
One day, Sverdrup | Sverdrup,
translated by Ethel Harriet Hearn
(1904)

Page 238–239:
Isachsen land | According to the
Canadian authorities, Isachsen
has the worst weather in Canada
– scoring 99 points out of 100 on
the severe weather index.
'When we look at the map'
| polarhistorie.no/personer/
Gunnar%20Isachsen

Page 239:
'justified sovereignty ⋯' | Cited
in Drivenes, 2004, 176.
Over disse områdene | Drivenes,
2012, 55.
Å skaffe skikkelige | Drivenes,
2004, 181–183.

Page 241:
'On Norwegian expeditions ⋯' |

Isachsen, 1934.
'The difficulties for ⋯' |
Isachsen, 1934.
'On these maps, which ⋯' |
Isachsen, 1934.

延伸閱讀

· Adam of Bremen:
*Beretningen om Hamburg stift,
erkebiskopenes bedrifter og
øyrikene i Norden*, **Thorleif Dahls
kulturbibliotek/Aschehoug,
Oslo, 1993. Translated by Bjørg
Tosterud Danielsen & Anne
Katrine Frihagen.**

· De Veer, Gerrit: *Willem
Barentsz' siste reise*, **Thorleif
Dahls kulturbibliotek /
Aschehoug, Oslo, 1997.**

· Djønne, Eirik: "Polarfarerens
ABC". Suksessfaktorene for de
geografiske oppdagelsene og
det kartografiske arbeidet på
den andre norske polarferden
med Fram", master's thesis at
the Institute for archaeology,
conservation and history,
University of Oslo, 2015.

· Drivenes, Einar-Arne:
'Ishavsimperialisme' in
Drivenes, Einar-Arne & Jølle,
Harald Dag (eds.): *Norsk
polarhistorie* II. *Vitenskapene*,
Gyldendal, Oslo, 2004.

· Drivenes, Einar-Arne:
'Svalbardforskning og
Svalbardpolitikk 1870–1925' in
Nordlit 29, UiT Norges arktiske
universitet, Tromsø, 2012.

· Enterline, James Robert:
*Erikson, Eskimos, and
Columbus: Medieval European
Knowledge of America*, **The
Johns Hopkins University Press,
Baltimore, 2002.**

·Gerritsz, Hessel: *Detectio Freti*

Hudsoni, **Frederik Muller & Co.,
Amsterdam, 1878. Translated to
English by Fred. John Millard.**

· Lainema, Matt &
Nurminen, Juha: *Ultima Thule.
Oppdagelsesreiser i Arktis*,
Schibsted, Oslo, 2010.

· Ingstad, Helge: *Landet under
leidarstjernen*, **Gyldendal, Oslo,
1999.**

· Isachsen, Gunnar:
'Astronomical and Geodetical
Observations' in Report of
the Second Norwegian Arctic
Expedition in the 'Fram'
1898–1902. Vol. II, **Videnskabs-
Selskabet i Kristiania, Kristiania,
1907.**

· Isachsen, Gunnar: 'Norvegia'
rundt sydpollandet. *Norvegia-
ekspedisjonen 1930–1931*,
Gyldendal, Oslo, 1934.

· Nunn, George E.: *Origin of
the Strait of Anian Concept*,
**private publication, Philadelphia,
1929.**

· Sverdrup, Otto: *Nyt Land. Fire
Aar i arktiske Egne*, **Aschehoug,
Kristiania, 1903.**

· Sverdrup, Otto: *New Land.
Four Years in the Arctic Regions.*
**Translated by Ethel Harriet
Hearn, 1904.**

· Taylor, E.G.R.: 'A Letter
Dated 1577 from Mercator to
John Dee' in *Imago Mundi*,
Vol. 13, 1956. *jstor.org/
stable/1150242*. Norwegian
translation of Mercator's letter to
Dee by Asgaut Steinnes.

· Trager, Leslie: 'Mysterious
Mapmakers: Exploring the
Impossibly Accurate 16th
Century Maps of Antarctica and
Greenland', *newyorkmapsociety.
org/LTMysteriousMapmakers.*

html, 2007.
· Williams, Glyn: *Arctic
Labyrinth. The Quest for the
Northwest Passage*, **Penguin,
London, 2010.**

第八章　俯瞰而下
Page 243:
'The earth shook' | Cited in
Sass.

Page 244:
'My table is covered' | Cited in
Finnegan, 49.
The photographs were placed |
Finnegan, 49.

Page 245–246:
During a demonstration
| youtube.com/
watch?v=q3beVhDiyio
'This arrangement has, of course'
| Flight.

Page 246–247:
'I hope none of you' | Cited in
Hylton, 16.
Members of the cavalry |
Finnegan, 39.
The first British reconnaissance
planes | Finnegan, 17.
In September 1914 | Finnegan,
25.
'I discovered the positions' |
Cited in Finnegan, 28.

Page 247–248:
But despite this, nobody |
Finnegan, 34.
'Our intelligence show was' |
Cited in Finnegan, 49–50.

Page 248–249:
'I had had a camera as a boy' |
Cited in Finnegan, 432.
'Photography again' | Cited in

Finnegan, 431.
'Photography is a good job' |
Cited in Finnegan, 438.
'It was something hugely
satisfying' | Cited in Finnegan,
432.

Page 249:
'The reading and interpretation' |
Cited in Finnegan, 445.

Page 252–253:
'The First World War paved the
way' | Ween, 521.
'We have flown above' | Skappel
& Widerøe, 83–87.

Page 254:
'Military conquests require' |
Cited in Paule, 9.

Page 254–255:
In the summer of 1932 | Luncke,
347–361.
On 21 June | Ween, 530.

Page 256:
In 1936, Arild Widerøe | Skappel
& Widerøe, 88–93.

Page 256–257:
That same year, Viggo Widerøe |
Skappel & Widerøe, 111.
'Many people are indifferent' |
Skappel & Widerøe, 128.

Page 258:
'The importance of this new' |
Skappel & Widerøe, 101–102.

Page 263:
The Norwegian Armed Forces
submitted | Gleditsch, 407–410.

Page 263–264:
'As far as possible' | Gleditsch,

410.
'We could discuss the farm
symbol' | Gleditsch, 412.
'But the post-war period' | Cited
in Paule, 5.
In 1964, the Norwegian
Parliament | Paule, 76.

Page 264:
'Never before had a survey' |
Paule, 13.

Page 265:
'In 1969, Kristian Gleditsch' |
Balle, 438.
'When presenting plans' | NOU
1975: 26, 80.
'Today, there is a particular need
…' | NOU 1975: 26, 80.
In a matter-of-fact and | NOU
1975: 26, 81–89.

延伸閱讀
· Baker, Chris: 'The Battle of
Neuve Chapelle', longlongtrail.
co.uk/battles/battles-
ofthewestern-front-in-fran-ce-
and-flanders/the-battle-of-neuve-
chapelle/
· Barlaup, Asbjørn: Widerøes
flyveselskap gjennom 25 år,
Widerøe, Oslo, 1959.
· Christensen, Lars: Min siste
ekspedisjon til Antarktis, Johan
Grundt Tanum, Oslo, 1938.
· Finnegan, Terrence J.:
Shooting the Front. Allied
Aerial Reconnaissance and
Photographic Interpretation on
the Western Front – World War
I, National Defense Intelligence
College Press, Washington DC,
2007.
·Harsson, Margit: 'Stedsnavn –
til lede og glede', apollon.uio.no/
artikler/1996/sted.html

· Harwood, Jeremy: World War
II From Above. An Aerial View of
the Global Conflict, Zenith Press,
Minneapolis, 2014.
· Holm, Knut Ragnar: 'Trekk
fra fotogrammetriens historie
i Norge', Kart og plan 74,
Fagbokforlaget, Ås, 2014.
· Kostka, Del: 'Air
Reconnaissance in
World War One', 2011,
militaryhistoryonline.com/wwi/
articles/airreconinwwi.aspx
· Luncke, Bernhard: 'Norges
Svalbardog Ishavsundersøkelsers
luftkartlegning i Eirik Raudes
land 1932'. Special printing of
Norsk Geografisk Tidsskrift,
volume ɪᴠ, issue 6, Oslo, 1933
· Paule, Torbjørn: Den
økonomiske kartleggingens
historie i Norge.
· Sass, Erik: 'WWI Centennial:
Battle of Neuve Chapelle', 2015,
mentalfloss.com/article/62119/
wwi-centennial-battle-neuve-
chapelle
· Skappel, Helge & Widerøe,
Viggo: Pionertid. 10 års
sivilflyging i Norge, Gyldendal
Norsk Forlag, Oslo, 1946.
· Unikoski, Ari: 'The War
in the Air – Observation and
Reconnaissance', 2009,
firstworldwar.com/airwar/
observation.htm
· Ween, Thorolf: 'Kartlegging
fra luften' in Norsk Geografisk
Tidsskrift number 8, 1933.
· Anonymouse: 'Paris Aero
Show' at flightglobal.com/
pdfarchive, pages 1355 and
1356.

第九章　湛藍星球
Page 271:

On 1 February | Felt, 115.

Page 272–273:
Tharp had started | Felt, 93.
'Girl talk' | Cited in Felt, 99.

Page 273:
In his doctoral thesis | Hestmark, 76.

Page 274–275:
Nor is measuring the depth | Kunzig, 31.
In the wake of | Dahl, 33–38.

Page 275:
Norway became a leading | Hausken, Kristoffersen & Svendsen, 99.

Page 278–279:
Two differing views | Kunzig, 34–36.
Two professors | Wille, 6–9.

Page 279–280:
Secondly, the expedition | Wille, 4.
The steamship DS Vøringen | Wille, 19–22.

Page 281:
'One of the scientific tasks' | Nansen (volume 2).
'I presupposed' | Nansen (volume 1).

Page 281–282:
In March 1894 | Nansen, (volume 1).
'I do not think we shall talk' | Nansen, (volume 1).
Nansen wrote a pioneering work | Hestmark, 87.
The sonar system emitted | Kunzig, 39–42.

Page 283–284:
While the German ship | Felt, 20.
In 1930, American geologist | Felt, 56.

Page 285:
World War II had given American women | Felt, 38.

Page 289:
Marie Tharp's first geology tutor | Felt, 71.

Page 291:
But Tharp and Heezen didn't dare | Felt, 113.

Page 291&294:
The star of conference | Felt, 129–130.
That same year, French planes | Meland.

Page 294–295:
Few were convinced | Carstens.
In Denmark, exploratory drilling | Sellevold, 8.
In the application made | Sellevold, 18.
In 1963, the Norwegian Geological Survey | Åm, 49–51.
On a 'Bathymetric Chart | Lervik, appendix 18.

Page 295&296:
An increasing number of foreign | Johansen, 158.
At around the same time | Felt, 169.

Page 297:
We can imagine them leaning | Felt, 224.

Page 298:

The panorama is not | Kunzig, 60–64.

Page 298&299&300:
But satellites have also | Kunzig, 64–69.
Sandwell and Smith continued | NASA.
'The fact is we can learn how this planet' | Cited in Kunzig, 75.

延伸閱讀
· Barton, Cathy: 'Marie Tharp, oceanographic cartographer, and her contributions to the revolution in the Earth sciences' in The Earth Inside and Out: Some Major Contributions to Geology in the 20th Century by Oldroyd, David R. (ed.), Geological Society Special Publication, London, 2002.
· Carstens, Halfdan: 'Et mye omtalt brev' at geo365.no, 3 July 2014. geo365.no/oljehistorie/ etmye-omtalt-brev
· Dahl, Chr. A.: Norges Sjøkartsverks historie, Grøndahl & Søns Boktrykkeri, Kristiania, 1914.
· Felt, Hali: Soundings. The Story of the Remarkable Woman Who Mapped the Ocean Floor, Picador, New York, 2013.
·Hestmark, Geir: 'Kartleggerne' in Drivenes, Einar-Arne & Jølle, Harald Dag (eds.): Norsk polarhistorie ii. Vitenskapene, Gyldendal, Oslo, 2004.
· Johansen, Terje: 'Seismikkbåtene som startet oljeeventyret' in Årbok 2013, Arbeidernes Historielag i Rogaland, Stavanger, 2013. arbeiderhistorie. net/onewebmedia/

Seismikkb%C3%A-
5tene%20som%20
startet520oljeeventyret.pdf
· Kunzig, Robert: *Mapping the
Deep. The Extraordinary Story
of Ocean Science*, **Norton, New
York, 2000.**
· Lervik, Arne: *'Geologien på
den norske kontinentalsokkel
nord for den 62. breddegrad'*,
Oljedirektoratet, Oslo, 1972.
media.digitalarkivet.no/
view/49584/250?
indexing=
· Meland, Trude: *'Tidslinje
(1962–1965)'* at kulturminne-
frigg.no
· Nansen, Fridtjof (red.):
*The Norwegian North Polar
Expedition 1893–1896. Scientific
Results. Volume IV,* **Christiania,
Jacob Dybwad, 1904**
· Nansen, Fridtjof: *Fram over
Polhavet. Første og anden del,*
Aschehoug, Kristiania, 1897.
· Nansen, Fridtjof: *In Northern
Mists: Arctic exploration in early
times.* **Translated by Arthur G.
Chater.**
· Sellevold, Markvard Armin:
*'Vitskapelege undersøkingar
på den norske kontinental-
sokkel 1960–1965: Resultat og
problem'* in **Årbok 1996, Norsk
Oljemuseum, Stavanger, 1996.**
· Siewers, H.: *Geografi. Efter
Rektor O.E.L. Dahm, P.T.
Mallings Forlagsboghandel,
Kristiania, 1868.*
· Smelror, Morten:
*'Banebrytende geologiske
oppdagelser'* at geo365.no/
geoforskning/banebrytende-
geologiske-oppdagelser
· Tharp, Marie & Frankel,
Henry: *'Mappers of the Deep'* in

Natural History, **October 1986.**
faculty.umb.edu/anamarija.
frankic/files/ocean_sp_09/
MidAtlantic%20ridge%20
discovery.pdf.gz
· Wille, Carl Fredrik: *Den
norske Nordhavs-Expedition
1876–1878, iv, 1. Historisk
Beretning,* **Grøndahl & Søns
Bogtrykkeri, Christiania, 1882.**
· Åm, Knut: *Aeromagnetic
Investigation on the continental
Shelf of Norway, Stad–
Lofoten (62–69°N),* **Norges
geologiske undersøkelse/
Universitetsforlaget, Oslo, 1970.**
· Anonymous: *'New Seafloor
Map Helps Scientists Find New
Features',* earthobservatory.
nasa.gov/IOTD/view.
php?id=87276&src=ve
*Anonymous article from Skilling-
Magazin,* **Saturday 17 December
1870, in Hausken,**
· Kristoffersen & Svendsen
(eds.): *Norges sjøkartverk.
Kystens historie i kart og
beskrivelser 1932–1982,* **Norges
sjøkartverk, Stavanger, 1983.**

第十章　數位世界
Page 303:
'Until two days ago' | cbs
News: *'Special Report',* 6
October 1957. youtube.com/
watch?v=dO33bvFbUCU
It was only 58 centimetres |
Eisman & Hardesty, 71–73.

Page 304:
On Monday morning | Guier
& Weiffenbach, 15; Warren &
Worth, 3.

Page 305:
'Man must rise above the Earth'

| Cited in Andersen, Brånå &
Lønnum, 227.
The first person to imagine
| en.wikipedia.org/wiki/
Newton%27s_cannonball

Page 306:
The missiles were first | Eisman
& Hardesty, 1–7
In the 1920s, the lead architect |
Eisman & Hardesty, 11–14.

Page 307&312:
'You must understand' | Cited in
Cadbury, 90.
Both von Braun and Korolev |
Warren & Worth, 2.

Page 310–311:
In 1955, the American | Eisman
& Hardesty, 58, 96.
'a new moon' | Cited in Cadbury,
147.
*His idea was approved at the
highest level* | Everest, episode 2,
18:20.
The Strela computer | computer-
museum.ru.
'If the base 2 is used' | Cited in
Brotton, 411.

Page 311–312:
Late in the evening | Eisman &
Hardesty, 74; Cadbury, 165.
'This is music' | Cited in
Cadbury, 166.

Page 312–313:
*On the evening of Sputnik's
launch* | Everest, episode 2,
39:00.
Millions watched the events |
Everest, episode 2, 43:50.

Page 313–314:
The navy and APL launched |

Warren & Worth, 9 & 124.
Norway was one of the system's
| Blankenburgh, 93; Danchik, 25.

Page 315:
The Cold War made its | Miller.

Page 318&319:
In the early 1960s | Brotton, 413;
Greiner.
American cartographer Waldo R.
Tobler | Tobler, 137.

Page 320:
'Continuous satellite coverage' |
NOU 1975, 6 & 103.
The geographic surveying of
Norway | Østensen, 407.

Page 322:
In 1998, Vice President | Cited in
Brotton, 419.

Page 327:
'a valuable addition' | Cited in
Brotton, 422.

Page 328–329:
'Where maps and their makers' |
Brotton, 431.

Page 329–330:
'It is vital that regulators ⋯'
Icomp, 2012.
'have done a wonderful job' |
Cited in Brotton, 436.
'If you talk to most people' |
Cited in Brotton, 427.

Page 331:
Even now, digital maps are
updated | Meyer, mars 2016.

延伸閱讀
· Andersen, Øystein; Brånå,

Geir & Lønnum, Svein Erik:
Fotogrammetri, NKI, Bekkestua,
1990.
· Baumann, Paul R.: 'History
of Remote Sensing, Satellite
Imagery, part u' at oneonta.
edu/faculty/baumanpr/geosat2/
RS%20History%20II/RS-
History-Part-2.html
· Blankenburgh, Jan Christian:
'Geodesi med stjerner og
satellitter i Norge' in Kulvik,
Kåre (ed.): Kartografi i 50 år.
Kartografisk forening 1937–
1987, bilag til Kart og Plan
nummer 1, 1987.
· Cadbury, Deborah: Space
Race, Fourth Estate, London,
2005.
· Collett, John Petter &
Røberg, Ole Anders: Norwegian
Space Activities 1958–2003,
ESA Publications Division,
Noordwijk, 2004.
· Danchik, Robert J.:
'An Overview of Transit
Development' in Johns Hopkins
APL Technical Digest, volume
19, number 1 1998.
· Eisman, Gene & Hardesty,
Von: Epic Rivalry. The
Inside Story of the Soviet and
American Space Race, National
Geographic, Washington DC,
2007.
· Everest, Mark: Space Race,
BBC series in four episodes,
London, 2005.
· Farman, Jason: 'Mapping the
Digital Empire: Google Earth
and the Process of Postmodern
· Cartography' in Dodge,
Kitchin og Perkins: The Map
Reader, Wiley-Blackwell,
Chichester, 2011.
· Fløttre, Nils H.: Satellitter

og miljøovervåkning,
Universitetsforlaget, Oslo, 1995.
· Geller, Tom: 'Imaging the
World: The State of Online
Mapping' in Dodge, Kitchin
og Perkins: The Map Reader,
Wiley-Blackwell, Chichester,
2011.
· Greiner, Lynn: 'Putting
Canada on the map', The Globe
and Mail, Toronto, 17 December
2007: theglobeandmail.com/
technology putting-canada-
onthemap/article1092101/
· Guier, William H. &
Weiffenbach, George C.:
'Genesis of Satellite Navigation'
in Johns Hopkins APL Technical
Digest, volume 19, number 1,
Baltimore, 1998.
· Hoel, Per: 'Kartografi og
reproteknikk i kartverket.
Utviklingen gjennom de siste 50
år' in Kulvik, Kåre (ed.), 1987.
· Hollingham, Richard: 'V2:
The nazi rocket that launched
the space age' at bbc.com/future/
story/20140905-the-nazis-space-
age-rocket Kulvik, Kåre (ed.):
Kartografi i 50 år, Kartografisk
forening, bilag til Kart og Plan
nummer 1, 1987.
· Meyer, Robinson: 'A New
50-Trillion-Pixel Image of Earth,
Every Day' at theatlantic.com/
technology/archive/2016/03/
terra-bel-la-planet-labs/472734/
· Meyer, Robinson:
'Google's Satellite Map Gets a
700-Trillion-Pixel Makeover'
at theatlantic.com/technology/
archive/2016/06/ google-maps-
gets-a-satellite-makeover-
mosaic-700-trillion/488939/
· Miller, Greg: 'Inside the
Secret World of Russia's Cold

War Mapmakers' at *wired.com/2015/07/secret-coldwar-maps/*

· *Norris, Pat:* Spies in the Sky, **Springer/Praxis Publishing, Chichester, 2008.**

· *Nørbeck, Torbjørn:* '*Bruk av satellittbilder i kartframstilling*' in *Kart og Plan nummer 2,* **1986.**

· *Reite, Arild:* '*Digitale fylkeskart*' in *Kart og Plan nummer 2,* **1986.**

· *Richelson, Jeffrey T.:* '*U.S. Satellite Imagery, 1960–1999*', *nsarchive.gwu.edu/NSAEBB/ NSAEBB13/*

· *Scott, Sheila:* On top of the World, **Hodder and Stoughton, London, 1973.**

· *Warren, Mame & Worth, Helen:* Transit to Tomorrow. Fifty Years of Space Research at The Johns Hopkins University Applied Physics Laboratory, **JHU/APL, Baltimore, 2009.**

· *Woodman, Jenny:* '*Wrangling a Petabyte of Data to Better View the Earth*' at *landsat.gsfc.nasa.gov/?p=9691*

· *Østensen, Olaf:* '*EDB-utstyr til fylkeskartkontorene*' in *Kart og Plan nummer 4,* **1981.**

· *Jorda sett med nye øyne,* Norsk Romsenter, **1999,** NOU 1975: 26, *Om norsk kartog oppmålingsvirksomhet,* **Miljøverndepartementet og Universitetsforlaget, Oslo, 1975.**

· *Transit Satellites for Navigation: The Navy Navigation Satellite System,* US Navy, **1967:** *youtube.com/ watch?v=H0TU_ iKEFU8*

·*Anonymous:* '*Remote Sensing*' at *earthobservatory.nasa.gov/ Features/RemoteSensing/*

· *Transit: Three Decades of Helping the World Find Its Way,* **JHU Applied Physics Laboratory, 1996:** *youtube.com/ watch?v=HpYdVPtPTBI*

· *Anonymous:* '*Transit 1A NSSDCA ID: TRAN1*', *nssdc.gsfc.nasa.gov/ nmc/spacecraftDisplay. do?id=TRAN1*

· *Anonymous:* '*Chronological History of IBM*', *www-03. ibm.com/ibm/history/history/ decade_1950.html*

· *Anonymous:* '*Strela Computer*', *computer-museum. ru/english/strela.htm*

· *Anonymous:* '*A brief history of satellite navigation*', *news.stanford.edu/ pr/95/950613Arc5183.html*

· *Anonymous:* '*How Google Monopolised Online Mapping & Listings Services*', *i-comp.org/ wp-content/ uploads/2013/07/ Mapping_ and_Listing_Services. pdf*

插圖來源 ※ ────────────

特別感謝挪威國立圖書館、挪威測繪局、大衛‧朗姆希（*David Rumsey*）、挪威漁業署（*Norwegian Directorate of Fisheries*）圖書館、挪威極地研究所（*Norwegian Polar Institute*）、挪威國家檔案館（*National Archives of Norway*）、瑞典國立圖書館、斯克里普斯海洋研究所（*Scripps Institution of Oceanography*）、德州大學、加拿大土壤資訊服務（*Canadian Soil Information Service*），以及瑟拉迪那與貝德利那市立考古公園（*City Archaeological Park of Seradina and Bedolina*）所協助提供本書收錄圖像。

Front page: National Library of Sweden, Stockholm.

Page ii: Library of Congress, Washington; page viii–ix: Library of Congress; page x: NASA, Washington; page xv: Stiftsbibliothek, St. Gallen.

第一章　世界第一批圖像

Page xviii: © Marretta Alberto for Parco archeologico comunale di Seradina-Bedolina, Capo di Ponte; page 6–7: Anati, Emmanuel: Civiltà preistorica della Valcamonica (1964), page 108, figure 65; page 14–15: National Archives of Norway EA-4056, Samlinger til kildeutgivelse, Kjeldeskriftfondets avskriftsamling, serie F, eske 38 – Kjeldeskriftfondets manuskript nr. 222-235, mappenr. 233, Oslo; page 22–23: University of Toledo website.

第二章　如池中蛙

Page 28: davidrumsey.com; page 34–35: davidrumsey.com; page 44–45: National Library of Sweden; page 50–51: Library of Congress; page 56–57: davidrumsey.com; page 61: davidrumsey.com.

第三章　神聖地理學

Page 62: British Museum, London; page 70–71: davidrumsey.com; page 76–77: Library of Congress; page 86–87: Wikimedia Commons.

第四章　第一本地圖集

Page 94: Museum Plantin-Moretus, Antwerp; page 100–101: National Library of Norway; page 110–111: National Library of Sweden; page 118–119: Library of Congress; page 124–125: National Library of Norway; page 133: archive.org.

第五章　冒險去

Page 134: National Library of Norway; page 142–143: Wikimedia Commons; page 152–153: Geheugen van Nederland, Koninklijke Bibliotheek, Den Haag; page 158–159: National Library of Norway.

第六章　大調查

Page 166: Norwegian Mapping and Cadastre Authority, Hønefoss; page 171: archive.org; page 178–179: Library of Congress; page 190–191: Norwegian Mapping and Cadastre Authority; page 194–195: Norwegian Mapping and Cadastre Authority; page 202–203: National Library of Norway.

第七章　極北留白處

Page 208: National Library of Norway; page 216–217: National Library of Norway; page 226–227: National Library of Norway; page 234–235: National Library of Norway.

第八章　俯瞰而下

Page 242: Alamy; page 250–251: National Library of Norway; page 260–261: National Library of Norway; page 269: Norwegian Polar Institute, Tromsø.

第九章　湛藍星球

Page 270: Library of Congress; page 276–277: Norwegian Directorate of Fisheries Library, Bergen; page 286–287: Norwegian Petroleum Directorate, Stavanger; page 292–293: Library of Congress; page 301: Scripps Institution of Oceanography, San Diego.

第十章　數位世界

Page 303: NASA; page 309–310: The University of Texas Libraries, Austin; page 317–318: Canadian Soil Information Service / Service d'information sur les sols du Canada, Ottawa; page 324–325: Google Maps.

人名索引

國家圖書館出版品預行編目資料

世界地圖祕典：一場人類文明崛起與擴張的製圖時代全史 / 湯瑪士・冉納
森・伯格（Thomas Reinertsen Berg）著；鼎玉鉉譯. -- 初版. -- 臺北市：奇幻基
地, 城邦文化出版：家庭傳媒城邦分公司發行, 民109.03
面；　公分. -- (聖典；46)
譯自：Theater of the World : The Maps that Made History
ISBN 978-986-98658-1-4 (精裝)

1.地圖學 2.地圖繪製 3.歷史

609.2   109000074

世界地圖祕典：一場人類文明崛起與擴張的製圖時代全史

原 著 書 名／Theater of the World : The Maps that Made History
作　　者／湯瑪士・冉納森・伯格（Thomas Reinertsen Berg）
譯　　者／鼎玉鉉
企畫選書人／李曉芳
責 任 編 輯／劉　瑄

版權行政暨數位業務專員／陳玉鈴
資深版權專員／許儀盈
行 銷 企 畫／陳姿億
行銷業務經理／李振東
副 總 編 輯／王雪莉
發 行 人／何飛鵬
法 律 顧 問／元禾法律事務所　王子文律師
出　　版／奇幻基地出版
　　　　　城邦文化事業股份有限公司
　　　　　台北市104民生東路二段141號8樓
　　　　　電話：(02)25007008　傳眞：(02)25027676
　　　　　網址：www.ffoundation.com.tw　email：ffoundation@cite.com.tw
發　　行／英屬蓋曼群島商家庭傳媒股份有限公司城邦分公司
　　　　　台北市民生東路二段141號2樓
　　　　　書虫客服服務專線：02-25007718・02-25007719
　　　　　24小時傳眞服務：02-25001990・02-25001991
　　　　　服務時間：週一至週五09:30-12:00・13:30-17:00
　　　　　郵撥帳號：19863813　戶名：書虫股份有限公司
　　　　　讀者服務信箱E-mail：service@readingclub.com.tw
　　　　　歡迎光臨城邦讀書花園　網址：www.cite.com.tw
香港發行所／城邦（香港）出版集團有限公司
　　　　　香港灣仔駱克道193號東超商業中心1樓
　　　　　電話：(852) 25086231 傳眞：(852) 25789337
　　　　　E-mail：hkcite@biznetvigator.com
馬新發行所／城邦（馬新）出版集團【Cite(M)Sdn. Bhd】
　　　　　41, Jalan Radin Anum, Bandar Baru Sri Petaling,
　　　　　57000 Kuala Lumpur, Malaysia.
　　　　　Tel: (603) 90578822　Fax:(603) 90576622
　　　　　email:cite@cite.com.my

封 面 設 計／萬勝安
排　　版／極翔企業有限公司
印　　刷／高典印刷有限公司

■2020年（民109）3月5日初版一刷

定價／899元

ISBN 978-986-98658-1-4

城邦讀書花園
www.cite.com.tw

讀者回函卡

謝謝您購買我們出版的書籍！請費心填寫此回函卡，我們將不定期寄上城邦集團最新的出版訊息。

姓名：＿＿＿＿＿＿＿＿＿＿＿＿＿＿＿＿＿＿　性別：☐男　☐女

生日：西元＿＿＿＿＿＿＿年＿＿＿＿＿＿＿月＿＿＿＿＿＿＿日

地址：＿＿＿＿＿＿＿＿＿＿＿＿＿＿＿＿＿＿＿＿＿＿＿＿

聯絡電話：＿＿＿＿＿＿＿＿＿＿＿傳真：＿＿＿＿＿＿＿＿＿＿

E-mail：＿＿＿＿＿＿＿＿＿＿＿＿＿＿＿＿＿＿＿＿＿

學歷：☐1.小學 ☐2.國中 ☐3.高中 ☐4.大專 ☐5.研究所以上

職業：☐1.學生 ☐2.軍公教 ☐3.服務 ☐4.金融 ☐5.製造 ☐6.資訊

☐7.傳播 ☐8.自由業 ☐9.農漁牧 ☐10.家管 ☐11.退休

☐12.其他＿＿＿＿＿＿＿＿＿＿＿＿＿＿＿＿＿＿＿＿

您從何種方式得知本書消息？

☐1.書店 ☐2.網路 ☐3.報紙 ☐4.雜誌 ☐5.廣播 ☐6.電視

☐7.親友推薦 ☐8.其他＿＿＿＿＿＿＿＿＿＿＿＿＿＿＿

您通常以何種方式購書？

☐1.書店 ☐2.網路 ☐3.傳真訂購 ☐4.郵局劃撥 ☐5.其他

您購買本書的原因是（單選）

☐1.封面吸引人 ☐2.內容豐富 ☐3.價格合理

您喜歡以下哪一種類型的書籍？（可複選）

☐1.科幻 ☐2.魔法奇幻 ☐3.恐怖 ☐4.偵探推理

☐5.實用類型工具書籍

您是否為奇幻基地網站會員？

☐1.是☐2.否（若您非奇幻基地會員，歡迎您上網免費加入，可享有奇幻
基地網站線上購書75折，以及不定時優惠活動：
http://www.ffoundation.com.tw/）

對我們的建議：＿＿＿＿＿＿＿＿＿＿＿＿＿＿＿＿＿＿＿

＿＿＿＿＿＿＿＿＿＿＿＿＿＿＿＿＿＿＿＿＿＿＿＿

＿＿＿＿＿＿＿＿＿＿＿＿＿＿＿＿＿＿＿＿＿＿＿＿